Hermann Scheer

Sonnen-Strategie

Politik ohne Alternative

Mit 11 Abbildungen und 18 Tabellen

Piper
München Zürich
In Zusammenarbeit mit EUROSOLAR

In Zusammenarbeit mit EUROSOLAR liegt
in der Serie Piper außerdem vor:
Christiane Delfs / Gabi Hass / Rita Lassen / Rosemarie Rübsamen,
Energiegemeinschaften (2170)

Die Europäische Sonnenenergie-Vereinigung EUROSOLAR
vertritt aus human-ökologischen Gründen das Ziel der vollständigen Ablösung atomarer und fossiler Energiequellen durch
die natürlichen erneuerbaren Energien. Die gemeinnützige und
überparteilich organisierte Vereinigung hat ihren Hauptsitz in
53173 Bonn, Plittersdorfer Str. 103.

ISBN 3-492-12135-7
Aktualisierte Neuausgabe 1995
5. Auflage, 18.–24. Tausend Mai 1995
(1. Auflage, 1.–7. Tausend dieser Ausgabe)
© R. Piper GmbH & Co. KG, München 1993
Umschlag: Federico Luci
Foto: Image Bank, München (J. W. Banagan)
Gesamtherstellung: Clausen & Bosse, Leck
Printed in Germany

INHALT

Einleitung
Politik in der Wendezeit

Das »Umweltkriegsverbot« ist seit 1977 Bestandteil des Internationalen Rechts. Laut Artikel I verpflichtet sich jeder Vertragsstaat, »umweltverändernde Techniken, die weiträumige, langandauernde oder schwerwiegende Auswirkungen haben, nicht zu militärischen Zwecken oder in sonstiger feindseliger Absicht als Mittel zur Zerstörung, Schädigung oder Verletzung eines anderen Vertragsstaats zu nutzen«. Doch gleichzeitig eskaliert der zivile Weltkrieg gegen die Umwelt, der von keinem Vertrag verboten ist. Er wird ausschließlich einseitig geführt gegen Kräfte, die keine Feinde, sondern die elementaren Lebensgrundlagen der Menschen sind. Dürreperioden, alles niederreißende Stürme, die Ausweitung von Wüstengebieten, Überschwemmungskatastrophen, das Ozonloch zeigen: Die Katastrophen, die erst mittel- oder längerfristig erwartet wurden, beginnen sich zu entfalten.

Auch die Weltkonferenz der Vereinten Nationen über Umwelt und Entwicklung im Juni 1992 in Rio de Janeiro – der »Earth Summit« – hat keine politische Wende herbeigeführt. Der Konferenz lagen alle vorhandenen und unbestreitbaren Erkenntnisse über die Naturzerstörung zugrunde, die schon seit mindestens zwei Jahrzehnten fundamentale politisch-ökonomische Neuorientierungen gebieten. Aber noch alarmierender ist die Erkenntnis, daß die politischen Entscheidungseliten zu einer tatsächlichen Neuorientierung offenkundig nicht in der Lage sind. Sie verständigten sich lediglich auf eine Konvention, bis zum Jahr 2000 die CO_2-Emissionen des Jahres 1990 zu stabilisieren. Aber schon diese Konvention ist keine zum Schutz des Klimas, sondern nur ein »Kompromiß« zur Vermeidung weiterer Gefahrenzunahme. Sie erlaubt sogar eine Fortsetzung der bisherigen Zerstörung der Erdatmosphäre. Doch nicht einmal die Einhaltung dieses schmalen Ergebnisses konnte sichergestellt werden. Die erschreckende Diskrepanz zwischen Gefahrenkenntnis und politischen Handlungen zur Gefahrenabwehr ist nicht kleiner geworden. Offenbar haben sich die maßgeblichen Handlungs- und Entscheidungsträger der

Menschheit bereits so sehr in ein Labyrinth überkommener Handlungszwänge verrannt, daß sie keinen Ausweg mehr finden.

Vor Beginn des »Earth Summit« sah man diesen als ultimative Chance an – als »letzte Ausfahrt Rio«. Die Konferenz sollte den Grundstein für eine neue Weltentwicklung legen. Mit ihr sollte alles nachgeholt werden, was bisher in größter Fahrlässigkeit versäumt worden war. Tatsächlich erlebten wir aber den Gipfel – sowohl in den Schwerpunkten wie in den Methoden der politisch Handelnden – einer grundlegend fehlgeleiteten Politik. Doch das überraschte nicht: Dieselben, die aufgrund ihrer politischen und ökonomischen Strategien für die Naturzerstörung verantwortlich sind, können kaum zugleich die geeigneten Interpreten dieses Vorgangs sein. Es ist nicht zu erwarten, daß die Verursacher einer Bedrohung gegen sich selbst agieren und einschneidende politische Beschlüsse fassen. Die Weigerung, qualitative Konsequenzen zu ziehen, versuchte man durch die überbordende quantitative Teilnahme an der Rio-Konferenz auszugleichen. Die globale Umweltkrise ist vor allem eine globale Politikkrise.

Es ist nicht nötig und deshalb auch nicht Absicht dieses Buches, den vorliegenden Berichten über die Aufheizung der Erdatmosphäre, die radioaktive Verstrahlung von Territorien, die Vergiftung und Erosion der Böden, die Verseuchung der Gewässer, die Verpestung der Luft, die Verbrennung der Vegetation, die Vernichtung biologischer Arten, den Abbau der Ozonschicht einen weiteren hinzuzufügen. Was an wissenschaftlichen Erkenntnissen neu hinzukommt, weist mehr und mehr darauf hin, daß das tatsächliche Ausmaß der Schäden eher noch größer ist und uns die Folgen noch schneller heimsuchen werden als bisher angenommen.

Es ist aber dringender denn je nötig, der Frage nachzugehen, warum es an überfälligen politischen Strategien für den Frieden mit der Natur fehlt. Konferenz auf Konferenz findet statt, aber das Ergebnis ist meist nicht mehr als der Beschluß über eine Folgekonferenz. Report auf Report wird veröffentlicht, und das Ergebnis ist meist nur der Auftrag für einen weiteren Report. Politische Entscheidungsträger beruhigen und entschuldigen sich selbst, indem sie vor allem auf die Mitverantwortung anderer verweisen, ohne die sie angeblich nichts tun können. Statt die eigenen Strategien zu ändern, predigt man allgemeinen Bewußtseinswandel.

Appelle zum Umdenken werden geäußert – vor allem von denen, die zum Umhandeln beauftragt sind. Entscheidungsträger lenken von ihrer Verantwortung ab und übertragen sie auf die Allgemeinheit.

Die Bedrohung wird theoretisch wahrgenommen, aber gleichzeitig praktisch verdrängt. Noch ein Jahrzehnt sorgengeschwängerter Reden, Reports und Konferenzen als Ersatz für politische Aktion wird für die Menschheit lebensgefährlich. Doch genau das ist zu befürchten: Auch der »Earth Summit« endete nicht zufällig mit einem Beschluß für eine Folgekonferenz. Als seine Durchführung beschlossen wurde, hieß es allenthalben: »Wir versuchen unser bestes: in Rio.« Der neue Refrain lautet: »Wir versuchen weiter unser bestes: auf der nächsten Konferenz.«

Doch warum bleibt es beim marginalen praktischen Stellenwert einer Politik des Friedens mit der Natur – obwohl doch die allgemeinen »betroffenen« Reden, die pausenlos gehalten werden, schon längst einen umfassenden Prioritätenwechsel ausgelöst haben müßten? Warum konnten sich bisher die verantwortlichen Regierungen, Parlamente und internationalen Organisationen allenfalls zu Gegenmaßnahmen aufraffen, die selbst im Erfolgsfall nicht mehr sind als der berühmte Tropfen auf einem sich rapide erhitzenden Erdball? Warum riskieren sie, ausgestattet mit allen Informationen, das kollektive Verderben? Warum wehren sich nicht diejenigen, die die Möglichkeit dazu haben und etwas bewirken können? Warum gibt es eine Lethargie statt eines Aufstands der Massen – bis hin dem sich verdichtenden Eindruck, daß sich immer mehr Menschen mit dem sich zusammenbrauenden Unheil bereits abgefunden und die Zukunft abgeschrieben haben? Was erklärt den seltsamen Gleichklang politisch irrwegiger Entscheidungsprozesse angesichts berstender Widersprüche? Nie in der Geschichte gab es bessere und dringendere Gründe für grundlegende Neuerungen, und dennoch mangelt es an einer ausreichenden Zahl neuer aktiver Träger dafür. Warum hat es keine politische Formation bisher vermocht, eine angemessene und realisierbare Strategie zu entwickeln? Wer könnten die tatsächlich geeigneten Träger dieses Prozesses sein? Das Schicksal der Menschheit hängt davon ab, daß wir auf diese Fragen die richtigen Antworten finden.

Offensichtlich resultieren die Gefahren der Natur- und der dadurch bewirkten Zivilisationszerstörung nicht aus mangelndem Wissen und mangelnder Intelligenz politischer und wirtschaftlicher Führungen, sondern aus ihrer abgebrühten Weigerung, aus den erstarrten Strukturen des Denkens und Handelns herauszufinden, von denen sie programmatisch gelenkt und existentiell abhängig sind. Ständig suchen sie nach Lösungen innerhalb des vorgegebenen Rahmens, der allenfalls noch ökologisch *ergänzt* oder *modifiziert*, aber keinesfalls *ersetzt* werden könnte. Damit operieren sie an Symptomen und sind darin um so erfolgloser, je länger sie sich darauf beschränken. Ein die Probleme zusammenbindender Faden wird nicht einmal mehr gesucht, weil man es aufgegeben hat, den Zusammenhang selbst noch in Frage zu stellen. Seit dem Zerfall des Ostblocks sehen die westlichen Führungseliten in ihrer selbstbetrügerischen Siegeseuphorie dazu weniger Anlaß denn je zuvor.

Die Notwendigkeit eines politischen Paradigmenwechsels im ausgehenden Jahrhundert der Umweltzerstörung ist wiederholt angemahnt worden – etwa in Fritjof Capras in den siebziger Jahren veröffentlichtem Buch »Wendezeit«.[1] Es gibt umfassend angelegte analytische Begründungen für den zwingend gebotenen Wandel, aber es mangelt an den entsprechenden handhabbaren strategischen Entwürfen. Der Philosoph Hans Jonas, Mahner des »Prinzips Verantwortung«, kommt in einem Interview zur Rio-Konferenz lediglich zu der eher weitere Resignation erzeugenden Schlußfolgerung, er habe die Hoffnung noch nicht aufgegeben, daß die Menschheit doch noch umzudenken lerne.[2] Carl Amery gelangt in »Natur als Politik« zu der Feststellung, daß die Logik des Überlebens der Menschheit »die raschestmögliche Zerstörung des Industriesystems, und zwar um jeden Preis« erfordere.[3] Robert Kurz zieht in seiner Schrift »Der Kollaps der Modernität« das Fazit, daß es gar keinen Sinn habe, »angesichts der kollektiven Selbstmordaktionen im Weltmaßstab über einzelne ›Reformen‹ überhaupt noch zu diskutieren, solange dies nicht zu einer Perspektive der realen Abschaffung der modernen Ware und ihres Weltsystems geschieht.«[4]

Das große politische Drama der Gegenwart ist, daß aus solchen ungeschminkten Analysen und den sich daraus ergebenden Schlußfolgerungen noch keine Strategien entwickelt wurden, die der Tiefe und Breite der tatsächlichen Probleme entsprechen –

und die zu greifen und zu realisieren, zu überschauen und zu erleben sind, deren unmittelbare Vorteile aufgezeigt und für die Menschen mit ihren Interessen mobilisiert werden können.

Immer mehr Analytiker der Umweltkriegskatastrophe kommen zu der frustrierenden Auffassung, daß die kollektive Selbstzerstörung nicht mehr abgewendet werden kann, wir uns also unumkehrbar in einem Prozeß des Niedergangs befinden. Dagegen ist der gedankliche und konzeptionelle Leitfaden dieses Buchs, daß dieser Niedergang doch noch abzuwenden ist – obwohl gegenwärtig weit mehr Gründe dagegen als dafür sprechen. Voraussetzung ist ein praktizierbarer *Paradigmenwechsel der politischen und wirtschaftlichen Strategien*, also eine grundlegende Verschiebung der Maßstäbe, nach denen gehandelt wird; eine politische Revolution neuer Art und Qualität, für die es bisher allerdings kein Beispiel gibt. Aber historisch beispiellos ist auch die zu überwindende Gefahr.

Von der »Agenda 21« zur »Agenda 1«: Sonnenenergie

Das Scheitern der Rio-Konferenz war bereits an ihrer Tagesordnung zu erkennen. In der »Agenda 21« wurden – als globaler Themenkatalog für das 21. Jahrhundert – zugleich 21 Themenfelder aufgelistet, die offizielle Konferenzschwerpunkte waren: Klimaveränderung, Ozonschichtzerstörung, grenzübergreifende Luftverschmutzung, Bodenzerstörung, Wüstenausbreitung, Verlust der Artenvielfalt, biotechnologische Risiken, Wasserverschmutzung, Umweltlasten durch Schiffahrt, Zerstörung der Meeresbiologie, giftige Chemikalien, Abfallasten, und dazu als »sektorübergreifende« Themen die Konsumverhaltensweisen, die Bevölkerungsentwicklung, die Armut, die Umweltqualität, die Gesundheit, die Lebensbedingungen von Frauen und Kindern, die internationale ökonomische Umwelt und die Ernährungssicherheit. Am Ende der Konferenz enthielt diese Agenda sogar 31 Programmpunkte in einem Dokument von 800 Seiten Länge.

Natürlich sind alle diese »Themen« wichtig. Doch ein entscheidender Mangel dieser Art von Themensetzung – die sehr typisch für Umweltkonferenzen ist – wird sofort deutlich: Bei 31 Schwerpunkten gibt es in Wahrheit keinen. Auch politische Systeme haben eine begrenzte Fähigkeit zur Problemverarbeitung. Wenn alles wichtig ist, bleibt meistens auch alles liegen. Die »muddling through«-Politik, das Durchwursteln, geht weiter und läßt alle wirklich ambitionierten neuen Strategien sich im Sande verlaufen. Aber wie kommen wir zu dem richtigen Ansatz? Strategische Schwerpunktsetzung ist nötig, um eine wirklich verändernde Bewegung zustande zu bringen. Doch darf ein solcher Schwerpunkt nicht willkürlich oder zufällig gewählt sein, weil dies nur zu endlosen Diskussionen über die Wahl der richtigen Priorität führen würde. Diese muß die Qualität eines strategischen Schlüssels haben, der nicht nur die Tür zur Lösung eines der vielen Probleme öffnet, sondern gleichzeitig den Zugang zur Lösung des Gesamtproblems. Eine Prioritätensetzung legitimiert sich vor allem dann, wenn eine Rangordnung der Bedrohungen zu erkennen ist.

Betrachten wir die »Agenda 21« erneut, dann erkennen wir an nahezu jedem Punkt, daß ihre Problemfelder vorrangig solche der Energieversorgung sind:

– Die *Klimaveränderung* wird hervorgerufen durch die Verbrennung von fossilen Energierohstoffen und durch die unkontrollierte Freisetzung von Methan aus der Bereitstellung von Nahrungsmittelenergie für Menschen und Tiere; durch die Waldvernichtung mittels sauren Regens, der vom fossilem Energieeinsatz herrührt; durch Tropenwaldvernichtung, zu deren wesentlichen Gründen der Bedarf an Holzenergie und die Rodung von Flächen zur Erzeugung von Nahrungsenergie gehört; und auch durch die Aufladung unserer Atmosphäre mit zusätzlicher Wärme aus Kernkraftwerken.

– Die *Ozonschichtzerstörung* wird überwiegend durch den Einsatz von FCKW für Kühlenergieanlagen bewirkt.

– Die *grenzüberschreitende Luftverschmutzung* findet statt durch den Verbrauch fossiler Energien.

– Die *Bodenzerstörung* und die *Wasserverschmutzung* sind nicht zuletzt Folgen von hochkonzentriertem Einsatz chemischer Energie und hochkonzentrierten organischen Energieabfällen sowie radioaktiven Verseuchungen.

- Die *Wüstenausbreitung* ist vor allem eine Folge des Raubbaus an der Vegetation durch Menschen, die damit mangels anderer Energiequellen ihren täglichen Bedarf an Brennenergie decken.
- Die *Umweltlasten durch die Schiffahrt* sind größtenteils auf Energieabfälle zurückzuführen, ebenso die Zerstörung der *Meeresbiologie*.
- Die modernen *Konsumverhaltensweisen* sind vor allem wegen der damit unmittelbar zusammenhängenden Energieverbrauchsorgien gefährlich geworden.
- Die *Bevölkerungsexplosion* hat ihre tiefere Ursache darin, daß Menschen – weil sie keine Nutzenergie haben – ihr Überleben in dem klassischen Ausweg der Vermehrung der menschlichen Arbeitsenergie durch weitere Familienmitglieder suchen.
- *Armut* ist in den Weltregionen am meisten verbreitet, in denen keine ausreichenden Energiequellen und -dienstleistungen zur Verfügung stehen, die Basis jeder wirtschaftlichen Entwicklung sind.
- Daß die *Umweltqualität* und die *Gesundheit* der Menschen vor allem durch die gegenwärtige Energieversorgung beeinträchtigt werden, muß im Zeitalter des Smogs über den Großstädten und von Tschernobyl nicht noch zusätzlich hervorgehoben werden.

Die wirtschaftlichen Tätigkeiten der Menschen sind der Kern gesellschaftlicher Entwicklungen. Der harte Kern der wirtschaftlichen Tätigkeiten wiederum ist der Einsatz verfügbarer Energie. Wer »Energiepolitik« und »Energiewirtschaft« als einen politischen Fachbereich oder Wirtschaftszweig unter mehreren – als ein »single issue«, ein Einpunktthema – ansieht, hat die grundlegende Ursache der Zerstörungsdynamik nicht erkannt und verstanden; und wer sie nicht versteht, ist auch unfähig zur Abhilfe. Die Geschichte der Menschheitsentwicklung war nicht zufällig immer eine der jeweiligen Möglichkeiten der Energieversorgung. Umwelt, Landwirtschaft, industrielle Produktion, Verkehr, Entwicklung – diese und weitere Ressorts unserer fast nur noch arbeitsteilig denkenden und handelnden Gegenwart sind in erster Linie energiepolitische und -wirtschaftliche Bereiche, und sie berühren in einem weit unterschätzten Maß die internationale, nationale und kommunale Politik und deren Strukturen. Immer haben sich die Fragen von Macht oder Abhängigkeit, Reichtum oder Armut, Privilegien oder Gleichheit, Untergang oder Überleben von menschlichen Gesellschaften auch danach entschieden, wer Zugang zu Energie hatte. Daraus ist mittlerweile eine Frage des Überlebens oder Sterbens der Weltgesellschaft geworden.

Die Energie ist die Lebensader jedweder natürlichen und gesellschaftlichen Entwicklung. Kein natürlicher und kein gesellschaftlicher Lebensvorgang ist ohne seine energetische Grundlage zu denken und zu beschreiben. Die Ökologie handelt von der Energieumwandlung und der Umwandlung von Materie in Ökosystemen. Deshalb hat die Art und Weise unseres Energieverbrauchs auch weit mehr als ein sektorales Problemfeld geschaffen, das von einem Wirtschaftszweig oder von politischen Fachressorts bewältigt werden könnte. Der Menschheit droht insgesamt ein Niedergang, weil die Energieversorgung des 20. Jahrhunderts umfassende destruktive Folgen hat – der Verbrauch von Öl, Kohle, Erdgas, Kernkraft und ein selbstzerstörerischer Energieraubbau der Entwicklungsländer mit ihrer Vegetation. Das alles hat zum Blutkrebs des gesellschaftlichen Organismus geführt, der in immer mehr Organteilen und Gliedmaßen wuchert und diese systematisch zerfrißt. Das Energiesyndrom wird zum Menschheitssyndrom.

Die Bedeutung der Energieversorgung als Herz-Kreislauf-System allen Lebens ist prinzipiell nicht zu verändern. Aber prinzipiell zu verändern ist die Wahl unserer Energiequellen. Die Menschheit hat nur dann eine Überlebenschance, wenn es ihr nun in einem kurzem Zeitraum gelingt, die herkömmlichen Energieträger durch die Sonnenenergie zu ersetzen, die durch die Ökosphäre des Erdballs strömt. Die sich daraus ergebenden umfassenden Möglichkeiten wurden so lange und so gründlich ignoriert, daß das inzwischen gemeingefährliche Ausmaße im globalen Maßstab angenommen hat. In seinem naturwissenschaftlich-philosophischen Buch über »Energetische Grundlagen der Kulturwissenschaft« (1909) hat Wilhelm Ostwald beispielsweise nicht nur hervorgehoben, daß die Sonne uns mit ihrer Strahlung beständig »freie Energie sendet« und durch diese sich »so gut wie alles, was überhaupt auf der Erde geschieht« vollzieht. Er hat auch prinzipiell zwischen den beiden Formen der Sonnenenergie unterschieden: einerseits die täglich »neu eingefangenen und umge-

wandelten Mengen Strahlungsenergie, welche, wirtschaftlich gesprochen, eine *regelmäßige* Einnahme sind und daher nach Able-
gung der erforderlichen Reserven auch regelmäßig *verbraucht*
werden dürfen.« Andererseits gibt es die »kapitalisierten Vorräte
in Gestalt von fossilen Brennmaterialien … Wir haben es hier also
mit einem Anteil unserer Energiewirtschaft zu tun, der sich etwa
wie eine unverhoffte Erbschaft verhält, welche den Erben veranlaßt, die Grundsätze einer dauerhaften Wirtschaft vorläufig aus
den Augen zu verlieren und in den Tag hinein zu leben. Hervorgehoben werden muß dabei, daß auch ein sparsamer Verbrauch die
Erschöpfung nur hinausschieben, nicht vermeiden kann.« Sein
Fazit, das er lange vor unserem Wissen über die verheerenden
Umweltgefahren zog: »Die dauerhafte Wirtschaft muß ausschließlich auf die regelmäßige Benutzung der jährlichen Strahlungsenergie gegründet werden.«[5]

Es reicht nicht aus, den Anteil der erneuerbaren Sonnenenergie auf 10, 20, 30, 40 oder 50 Prozent des Energieverbrauchs der
Menschheit zu steigern. Das würde die existentiellen Gefahren
nicht überwinden, sondern lediglich dazu beitragen, den Zeitpunkt des Kollapses der menschlichen Zivilisation hinauszuschie-
ben. *Das Ziel im vor uns liegenden Jahrhundert muß das vollständige Ersetzen der herkömmlichen Energiequellen durch die stets
aktuelle Sonnenenergie sein – also eine vollständige solare Energieversorgung der Menschheit.* Allein dadurch können wir dem
Organismus der Menschheit die Wiedergenesung auf Dauer ermöglichen. Das ist die Quintessenz des wichtigsten naturwissenschaftlichen Weltgesetzes, des zweiten thermodynamischen
Hauptsatzes über die Entropie, das Christian Schütze als
»Grundgesetz des Niedergangs« bezeichnet, der nur mit Hilfe
der Sonnenenergie abgewendet werden kann: »Wir können uns
drehen und wenden, wie wir wollen, unsere Probleme bleiben so
lange ungelöst, wie es uns nicht gelingt, die einzige wirkliche
Quelle negativer Entropie so intensiv anzuzapfen, daß sie unseren gesamten Energiebedarf deckt, einschließlich des Energie-
aufwands, den wir treiben müssen, um die Materie-Entropie
möglichst niedrig zu halten.«[6]

Daß und wie dies möglich ist, soll hier gezeigt werden. Dieses
Buch soll einen Beitrag dazu leisten, aus der theoretisch möglichen Nutzung der Sonnenenergie für alle zivilen Energiebedürf-

nisse eine reale Möglichkeit werden zu lassen. Die Grundbedingung dafür ist, daß die Umstellung der Energieversorgung der Menschheit auf solare Energie zum vorrangigsten strategischen Ziel von Politik und Wirtschaft wird, also zur *ersten Priorität*. Dieser Anspruch erscheint nur denjenigen als zu hoch, die sowohl die umfassenden verheerenden Folgen unserer aktuell genutzten Energiequellen immer noch unterschätzen als auch die generelle zentrale Bedeutung der Energieversorgung verkennen. Wenn wir die Problemfelder der »Agenda 21« wirklich erfolgreich angehen wollen, müssen wir zu einer »Agenda 1« kommen – zur umfassenden Sonnenenergie-Ökonomie.

Sonnenenergie ist keine schwärmerisch-nostalgische Rückbesinnung auf Zeiten früherer Naturidyllen, die alles andere als soziale Idyllen für die meisten Menschen waren. Sie setzt bei der Umwandlung des Energiesystems der Menschheit in ein solares an und damit bei der Reintegration des Energiesystems der Menschheit in das des Erdballs, was der entscheidende Schritt zur Eingliederung der Menschen in den »Rhythmus der Natur«[7] ist. Dadurch erschließen sich neue Chancen in fast allen relevanten Handlungsfeldern, auf denen wir gegenwärtig am Ende unserer Möglichkeiten angelangt sind und die die Verantwortlichen nicht im energetischen Zusammenhang sehen wollen. Mit der umfassenden Nutzung der Sonnenenergie schaffen wir eine neue Perspektive für die Menschheit – eine realisierbare konkrete Vision, eine reale Utopie. Dieses Projekt umfaßt weit mehr als den Austausch der jetzigen Techniken zur Energieversorgung durch Sonnenenergietechniken. Einem solchen Austausch stehen vor allem deshalb so große Hindernisse und Widerstände entgegen, weil damit der gesamte Zusammenhang von Energie-, Wirtschafts- und Gesellschaftssystem herausgefordert wird.

Die Einführung eines globalen solaren Energiesystems hat für die Menschheit eine grundlegendere Bedeutung, als sie die industrielle Revolution und die Französische Revolution für die wirtschaftliche und politische Entwicklung der Neuzeit hatten. Diese beiden Revolutionen haben die Menschheit in eine neue Epoche geführt, die jedoch keine Dauerhaftigkeit verspricht. Erst die umfassende Sonnenenergie-Nutzung verspricht eine Entwicklung, die der Menschheit dauerhaft zugute kommt, indem sie die Menschenrechte für alle Menschen und das Selbstbestimmungsrecht in allen Gesellschaften realisierbar macht. Erst mit einem globalen solaren Energiesystem ist eine ökologische Ökonomie möglich, eine Humanisierung der industriellen Revolution und ihre Übertragbarkeit auf alle Menschen. Ihr bisheriger Weg hat die Menschheit in immer tiefere Spaltung und Zerrissenheit geführt. Der nun selbst in den Zentren der industriellen Revolution drohende Rückfall hinter deren soziale Errungenschaften wird zu einem sich rapide ausbreitenden Gemetzel aller gegen alle führen. Dagegen eröffnet ein solares Energiesystem so einzigartige und – wegen der grundlegenden Bedeutung der Energiefrage – so vielfältige Chancen, wie die Gefahren durch das herrschende Energiesystem vielfältig sind.

Der irreale Realismus

Der zentrale Einwand ist bekannt: Die Umstellung der *gesamten* Energieversorgung der Menschheit auf Sonnenenergie gilt als unrealistisch. Aber dieser Einwand kann eigentlich nur zweierlei bedeuten: daß im Gegensatz dazu die Selbstzerstörung der Menschheit real unausweichlich sei; oder daß es andere, realistischere Möglichkeiten zum humanen Überleben der *einen Menschheit* gibt. Es ist jedoch nicht zu sehen, daß es eine andere Möglichkeit geben könnte.

Dieses Plädoyer für die Sonnenenergie ist kein technologisches, sondern ein politisches. Es ist auch keine weitere Analyse der Gefahren der Naturzerstörung, sondern behandelt die mangelhafte politische Gefahrenabwendung und deren klägliche Perspektivlosigkeit. Es zielt und mündet in einen strategischen Entwurf. Politik, in der originären Bedeutung dieses Begriffs, ist Gesellschaftsgestaltung nach Wertvorstellungen, die für alle Menschen gelten können. In der griechischen Philosophie bedeutete politisches Handeln nicht nur Handeln für die Allgemeinheit, im Gegensatz zu privatem, selbstbezogenem und eigennützigem Handeln. Der Begriff Politik drückte auch gleichzeitig eine besondere Form der Gesellschaftsgestaltung aus – er bedeutete ebenso auf Gleichheit und Freiheit bezogenes Handeln, im Gegensatz zu Despotie oder Tyrannei.[8] Diese Rückbesinnung ist bei politischen Erörterungen generell geboten – in einer Zeit, in der nahezu jedes Handeln politisch genannt wird, auch wenn es keinerlei positiven Bezug auf die Allgemeinheit hat. Wir hören Begriffe wie Interessenpolitik, Unternehmenspolitik, Verbandspolitik, alles strenggenommen Widersprüche in sich selbst. Die Verluderung des Begriffs des Politischen geht einher mit dem zunehmenden Versagen der Politik gegenüber den Erfordernissen humaner Gesellschaftsgestaltung.

Dazu gehört vor allem, die Gesellschaft vor existentiellen Bedrohungen zu schützen. Deshalb spielte Sicherheitspolitik immer eine so herausragende Rolle und ist selbst in vielen demokratischen Staatsgesellschaften kein Thema innenpolitischer Kontroversen, und deshalb wurde die klassische Außenpolitik gar als »Königsweg des Politischen« bezeichnet. Erstmals in der Menschheitsgeschichte, auch für die von Naturkatastrophen bisher noch nicht heimgesuchten Gesellschaften, ist die Frage der Erhaltung der natürlichen – und damit der sozialen – Lebensgrundlagen *die* Sicherheitspolitik der Zukunft geworden. Erstmals kann klassische Außen- und Sicherheitspolitik keinen Beitrag mehr gegen die hauptsächlichen Gefährdungen leisten. »Was nützt uns die beste Sozialpolitik, wenn die Kosaken kommen?«, fragte in den 50er Jahren der deutsche Bundeskanzler Adenauer, um den Vorrang einer westlichen militärischen Politik der Stärke zu begründen. Heute müssen wir fragen: Was nützt uns die militärische Sicherheit, wenn das Flächenfeuer unseres Energieverbrauchs alles verbrennt, ausdörrt, fortfegt und verstrahlt, was lebt oder zum Leben gebraucht wird? Dolf Sternberger hat 1961 die Bewahrung des Friedens als den Gegenstand des Politischen bezeichnet, weil er Voraussetzung für jedwedes gesellschaftliche Leben ist.[9] Noch grundsätzlicher gilt das für den Frieden mit der Natur. Unweigerlich sind wir gezwungen, in der Bewahrung natürlicher Lebensgrundlagen den »Volksweg« des Politischen zu sehen.

Vor dieser Herausforderung bewegen sich diejenigen, die »Realpolitik« für sich reklamieren, auf einer irreal gewordenen Grundlage. Denn mit den herrschenden Paradigmen von Politik und Wirtschaft werden nicht nur großen Teilen der Menschheit die elementaren Lebensgrundlagen vorenthalten, sondern auch diejenigen der entwickelten Gesellschaften werden immer zerbrechlicher. Die gegenwärtig hauptverantwortlichen Akteure können nicht einmal ein problemgerechtes Konzept dagegen vorweisen, weshalb ihre Praxis versagen muß. Ein »Realismus«, der nicht imstande ist, die wesentlichen Gefahren für das Gesellschaftsgefüge abzuwenden, kann auch nicht mehr als politisch bezeichnet werden. Allenfalls ist es ein persönlicher Realismus, ausgerichtet darauf, sich individuell einen Platz unter den Eliten zu erkämpfen, die – vielleicht – das zweifelhafte Privileg haben werden, als letzte niedergeschlagen zu werden. Politisches Handeln ist zur Methode verkümmert, sich optimal in den vorgegebenen Strukturen zurechtzufinden. Es versagt, wenn die politische Antwort auf reale Probleme verlangt, diese Strukturen infrage zu stellen und zu überwinden. Oskar Negt und Alexander Kluge haben über diese »Maßverhältnisse des Politischen« festgestellt, daß sich Realpolitik als »unbrauchbar« erwiesen hat, wenn man »nicht fasziniert auf die Künstler des Möglichen« starrt, sondern sich »die sichtbaren Resultate dieser Art von Politik im 20. Jahrhundert« vor Augen führt: »Sie produziert keine Dauer und schon deshalb kein Gemeinwesen... Realpolitik hat gegenüber Interessen, die am Gemeinwesen orientiert waren und sich selber als politisch verstanden, stets den abwertenden Gesichtspunkt des bloß Utopischen geltend gemacht und so zur Mystifizierung der Realitätsmacht des Gegebenen beigetragen. Was wir an dieser ›Realpolitik‹ kritisieren, ist nicht ihr Moment des Realistischen, sondern daß sie imaginär, realitätslos ist.«[10]

Ob ein neuer politischer Entwurf im Sinne der originären inhaltlichen Bedeutung von Politik realistisch ist, entscheidet sich nach zwei Kriterien:

– ob das strategische Konzept eine *konsistente, widerspruchsfreie Antwort* auf die realen Gefahren für die Allgemeinheit geben kann;
– ob die *Freiheit der Wahl* gegeben ist, die dafür notwendigen Handlungsoptionen praktisch zu ergreifen, mit anderen Worten: ob reale Handlungsalternativen möglich sind.

Bezogen auf die Sonnenstrategie bedeutet das: Gäbe es keine ausreichenden solaren Energiequellen und keine geeigneten Technologien zu ihrer Nutzung, oder würden sie mehr kosten, als finanzielle Mittel zur Verfügung stehen, dann hätten wir trotz aller damit verbundenen Perspektiven nicht die Freiheit, diesen Weg einzuschlagen. Wenn ein Konzept jedoch diesen beiden Kriterien entspricht, dann ist es realistisch.

I. Kapitel

Industrielle Revolution: Abkehr von der Sonne

Die Energiestatistiken, die wir gewöhnlich zu lesen bekommen, erfassen im allgemeinen den Verbrauch an kommerziell gewonnenen Primärenergien, Öl, Kohle, Gas, Biomasse, und ihren Einsatz als Treib- und Brennstoff sowie für die Produktion von Elektrizität unter gesonderter Aufführung der Atomkraft. Daneben werden manchmal auch die sogenannten nichtkommerziellen Energien erfaßt – gemeint ist damit, daß sich die Menschen ohne kommerzielle Umwege direkt der Vegetation bedienen, solange der Vorrat reicht und erreichbar ist. Aber alle diese Statistiken sind unvollständig und zugleich symptomatisch für das verkürzte Verständnis der Energie. Sie erfassen zum Beispiel nicht die passive Nutzung der Sonnenenergie, also die Nutzung der Sonnenkraft ohne Zuhilfenahme von Techniken, die in Sommerzeiten oder in südlichen Ländern keine Heizenergie nötig macht. Sie erfassen vor allem nicht die notwendigsten und ursprünglichsten Energiequellen und Energiewandler: die Nahrungsmittel für die Menschen und ihre Nutztiere sowie deren Eigenschaft als Energiewandler, die zur Biomasse und damit zur Sonnenenergie zählen. Der Energieeinsatz und -verbrauch der Menschheit und der Anteil der Sonnenenergie sind größer, als alle Energiestatistiken ausweisen.

Das Ausklammern der Nahrungsmittel aus den Energiestatistiken dokumentiert zweierlei: die Menschen verstehen sich nur noch als Nutzer, aber nicht mehr als integralen Teil des Energiesystems, und das Energiesystem wird auch nicht mehr als integraler Teil der natürlichen Kreisläufe wahrgenommen. Die Entfremdung von den elementaren natürlichen Lebensgrundlagen kommt darin ebenso zum Ausdruck wie die Geschichtslosigkeit in der Betrachtung der Energieversorgungssysteme. Deshalb ist man sich der Bedeutung der Energiesysteme für die Entwicklung der menschlichen Gesellschaften überhaupt nicht mehr bewußt. Die Zeiten liegen lange zurück, in denen menschlicher Arbeitseinsatz und technischer Energieeinsatz in einem energetischen und

soziologischen Zusammenhang gesehen wurden, wie es beispielsweise Podolynski 1883 in seinem Aufsatz über »Menschliche Arbeit und Einheit der Kraft« getan hat.[11] Was heute unter dem
Oberbegriff einer »ökologischen Ökonomie« wissenschaftlich
wiederentdeckt wird, ist eine im Laufe des 20. Jahrhunderts mehr
und mehr von der Wirtschaftswissenschaft liegengelassene, ver-
gessene oder übersehene Dimension, die gleichwohl die bedeutendste wirtschaftlichen Handelns ist. Sie ist im wesentlichen eine
Betrachtung des Energieflusses und seiner kurz-, mittel- und
langfristigen wirtschaftlichen, sozialen und ökologischen Konsequenzen.[12]

Energieumwandlung und Zivilisationswandel

Die Erde ist insgesamt ein Energieumwandlungssystem. Jean-
Claude Debeir, Jean-Paul Deléage und Daniel Hémery haben in
ihrer »Geschichte der Energiesysteme« die für unsere Zukunft
grundlegenden Zusammenhänge herausgearbeitet, die wir uns
heute mehr denn je vergegenwärtigen müssen[13]. Sie unterscheiden unter den lebenden Energiewandlern zwischen »autotrophen
Organismen« (Pflanzen, die Sonnenenergie in ihrer Struktur nach
der Umwandlung in chemische Energie speichern) und »hetero-
trophen Organismen« – Menschen und Tiere, die sich von den
Pflanzen ernähren. Die Menschen entwickeln Möglichkeiten zur
effektiveren Energiegewinnung, von der Pflanzenzüchtung bis
zum Ackerbau, von der Nutztierhaltung bis zum Einsatz von
»künstlichen Umwandlern«, also Werkzeugen und Maschinen.
Der Energieverbrauch der Pflanzen und Tiere ist auf den Umfang
ihres Volumens bzw. ihrer Körper beschränkt. Indem sich die
Menschen Hilfsmittel zur Energienutzung verschaffen können,
vollziehen sie die Schritte zur »Beherrschung der Erde«.
    Der Mensch war lange Zeit durch seine eigene Muskelkraft
selbst der effektivste Energieumwandler und ist es in manchen Regionen des Globus noch heute, wenn ihm keine andere Energiequelle oder -technik zur Verfügung steht. Und er ist bis heute der
vielseitigste. Durch die Entwicklung von Werkzeugen konnte er
mit Hilfe seines Körpers mechanische Energie erzeugen. Er jagte

und sammelte, so weit ihn seine Füße trugen, ging zu Ackerbau und Viehzucht und zum Einsatz von Tieren über, wodurch die Bildung von gesellschaftlichen Ordnungssystemen nötig wurde. Zwei Merkmale kennzeichnen diese Entwicklung: Primärenergie blieb die aktuell eingestrahlte Sonnenenergie; die menschlichen Siedlungsräume konnten sich stets nur so weit ausdehnen und ihre Bevölkerungszahl nur so zunehmen, wie es die örtlichen Energiepotentiale erlaubten.

Die nächste Stufe besteht in der Erschließung der chemisch gebundenen »ruhenden Energie«, beginnend mit der Entdeckung des Feuers und der Möglichkeit, Holz zu verbrennen, womit größere Energiemengen erschlossen werden konnten. Man erkennt, wie nützlich diese Energieumwandlung ist, um sich Arbeit zu sparen oder Dinge zu tun, die allein durch die Energieumwandler Mensch oder Tier nicht möglich sind. Schon diese ersten Phasen der Zivilisationsgeschichte zeigen, daß sie in einem unmittelbaren Zusammenhang mit der Struktur der Energieversorgung stehen, ohne deren Effektivierung es auch keine weitere gesellschaftliche Entwicklung gibt. Diese Phasen dauern lange – vor etwa 1,7 Millionen Jahren gelang es erstmals, das durch Blitzeinschlag entfachte Feuer zu hüten. Vor ca 35 000 Jahren wurden die ersten Werkzeuge eingesetzt. Später, zwischen 4000 und 3500 v. Chr., seit den ersten Segelschiffen und Windmühlen, dem Beginn des Einsatzes der Wasserkraft durch Dämme, Bewässerungssysteme und Maschinen zur Nutzung von Fließwässern, beschleunigt sich die kulturelle Entwicklung.

Die ersten Zivilisationsschwerpunkte entstanden dort, wo Bewässerungstechniken eingesetzt wurden. Die Nahrungsmittelproduktion – Grünpflanzen als »biologische Sonnenkollektoren« – wurde gesteigert, was mehr gesellschaftliche Organisationskraft und entsprechende politische Stabilität erforderte. Die Bevölkerung konnte zunehmen. Segelschiffahrt macht Nahrungsmitteltransport über lange Strecken zu niedrigen Kosten möglich, ebenso Räderfahrzeuge und der Einsatz von Zugtieren. Erstmals entwickelte sich, was die Zivilisation bis in die Gegenwart mehr und mehr prägte: Durch Verkehrsinfrastrukturen und Verkehrsmittel wird man unabhängig von der Versorgung mit Nahrungsmitteln aus der näheren Umgebung, es entkoppeln sich also Energiegewinnung und Energieverbrauch.

Da aber immer noch die menschliche Arbeitskraft der vielseitigste Energiewandler ist, erfolgte Sklavenbeschaffung in immer weiträumigerem Umfang, was entsprechende hierarchische Kulturformen herausbildete und zu kriegerischen Expansionen motivierte. Es ist diese Art der Energiedienstleistung, von der das Auf und Ab von Gesellschaftssystemen und politischen Machtverhältnissen lange Zeiten abhing. Solange Sklaven billiger waren als Techniken der Energieumwandlung, bildeten sie die Grundlage zur Versorgung mit Arbeits- und Nahrungsenergie. Vor diesem Hintergrund wird das Menetekel deutlich, das der Sklavenaufstand des Spartacus für das römische Weltreich bedeutete: Er rührte an die Grundfesten der gesamten politischen und wirtschaftlichen Ordnung.

Durch ungezügelten Raubbau an Waldbeständen und durch Bodenerosion verloren die Menschen ihre Existenzgrundlage, was Völkerwanderungen auslöste. Über die Erfindung von Wasser- und Windmühlen gelang es – in den unterschiedlichen Gesellschaften in verschiedenen Zeiträumen –, im Laufe der vergangenen 2000 Jahre die Bewässerungstechniken zur Gewinnung von Nahrungsenergie und die Getreideverarbeitung zu vervollkommnen. Hüttenwerke entstanden zur Eisenerzeugung, sie hatten hemmungslose Waldausbeute zur Folge; Hammerwerke aus Wasserkraft verbessern die Produktivität. Kohlevorkommen wurden entdeckt und zur Eisenschmelze oder zu Heizzwecken eingesetzt, wie bei der Waldnutzung aber zunächst unter räumlicher und quantitativer Begrenzung wegen der Schwierigkeit, die Brennstoffe zu transportieren.

Die einzelnen Entwicklungsphasen verliefen allerdings in den Weltregionen, was die Reihenfolge und die entdeckten Umwandlertechniken angeht, nicht identisch. Es gibt zahlreiche Beispiele dafür, wie Gesellschaften zunächst einen energietechnischen und damit einen allgemeinen Entwicklungsvorsprung vor anderen haben, dabei aber zu lange stehen blieben, und von anderen durch neue energietechnische Sprünge eingeholt und überholt wurden.

Der entscheidende Durchbruch, der den Wohlstand der Industriegesellschaften möglich machte und gleichzeitig den Übergang von früheren regionalen Kriegen zum gegenwärtigen globalen Krieg gegen die Umwelt erklärt, setzt mit der Entwicklung der Dampfmaschine und wenig später mit der Dampfschiffahrt ein.

Dies war die eigentliche industrielle Revolution, die Grundlage für den Aufstieg der Industriegesellschaften. Bis dahin war die Industrialisierung durch zwei Engpässe gebremst: durch die Unfähigkeit, Wärme in Bewegung umzusetzen, und durch die begrenzten Möglichkeiten des Energietransports. Indem diese Restriktionen überwunden werden, entwickeln sich Energieverbrauch und industrielle Entwicklung fortan in einem sich rapide beschleunigenden Tempo. Das geschieht in Etappen: von der effektiven Förderung der Kohlevorkommen zu der der Erdöl- und Erdgasvorkommen im globalen Verteilungsmaßstab; von der Entwicklung der Dampfschiffahrt zu der der Eisenbahn, der Kraftfahrzeuge und schließlich der Flugzeuge; vom Einsatz von Kohletendern zum Bau von Ölleitungen, Gasleitungen und zum Einsatz von Öltankern. Der Transport von Primärenergien wird von überallher möglich, und mit der Entwicklung der Stromerzeugung und dem Bau von Stromnetzen werden das Energieversorgungssystem noch flexibler und der Stromtransport nochmals beschleunigt. Und schließlich gibt es die Atomkraft. Die industrielle Revolution war eine energietechnische Revolution, sie leitete die scheinbar endgültige Abkehr von der direkten und indirekten Nutzung der aktuellen Sonnenkraft ein.

Menschliche und tierische Arbeitskraft werden durch moderne Energiewandlungstechniken ersetzt – überall da, wo es für die Betreiber und Nutzer billiger wird, Primärenergie verfügbar ist und das entsprechende Kapital eingesetzt werden kann. Die Akkumulation von Kapital und damit die Entstehung von industriellen Ballungsräumen vollzog sich anfangs um die Zentren der Energievorkommen und später am Standort von Raffinerien, an Schiffahrts-, Eisenbahnstrecken, Pipelines und Fernstromnetzen. Dort kommt es zu Arbeitskräftemangel und Realeinkommenssteigerungen, dadurch werden Wanderungsbewegungen in diese Zentren ausgelöst, Millionenstädte entstehen, und ländliche Regionen verelenden. Die erhöhte Arbeitsproduktivität, die in erster Linie eine erhöhte Energieproduktivität ist, vergrößert das Mehrprodukt und trägt damit maßgeblich zur wirtschaftlichen Klassenbildung bei.[14]

Die Energieeffizienz steigert sich zusätzlich dort, wo der industriellen Revolution die soziale Bewegung folgt, deren erfolgreicher Kampf um Arbeitszeit, -lohn und -bedingungen die Kosten ansteigen läßt – und dazu beiträgt, daß menschliche Arbeitskraft beschleunigt durch maschinelle Energiewandler ersetzt wird. Die stetige technische Verbesserung der Energieumwandlung macht Energie fortlaufend billiger und beschleunigt wiederum das industrielle Wachstum, den Rohstoffverbrauch und den Energieverbrauch in einer steil ansteigenden Kurve. Die gesamte Produktivitätsentwicklung, die in der sich internationalisierenden Wirtschaft zunehmend zum entscheidenden Faktor für die Stabilität von politischen Systemen geworden ist, ist vor allem eine der gesteigerten Energieeffizienz. Diese Dimension können wir in vollem Umfang nur erfassen, wenn wir eben nicht nur die »exosomatischen« Organe – also Werkzeuge und Maschinen – und den für ihren Einsatz notwendigen Energiebedarf gesondert betrachten, sondern auch den fortlaufenden Prozeß des Ersetzens menschlicher Arbeitsenergie durch elektronische Datenverarbeitung, rechnergestützte Produktion und Kommunikationstechnologien. Immer wieder wehren sich kurzsichtige wirtschaftliche Beharrungsinteressen gegen solche Entwicklungen, weil sie die damit verbundenen mittelfristigen Interessenvorteile für die Gesamtwirtschaft nicht sofort wahrnehmen.

Energieversorgung und Wanderungsbewegungen

Die industrielle Revolution wird im allgemeinen gleichgesetzt mit einem Anwachsen der Bevölkerungszahlen. Aber der Grund für den Bevölkerungszuwachs in industriellen Zentren lag mehr in den Land-Stadt-Wanderungsbewegungen und internationalen Migrationen zu den Massenarbeitsplätzen als im Wachstum der eingesessenen Bevölkerung. Diese Bewegungen haben einen anderen ebenso fundamentalen soziologischen Vorgang statistisch verdeckt: Die gesicherte und kostengünstige Verfügung über Energiequellen und -techniken führt allmählich zur Stagnation des Bevölkerungswachstums! Zwar ist der Zusammenhang zwischen Energiebedarfsdeckung und demographischer Entwicklung in kaum einer der zahlreichen Analysen der Bevölkerungsexplosion zu finden – doch er ist statistisch eindeutig und ergibt sich zwangsläufig aus den Erfahrungen mit der sozialen Wirkung der Energiesysteme. Aus der folgenden aus dem Weltenergieatlas zusammengestellten *Tabelle 1* ist klar zu erkennen, daß in den Ländern mit dem höchsten Energieverbrauch das Bevölkerungswachstum faktisch aufgehört hat – am deutlichsten zu sehen in der Europäischen Gemeinschaft und in Nordeuropa.[15] Lediglich Kanada, die USA und Australien haben trotz ihrer Energiesättigung noch ein Bevölkerungswachstum von jährlich 0,7–1%, aber der Grund liegt in ihren Einwanderungszahlen. Die Zahlen aus Lateinamerika, Asien und Afrika zeigen: Je größer der Energiemangel, desto größer das Bevölkerungswachstum!

Tabelle 1 Energieverbrauch und Bevölkerungswachstum

	Energieverbrauch pro Einwohner (1985) (Tonnen Öl-Äquivalent)	jährl. Bevölkerungswachstum 1985–2020 (Prozent)
Kanada	9,0	0,8
USA	7,5	0,7
Nordeuropa	5,4	0,2
Australien, Neuseeland	4,8	1,0
Sowjetunion	4,7	1,0
Europäische Gemeinschaft	4,0	0,1
Japan	3,0	0,7
Lateinamerika	1,0	2,2
Asien	0,4	2,4
Afrika	0,4	3,0

Auch wenn wir andere Entwicklungsdaten berücksichtigen (Lebenserwartung, Nationalprodukt, landwirtschaftliche Produktion, Wasserversorgung, Alphabetenrate), so stoßen wir immer wieder auf die prinzipiellen Zusammenhänge von Energieverfügbarkeit und gesellschaftlicher Entwicklungsfähigkeit. Auch aus *Tabelle 2* auf S. 31 ergibt sich eindeutig, daß hoher Energieeinsatz gleichbedeutend ist mit weitgehender Bevölkerungsstagnation und hohem Nationalprodukt, Energiemangel dagegen mit Bevölkerungsexplosion – selbst bei niedriger Lebenserwartung! –, kärglichem Nationalprodukt, hohem Anteil an landwirtschaftlicher Produktion und Landbevölkerung und schlechter Wasserversorgung.[16] Daraus die Schlußfolgerung zu ziehen, wie es die Autoren des Weltbevölkerungsberichts von 1992 des Bevölkerungsfonds der Vereinten Nationen tun, die »Zukunft gehöre der Stadt«, ist eine hilflose Reaktion. Wenn zwischen 1980 und 2 000 Sao Paulo von 7 auf 25, Buenos Aires von 10 auf 25, Mexico City von 9 auf 30, Calcutta von 9 auf 20 oder Bombay von 8 auf 20 Mio Einwohner anwachsen und sich dort die Slums, Schmutzlawinen und Epidemiengefahren vergrößern, dann muß die Antwort in der Verhinderung der Landflucht gesucht werden. Nicht minder hilflos wirken auch die zahllosen, meist gleichlautenden Empfehlungen zur Eindämmung des Bevölkerungswachstums, die ihren Ausdruck in Alphabetisierungs- und Ausbildungsprogrammen oder in Programmen zur Familienplanung und zur Stärkung der Rechte der Frauen finden – die in einigen Regionen 300 Tage im Jahr aufwenden müssen, um Brennholz zu sammeln.

Solange keine Energie zur Verfügung steht, die die menschliche Arbeitsenergie ersetzen kann, wird das Bevölkerungswachstum nicht zu bremsen sein! Dabei gehen die Wanderungsbewegungen hauptsächlich von den ländlichen Räumen der Entwicklungsländer aus, weil die wachsende Bevölkerung dort kein wirtschaftliches Entfaltungspotential findet. Ohne dauerhaft verfügbare Energie können weder die landwirtschaftliche Produktion gesteigert, noch der Wassermangel behoben, noch Handwerk und Kleinindustrie entwickelt, noch die Vegetation geschont werden. Allein China hat trotz eines geringeren kommerziellen Energieangebots als andere »medium developed countries« seinen Bevölkerungszuwachs kontrollierbar gemacht und eine Landflucht vermeiden können. Neben dem gezielten politischen Druck ist der wesentliche Grund eine – im Verhältnis zu anderen Entwicklungsländern – gelungene Landwirtschaftsreform. Statt die Landwirtschaft auf maschinellen und Düngemitteleinsatz nach dem Vorbild der Industrieländer umzutrimmen, wofür den meisten Bauern das Kapital fehlte, wurde ein kosteneffektiver Verwertungskreislauf der Biomasse-Energie mit entsprechenden kleintechnischen Umwandlern (z.B Biogasanlagen) organisiert.

Wo keine Energie gekauft und keine die menschliche Arbeitskraft sparenden technischen Umwandler eingesetzt werden können, sind Familienmitglieder der am leichtesten verfügbare Ersatz. Solange es beim Energiemangel in den Entwicklungsländern bleibt, können also Alphabetisierungs-, Geburtenregelungs- und Frauenrechtsprogramme an der Bevölkerungszunahme wenig än-

Tabelle 2 Vergleich von Energieverbrauch, Wirtschafts- und Lebensverhältnissen

	Kommerzielle Energie (kg Öl-Äquivalent pro Einwohner, 1990)	Erwarteter Bevölkerungszuwachs (% zwischen 1990–2000)	Durchschnittliche Lebenserwartung (1990)	Nationalprodukt pro Einwohner (US-Dollar 1990)	Landwirtschaftliche Produktion (% des Nationalprodukts)	Landbevölkerung (% der Bevölkerung)	Wasserversorgung (% der Bevölkerung)	Analphabeten (% der Bevölkerung)
Industrieländer	4930	0,5	74,5	17017			100	
Medium Human Development	1061	1,6	66,2	1998	13	42	85	21
China	591	1,3	70,1	350	32	67	74	27
Low Human Development	160	2,7	55,2	384	28	71	46	46
Indien	226	2,0	59,1	340	30	73	75	52
Least Human Development	63	3,0	51	237	40	78	46	55

dern. Daß dieser Kernpunkt in so vielen Analysen der Bevölkerungsexplosion nicht einmal am Rande vorkommt, erklärt sich allein dadurch, daß man bis in die Wissenschaftswelt nichts über die sozioökonomische Bedeutung der Energiesysteme weiß – und daß man den Faktor Mensch aus den Energieanalysen ausklammert. Zwar sind wir es gewohnt, die Motorleistung von Automobilen in Pferdestärken zu messen, aber kaum jemand zieht daraus Schlußfolgerungen für die Analyse der soziologischen Strukturen, in denen es solche Motorleistungen nicht gibt. Für die menschliche Muskelkraft gilt dasselbe. Der Energieverbrauch in den industrialisierten Ländern ist ein Diener- oder Sklavenersatz: Die Energiedienstleistung, die durchschnittlich pro Kopf der Bevölkerung jährlich zur Verfügung steht, entspricht in den industriellen Ländern dem Einsatz von über hundert Sklaven. Wo diese Energiedienstleistungen nicht zur Verfügung stehen, wird soweit wie möglich auf kostenlose menschliche Muskelkraft oder auf die Natur zurückgegriffen. Die Abbildung 1 auf Seite 33 zeigt den Energieverbrauch in Primitivkulturen, Jägerkulturen, frühen Ackerbaukulturen, entwickelten landwirtschaftlichen Kulturen, frühen industriellen und modernen technologischen Kulturen. Sie bestätigt, was bereits am Energie- und Technikeinsatz in der Landwirtschaft zu erkennen ist: Die industriell-technische Entwicklung korrespondiert mit drastisch wachsendem Energieverbrauch.[17]

Während in den Industrieländern nur 3 % des Energieversorgungsanteils aus Biomasse besteht, sind es in den Entwicklungsländern 35 %. In Äthiopien, Burkina Faso, Tanzania, Uganda und Nepal liegt der Brennstoffverbrauch aus Biomasse bei über 90 Prozent.[18] Dabei wird diese Biomasse in immer größerem Maße so genutzt, daß sich das Potential nicht erneuert und in überschaubarer Zeit zur Neige geht. Ohne neue Energieversorgung wird dies zu noch rapiderer Bevölkerungszunahme und einem weiteren Anschwellen der Wanderungsbewegungen führen. Doch die Energieversorgung, die das gegenwärtige Weltenergiesystem anbietet, bleibt für die Entwicklungsländer in dem für sie erforderlichen Ausmaß aus wirtschaftlichen Gründen unerschwinglich und unerreichbar. Der allfälligen Veränderung steht ein ausgewachsener »politisch-industrieller Energiekomplex« entgegen, der die bekannten politischen Einflüsse »militärisch-industrieller Kom

Abbildung 1

**Täglicher Energieverbrauch
der verschiedenen Kulturstufen (in 1000 KCal.)**

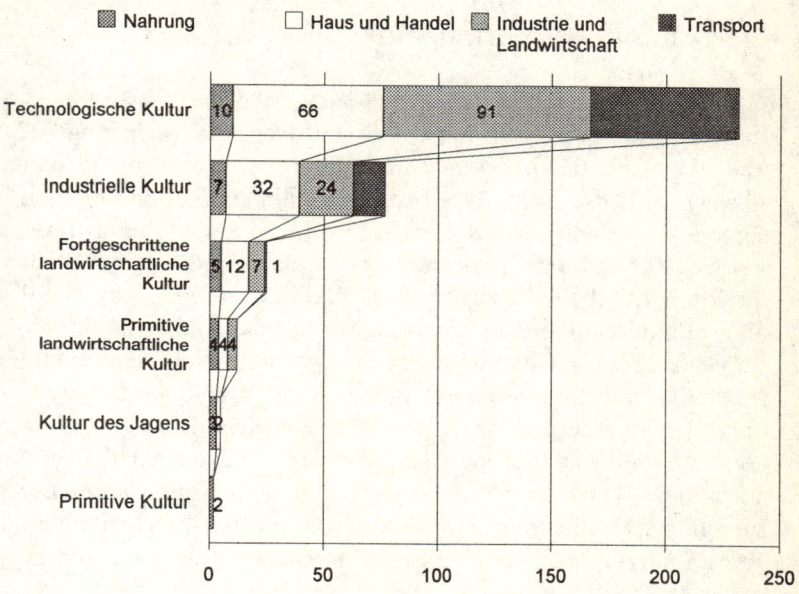

Quelle: Earl Cook, The Flow of Energy in an Industrial Society, Scientific American,
9/1971, S. 136

plexe« weit in den Schatten stellt – eine politische Energiemacht, die die Verfügung über die Energiequellen und ihre Verwertung auf die Bedürfnisse der Industrieländer zugeschnitten hat.

Der Energie-Imperialismus

Jahrhundertelang haben die europäischen Mächte ihren Kolonial-Imperialismus betrieben, um auf diesem Wege die Verfügungsgewalt über Energievorkommen und andere Rohstoffe militärisch zu sichern. Diese Kolonialzeit ist abgeschlossen und durch einen Energie-Imperialismus abgelöst worden, der für die industrialisierte Welt ökonomisch vorteilhafter ist, da sie im Normalfall auf direkte politische Unterdrückung anderer Länder verzichten und ohne administrative Verantwortung für sie auskommen kann.

Die technische Energieumwandlung erhöht die Energierente gegenüber auf diesem Sektor technisch Rückständigen; eine erhöhte Energierente vergrößert die ökonomische Bewegungsfreiheit, die weltweit billigsten Energiequellen zu erschließen und noch mehr Energietechniken einzusetzen. Ein internationaler Energiemarkt entsteht aufgrund der Transportmöglichkeiten. Teure Energie wird durch billigere Energie verdrängt, was stets zu harten Interessenkollisionen führt.

Doch die internationale Geschichte der Energie kann nur nachvollzogen werden, wenn man die damit stets verbundenen politischen, institutionellen, wirtschaftlichen und sozialen Faktoren berücksichtigt. Die Marktpreise wurden dabei regelmäßig von den energieanbietenden Regierungen und Unternehmen manipuliert und haben oft wenig mit den tatsächlichen Kosten zu tun.[19] Industrialisierte Länder streiten um Kohlefördergebiete, wie z. B. der deutsch-französische Konflikt um das Ruhrgebiet nach dem 1. Weltkrieg zeigt, Kohleförderer wehren sich gegen das Vorpreschen der Ölanbieter. Aber diese massiven Konflikte industrialisierter Länder und Unternehmen untereinander relativieren sich in dem Maße, wie das Erdöl auf die Energiemärkte drängt und die Ölquellen nichtindustrialisierter oder kolonialisierter Weltregionen entdeckt und ökonomisch erschlossen werden.

Öl als der am vielfältigsten einsetzbare und am billigsten zu fördernde fossile Energieträger – wegen des simplen und doch entscheidenden Vorteils, daß Öl flüssig ist – rückt seit Beginn des 20. Jahrhunderts mehr und mehr ins Zentrum der Weltenergieversorgung. Die ersten Ölkonzerne, die sich schnell Rendite-Vorsprünge vor anderen Energie-Unternehmen sichern können, richten ihr Augenmerk auf den Erwerb von Förderrechten in fremden Territorien und lassen diese politisch durch ihre Regierungen absichern. In der Weltenergieordnung des 20. Jahrhunderts sind nicht mehr eigene Energievorkommen für die westlichen Industrieländer entscheidend, sondern die Möglichkeit, Kapital einzusetzen, um sich Energiequellen verfügbar zu machen – wozu der Vorteil gehört, dabei die eigenen durch Ausbeutung fremder Ressourcen zu schonen. »Das persische Öl gehört Ihnen. Das Öl im Irak und Kuwait teilen wir uns. Und was das saudische Öl betrifft, das gehört uns.«[20] Diese Worte des amerikanischen Präsidenten Roosevelt an den britischen Botschafter Halifax charakterisieren den modernen Energie-Imperialismus, geprägt von einer wirkungsvollen Arbeitsteilung zunächst zwischen den Ölkonzernen und ihren Regierungen, an der später auch die Ölförderländer partizipieren.

Die Entdeckung und Erschließung der Ölquellen im Mittleren Osten führt Ölkonzerne und später auch westliche Regierungen zusammen. Schon 1928 entsteht das Kartell von Achnacarry, in dem es – unabhängig von der Herkunft des Öls – zu Preisabsprachen kommt, zur Stabilisierung und Aufteilung der Märkte, zur gemeinsamen Planung, die Vertriebsnetze zu erweitern.[21] An die Stelle der Kolonialmacht treten Förderrechte im Mittleren Osten, die sich anfangs nicht auf die Ölmenge, sondern auf die Nutzfläche beziehen. Die Gewinnanteile der Länder werden damit von der Fördermenge abhängig. Erst Anfang der 50er Jahre teilen die westlichen Ölmultis ihre Einnahmen mit den Förderländern auf einer 50:50-Basis. Die *Abbildung 2* auf S. 36 zeigt, über welche Kanäle sich die Ölquellen in die industriellen Zentren der USA, Westeuropas und Japans bis Anfang der 70er Jahre ergossen – überwiegend über die »sieben Schwestern«.[22] Deren Macht- und Marktstellung ist durch den Aufbau eigener Öl-Staatsgesellschaften wie in Italien und Frankreich mit eigenen Kontakten zu Förderländern nur geringfügig beeinträchtigt, obwohl diese staatlichen Gesellschaften mit dem Ziel gegründet worden sind, von den führenden Multis unabhängig zu werden. Der Versuch des

Abbildung 2

Strukturelle Beziehungen zwischen den Öleigentümerstaaten, den multinationalen Ölkonzernen und den Ölverbraucherstaaten auf dem Weltmarkt vor der „Energiekrise"

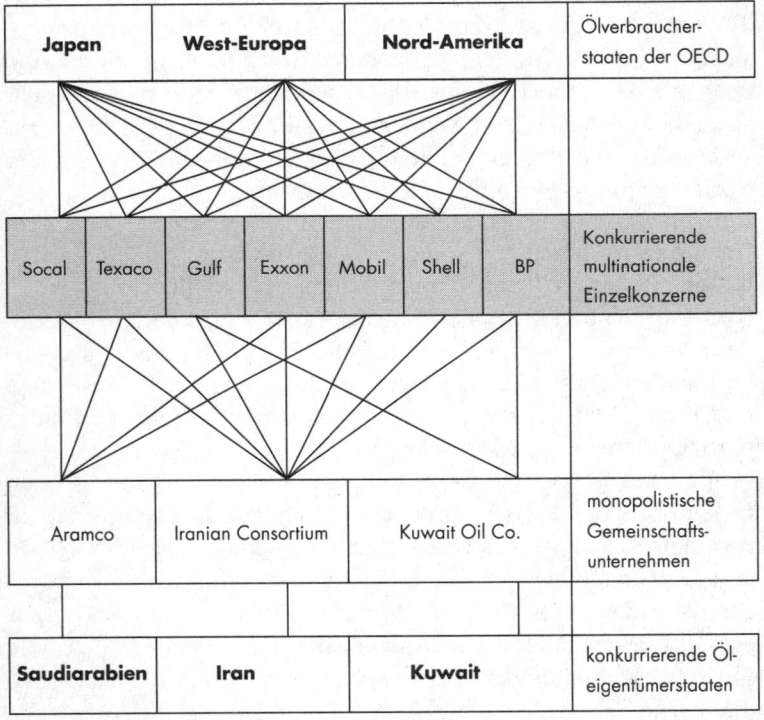

Quelle: M. Massarrat, Weltenergieproduktion und Neuordnung der Weltwirtschaft, Frankfurt/New York, 1980; S. 169

iranischen sozialreformerischen Ministerpräsidenten Mossadegh, durch Verstaatlichung der Ölquellen die Nutzungsrechte in die eigenen Hände zu bekommen, endete mit dem internationalen Boykott des iranischen Erdölvertriebs durch eine Koalition der Erdölmultis mit der britischen und der amerikanischen Regierung. Die iranische Produktion sank um 90 %, bis zum von der CIA mitlancierten Sturz Mossadeghs (1953).[23]

Ein hohes Energieangebot auf der Basis von Dumping-Preisen

wird zum Lebenselixier der westlichen Industriegesellschaften, die sich damit einen immer größeren Vorsprung gegenüber dem Rest der Welt sichern – in der Produktion, im Konsum und über die Mineralölsteuer auch in ihren Staatsfinanzen. Erst Anfang der 70er Jahre gelingt es den Ölförderländern, die Nutzungsrechte für ihre Quellen zu erhalten. Der Zusammenschluß der Ölförderländer in der OPEC und die Existenz der Supermacht Sowjetunion mit Einflüssen auch im Mittleren Osten machen Sanktionen wie zuvor gegenüber dem Iran unmöglich. Die Ölkrisen der 70er Jahre sind Ausdruck des berechtigten Verlangens der Förderländer, fairere Preise und eine Streckung der eigenen Ressourcen zu erreichen. Das Wirtschaftswachstum und die sozialen Wohlfahrtsleistungen der westlichen Demokratien der Nachkriegszeit beruhen vorwiegend auf dem Rollgriff nach dem Öl anderer zu Preisen, die weder die ökonomische noch die politische – geschweige denn die ökologische Wahrheit – wiedergeben.[24]

Doch das OPEC-Kartell hat aus mehreren Gründen keinen Bestand. Der iranisch-irakische Krieg der 80er Jahre führt zu zusätzlichem Geldbedarf und damit zur einseitigen Erhöhung der Fördermengen. Saudi-Arabien, Kuwait und die Vereinigten Emirate sichern sich gegen Umsturzgefahren die politische Unterstützung des Westens, der im Namen der freien Welt den dortigen Feudalismus aufrechterhält. Wegen ihrer umfangreichen Kapitalanlagen im industrialisierten Westen verlieren die Ölstaaten das Interesse daran, diesen durch erneute drastische Preiserhöhungen in eine Wirtschaftskrise zu treiben, weil so die Einnahmen aus den Auslandsinvestitionen gefährdet würden. »Das Öl braucht die Märkte, und die Märkte brauchen Öl; diese einander ergänzenden Interessen sollten die Basis einer stabilen, konstruktiven, harmonischen Beziehung sein, die bis ins 21. Jahrhundert dauern sollte.«[25] Mit anderen Worten: Der »politisch-wirtschaftliche Energie-Komplex« hat sich nach den Ölkrisen der 70er und beginnenden 80er Jahre etabliert, nachdem die Förderländer auf ihre Aufnahme pochten. Libyen, eine politische Ausnahme in der geölten Harmonie, ist nicht zuletzt deshalb dem Westen ein ständiger Dorn im Auge. Als der Irak durch die Einverleibung Kuwaits zu einem weiteren dreisten Ausnahmefall wird, erfolgt die größte Militärexpedition seit dem Zweiten Weltkrieg – politisch erleichtert durch den bereits 1990 eingetretenen Wegfall des Weltmachtkonkurrenten Sowjetunion. Zwei Jahre zuvor hatte der Irak durch den Einsatz chemischer Waffen einen noch schwerwiegenderen Völkerrechtsbruch begangen als mit der Okkupation Kuwaits, aber es war keine Reaktion erfolgt, weil es nicht um die politische Kontrolle der Ölressourcen ging.

Der Energie-Imperialismus bestimmt offenkundig nicht nur das Wachstumstempo der Weltwirtschaft, sondern übt auch einen entscheidenden Einfluß gegen Bemühungen für eine ökologische Korrektur und eine Befreiung von einschlägigen Abhängigkeitsbeziehungen in der Energieversorgung aus. Die Schuldenkatastrophe der Entwicklungsländer geht hauptsächlich auf die Ölkrisen zurück. Hatten sie 1970 noch 64 Mrd US-Dollar Schulden, so waren es 1982 bereits 830 Mrd und 1990 1265 Mrd. Allein für Öleinkäufe mußten sie zwischen 1973 und 1981 260 Mrd Dollar direkte Mehrkosten aufbringen, ohne daß hierbei die indirekten Folgen mitberechnet sind.[26] Die zweite Ölkrise dämpfte die Weltkonjunktur abrupt, ließ die Staatsverschuldung und damit die Zinssätze in den Industrieländern ansteigen und verursachte allein zwischen 1979 und 1982 den Anstieg der Auslandsschulden der Entwicklungsländer um 40 %. Die westlichen Industrieländer und die Ölförderländer wurden die Krisengewinnler, je enger ihre Interessengemeinschaft wurde.

Die ölkrisenbedingte Schuldenkrise trieb die Entwicklungsländer zur Angebotssteigerung bei mineralischen Rohstoffen, um Einnahmeverluste auszugleichen – und führte damit zu einem Verfall der Preise, der wiederum die Schuldenlawine vergrößerte. So gibt es heute keine Verknappung von Energie und Rohstoffen, sondern ein Überangebot – und das trotz ihrer Erschöpfbarkeit. Da die Industrieländer gleichzeitig die weit besseren finanziellen, technischen, industriellen und administrativen Möglichkeiten haben, Ressourcen durch Effizienzsteigerung und Substitution zu sparen, sitzen sie am längeren Hebel, den sie zusammen mit den meisten Ölförderländern gegen die Entwicklungsländer bedienen. Dazu gehört, diese in der Abhängigkeit von Energie und damit am politischen Tropf zu halten. Die Energiepreise – für die der Ölpreis die Funktion des Leitpreises hat – werden auf einem Niveau gehalten, das für die kurzfristigen Wettbewerbsziele der Industrieländer niedrig genug ist, die Entwicklungsländer jedoch knebelt. Im Verhältnis zum internationalen Grenzpreis waren, einer Untersuchung des World Resources Institute zufolge, beispielsweise 1985 der Benzin- und Dieselpreis in Uganda höher als in der Bundesrepublik Deutschland, in Indien, Äthiopien und Kenia höher als in den USA. Allein Ägypten muß 4 Mrd Dollar (88 % seiner Exporteinnahmen, 13 % seines Nationalprodukts) für Ölsubventionen ausgeben, China 5,4 Mrd Dollar (20 % seiner Exporteinnahmen).[27] Es ist eindeutig, daß – wie Smart in seiner Untersuchung »Energy and the Power of Nations« zeigt – der Energiebedarf der Entwicklungsländer die internationale Macht der Ölexporteure permanent steigert.[28]

Gleichzeitig wird aber alles getan, um diese abhängig machenden und haltenden Energieversorgungsstrukturen zu konservieren und auszubauen. Selbst die Leistungen der führenden westlichen Entwicklungsbanken (World Bank, International Monetary Fund, Inter-American Development Bank) sowie die Entwicklungs-Fonds von Ölförderländern haben nur einen geringen oder sogar kontraproduktiven Effekt für die Entwickungsländer gehabt: Mit dem Bau von Highways fördern sie z. B. Automobilverkehr und Treibstoffverbrauch. Nicht einmal 5 % der Weltbank-Aktivitäten auf dem Energiesektor beziehen sich auf Elektrifizierung ländlicher Gebiete.[29] Das Gros der Entwicklungskredite aller Länder auf dem Energiesektor ist zu weit über 90 % auf die nichtsolaren Energien konzentriert.[30] Solange die Entwicklungsländer sich auf solche Kredite stützen, bleiben sie in existentieller Abhängigkeit von den Industrie- und den Ölförderländern – die ihnen niemals die Energie zu Preisen anbieten werden, die ihrer Kaufkraft entsprechen: Dagegen stehen das Preissystem, die Vermarktungsstrukturen, die eigenen Energiebedürfnisse der Industrieländer, die begrenzten Ressourcen und die globalen Umweltlasten.

Der Nord-Süd-Verteilungskampf verlagert sich mehr und mehr von Ausbeutungs- und Verfügungsrechten für Energie und Rohstoffe auf das Recht, Quoten für die Belastung der Umwelt zugeteilt zu bekommen, in deren Rahmen die Industrieländer nunmehr versuchen, mit ökologischer Begründung international den Energieverbrauch der Entwicklungsländer zu limitieren. Aber die einzige adäquate Schlußfolgerung – die konzentrierte Anstrengung für die Nutzung der Sonnenenergie – steht nicht zur Debatte, weil sie den Einflüssen und Interessen des Weltenergiesystems ebenfalls widerspricht. So ist weder damit zu rechnen, daß die Systemführer des internationalen Energiesystems andere an die knapper werdenden Ressourcen heranlassen, noch damit, daß sie aus sich heraus die Initiative zu einem alternativen Energiesystem ergreifen, das außerhalb ihrer Kontrollmöglichkeiten liegt. Der eingespielte Interessengleichklang zwischen den USA, den Ölkonzernen und den Ölförderländern trat auch bei der Rio-Konferenz offen zu Tage: Die USA weigerten sich, die Konvention zu unterzeichnen, die ihnen eine CO_2-Minderung auferlegt hätte.

Ein nahezu vollständig vergleichbares Bild zeigt sich in der Struktur eines internationalen Kartells der Elektrokonzerne, die sich seit Beginn des Jahrhunderts herausbildeten: Über Marktabsprachen und mit Hilfe großer Geschäftsbanken – in Deutschland zwischen der AEG und Siemens mit der Deutschen Bank, deren erster Chef auch Siemens hieß, in den USA zwischen General Electric und Westinghouse – werden zunächst die nationalen und später die internationalen Märkte aufgeteilt. »Home Protection Agreements« werden geschlossen – und »cross licensing«, die Eingabe von Patenten in einen Verwertungspool, betrieben. 1930 kommt es zum International Notification and Compensation Agreement (INCA) und 1936 zur Bildung der International Electrical Association, die mit »factory committees« unerwünschte Konkurrenten auszuschalten versucht und Kampfkomitees gegen Außenseiter bildet. In den 60er Jahren wurde beispielsweise mit Hilfe der bestochenen brasilianischen Regierung die dortige Elektroindustrie verdrängt, indem amerikanische Elektrounternehmen zoll- und steuerfrei importieren durften und einheimische Produzenten weiter Steuern zahlen mußten. Es wird genau unterschieden zwischen »producing« und »non producing countries«, wobei letztere als Abnehmer oder als Standort für eigene Billigproduktionen in Frage kommen, aber keinesfalls eigenständige Erzeuger von Elektrotechniken oder Kraftwerken werden sollen. In dem aufsehenerregenden Philadelphia-Prozeß im Jahre 1963 werden General Electric- und Westinghouse-Direktoren wegen ihrer Preisabsprachen und Marktaufteilungen verurteilt, was der Richter Geney mit den Worten kommentiert: »Wir stehen hier vor einem schockierenden Beispiel kriminellen Vorgehens eines weiten Sektors unseres Wirtschaftssystems. Es geht in der Tat um das Überleben unseres Wirtschaftssystems, der freien

Wirtschaft. Die Angeklagten haben unser Wirtschaftssystem zum Narren gehalten. Sie zerstörten die Alternativen, die wir heute, als Mitglied der freien Welt, dem Staatskapitalismus, dem Sozialismus und eventuellen Diktatoren zu bieten haben.« Geheimdienstmäßig organisiert, zieht sich – der dokumentenreichen Untersuchung von Mirow zufolge [31] – das Netz bis nach Japan, dessen Unternehmen seit den 60er Jahren in diese Absprachen einbezogen sind. Die Kartellabsprachen erfolgen nach einzelnen Produkten (Sektionen) – von Stromzählern bis zu Elektromotoren und Kraftwerksturbinen – und Marktgebieten. Es ist kein Wunder, daß diese »Electrical Equipment Conspiracies« solange die Produktion solarer Energietechnik zu verhindern suchen werden, solange sie für sich selbst den Zeitpunkt dazu noch nicht für gekommen halten. Da die Marktführer identisch sind mit den Anbietern von Atomtechnik, haben diese ein klar definiertes Interesse, nicht ihre eigenen Konkurrenten zu sein.

Zum energie-imperialistischen Instrumentarium gehören die gezielte Ausnutzung der Abhängigkeiten anderer, die Manipulierung der internationalen Energiepreise, die gelegentliche Vergabe von Entwicklungshilfe-Almosen an ausgebeutete Länder, die besondere Unterstützung und Korrumpierung loyaler Lieferregierungen und nicht zuletzt – zunehmend – militärische Sicherungsmaßnahmen. Dies wird vor allem deutlich an der im November 1991 vom NATO-Gipfel in Rom beschlossenen neuen Strategie, in deren Mittelpunkt die Bildung Schneller Eingreiftruppen gegen die »Gefahren aus dem Süden« steht – »Gefahren«, hinter denen sich in Wahrheit militärisch haushoch unterlegene und politisch zerstrittene islamische Staaten verbergen.

Die Energierenten der Profiteure des Weltenergiesystems vergrößern den Gegensatz zwischen armen und reichen, entwickelten und weniger entwickelten Ländern in immer extremerer Weise und stellen die Kolonialausbeutung von einst weit in den Schatten. Je barbarischer die Zustände – zwischen Menschen und Menschen, und Menschen und Natur – in der ökonomisch und ökologisch ausgebeuteten Welt der Entwicklungsländer werden, desto mehr erheben sich gleichzeitig die westlichen industriellen Hochkulturen moralisch über ihre Opfer. Der Energie-Imperialismus ist auch deshalb der effektivste aller bisherigen Imperialismen, weil er der subtilste und am schwersten zu enttarnende ist.

Der Nord-Süd-Konflikt: ein Energie-Syndrom

Diese grobe Skizze der Entwicklung der Energiesysteme vermittelt uns einige Grunderkenntnisse über das Energiesyndrom der Menschheit, die für jede strategische Erörterung der Abwendung lebensbedrohender Veränderungen unerläßlich sind:

1. Die industrialisierte Welt verbraucht nicht deshalb mehr Energie als die Entwicklungsländer, weil sie mehr industrielle Güter produziert und mehr Dienstleistungen in Anspruch nimmt. Es ist umgekehrt: Sie produziert und konsumiert mehr, weil sie über die effizienteren Energiewandlungstechniken verfügt und sich dadurch Kapital-, Markt- und Wachstumsvorsprünge erobern konnte. Gesteigerte Effizienz des Energieeinsatzes bedeutet also nicht automatisch eine Verringerung des Bedarfs an Energie. Zwar kann durch Produktivitätssteigerungen mehr und mehr auf die menschliche Arbeitsenergie verzichtet werden. Aber die Menschen verlagern ihre Energiebedürfnisse in Bereiche des Konsums, die zur wirtschaftlichen Existenzsicherung nicht mehr notwendig und hochgradig energieineffizient sind.

2. Der ökologische Sündenfall der Menschheit bestand nicht so sehr in der durch Energiewandlertechniken möglich gewordenen Industrialisierung, sondern in der zunehmenden Orientierung der Energieumwandlung auf die fossilen und später die atomaren Energiequellen. Deren unmittelbarer Vorteil ist die hohe Energiedichte, also die Möglichkeit, aus einem kleinen Volumen hohe Energieleistungen zu erzielen. Das erleichterte Speicherung und Transport, die unternehmerische Zentralisierung der Energieversorgung und ein rasches Wachstum des Energieverbrauchs ohne Rücksicht auf die Begrenztheit dieser Energievorkommen und die ökologischen Grenzen. Inzwischen wissen wir, daß die Menschheit es sich nicht mehr leisten kann, alle ihre fossilen und atomaren Energievorräte noch zu verbrennen.

3. Als die Energieversorgung noch fast ausschließlich durch erneuerbare Energien und mittelfristig gespeiste Sonnenenergie

erfolgte, hatte die Erde eine wesentlich geringere Bevölkerungszahl. Von 200 Mio um Christi Geburt wuchs sie bis zum Jahre 1900 auf 1 Mrd, bis 1950 auf 2, bis 1990 auf über 5; erwartet werden nach UN-Schätzungen zur Jahrtausendwende über 6 und 2025 8,5 Mrd Menschen. Die Verfügbarkeit von Energie ist die zentrale Voraussetzung, um diesen Menschenzahlen eine menschenwürdige Zukunft sichern zu können. Es kann aber nicht mehr die Energieversorgung mit den Produktionsstrukturen der vergangenen 200 Jahre sein, weil sonst der menschlichen Zivilisation endgültig die Todesglocken läuten würden.

Die Menschheit muß *zurück zur Sonne*, aber sie kann nicht zurück zu vorindustriellen Verhältnissen. Sie hat nur noch die Chance zu einer *solartechnologischen Energie-Revolution, zur Nutzung der unerschöpflichen, stets vorhandenen Sonnenenergie mit Hilfe moderner Technik.*

4. Die räumliche Entkopplung von Energieversorgung und Energieverbrauch machte grenzenlos scheinendes Wachstum möglich, solange man nur die regionalen Grenzen der Ausbeutung und der Belastbarkeit der Natur kannte, jedoch die Möglichkeit verkannte, daß es globale Grenzen gibt. Doch damit bedeutete wirtschaftlicher Fortschritt Naturzerstörung, und die Schere zwischen Ökonomie und Ökologie öffnete sich immer mehr.

Die Entfremdung des Menschen von der Natur wurde dadurch erleichtert, daß man die mittelbaren, nicht direkt ins Auge fallenden Folgen des gesteigerten Energie-Einsatzes nicht zu sehen brauchte: Länder, die sich Energieimporte leisten können und dennoch hohe Energierenten erzielen, haben die Chance, auf den Raubbau an ihrer eigenen Vegetation zu verzichten. Die Schadenswirkungen treffen erst über den »Umweg« der Veränderung der Erdatmosphäre ihre Verursacher.

5. Die existierenden globalen Energiesysteme sind eine wesentliche Ursache für die Mißverhältnisse soziopolitischer Strukturen zwischen Nord und Süd. Wo Energiequellen und -technologien nicht verfügbar sind und man auf menschliche Arbeits-

energie besonders angewiesen ist, stellt sich nicht nur das Problem des Bevölkerungswachstums, sondern es dominieren auch soziale Hierarchie und politische Unterdrückung. Steht dagegen Energie ausreichend zur Verfügung, reduzieren sich die Geburtenraten, können soziale Hierarchien abgebaut, individuelle Freiheitsräume ausgebaut und Demokratie entwickkelt werden. Daraus folgt auch, daß erneute Energieverknappung wieder eine gegenteilige politisch-kulturelle Entwicklung einleiten wird.

6. Gegenüber dem globalen Einfluß des »politisch-wirtschaftlichen Energiekomplexes« haben die Entwicklungsländer keine Chance, eine auf ihre wirtschaftliche Leistungsfähigkeit bezogene, preisgünstige Energieversorgung aufzubauen. Mit herkömmlichen Energiequellen ist deshalb die Diskrepanz in den wirtschaftlichen Entwicklungen prinzipiell nicht zu überwinden. Die Abhängigkeit des Südens von der Macht des internationalen Energiekomplexes verurteilt die Entwicklungsländer auf Dauer zu Marionetten – ohne die Chance zu einer eigenständigen wirtschaftlichen Entwicklung und zu politischer Selbstbestimmung. Vor allem sind die Entwicklungsländer stets das erste und größte Opfer von Energiekrisen.

Auffallend ist, daß die zentrale Bedeutung der Energieversorgung in den zahllosen Analysen der Probleme der Entwicklungsländer kaum beachtet wird – obwohl jedermann den direkten Zusammenhang zwischen Ölkrisen und Schuldenkrisen kennt. Diese Teilblindheit hängt wohl nicht nur damit zusammen, daß die konstitutive Bedeutung der Energie für die wirtschaftliche und soziokulturelle Entwicklung vielen nicht bewußt ist. Offenbar hält man es für ausgeschlossen, das globale Energiesystem prinzipiell verändern zu können – es sei denn im Bereich des Energiesparens, womit zwar Emissionen gemindert, die Strukturen der globalen Energieverteilung jedoch nicht verändert werden können. Deswegen konzentrieren sich entwicklungspolitische Konzepte auf alle möglichen Vorschläge, aber sie behandeln die Energiefrage oft nur am Rande, und noch seltener erkennen sie den elementaren Stellenwert der Sonnenenergie für eine erfolgversprechende autonome wirtschaftliche und zugleich umweltverträgliche Entwicklung[32].

Schon ein oberflächlicher Blick auf die sonnenenergetischen Möglichkeiten macht einem deren umfassende Bedeutung klar: Sonnenenergie bietet gesicherte Versorgung mit Energie, die von keinem Energiekartell manipuliert oder kanalisiert werden kann. Weiterer Raubbau an fossilen und biologischen Ressourcen und der unselige Verteilungskampf um zugelassene Emissionsquoten, der nur wieder zu Lasten der Entwicklungsländer ausgehen kann, werden vermieden; Energiequellen und Energieverbrauch werden wieder gekoppelt, und daraus erwächst die Möglichkeit, daß andersartige dezentrale industrielle und gewerbliche Strukturen in Entwicklungsländern entstehen. Nicht zuletzt bietet Sonnenenergie die wahrscheinlich größte – und bisher als einzige noch nicht versuchte – Chance »zur Reduzierung des Bevölkerungswachstums, des Trends zur Abwanderung von ländlichen Räumen in die Städte und internationaler Wanderungsbewegungen«, wie es in der »Harare Solar Energy Declaration« vom November 1991 heißt[33].

Das Schicksal der gesamten Menschheit hängt ab von der Entwicklung der nichtindustrialisierten Länder. Alle bisherigen Entwicklungskonzepte haben nicht verhindern können, daß der Abstand zu den westlichen Industrieländern immer dramatischer wurde. Wachsende Menschenmassen ertragen die Verelendung um so weniger, je mehr sie – durch die globale Telekommunikation – von dem Reichtum der westlichen »Vorbilder« geblendet werden. Da es praktisch aussichtslos ist, dieses Vorbild im eigenen Land zu erreichen, machen sich mehr und mehr Menschen auf den Weg.

Von neuen Kriegen zwischen Nord und Süd wird viel geredet. Doch diese Vorstellung ist unsinnig: Nicht im entferntesten ist denkbar, daß ein Staat oder eine Staatengruppe aus den Entwicklungsländern einen Krieg gegen einen reichen westlichen Staat führen könnte, weil sämtliche militärischen und sonstigen Voraussetzungen dafür fehlen. Der Golfkrieg mit dem Irak ist ein Beleg dafür: Selbst der am meisten gerüstete Staat des Südens war zu einer militärischen Reaktion nach Eröffnung der Kampfhandlungen durch westliche Streitkräfte unfähig, so daß nicht Krieg, sondern eine Exekution stattfand. Viel wahrscheinlicher ist eine andere Entwicklung: daß wir verrohen und unser Wertesystem verlieren – angesichts des grauenvollen Elends in den Entwicklungsländern, die mehr und mehr abgeschrieben werden, und der Tatsache, daß wir unsere Grenzen vor hungernden Flüchtlingsmassen schließen. Mit unseren bisherigen entwicklungspolitischen Konzepten konnten wir ihnen auch keine Hilfestellung für ein Überleben in ihrer Heimat geben.

II. Kapitel
Sonnenenergie – der energetische Imperativ

Um der Erschöpfung der fossilen Energien zuvorzukommem, wird seit den 50er Jahren mit hoher politischer Intensität versucht, energetische Urgewalten zu mobilisieren, zunächst mit der Atomspaltung – und künftig mit der Atomfusion, also dem Versuch, die Energieproduktion der Sonne auf dem Erdball zu kopieren. Es ist evident, daß die Verbrennung fossiler Energien in dem gegebenen Umfang die Natur überfordert. Ebenso evident ist mittlerweile, daß die atomare Energiewandlung die Menschen überfordert. Die Atomtechnik hat ein maßloses Destruktionspotential geschaffen. Am Zwang, dieses Potential unter Kontrolle zu halten, überhebt sie sich in immer offenkundigerer Weise.

Die Tragödie der Menschheit ist, daß es für eine Gegenstrategie fast zu spät scheint. Die konkreten Gefahren fossiler und atomarer Energie wurden erst zur Kenntnis genommen, als die ersten Katastrophen schon eingetreten waren. Vorher, so lautet die große Entschuldigung unseres Zeitalters, habe man diese Gefahren auch gar nicht erkennen können. Dies ist die Lebenslüge des 20. Jahrhunderts: In Wahrheit werden seit Jahrzehnten von denen, die es wissen könnten und müßten, physikalische Erkenntnisse über diese Gefahren ignoriert. Dies gilt allen voran auch für wissenschaftliche Eliten, die diese Erkenntnisse allen anderen voraus haben sollten. Seit mehr als 100 Jahren sind die thermodynamischen Gesetze bekannt, ohne daß daraus grundsätzliche Konsequenzen für eine andere Ausrichtung des Energiesystems gezogen wurden. Albert Einstein bezeichnete die Thermodynamik als die einzige physikalische Theorie, die nie falsifiziert werden könne. Aber jahrzehntelang wurden Energiewirtschaft, Energiewissenschaft und Energiepolitik betrieben, als gälten diese Gesetze nur für den isolierten Betrieb von Energietechniken, nicht aber auch für das Wechselspiel von technischer Energieumwandlung und Naturkreislauf.

Technische und natürliche Entropie

Der erste thermodynamische Hauptsatz ist der von der Erhaltung der Energie. Energie kann weder produziert noch vernichtet, sondern nur von einer Form in eine andere umgewandelt werden. Sie ist in unterschiedlichster Weise vorhanden: als »ruhende Energie«, »gebundene Energie« oder »nicht verfügbare Energie« in Form von Öl-, Kohle-, Gas- oder Uranvorkommen, die in geschlossenen Systemen lagern und kein Problem darstellen, solange sie nicht durch eine andere Energie in Bewegung gesetzt werden; als »freie Energie« bzw. »verfügbare Energie«, wenn sie in Bewegung gesetzt worden ist und verbrannt wird; oder, nach ihrer erfolgten Umwandlung, als »zerstreute« und nicht mehr nutzbare Energie. Doch stets bleibt die Gesamtenergie in einem geschlossenen System konstant.

Der zweite thermodynamische Hauptsatz lehrt uns, daß bei jeder Umwandlung von einer Energieform in die andere unweigerlich Umwandlungsverluste entstehen. Aufgrund dieser Verluste – bei der Umwandlung von ruhender in verfügbare und dann in zerstreute und nicht mehr verfügbare Energie – werden Wärme und andere Emissionen freigesetzt, die die Ordnung der Ökosphäre in Unordnung bringen und schließlich deren Wärmetod hervorrufen. Der Begriff dafür ist der der *Entropie* – eine Zusammensetzung der griechischen Worte *energeia* (=Kraft) und *tropos* (=Umwandlung). Entropie bezeichnet den Übergang von geordneten Systemen (*Syntropien*) zu solchen der Unordnung. Es gibt allerdings auch die *Negentropie*, den Übergang von Unordnung in neue Ordnungen, also in neue Syntropien – etwa durch neuaufgeforstete Wälder. Unser Globus ist durch seine Atmosphärenhülle und seine Ozonschicht ein relativ geschlossenes System. Die Nutzung der gebundenen Energievorkommen ist gleichbedeutend mit der systematischen Herbeiführung von Entropie.

Als diese Gesetzmäßigkeiten erkannt wurden, konnte man nicht prognostizieren, wann die Entropie-Zunahme eine Umschlagszone in eine für alle gefährlich werdende Unordnung erreichen könnte – zumal man in der Tat zu Beginn des 20. Jahrhunderts das atemberaubende Wachstum des Energieverbrauchs nicht voraussehen konnte. Doch formulierte Wilhelm Ostwald bereits 1912 den »energetischen Imperativ« mit den Worten »Vergeude keine Energie, verwerte sie« – auf der Grundlage »der allgemeinen Anwendung des zweiten Hauptsatzes der Energetik auf sämtliches Geschehen und insbesondere auch auf die Gesamtheit der menschlichen Handlungen«[34]. Viele Jahrzehnte, bevor Georgescu-Roegen in seinem wirtschaftswissenschaftlichem Hauptwerk »The Economic Process and the Entropy Law«[35] herausarbeitete, daß das Entropiegesetz auch für Volkswirtschaften insgesamt gilt, hat Ostwald die generelle soziologische Bedeutung dieses Vorgangs hervorgehoben. Er bezeichnete es als eine Aufgabe der gesamten Kultur, die »Transformationseffizienten der umzuwandelnden Energie so günstig wie möglich zu gestalten« – also alles zu tun, um durch optimale Umwandlung die Verluste so weit wie irgend möglich zu reduzieren. Diesem Imperativ gab er einen philosophisch grundsätzlicheren Stellenwert als dem kategorischen Imperativ Immanuel Kants, daß die Maxime des eigenen Handelns jederzeit als Grundlage einer allgemeinen Gesetzgebung dienen sollte. Kants Imperativ ziele auf ein Sittengesetz, unter dessen Nichtbefolgung das menschliche Zusammenleben leidet. Der energetische Imperativ sei dagegen ein Naturgesetz, »das befolgt wird, sowie man es begriffen hat, weil es keine Möglichkeit außerhalb des Gesetzes gibt« – falls man es nicht befolge, werde es eines Tages kein menschliches Leben mehr geben. Auf der Basis der heute bekannten technischen Möglichkeiten muß der energetische Imperativ selbstverständlich nicht nur auf die bessere Verwertung von Energie bezogen werden, sondern generell darauf, die Nutzung von ruhender Energie auf dem Globus zu vermeiden. Auch wenn man die Verwertung verbessert, so daß sie zu geringeren Umwandlungsverlusten führt, kann das den Emissionstod für Lungenatmer zwar aufschieben, aber nicht verhindern.

Das zweite thermodynamische Gesetz ist für jeden Umwandlungsprozeß von Energie gültig – es hat jedoch je nach Energieform sehr unterschiedliche Auswirkungen. Die Zerstörungswirkung ist keinesfalls auf die Mobilisierung gebundener fossiler Energien in Form von CO_2 oder Fluorchlorkohlenwasserstoffen (FCKW) beschränkt, wie wir es an der Zerstörung der Erdatmosphäre und der Ozonschicht mittlerweile buchstäblich hautnah feststellen können. Es bezieht sich auch auf die Atomenergie. Deren Entwicklung geht auf die Erkenntnis der Hochenergiephysik zurück, daß auch Materie eine Form von Energie ist, die in Bewegungsenergie umgewandelt werden kann, wobei unvorstellbare Energiepotentiale mobilisiert werden. Die Spaltung oder die Fusion von Masseteilchen hat die Möglichkeit zur Herbeiführung von Entropie in der Natur dramatisch gesteigert – am drastischsten durch Atomwaffen. Barry Commoner bezeichnet die zivil genutzte Atomenergie als »thermodynamischen Overkill«[36], weil sie die Erzeugung von Temperaturen erfordert, die um ein Vielfaches über der tatsächlich benötigten Temperatur liegen. Die Strahlungsenergie aus atomaren Prozessen trifft auf eine Natur, die daran nicht angepaßt ist; freigesetzte Radioaktivität zerstreut sich in einer Weise, daß sie nicht mehr gebunden werden kann. Die Befürworter der Atomenergie heben hervor, daß diese Prozesse im Gegensatz zur Verbrennung fossiler Energien keinen negativen Klimaeffekt haben. »Das Uran läßt die Erde kalt« heißt es beispielsweise in einer Atomenergie-Werbekampagne der deutschen Stromversorgungsunternehmen. Aber auch das ist falsch – schon die biologisch nicht folgenlose Aufwärmung der für die Reaktorkühlung genutzten Flüsse beweist das Gegenteil.

Das aus dem zweiten thermodynamischen Hauptsatz ablesbare »Weltgesetz« (Christian Schütze) hat seine Gültigkeit in geschlossenen Systemen.[37] »Nur unter dieser Voraussetzung«, schreibt Peter Kafka in »Das Grundgesetz vom Aufstieg«, sage der Entropiesatz den »Niedergang« voraus: »Für die Gültigkeit des zweiten Hauptsatzes ist nicht nur räumliche und materielle Abgeschlossenheit vorauszusetzen, sondern auch eine energetische. Die Gestalt Gaias, die Erdoberfläche und ihre Biosphäre mit der Sonne und dem dunklen Nachthimmel als Quelle und Senke, ist diesem Gesetz sicherlich nicht unterworfen.«[38] Im Verhältnis zur Sonne ist die Biosphäre ein offenes System, durch das die Sonnenenergie strömt. Die Entropiezunahme findet auf der Sonne statt. Die von dieser ausgestrahlte Energie liefert uns bereits »freie Energie«, d. h. wir brauchen keine andere Energie, um Sonnenenergie zu fördern, sie ist in Bewegung, bevor wir sie überhaupt zu nutzen versuchen. Sie ist, wie Barry Commoner sagt, »reine Energie«. Die natürliche Sonneneinstrahlung erwärmt die Land- und Meeresflächen, wo sie absorbiert wird, und strahlt in Form von Wärme zurück. Allerdings ist die Rückstrahlung nicht vollständig. Die Sonne wandelt ihre Energien in Pflanzen durch Photosynthese um: *Nahrung und Biomasse als indirekte Sonnenenergie.* Außerdem strahlt die Sonne nicht gleichmäßig auf die Erde: Wolken, Eis- und Schneedecken reflektieren und absorbieren nur wenig Sonne, die Tag- und Nachtzeiten sind je nach Jahreszeiten und Breitengraden unterschiedlich, eine unebene Erdoberfläche verändert die Einstrahlungswinkel. Diese Unterschiede zwischen wärmeren und kälteren Einstrahlungszonen verursachen die Luftbewegungen: *Windkraft als indirekte Sonnenenergie.* Wo die Sonne auf Gewässer strahlt, bewirkt sie Verdunstung von Wasser, das in der Atmosphäre kondensiert, als Regen wieder auf die Erde fällt und von höheren geographischen Regionen in niedrigere fließt: *Fließwasser als indirekte Sonnenenergie.*

Selbstverständlich wirken auch bei solaren Energien die thermodynamischen Gesetze, aber sie führen im Ergebnis *nicht* zu einer zusätzlichen Entropiezunahme über die natürlich gegebene durch Zerstreuung und Abstrahlung in den Weltraum hinaus. Dieser steht andererseits eine Negentropie-Zunahme durch photosynthetische Sonnenenergiespeicherung, also Pflanzenwachstum, gegenüber. Der von der Sonnenstrahlung ausgelöste Energiefluß reduziert die Entropie also wieder durch den Aufbau einer neuen Ordnung. Die Sonnenenergie ist integrales Element des ungefähren Gleichgewichtszustandes der Natur der Erde. Auch dieser ist nicht statisch, sondern ständigen natürlichen Veränderungsprozessen ausgesetzt. Durch die Nutzung dieser Sonnenenergien schalten wir uns in die gegebenen Umwandlungsabläufe als zusätzlicher Nutzer ein und gefährden dadurch die von der Sonnenenergie belebte Ökosphäre nicht. Wir verzögern lediglich ihre Zerstreuung in nicht mehr nutzbare Energie. Dabei anfallende Umwandlungsverluste setzen im globalen Maßstab keine zusätzliche Wärme frei.

Bei Nutzung der Sonnenenergie ist der zentrale Unterschied zwischen schlechter und guter Umwandlung ein ökonomischer: Haben wir Techniken niedrigen Wirkungsgrades, wird sie teuer und verbraucht mehr Material; haben wir Techniken hohen Wirkungsgrades, reduziert sich der Kapital- und Materialbedarf pro genutzter Energieeinheit. In jedem Fall kann allein eine vollständige globale Sonnenenergiewirtschaft die Ökosphäre erhalten. Der – durch unsere heutigen technischen Kenntnisse und Möglichkeiten der Nutzung von Sonnenenergie – aktualisierte energetische Imperativ muß daher lauten: »Nutze nur die Energiequellen, die keine zusätzliche Wärme, Emissionen und sonstige Rückstände erzeugen«. Kurz: »Nutze nur die solaren Energiequellen!«

Das Jahrhundertversäumnis

Unverständlich ist, warum nicht schon seit Jahrzehnten radikale wissenschaftliche und politische Konsequenzen aus der Kenntnis des Entropiegesetzes gezogen wurden. Im 20. Jahrhundert wurden politische Initiativen zur Energieeinsparung nur dann eingeleitet, wenn wirtschaftliche Krisen oder Kriege die Energielieferungen einschränkten oder wenn Staaten Zahlungsprobleme hatten. Noch weniger kann man die jahrzehntelange Ignoranz und Nachlässigkeit entschuldigen, sich nicht einmal um die Frage zu bemühen, wie die solaren Energien mit den technologischen Mitteln des industriellen Zeitalters genutzt werden könnten. Der französische Physiker Alphonse Bergeret forderte 1926, daß die Solarenergienutzung »die Aufgabe der Physiker und Ingenieure von morgen« werde: »Unsere Kohlevorräte versiegen allmählich, noch schneller die Ölvorkommen, und man kann absehen, vor allem wenn der Bedarf der Industrie weiterhin so erschreckend zunimmt, daß wir in ein paar Jahrhunderten, vielleicht schon in 150 oder 200 Jahren, gezwungen sein werden, uns die Energie, die wir brauchen, von den Naturkräften zu holen. Wir haben die Wasserkraft und die Gezeitenkraft: Die Wellenkraft ist die wichtigere, und von ihr gibt es zwei Formen, die wir ausnützen müssen: die Energie des Windes und die der Sonnenstrahlung.«[39]

Ansatzpunkte gab es mehr als genug. Der französische Wissenschaftler Bequerel entdeckte 1839, daß dünne Filme von Halbleitern unter Beleuchtung lichtabhängig Ströme und Spannungen produzieren.[40] Schon 1863 veröffentlichte der Franzose Augustin Mouchot das Buch »Die Sonnenwärme und ihre industriellen Anwendungen« und stellte 1878 auf der Pariser Weltausstellung die erste mit Sonnenwärme betriebene Dampfmaschine vor.[41] Doch das vergaß man ebenso wie die bereits Ende des 19. Jahrhunderts in den Vereinigten Staaten betriebene solare Brauchwassererwärmung.[42] 1872 wurde in Chile eine Meerwasserentsalzungsanlage aus Sonnenkraft betrieben, 1913 eine 50 PS starke Wasserpumpe mit Sonnenantrieb in Ägypten installiert, die Nilwasser auf die Felder lenkte.[43] Tausende gut funktionierender kleiner Laufwasserkraftanlagen entstanden im Laufe des 19. Jahrhunderts. Die meisten wurden in den letzten Jahrzehnten wieder stillgelegt, weil die große Kraftwerkskonkurrenz billiger war bzw. kontinuierlich Strom lieferte, ohne mit den Kleinbetrieben zusammenarbeiten zu wollen.

Hunderttausende von Windmühlen wurden im 20. Jahrhundert stillgelegt und ihre Weiterentwicklung zur Stromgewinnung nicht systematisch versucht, obwohl der Däne Paul La Cour 1891 die erste Windkraftanlage zur Stromerzeugung eingesetzt hatte – in Verbindung bereits mit elektrolytischer Wasserstoffgewinnung, womit ein Schulgebäude beleuchtet wurde. 120 Windstromanlagen liefen während des Ersten Weltkriegs in Dänemark, und in den 20er und 30er Jahren gab es in den USA einen Boom in der Herstellung von insgesamt ca. 6 Millionen kleiner Anlagen. Auch in Deutschland erzeugte man in den 30er Jahren Strom mit 3 600 Windkraftanlagen. Admiral Byrd ließ 1932 in der Antarktis eine Windstromanlage installieren, die unter extremen Witterungsbedingungen und ohne Wartung bis 1955 lief.[44] In den 40er und 50er Jahren gab es in Deutschland zahlreiche Beispiele für Biogasanlagen, oft in Eigenbau von Landwirten gefertigt.[45] Den Windkraftanlagen ging es ebenso wie den Laufwasserkraftanlagen: Sie wurden als vereinzelte Systeme durch überlegene Anbieter verdrängt, die mit der Installierung der Netzanschlüsse eine bequemere Stromversorgung ermöglichten, während die Biogasanlagen durch billige Brennstoffe verdrängt wurden. Alle diese Beispiele der Sonnenenergieversorgung erfüllten aber bereits das entscheidende Kriterium, daß sie mehr Energie umwandelten als für ihre Herstellung erforderlich war.

Auch die in den 50er Jahren beachtlichen wissenschaftlich-technischen Erkenntnisse Frankreichs in der solarthermischen Energieumwandlung gerieten dort in Vergessenheit. Unter der wissenschaftlichen Führung von Marcel Perrot – der 1962 das Buch »Das goldene Öl« veröffentlichte und erstmals den Begriff »Heliotechnik« verwendete – wurden am Institut de l'Energie Solaire der Universität von Algier bahnbrechende Fortschritte erzielt.[46] Daraus erfolgte der Anstoß für eine Coopération Meditérranéenne Pour l'Energie Solaire (COMPLES). Bereits in den 50er Jahren war aus den französischen Entwicklungsarbeiten ein 50-KW-Sonnenofen in Le Bouzeréah entstanden, der es durch Konzentration auf Temperaturen von 4 000 Grad brachte[47].

Die erste Solarzelle, auf deren Möglichkeit Werner von Siemens bereits im Jahr 1875 hingewiesen hatte[48] – und deren Entwicklung Ostwald 1909 mit den Worten voraussah: »Wenn ich mir ein Bild von der künftigen künstlichen Verwertung der Sonnenstrahlen machen will, so nimmt es die Züge eines photoelektrischen Apparats an«[49] –, wurde erst 1954 entwickelt. Sie war allerdings nicht gedacht zur Anwendung auf der Erde, sondern für einen unabhängigen Stromerzeuger in der Weltraumfahrt. Obwohl die Produktion noch in den Kinderschuhen steckt und der Schritt in die Massenfertigung noch immer nicht unternommen worden ist, erreichen Solarzellen mittlerweile eine »pay-back-time« von 15 bis 24 Monaten – in dieser Zeit haben die eingesetzten Zellen so viel Energie umgewandelt, wie für ihre Herstellung notwendig ist; ihre Arbeitszeit kann jetzt schon mit 20 Jahren oder mehr veranschlagt werden.[50] Dies alles hindert zahlreiche Repräsentanten des bestehenden Energiesystems aber nicht daran, eine solare Energieperspektive weiterhin als prinzipiell »nicht machbar« hinzustellen – es sei denn für Randbereiche der Energienutzung.

1973 gab es den ersten internationalen Sonnenenergie-Kongreß bei der UNESCO in Paris, der unter dem Motto »Die Sonne im Dienst der Menschheit« stand – und auf dem der Raketenforscher Wernher von Braun hervorhob, daß das Solarzeitalter die eigentliche Zukunft sei.[51] Die dort gezeigten und erörterten technischen Möglichkeiten waren geeignet für ein ökologisch-technologisches Zukunftsprogramm, nachdem 1971 der Club of Rome mit seinem spektakulären Report über die Grenzen des Wachstums und 1972 die erste globale Umweltkonferenz der Vereinten Nationen die Weltöffentlichkeit wachgerüttelt hatten. 1974 setzten dann tatsächlich die Forschungs- und Entwicklungsprogramme für Sonnenenergie ein – doch deren Hauptmotiv war nicht die Umweltfrage, sondern die Ölkrise von 1973, die die dauerhafte Sicherung der Ölimporte in Frage stellte. Noch setzten nahezu alle auf das große Versprechen der Atomkraft. 1977 war in den französischen Pyrenäen bei Font-Romeu das erste solarthermische Kraftwerk mit einer Leistung von 1 MW in Betrieb genommen worden, das

Strom ins kommerzielle Netz speiste.[52] 1975 legte die Federal Energy Administration der USA einen Plan zur Initiierung einer Massenproduktion von Solarzellen vor, mit dem innerhalb von fünf Jahren der Strompreis auf ein Zwanzigstel sinken sollte. Basis des Plans war eine Installierung von 152 MW Gesamtleistung für 440 Millionen Dollar, die ein Fünftel der Benzingeneratoren der US-Streitkräfte ersetzen sollte – errechnet wurde dabei eine Einsparung laufender Energiekosten von 500 Millionen Dollar.[53] Doch als das US-Gesetz für Forschung und Entwicklung von 1978 den amerikanischen Präsidenten dazu ermächtigte, schreckte er vor dem Ankauf zurück – obwohl er das Budget allenfalls um eine Summe in der Größenordnung von weniger als 10 Jagdbombern belastet hätte. Dabei gehörte Präsident Carter noch zu den wenigen Regierungschefs, die der Sonnenenergie vergleichsweise aufgeschlossen gegenüberstanden. Anläßlich des International Sun Day in den USA am 3. Mai 1978 erklärte er: »Solar Energy works. We know it works. The only question is how to cut costs«.[54] Der von ihm eingesetzte Council on Environment Quality, ein »Executive Office of the President«, schätzte in einer Studie aus dem Jahr 1978, daß bis zum Jahr 2000 die Solarenergien 23 % des gesamten Energieverbrauchs der USA ausmachen könnten.[55]

In den USA gab es in der zweiten Hälfte der 70er Jahre, gefördert durch steuerliche Anreize und Forschungsprogramme, einen ersten politischen Sonnenaufgang. Die Perspektive eines »Solar America« wurde formuliert. Der Umsatz der Solarheizungsindustrie stieg von 25 Mio Dollar im Jahr 1975 auf 260 Mio in 1977. Bereits 3 300 solare Raumheizungssysteme waren geliefert, 63 000 solare Warmwassersysteme und 35 000 solar beheizte Swimming Pools. Ende 1978 gab es allein in Kalifornien 30 000 solarthermische Installationen.[56] Ende der 70er Jahre war die gesamte technische Bandbreite der Solarenergie mit ihren ökonomischen Zukunftsaussichten wissenschaftlich ausgebreitet und konkret zu greifen, wie die 1979 von der UNESCO herausgegebene Studie von Wolfgang Palz »Solar Electricity: An Economic Approach to Solar Energy« dokumentiert. 1978 hatte die »Groupe de Bellevue« – eine Wissenschaftlergruppe aus dem Centre National de la Recherche Scientifique (CNRS), dem Collège de France, der Electricité de France (EdF) und dem Institut de la Recherche Agronomique (INRA) – eine Studie über die Energiezukunft

Frankreichs veröffentlicht. Hier wurde aufgezeigt, daß und wie die *gesamte* Energieversorgung Frankreichs ausschließlich auf den Sonnenenergien aufgebaut werden könnte.[57] 1981 fand in Nairobi die UNO-Konferenz über erneuerbare Energien statt und beschloß das »Nairobi Programme of Action«.[58] Im selben Jahr startete der neugewählte französische Staatspräsident Mitterrand ein neues Sonnenenergie-Programm und gründete dafür eine Agentur.

Obwohl insgesamt fahrlässig spät erkannt und bruchstückhaft eingeleitet, gab es doch immerhin zu Beginn der 80er Jahre in den meisten Industrieländern Programme zur Forschung und Entwicklung von Sonnenenergietechniken. Diesem »Sonnenaufgang« folgte neuerlich die Dämmerung: Statt des weiteren zügigen Aufbruchs kam ein Jahrzehnt politischen Abbruchs. Der durch technische Entwicklungen fast zum Greifen nahe Einsatz war gebremst von ständig schwächeren politischen Initiativen. Mehr und mehr drängte sich der Eindruck auf, daß hier eine unerwünschte Technologie auf den Plan getreten war. Die öffentlichen Förderbudgets wurden reduziert, am drastischsten – mit dem Beginn der Präsidentschaft Reagans – in den USA. Eine Umsetzung des Nairobi-Programms erfolgte nicht. Das neue französische Programm wurde kurz nach Gründung der Agentur gestutzt und 1986 eingestellt.

Dieselben Entscheidungsträger, die den Kritikern der technologischen Großprojekte – ob ziviler oder militärischer Art – Technikpessimismus vorwerfen, betätigen sich ihrerseits auf solarem Gebiet als unüberbietbare Technikpessimisten. Desinformationen über die Leistungsfähigkeit von Sonnenenergietechniken werden verbreitet und positive Fakten heruntergespielt. So waren besonders die 80er Jahre einerseits das Jahrzehnt nicht mehr zu ignorierender wissenschaftlicher Erkenntnisse über die Zerstörung der Ökosphäre, andererseits aber das der obstinaten Weigerung von Politik und Industrie, sich ernsthaft mit den Chancen der Sonnenenergie zu beschäftigen.

Fakten politischen Zukunftsversagens

Will man eine neue Entwicklung nicht mitmachen, wird man stets einwenden, daß es nicht an gutem Willen, sondern am Geld fehle. Doch illustrieren Zahlenvergleiche, wie zugunsten anderer Prioritäten an zentralen Zukunftsaufgaben in grotesker Weise vorbeigearbeitet wird. Schon oft wurde hervorgehoben, wie unangemessen die politische Zurückhaltung gegenüber der Sonnenenergie im Vergleich zu den jahrzehntelangen massiven politischen Bemühungen für die Kernenergie ist. Doch ist das bei weitem nicht das einzige Feld haarsträubender politischer Schwerpunktsetzungen, wie sie sich aus den konkreten Zahlen der Staatsbudgets ergeben.

Beispiel Energieforschung

Die *Tabelle 3* auf Seite 58 zeigt die Gesamtausgaben für Forschung und Entwicklung für erneuerbare Energien in den 80er Jahren in den in der OECD bzw. der Internationalen Energieagentur (IEA) zusammengeschlossenen westlichen Industrieländern. Die Gesamtausgaben betragen 8,1 Mrd US-Dollar nach dem Preisstand von 1990.

Aber waren es 1981 immerhin noch 1,661 Mrd US Dollar, so rutschte diese Summe bis 1989 sogar auf 495 Mio herunter. An dieser Talfahrt der Budgets nahmen praktisch alle Länder teil – von den USA, die 1990 nur noch 12% ihres Budgets von 1981 hatten, bis zu Kanada (16%), Schweden (22%), auch Japan (72%) und der Bundesrepublik Deutschland (92%), wobei letztere 1986 sogar auf 49% ihres 81er Budgets zurückgefallen war. Bei allen IEA-Ländern zusammengenommen lagen die Budgets 1990 nur noch bei 31,7% des Stands von 1981. Zwar ließen nach der zweiten Ölkrise Anfang der 80er Jahre die Energieforschungsaktivitäten generell nach – aber dennoch ist offenkundig, daß dabei besonders die Sonnenenergie gezielt klein gehalten wurde, obwohl sie der jüngste und vielfältigste der Energieförderbereiche ist, der mehr als andere auf öffentliche Budgets angewiesen ist und von dem niedrigsten Haushaltsniveau ausging. Selbst das verbale Lieblingskind ökologischer Energiereden – das Energieeinsparen – wurde mehr zusammengestutzt als die fossilen Energien. Dies

Tabelle 3 Budgets für FuE der IEA-Mitgliedsländer für erneuerbare Energien in Mio. $ (1990)

Jahr / Land	1981	1982	1983	1984	1985	1986	1987	1988	1989	1990
Kanada	81,8	68,4	75,0	58,9	34,7	20,2	17,2	15,7	9,7	13,1
USA	934,3	448,7	337,9	276,3	253,2	186,8	169,8	133,6	117,7	113,3
Japan	156,5	162,7	147,7	136,8	122,9	119,4	106,4	117,2	96,4	96,3
Australien	20,7	k.A.	16,4	k.A.	10,5	k.A.	1,0	k.A.	4,5	k.A.
Neuseeland	5,8	4,3	4,9	4,5	3,3	1,5	0,5	k.A.	k.A.	k.A.
Österreich	8,8	8,3	9,3	4,7	4,7	3,5	3,4	5,4	3,0	2,0
Belgien	20,3	10,0	14,5	16,6	16,1	6,3	4,9	2,3	0,5	k.A.
Luxemburg	2,4	k.A.	k.A.	k.A.	k.A.	k.A.	k.A.	0	k.A.	k.A.
Dänemark	5,5	5,7	5,3	5,2	4,6	6,1	5,5	k.A.	11,4	8,6
Deutschland	114,0	172,9	83,2	101,4	90,5	56,6	79,5	84,6	82,8	105,2
Griechenland	15,4	4,1	3,9	5,6	8,5	13,1	6,3	7,0	7,4	22,1
Irland	7,5	6,3	3,3	1,4	0,9	0,8	1,5	2,3	k.A.	k.A.
Italien	62,0	30,5	53,2	106,7	28,0	45,5	41,2	58,1	44,7	55,5
Niederlande	31,9	30,8	35,9	29,0	53,5	25,9	23,5	19,3	22,5	22,0
Norwegen	5,7	4,5	4,7	3,9	3,4	3,6	3,1	3,1	3,3	5,3
Portugal	1,4	1,7	2,5	3,5	3,4	3,0	2,3	1,9	2,7	1,5
Spanien	33,9	33,9	72,2	72,5	23,7	20,5	13,7	14,6	15,5	8,0
Schweden	88,9	85,2	62,6	58,9	40,1	27,8	20,5	22,9	23,2	19,3
Schweiz	16,2	13,6	15,6	14,4	12,5	12,2	13,6	18,1	22,5	24,3
Türkei	0,5	0,5	0,8	0,8	0,7	0,7	0,7	1,2	0,9	0,7
England	47,6	35,7	28,1	31,4	27,2	21,8	26,2	26,6	26,5	29,0
Insgesamt	1661,1	1127,8	977,0	932,5	742,4	575,3	540,7	533,9	495,2	526,2

Quelle: Energy Policies of IEA Countries, 1990 Review, OECD, Paris

zeigt sich besonders, wenn wir aus den Statistiken der Internationalen Energieagentur die Gesamtaufwendungen zwischen 1981 und 1990 in der Energieforschung und den prozentualen Rückgang zwischen 1981 und 1990 in *Tabelle 4* vergleichen:

Tabelle 4

	Gesamtaufwendungen der IEA-Länder für Energieforschung zwischen 1981 und 1990 (in Mio. US-Dollar)	Aufwendungen 1981	Aufwendungen 1990	Prozentualer Anteil 1990 gegenüber 1981
Sonnenenergien	8112,1	1661,1	526,2	31,7
Energieeinsparung	5982,4	736,7	446,8	60,6
fossile Energien	14307,4	2283,9	1461,3	64
atomare Energien	56374,5	7130,6	3936,6	55,2

Tabelle 5 auf S. 60 gibt die Länderanteile bei allen Energieträgern im Bereich der öffentlichen Forschung und Entwicklung wieder. Zu bedenken ist, daß die atomaren und fossilen Energien zusätzlich auf die Forschung großer Unternehmenssektoren zurückgreifen können, woraus sich ein noch größeres Mißverhältnis in den Bemühungen um die Zukunft – und das sollten Forschungsbemühungen ja sein – zu Lasten der Sonnenenergie ergibt. Zu bedenken ist außerdem, daß die Budgets von Frankreich und der EG-Kommission in diesen IEA-Energieforschungsstatistiken nicht aufgeführt sind, was besonders die Proportion für die Atomforschung weiter erhöht. Es ist jedenfalls eine Legende, daß der absolute Vorrang der Atomforschung nur ein Phänomen der 50er, 60er und 70er Jahre gewesen sei. Unerfindlich bleibt auch, warum bei fossilen Energien – angesichts der gigantischen Umsätze der entsprechenden Unternehmen – überhaupt noch staatliche Energieforschung stattfindet. Anstatt dieses Mißverhältnis im Vergleich zur Sonnenenergie durch die öffentliche Forschung auszugleichen – was die Aufgabe der Politik gewesen wäre –, wurde die

Sonnenenergie politisch zusätzlich vernachlässigt. Daß dies fast ausnahmslos in allen Ländern stattfand, läßt auf den grenzüberschreitenden Einfluß einer weitgehend intellektuell gleichgeschalteten Meinungsmafia schließen.

Tabelle 5 Budgets für Energieforschung und -entwicklung von IEA-Mitgliedsregierungen zwischen 1981 und 1990 (in Mio. US-Dollar)

	Sonnen-energie	Energie-ein-sparung	atomare Energie	fossile Energie	Gesamt	Prozent-anteil Sonnen-energie
Bundesrepublik Deutschland	970,7	337,7	7426,8	1790,7	10525,9	9,2
Dänemark	64,3	71,3	32,5	70,9	239,0	26,9
Großbritannien	300,1	539,3	3846,0	532,9	5218,3	5,8
Italien	525,4	474,4	7074,3	49,2	8123,3	6,5
Japan	1262,3	286,5	19112,7	3599,7	24261,2	5,2
Kanada	394,7	826,6	1759,6	1555,9	4536,8	8,7
Niederlande	294,3	387,6	462,9	320,5	1465,3	20,0
Österreich	53,1	114,7	56,7	18,2	242,7	21,9
Schweden	449,4	501,7	211,6	232,5	1395,2	32,2
Schweiz	163,0	143,2	542,5	33,0	881,7	18,5
Spanien	308,3	194,7	340,7	227,5	1071,2	28,8
USA	2971,6	2150,1	14606,2	5176,7	24904,6	11,9

Die Negativbilanz der falschen Prioritäten – und damit der potentielle Handlungsspielraum für neue Prioritäten – wird aber noch offenkundiger, wenn wir den Bereich der Energieforschung verlassen und die Forschungsbemühungen bei erneuerbaren Energien mit denen der zivilen Weltraumforschung vergleichen.

Beispiel Weltraumforschung

Für die Weltraumforschung wurden bis Ende der 80er Jahre weltweit Summen von über 500 Mrd Dollar ausgegeben – ungefähr 50mal so viel wie für die Sonnentechnologie. Die Schwerpunkte lagen zunächst bei der Sowjetunion und den USA, aber seit etwa zwei Jahrzehnten befindet sich Europa auf Aufholjagd. Daneben gibt es japanische und chinesische Programme, aber auch ein kanadisches und ein indisches. Allerdings liegen für die Sowjetunion und China keine genauen Zahlen vor.

Seit dem sowjetischen Sputnik, dem technologischen Weltwunder der 50er Jahre, war die Weltraumtechnologie ein Symbol für weltpolitischen Einfluß und technologischen Fortschritt. Die USA richteten in den 60er Jahren ihren politischen Ehrgeiz vor allem darauf, diesen als nationale Schmach empfundenen sowjetischen Entwicklungsvorsprung aufzuholen. Das Apollo-Programm Präsident Kennedys wurde zur nationalen Mission. Auch die europäischen Staaten empfanden sich ohne eigenes Programm als minderwertig. Unter massenpsychologischer Ausnutzung der Faszination, die von auf dem Mond landenden oder monatelang im Weltraum kreisenden Menschen ausgeht, wurde die Weltraumforschung an die erste Stelle der zivilen Forschungspolitik befördert – und kaum einer wagte zu widersprechen, um nicht als »hinter dem Mond« lebend zu erscheinen. Europäische Staaten gründeten die Europäische Weltraumagentur (ESA), bestehend aus 13 Mitgliedsstaaten (Belgien, Dänemark, Deutschland, Frankreich, Großbritannien, Irland, Italien, Niederlande, Norwegen, Österreich, Spanien, Schweden, Schweiz). In den Langzeitplan wurden alle Projekte aufgenommen, die auch die anderen – USA und Sowjetunion – hatten, von Satelliten bis zur unbemannten und bemannten Raumfahrt, und die als künftige Grundausstattung für eine moderne Industriegesellschaft galten.

Die ESA legte für den Zeitraum von 1987 bis 2000 ein Programm in der finanziellen Größenordnung von 62 Mrd DM auf (Preisstand 1986) – durchschnittlich pro Jahr 4,4 Mrd.[59] Heute klagt man, daß diese Mittel nicht ausreichen, die Mehrforderungen werden drängender. Vergleichen wir nur die Beiträge der 13 ESA-Staaten für das Weltraum-Langzeitprogramm mit denen für die Sonnenenergie, dann ergibt sich für das Jahr 1990 ein Verhältnis von 10:1 zugunsten der Weltraumtechnologie. Tatsächlich ist das Zahlenverhältnis für die Weltraumtechnologie noch viel günstiger, weil in diesen Vergleich nur die ESA-Beiträge und nicht die jeweiligen nationalen Zusatzanstrengungen einfließen. Zusammen mit den zusätzlichen nationalen Budgetmitteln dürfte das Gesamtaufkommen bei etwa 7 Mrd DM liegen, die Jahr für Jahr von den Mitgliedsstaaten der ESA für die Weltraumforschung aufgewendet werden – das ist 16mal so viel wie für die Sonnenenergieforschung und -entwicklung.

Vergleichen wir allein die ESA-Beiträge, so sind diese in sämtlichen ESA-Mitgliedsländern höher als ihre Forschungs- und Entwicklungsausgaben für Sonnenenergien, auch in Ländern wie der Schweiz, Österreich, Dänemark, Irland und Norwegen. Aber die wirklichen Probleme der Menschheit liegen auf der Erde und nicht im Weltraum – und die Arbeitsplätze der Zukunft sind mit Sicherheit eher in Sonnen- als bei Weltraumtechnologien zu finden. Bisher jedoch geben die in der Europäischen Weltraumagentur zusammengeschlossenen Staaten allein für die technologische Beobachtung von Umweltschäden mehr Geld aus als für Solartechnologie, durch die sie Umweltschäden vermeiden würden.

Tabelle 6 FuE-Ausgaben im Jahr 1988 für Weltraumforschung und Erneuerbare Energien (in Mio. US-Dollar)

	Weltraum-forschung	Erneuerbare Energien	Verhältnis FuE-Ausgaben Weltraum / Erneuerbare Energien
Belgien	167,4	0,4	418 : 1
Dänemark	36,5	9,4	4 : 1
Deutschland	1360,4	93,2	15 : 1
Frankreich	1902,4	k.A.	
Griechenland	0,8	17,1	1 : 21*
Großbritannien	448,3	23,7	19 : 1
Irland	6,8	k.A.	
Italien	1569,7	36,5	43 : 1
Niederlande	133,6	18,7	7 : 1
Portugal	0,4	2,2	1 : 5*
Spanien	165,3	6,9	24 : 1

* Verhältnis Erneuerbare Energien zu Weltraum

Beispiel Rüstungstechnologie

Noch plastischer wird der Prioritätenvergleich, wenn wir uns Zahlen für militärische Großprojekte vergegenwärtigen – anhand aktueller militärischer Beschaffungsprogramme, die nicht mehr mit der militärischen Bedrohung durch die Sowjetunion begründet werden können und die in einer internationalen Lage haushoher militärtechnischer Überlegenheit der USA und der maßgeblichen NATO-Staaten gegenüber jedem denkbaren militärischen Gegner durchgeführt werden.

Das SDI-Programm wurde 1983 mit der offiziellen Begründung gestartet, damit sollte die amerikanische Unverwundbarkeit gegenüber anfliegenden Atomraketen erreicht werden. Von Beginn an wurde das Angebot der ehemaligen Sowjetunion ausgeschlagen, durch ein beiderseitiges Abkommen auf diese Weltraumrüstung zu verzichten. Das Programm wurde trotz heftiger weltweiter und auch inneramerikanischer Kritik begonnen und von Präsident Reagan zur »nationalen Mission« erklärt – obwohl sehr schnell klar war, daß bestenfalls ein sehr löchriges Abwehrsystem entstehen würde. Es liegen dem Pentagon Studien vor, wonach selbst bei einem SDI-System zu einem Preis von 1370 Mrd Dollar immer noch 10% des auf die USA gerichteten Raketenpotentials nicht abgefangen werden könnten – genug, um die amerikanische Lebensbasis zu zerstören. Bei einem reduzierten Raketenabwehrprogramm zu Kosten von 737 Mrd Dollar wären es 35%.[60] Die Frage, was denn von der angegebenen militärischen Sicherheitsabsicht übrig bliebe, wenn der militärische Gegner ein vergleichsweise billiges Waffensystem zur gezielten Ausschaltung der im Weltraum stationierten Komponenten dieses Raketenabwehrsystems entwickeln würde, wurde nie beantwortet.

Zwar erklärten die amerikanischen naturwissenschaftlichen Nobelpreisträger das SDI-Programm für technologisch undurchführbar und wirtschaftlich unverantwortlich, aber die Replik an alle Kritiker lautete, sie seien technikfeindlich. Auch die westeuropäischen Regierungen wiederholten den Refrain und versuchten fast panikartig, an den Entwicklungsarbeiten beteiligt zu werden – andernfalls drohe Europa zur technologischen Provinz zu werden. Das sagten dieselben Regierungspolitiker, die stets verkünden, die Sonnenenergienutzung sei »unrealistisch«. Eben diese »Realpolitiker« verstiegen sich zu dem Plan, im Laufe von 10 Jahren ein Kernkraftwerk und Strahlenspiegel in der Erdumlaufbahn zu installieren, um damit die Energie für Laserstrahlen bereitzustellen und diese – über Spiegelsysteme in Abständen von Tausenden von Kilometern – auf anfliegende Atomraketen richten zu können. 1986 stellte ich die Frage, warum denn keine Regierung ein ökologisches SDI-Programm – eine *Solar Development Initiative* – zur nationalen Mission erkläre, das mit Sicherheit technologisch weniger anspruchsvoll und realistischer in der

Durchführung wäre.[61] Auch US-Senator Gore forderte 1990 eine »Strategic Environment Initiative« (SEI) aus denselben Gründen.

Zwischenzeitlich wurde das SDI-Programm modifiziert, d. h. in seinen technologischen Anforderungen etwas erdnäher gemacht, aber es wird auch nach dem Zerfall der Sowjetunion fortgesetzt. Auch jetzt noch sollen sich die Verbündeten beteiligen. Dabei pfeifen es die Spatzen von den Dächern, daß es gar nicht mehr um die Notwendigkeit einer neuen militärischen Sicherheitstechnik geht, sondern um ein großangelegtes Beschaffungsprogramm für das Überleben der Rüstungswirtschaft, deren Technologie angeblich auch einen großen zivilen Nutzeffekt habe. 29 Mrd Dollar wurden zwischen 1983 und 1991 für das SDI-Programm ausgegeben. Im gleichen Zeitraum hatte die US-Bundesregierung für das Sonnentechnologie-Programm nur 1,4 Mrd Dollar übrig – 20:1 zugunsten des teuersten Rüstungsprogramms im Verhältnis zur wichtigsten Zukunftstechnologie der Weltgeschichte. 37 Mrd will die US-Regierung zwischen 1992 und 1997 für die Fortsetzung des SDI-Programms ausgeben. Doch es ist nicht nur dieses Vorhaben, das prinzipielle Fragen aufwirft, und es ist nicht nur die amerikanische Regierung, die sich mit ihrer extremen Bevorzugung von selbst militärisch unsinnigen Projekten, bei gleichzeitig extremer Vernachlässigung von dringend erforderlichen ziviltechnischen Projekten, wie ein apokalyptischer Reiter verhält.

Aber bleiben wir zunächst bei dem konkurrenzlos gewordenen ideologischen »Führer der freien Welt« – der die anderen ermahnt, mehr Verantwortung im Sinne seiner eigenen Prioritäten zu übernehmen – und darunter versteht, zwischen 1992 und 1999 200 Mrd Dollar für Zusatzrüstung gegen militärische Zwerge auszugeben, von denen niemand einen Angriff auf die USA oder die NATO plant, geschweige denn auch nur im entferntesten dazu militärisch, wirtschaftlich oder politisch in der Lage wäre. Dies zeigen die laufenden zehn kostspieligsten US-amerikanischen Rüstungsprojekte – gerichtet gegen qualitativ und quantitativ extrem unterlegene Kräftepotentiale –, die nicht länger mit der Existenz eines Angstgegners in Gestalt der Sowjetunion legitimierbar sind. Alle angegebenen Kosten in der folgenden *Tabelle 7* beziehen sich auf US-Dollar auf der Basis des Jahres 1992.[62]

Die US-Regierung gab also im Jahr 1990 für Sonnentechnologie-Entwicklung mit 113 Mio Dollar weniger aus, als ein einziges

Tabelle 7 Beschaffungskosten von US-Rüstungsprogrammen

Waffentyp	Stück-kosten		Anzahl	Gesamtkosten der Beschaffung	
Trident II-U-Boot (Atomwaffenträger)	1,43	Mrd.	10	14,3	Mrd.
DDG-S 1 Arleigh Burke Destroyer (Kriegsschiff)	936	Mio.	49	45,9	Mrd.
SSN 688 Los Angeles Attack Sub (Kriegsschiff zur U-Boot-Bekämpfung)	453	Mio.	62	28,1	Mrd.
C-17 A Transport (Transportflugzeug)	298	Mio.	120	35,8	Mrd.
B 1 B-Bomber (Kampfflugzeug)	277	Mio.	100	27,7	Mrd.
Peacekeeper Missile (MX) (Atomrakete)	142	Mio.	114	16,2	Mrd.
Trident II Missile (Atomrakete)	45,6	Mio.	807	36,8	Mrd.
F/A 18 CID (Kampfflugzeug)	36,3	Mio.	1168	42,4	Mrd.
F 16 (Kampfflugzeug)	17,2	Mio.	2189	37,6	Mrd.
A H-G 4 Apache (Kampfhubschrauber)	14,5	Mio.	811	11,75	Mrd.
Gesamtkosten				196,5	Mrd.

Transportflugzeug, ein B 1 B-Bomber oder eine einzelne Atomrakete kostet!

Stellen wir uns – um die Größenordnungen weiter zu verdeutlichen – dagegen vor, die USA würden im nächsten Jahrzehnt *pro Jahr* auf nur *je eines* der 10 Trident-II-U-Boote, 49 Arleigh-Burke-Kriegsschiffe, 62 Los Angeles Attack Sub-Schiffe, 120 C-17 A-Transportflugzeuge, einen der 100 B 1 B-Bomber, je eine der 114 MX-Raketen, der 807 Trident II-Raketen, je einen der 1168 F/A 18-, 2189 F 16- und 811 Apache-Kampfhubschrauber verzichten und diese Mittel für die Solartechnologie ausgeben – sie kämen auf ein zusätzliches Jahresbudget für erneuerbare Energien von 3,66 Mrd Dollar! (Vgl. *Abbildung 3* dieser praktischen Imagination auf S. 67) Stellen wir uns weiter vor, die USA hätten tatsächlich das militärische SDI-Programm zu einer »Solar Development Initiative« konvertiert und die bis 1997 jährlich geplanten durchschnittlich 6 Mrd Dollar in die Sonnentechnologie-Entwicklung gesteckt, so wäre zusammen mit der vorgenannten Maßnahme ein Jahresbudget von fast 10 Mrd Dollar für die öffentliche Sonnentechnologie-Entwicklung vorhanden – mehr, als alle Länder zusammen in den 80er Jahren dafür ausgegeben haben. Nicht einmal der größte amerikanische Sicherheitsparanoiker könnte dabei auf den Gedanken kommen, dies gefährde die militärische Sicherheit, ohne sich lächerlich zu machen. Auch wenn alle Projekte insgesamt um 50 % für ökologische Zukunftstechnologien gekürzt würden, könnte keiner ernsthaft von Gefährdung der Sicherheit sprechen – und nicht einmal ein vollständiger Verzicht auf alle diese militärischen Beschaffungsprogramme würde an der allen anderen weit überlegenen amerikanischen Militärmacht rütteln. Doch aufgrund politischer Ideologie und Interessenverhaftung war man bisher nicht in der Lage zu erkennen, daß der Anspruch auf Weltführerschaft eine solche umfassende Rüstungskonversion und eine technologische Orientierung auf Umweltsicherheit zwingend gebietet.

Betrachten wir die Programme Großbritanniens, so stechen ähnliche Absurditäten ins Auge. Die britischen Ausgaben für erneuerbare Energien betrugen während der gesamten 80er Jahre 300 Mio Dollar. Demgegenüber beläuft sich das Trident-Programm für neue U-Boot-Atomwaffenträger und Atomraketen nach der Preisrelation des Jahres 1992 auf 13,5 Mrd Pfund, darunter allein 3,8 Mrd Pfund für die U-Boote, 2,1 Mrd für die Ausrüstung des Waffensystems, 1,15 Mrd für die dafür notwendige Küsten-Infrastruktur, 950 Mio für die Raketen und 2,5 Mrd für die atomaren Sprengköpfe und andere Arbeiten, 535 Mio für atomare Antriebssysteme und 1,4 Mrd für Konstruktionsarbeiten. Trident ist in Großbritannien ein heiß umstrittenes Projekt. Aber nicht einmal die Labour Party fand während der Wahlkampagne im Frühjahr 1992 den Mut, ihre frühere Forderung nach dessen Streichung aufrechtzuerhalten, um »Realismus« zu beweisen. Allein das 1989 begonnene Programm für die Fregatte 23 hat bereits bis 1992 2 Mrd Pfund gekostet, ohne daß der Zerfall des Warschauer Pakts an diesen Plänen etwas geändert hätte. Die Kosten des zwischen 1986 und 1996 laufenden Programms für die Fregatten vom

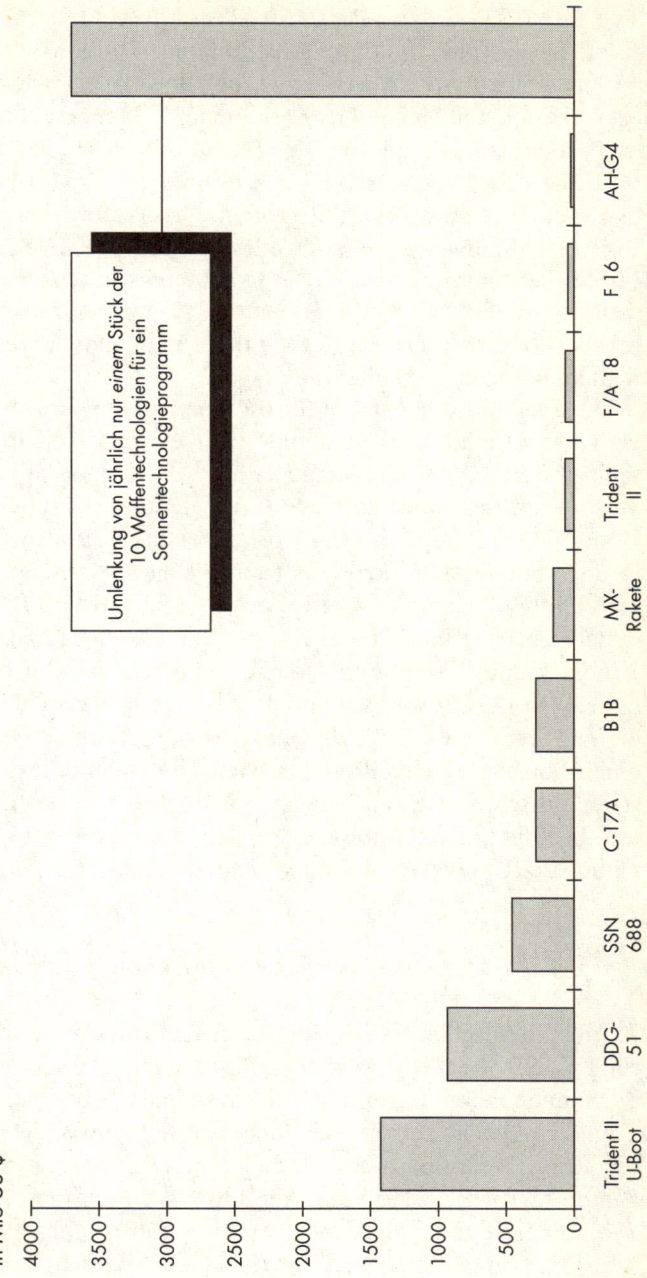

Abbildung 3

Einzelstückkosten von Waffentechnologien

in Mio US $

Umlenkung von jährlich nur *einem Stück* der 10 Waffentechnologien für ein Sonnentechnologieprogramm

Trident II U-Boot	
DDG-51	
SSN 688	
C-17A	
B1B	
MX-Rakete	
Trident II	
F/A 18	
F 16	
AH-G4	

Typ 22 und 23 werden auf 10,5 Mrd Pfund geschätzt.[63] Eine gegnerische Seerüstung, die diese Anstrengungen militärisch begründbar machen könnte, ist weder zu sehen noch zu erwarten.

Außerdem entwickelt Großbritannien zusammen mit Deutschland, Italien und Spanien seit 1988 das Europäische Jagdflugzeug, für dessen Entwicklung alle gemeinsam etwa 25 Mrd DM ausgeben – und das, obwohl sich die potentiellen Anforderungen an die Luftverteidigung weitgehend reduziert haben. Die Stückkosten für ein Jagdflugzeug nach der Entwicklung werden – je nach Bestellzahl – auf etwa 100 Mio DM geschätzt, pro Stück also deutlich mehr, als die britische Regierung innerhalb eines Jahres für Sonnentechnologien aufwendet.

Die 80er Jahre begannen für die Sonnenenergie in Frankreich vielversprechend, aber sie mündeten in einen beispiellosen Kahlschlag. Betrachten wir demgegenüber die gerade angelaufenen Rüstungsprogramme, so stehen vier neue atomstrategische U-Boote (»Le Triomphant«) zu Kosten von insgesamt 26,5 Mrd DM in der Planung, 335 neue Kampfflugzeuge (»Rafaele«) für 45,2 Mrd DM, 700 Kampfpanzer (»Leclerc«) für 6,8 Mrd DM und ein neuer deutsch-französischer Kampfhubschrauber für 10 Mrd DM (Entwicklungskosten jeweils nicht mitgerechnet). Auch hier gibt es keine ernsthafte Antwort auf die Frage, gegen wen dies notwendig ist – und es ist nicht zu sehen, wo es außerhalb Frankreichs einen Markt für diese Produkte gäbe, die einen derartigen industriepolitischen Aufwand volkswirtschaftlich rechtfertigen könnten. Für die Solartechnologie herrscht demgegenüber – mit Ausnahme der Biomasse – in Frankreich Fehlanzeige!

Beispiel deutsche Forschungs- und Entwicklungsförderung

Auch in Deutschland sieht es nicht besser aus, obwohl die Regierung immer wieder hervorhebt, sie stehe mit den Aktivitäten für die Sonnenenergietechnologie international beispielhaft da. Doch Zahlenvergleiche zeigen, daß auch hier die Sonnentechnologie in der Prioritätenskala unter »ferner liefen« rangiert – trotz eines Bundestagsbeschlusses vom Jahr 1990, nach dem ein Programm »Solarenergie und solarer Wasserstoff« künftig forschungspolitische Priorität haben sollte.[64] Auch in Deutschland hat der militärtechnische Bereich Vorrang. Allein der deutsche Entwicklungsanteil für ein neues Jagdflugzeug ist siebenmal höher als die Summe, die in den 80er Jahren für erneuerbare Energien insgesamt bereitgestellt wurde. Ob es um die Beschaffung des Kampfflugzeugs Tornado (Gesamtkosten etwa 38,5 Mrd DM), von 8 Fregatten (6,1 Mrd) oder von 2125 Leopard 2-Kampfpanzern (12,75 Mrd DM) ging – stets war genug Geld da, ohne daß nach anderen politischen und industriellen Prioritäten gefragt wurde. Betrachten wir die Ansätze des Forschungs- und Entwicklungshaushalts allein des Jahres 1992 – also vier Jahre nach dem Bundestagsbeschluß über die Veränderung der Prioritäten –, so ergibt sich eine unverändert anachronistische Reihenfolge. Vor dem Etatposten von 386 Mio DM für erneuerbare Energien und rationelle Energieverwendung, die untereinander etwa im Verhältnis von 2:3 zu 1:3 stehen, liegen u. a. die Ausgaben für Weltraumforschung und -technologie (1,737 Mrd), für Großgeräte zur Grundlagenforschung (1,002 Mrd), für Informationstechnik (995,7 Mio), für Nukleare Energieforschung (546,7 Mio) – und innerhalb des Verteidigungsbudgets ein Wehrforschungshaushalt von 2,9 Mrd DM.

Eine einsame Spitzenposition in der deutschen zivilen Forschungspolitik genießt die Weltraumforschung, für die siebenmal so viel wie für Sonnentechnologie ausgegeben wird. In der Grundlagenforschung, dem klassischen Forschungsfeld für Zukunftsfragen, taucht solare Grundlagenforschung kaum auf. Einerseits wird Geld für die Umweltforschung bereitgestellt – gleichzeitig aber auch für das Hyperschallflugzeug, dessen Einsatz erhebliche zusätzliche Umweltlasten hervorrufen wird. Die Atomforschung bleibt, wie erwähnt, innerhalb der Energieforschung an der Spitze, und bei den Informationstechnologien – die eigentlich zu den originären selbständigen Entwicklungsaufgaben der Industrie zählen – ist man spendabler als bei der Sonnentechnologie, die besonderer Förderung bedarf, solange das industrielle Interesse der Privatwirtschaft dafür nicht vorhanden ist.

Noch schlimmer sieht es mit der politischen Förderung von erneuerbaren Energien aus, wenn man die Subventionen und Steuervergünstigungen in Rechnung stellt. Aus dem 13. Subventionsbericht der Bundesregierung ergibt sich für 1992 folgendes Bild, wobei der von den Stromkunden geleistete Kohlepfennig nicht mitgerechnet ist:

Tabelle 8

	Fossile Energieträger	rationelle Energieverwendung	erneuerbare Energien
Finanzzuschüsse	4311,9 Mio	168 Mio	11 Mio
Steuerbegünstigungen	938,0 Mio	470 Mio	5 Mio

Beispiel EG-Förderung

Für die Politik der Europäischen Gemeinschaft ergibt sich kein besseres Lagebild. Im Bereich des »Thermie-Programms« der EG-Kommission werden für 1991/92 350 Mio ECU gebunden, die sich auf die vier Gebiete rationelle Energienutzung, erneuerbare Energien, feste Brennstoffe und Kohlenwasserstoffe etwa gleichmäßig aufteilen. Für erneuerbare Energien ergibt das etwa einen Beitrag von 80 Mio ECU. Daneben gibt es das Forschungs- und Entwicklungsprogramm für nichtnukleare Energien (JOULE-Programm), das für 1991–94 ein Budget von 155,4 Mio ECU ausweist – neben kleineren Programmen für die Kohleforschung (27 Mio ECU von 1990–95), das SAVE-Programm für Energieeinsparung (35 Mio ECU für 1991–95) oder für Effizienz der Elektrizitätsverwendung (17 Mio ECU für 1990–93). Innerhalb dieses Programms sind 57,4 Mio ECU für erneuerbare Energien vorgesehen – also ungefähr ein Betrag von 14 Mio ECU pro Jahr. Dies ist ein Minimalbetrag im Vergleich zur Förderung der Kernenergie durch die EG-Kommission: 1,5 Mrd ECU fließen für den Zeitraum zwischen 1988 und 1995 in die Kernenergie, davon 1,1 Mrd ECU für die Kernfusion. Außerdem vergibt die EURATOM-Behörde der EG Darlehen für Investitionen in Kernenergieanlagen, wofür 4 Mrd ECU zur Verfügung stehen. Im Fünfjahresprogramm der EG-Forschung zwischen 1990 und 1994 dominieren mit 2,8 Mrd ECU die Informations- und Kommunikationstechnologien und mit 1,1 Mrd ECU die Industrie- und Materialtechnologien – also weit überwiegend reine Industrieaufgaben, deren öffentliche Förderung großenteils fragwürdig ist und mit denen man – wie im Bereich der Informationstechnik – eklatante Versäumnisse der europäischen Industrie nun mit öffentlichen Mitteln aufholen will.

Wenn von öffentlichen Finanzbeihilfen gesprochen wird, müssen wir aber den Prioritätenvergleich auch hier weiter ausdehnen, um die generelle Schieflage zu verdeutlichen. Aus dem EG-Haushalt wurden allein 1991 32 Mrd ECU an Finanzbeihilfe in die Landwirtschaft gelenkt, weitere 50 Mrd ECU kommen aus den nationalen Landwirtschaftsbudgets. 7,3 Mrd ECU werden jährlich allein für die öffentliche Lagerhaltung der abgenommenen landwirtschaftlichen Produkte ausgegeben, das sind 140 Mio pro Woche. Zum Vergleich: Für die Erforschung der Biomasse-Energie wurden zwischen 1975 und 1990 insgesamt 150 Mio ECU ausgegeben – für die Zukunft der Landwirtschaft in 15 Jahren nicht mehr als für eine Woche Lagerhaltung von Überschußware!

Ökonomische Fetische und Zweckpessimismus

Das Gesamtbild bestätigt, wie wenig sich die Regierungen auf die ökologischen wie auf die ökonomischen Zukunftserfordernisse einstellen: Es zeigt, wie unterentwickelt die Bereitschaft ist, einmal gesetzte Schwerpunkte selbstkritisch zu überprüfen; daß es internationales Rudelverhalten gibt trotz fragwürdiger Rudelführer; wie verbohrt man sich an Militärtechnik oder Weltraumtechnik als den vermeintlich unverzichtbaren technologischen Promotoren für eine moderne Industrie orientiert; daß die Forschung zur Verlängerung der Vergangenheit dient statt zur Bewältigung der Zukunft; das Unvermögen, einen wirklichen Schritt gegenüber erkannten Fehlentwicklungen zu machen – kurzum: die Unfähigkeit zur Neugestaltung des Gemeinwesens.

Dabei gibt es inzwischen genug Anhaltspunkte, um zu erkennen, daß die Fixierung auf Rüstungs-, Luftfahrt- und Weltraumindustrie als technologische Motoren für eine Volkswirtschaft ein Fetisch ist. Die Sowjetunion hatte eine führende technologische Stellung in der Weltraumfahrt und der Raketen- und Flugzeugindustrie. Aber sie zerbrach dennoch – nicht zuletzt weil ihre Industrie aufgrund zunehmender Produktivitätserlahmung zu Boden ging. Die USA haben wohl die bestentwickelte Weltraum-, Raketen- und Flugzeugindustrie, aber dennoch wird ihre Wirtschaft im Verhältnis zu Japan und Westeuropa mehr und mehr abgehängt. Zweifellos ging ihre Art einseitiger Prioritätensetzung zu Lasten der allgemeinen Produktivitätsentwicklung und damit der Wettbewerbsfähigkeit. Für Weltraumobjekte, Raketen, Kampfflugzeuge und Kriegsschiffe gibt es keine Massenmärkte – abgesehen davon, daß ihre anhaltende uferlose Verteuerung durch den waffentechnologischen Wettlauf mittlerweile mehr zum Rückgang des Waffenexports beiträgt als politische Waffenexportkontrollen. Eine amerikanische Regierungskommission unter dem Vorsitz des Chefs der Computerfirma Hewlett Packard stellte Mitte der 80er Jahre fest, daß der Produktivitätszuwachs der amerikanischen Volkswirtschaft zwischen 1960 und 1983 mit durchschnittlich 1,2 % erheblich hinter dem der Bundesrepublik Deutschland mit 3,5 % und Japan mit 5,9 % zurücklag und daß dies offenkundig an den falschen technologiepolitischen Schwerpunktsetzungen liege.

Daß Westeuropa und zunehmend auch Japan sich dennoch an diesen Schwerpunkten des gescheiterten Vorbildes orientieren, ist nur aus dem Integrationsmechanismus der führenden westlichen Wirtschaftsnationen zu erklären. Auf dem »Weltwirtschaftsgipfel« und in gemeinsamen Organisationen (OECD, Internationaler Währungsfonds) findet eine Standardisierung und eine Normierung ihres Regierungshandelns statt, die als kooperations- und friedensfördernd angelegt war, nunmehr jedoch maßgeblich zu einer kollektiven Lähmung gegenüber Zukunftsanforderungen beiträgt. Entweder, so das ungeschriebene Motto, gehen alle in eine neue Richtung, oder alle Länder bleiben bei der alten – mit anderen Worten: weil die Mehrheit in die falsche Richtung geht, darf auch eine Minderheit nicht versuchen, die richtige Richtung einzuschlagen. Selbst kleine Länder geben mehr für die Weltraumforschung als für Sonnenenergieforschung aus, obwohl sie nie eine eigene Weltraumindustrie haben werden. Warum bauen nicht einmal sie eine Sonnentechnik-Industrie auf, auf die die Massenmärkte der Zukunft warten?

Die Erklärungen, warum man an den bisherigen politisch gesetzten Technologie-Schwerpunkten festhält, verraten fadenscheinigen Zweckpessimismus und halten allesamt keinem plausiblen Gegenargument stand. Für das Kappen der Sonnentechnologieförderung wurden beispielsweise die ab 1983 wieder sinkenden Ölpreise als Begründung bemüht – als hätten die Ölpreisschwankungen auf öffentliche Forschungs- und Entwicklungsprogramme, etwa im Bereich der Kernenergie, je einen Einfluß gehabt! Es habe keinen entsprechenden Konsens dafür in der Gesellschaft gegeben – aber die meisten Rüstungsprojekte werden sogar *trotz* gesellschaftlichen Dissenses durchgezogen, und mit gezieltem Public Relations-Aufwand versuchen die Regierungen, einen Konsens dafür zu organisieren. Dennoch gab und gibt es Massenproteste gegen Rüstungsprojekte und Atomkraftwerke, während eine Massendemonstration gegen ein Sonnenenergieprojekt kaum vorstellbar wäre. Offensichtlich ist nur der mangelnde Konsens in den Eliten gemeint, deren Standpunkt mehr zählt als der der Allgemeinheit, obwohl doch die Regierungen demokratischen Grundsätzen verpflichtet sind.

Das oftgenannte Argument, es fehlten die attraktiven Projekte für Sonnenenergietechnologien, die eine öffentliche Förderung legitimieren würden, ist besonders dürftig. Zum einen hindert ein solches Fehlen keine Regierung daran, statt der Forschungs- und Entwicklungsförderung eine Markteinführungsinitiative zu ergreifen, was bisher nur in spärlichen Ansätzen der Fall war. Zum anderen ist das Argument eine weitere dreiste Ausrede für politische Passivität: Wenn eine Regierung den generellen Stellenwert der Sonnentechnologie erkannt hat, darf sie nicht auf das warten, was von den noch raren wissenschaftlich-technischen Instituten vorgeschlagen wird; sie müßte die Entwicklungsziele von sich aus vorgeben. Das Spektrum der Forschungs- und Entwicklungsaufgaben war und ist so groß, daß sich – unabhängig davon, daß die unverzügliche Markteinführung nötig ist – damit eine umfassende und umfangreiche Aufgabe für die Wissenschaft und Technologie eröffnet, von der Grundlagenforschung bis zur angewandten Forschung. Ein Blick in die Berichte der internationalen Photovoltaik-, Solarthermik-, Windenergie- und Biomassekonferenzen gibt Anregungen genug, um umfangreiche Forschungsprogramme zu formulieren.

Und schließlich wird stets eingewandt, man müsse eben noch weiter forschen und entwickeln; die Zeit sei einfach noch nicht reif für den Schritt der Markteinführung. Diese Aussage steht erstens im Widerspruch zu der gerade genannten, daß es noch keine ausreichend interessanten Forschungsideen gebe, und ist zweitens auch falsch. Das Schreckgespenst wird beschworen, es könnte eine Serienproduktion beginnen mit einer Technologie, die sich wenig später als überholt herausstellt. Als hätte man mit der Massenproduktion von Fernsehgeräten gewartet, bis das Farbfernsehen entwickelt wurde, oder mit der Massenproduktion von Radios, bevor nicht der Mehrwellenempfänger zur Verfügung stand! Keines der Produkte wäre ein Massenprodukt geworden, wenn vor der Einführung der jeweils ersten Produktlinien solche Argumente im Vordergrund gestanden hätten.

In Wahrheit ist es gespielte Naivität der Industrie, die hinter diesen Argumenten steht. Noch heute stecken in nahezu jedem neuen Automodell eines jeden Automobilkonzerns mehrere Mrd DM Entwicklungsaufwand. Wie jede andere Technologie wird sich auch die Solartechnik nur dann beschleunigt weiterentwickeln, wenn umfangreiche Produktions- und Markterfahrungen gesammelt werden. Gerade Regierungen müßten ein eklatantes Eigeninteresse an einem möglichst frühen Beginn der industriellen Massenfertigung haben, weil sich über die daraus entstehenden Umsätze der finanzielle Spielraum für weitere privatunternehmerisch getragene Entwicklungen zur Verbesserung der Technologien und zur weiteren Produktionssteigerung ergibt.

Daß der Sonnenenergie dennoch so kleinkariert begegnet wird, ist ein Signal dafür, wie rückständig die westlichen Entscheidungseliten schon sind. Anstelle einer maßstabs- und problemgerechten politischen Zukunftsgestaltung werden Regierungsschauspiele inszeniert, weil sich im glitzernden postmodernen Medienzeitalter die Hofberichterstattung besser vermarkten läßt als die Problemberichterstattung. Offiziell haben inzwischen alle Regierungen die schicksalhafte Bedeutung der Veränderung der Erdatmosphäre erkannt. Zwar gibt es durchaus bemerkenswerte Unterschiede in der regierungspraktischen Beschäftigung mit diesem Problem. Aber ein wirklich problemadäquates strategisches Aktionsprogramm, dem finanziell die erste oder zumindest eine vorrangige Priorität eingeräumt würde, existiert bisher noch nirgendwo.[65]

Die Agonie des faustischen Zeitalters

Der Vorwurf eines so grundlegenden Versäumnisses klingt unglaubhaft. Es erscheint unvorstellbar, daß sich nahezu die Gesamtheit der Führungseliten so grundlegend fehlverhalten kann – obwohl sie es besser wissen könnten. Gleichwohl gibt es dafür zahllose geschichtliche Beispiele, die von Barbara Tuchman als »Torheit der Regierenden« beschrieben wurden. Diese Torheiten beziehen sich auf substantielle Fehler, die über lange Zeiträume hinweg gemacht wurden, deren Konsequenzen deutlich vorhersehbar waren, und für die es jedesmal eine Handlungsalternative gab. »Die gesamte Geschichte, unabhängig von Zeit und Ort, durchzieht das Phänomen, daß Regierungen und Regierende eine Politik betreiben, die den eigenen Interessen zuwiderläuft. In der Regierungskunst, so scheint es, bleiben die Leistungen der Menschheit weit hinter dem zurück, was sie auf allen anderen Gebieten vollbracht hat.« Tuchman unterscheidet vier Arten von Mißregierungen, die auch zusammenwirkend auftreten können: Tyrannei, Selbstüberhebung, Unfähigkeit oder Dekadenz und Torheit oder Starrsinn. Man mag auswählen, welches Element beim Zerfall der Sowjetunion die größere Rolle gespielt hat, so daß sie keine rechtzeitigen Systemkorrekturen durchführte, um überdauern zu können – und welches Element im Westen, neben der Selbstüberhebung, überwiegt. »Vernünftigerweise« so wiederum Tuchman, seien auch in Zukunft immer wieder grundlegende Torheiten zu erwarten, und deshalb werde es weitergehen »durch Zeiten von Glanz und Niedergang, durch Zeiten großer Unternehmungen und tiefer Schatten«[66]. Aber gegenüber früheren Zeiten gibt es einen prinzipiellen Unterschied: In den Bereichen, in denen das Überleben der Menschheit auf dem Spiel steht, dürfen wir uns keine Torheiten mehr leisten.

In den letzten Jahren hat man zunehmend erkannt, daß Technologien »fehlerfreundlich« sein müssen – daß man also von Technologien lassen sollte, bei deren Betrieb kein grundlegender Fehler passieren darf, weil die Folgen die gegebenen Fähigkeiten zum Schadensausgleich übersteigen.[67] Dies gilt nicht nur für einzelne Techniken, sondern auch für Gesellschaftssysteme. Deren Fehlerfreundlichkeit geht dann verloren, wenn sie sich auf Gefahren einlassen, die unkorrigierbar sind und letztlich in ein heilloses Debakel führen. Wir haben es heute nicht nur mit einer, sondern mit mehreren Gefahren dieser Art zu tun – und sie alle sind ein Beleg für kollektives Fehlverhalten der Entscheidungseliten. Die Atombewaffnung gehört dazu, die sich mehr und mehr weltweit ausbreitet, je länger die atomare Abrüstung aufgeschoben wird. Die Nutzung der Atomkraft zur Energieversorgung zählt dazu: Je mehr sie ausgebaut wird, desto mehr steigen die Gefahren von Reaktorunfällen, und werden atomare Abfälle zu einer kaum noch abzutragenden Hypothek. Es gibt Stimmen, die die ökonomischen Schäden des Reaktorunfalls von Tschernobyl als einen der Todesstöße für die Sowjetunion bezeichnen. Auch die Nutzung der fossilen Energien gehört – wie wir zunehmend erkennen – dazu: Mittlerweile gibt es Studien der Versicherungswirtschaft, die die dadurch hervorgerufenen Klimaveränderungen – etwa schwere Sturmschäden – als künftig nicht mehr versicherbar ansehen.[68] Ein unkontrollierbar werdender Mißbrauch der Gentechnologie gehört in diese Kategorie, und auch die den »Star Wars«-Programmen und der Weltraumfahrt verbundenen Ambitionen. Es handelt sich um janusköpfige Konzepte, bei denen bestechende und künftig angeblich nicht mehr verzichtbare Vorteile neben empfindlichsten und umfassenden Nachteilen stehen.

Denn die beiden entscheidenden Merkmale solcher Technologien sind: Zum einen verändert ihre Einführung die Gesellschaft in ungeahnter Weise, obwohl es sich zunächst »nur« um eine weitere Technologie handelt. Was sie an tatsächlichen oder vermeintlichen Vorzügen für die Gesellschaft bringen, steht in keinem Verhältnis zu den einzigartigen und langfristigen Gefahren, die mit ihnen verbunden sind. Das zweite Merkmal: Es handelt sich um Technologien, mit denen es möglich ist, Schicksal für die Menschheit zu spielen. Seit der Entwicklung der Atombombe haben Wissenschaftler und Politiker es offenbar gelernt, ungerührt in Kategorien von Leben oder Tod der gesamten Menschheit zu denken und zu handeln. Fasziniert davon, das Undenkbare vermeiden zu müssen, es aber dennoch tun zu können, wird an der zweiten Möglichkeit festgehalten. Hingerissen von den atemberaubenden wissenschaftlichen Kenntnissen und technologischen Entwicklungen, die die Atom-, Waffen- und Weltraumforscher liefern, haben die Regierungen diesen Podeste errichtet und ihnen jeden Wunsch von den Augen abgelesen, um nicht als rückständig und beschränkt zu erscheinen. Wer so auf den Olymp der Naturwissenschaften gestellt wurde, dem war damit auch die »geistige Führung« der Gesellschaft zuerkannt.

So setzte sich die Ideologie endgültig durch, daß der Mensch die Natur nach »seinen« Bedürfnissen gestalten solle oder könne, statt sich an den Gesetzmäßigkeiten der Natur zu orientieren. In einem Interview anläßlich des 20. Jahrestags der Mondlandung hat das der Zukunftsforscher Jesco von Puttkamer in selten gehörter Offenheit artikuliert: »Die Umweltschützer – und das sind wir ja auch mit dem Weltraumprogramm, mit Mission ›Planet Earth‹ – sprechen an sich noch von einer Ökologie des 19. Jahrhunderts, wenn sie den Weltraum ignorieren. Die Erde ist aber nicht allein da. Es gehört dazu nun auch das All mit den Menschen, die im All funktionieren und konstruieren. Es müssen aus dieser Zusammenführung von All und Erde neue Wechselwirkungen entstehen, die mir das geschlossene System der Erde – das unser zukünftiges Wachstum behindert – öffnet und eine Alternative zur geschlossenen Zukunft mit ihren Verknappungen, mit ihren Umweltbeschädigungen, mit ihren möglicherweise Kriegen und Atompilzen liefert. Die Weltraumfahrt ist die Hoffnung, die wir haben müssen, um der Menschheit der Zukunft alternative Lebensmöglichkeiten zu geben. Eines Tages wird man sogar im Weltraum selber künstliche Biosphären bauen. Man muß bedenken, daß wir mit unserer eigenen Biosphäre hier auf der Erde nicht mehr zu Rande kommen, daß die natürliche Umwelt nicht für eine Rasse von Wesen geeignet zu sein scheint, die so dynamisch wächst wie der Mensch – mit der Industrie, mit den Abfällen, mit seinem Energieverbrauch. Irgendwie sind die natürliche Biosphäre der Erde und der Mensch nicht miteinander vereinbar. Ja, es scheint sogar, als ob wir in einer feindlichen Umwelt leben, sonst würden wir nicht in einem solchen Konflikt mit ihr stehen. Es ist aber durchaus möglich, daß wir eines Tages im Weltraum künstliche Biosphären von Grund auf neu bauen können, geschlossene Kreisläufe, die für den Menschen optimiert sind – die also so gebaut sind, daß sie für den Menschen ideal geschaffen sind und nicht mehr in einem Konflikt mit einer dynamisch wachsenden Entität namens Menschheit stehen.«[69] Diese Sätze offenbaren eine moderne Herrenmenschen-Philosophie, die sich eher die Frage stellt, wie man künftig einmal von der zerstörten Erde mit

Hilfe neuer Archen Noah fliehen könne, statt sich auf die Lebensumwelt der Erde neu einzustellen. Die Eliten, die sich dann vielleicht die wenigen Plätze auf diesen Raumschiffen reservieren können, würden die Nachkommen derjenigen sein, die heute eher den Ruin der Erdzivilisation riskieren, als alles für ihre Rettung zu tun. So abstrus die »Philosophie« des zitierten »Zukunftsforschers« klingen mag: Für Technologien zur Flucht von der Erde wurde bisher wesentlich mehr öffentliches Geld ausgegeben als für Technologien zu ihrer Sanierung.

Wissenschaftliche, wirtschaftliche und politische Eliten halten unverändert an dem eklatanten Widerspruch zwischen der prioritären Entwicklung unglaublicher technischer Fähigkeiten und der gleichzeitigen Vernachlässigung unerhörter Gefahren fest. Sie mögen heute im Mittelpunkt öffentlicher Aufmerksamkeit und Ehrungen stehen. Aber sie werden in der künftigen Geschichte wohl eher als Vabanque-Spieler erscheinen, als Verbrecher an der Menschheit – denn sie wirken unter voller geistiger Zurechnungsfähigkeit und haben alle Informationen über die akute Gefährdung der jetzt lebenden Menschheit.

In Goethes »Faust« ist es literarisch lange vor der Zeit hellseherisch erfaßt: der Versuch, der Natur Geheimnisse zu entreißen, die unentschlüsselbar erschienen, das Ringen um eine unbegrenzte Erschließung der Welt, wobei man uferlose Folgeprobleme in Kauf nimmt. Dabei wurden die menschlichen Fähigkeiten so überdreht, und die Grenzen der physischen und seelischen Möglichkeiten so weit überschritten, daß nun der Menschheit insgesamt Agonie droht. »Durch die Selbstbeschleunigung«, schreibt Peter Kafka, »verletzt der Evolutionsprozeß seine unabdingbaren Voraussetzungen, die ich mit den Schlagworten Vielfalt und Gemächlichkeit zu kennzeichnen pflege.«[70] Es ist kein Zufall, daß die Nutzung der Sonnenenergie Politiker und Wissenschaftler nicht derart fasziniert und beschäftigt. Es gibt viele Nobelpreisträger in der Atomphysik, aber die Entwicklung der Photovoltaik zum Beispiel war keinen Nobelpreis oder einen anderen renommierten Wissenschaftspreis wert. Denn aus der Nutzung der Sonnenenergie erwachsen keine Fähigkeiten zum Überschreiten menschlicher Grenzen, sondern »nur« die Fähigkeiten für ein Leben innerhalb dieser Grenzen. In die Philosophie dieses hypertrophen Zeitalters passen Atom-, Fusions- und Weltraumtechnologie – und zwar selbst dann, wenn sie offenkundig mehr schaden als nutzen – doch nicht die Solartechnologie. Sonnenenergienutzung auf der Erde ist nicht die einzige, aber wahrscheinlich die wichtigste Technologie, um die Menschheit auf einen Weg innerhalb ihrer Grenzen zurückzuführen. Solange die Wissenschaft und die Politik dies nicht als *die* faszinierendere Aufgabe ansehen, sind sie auf einem existentiell vernichtenden Weg.

III. Kapitel
Gibt es Alternativen zur globalen Sonnenstrategie?

Wer die Nutzung von Sonnenenergie fordert, ist immer noch mit der Frage konfrontiert, ob dies denn überhaupt eine ernsthafte, über geringfügige Anteile der Energieversorgung hinausgehende Alternative sei. Doch angesichts der verbrannten Erde, die fossile und atomare Energieträger hinterlassen, ist die umgekehrte Frage angebracht: Ob es zur Sonnenenergie überhaupt noch eine Alternative geben kann?

Die Auffassung, man müsse die Sonnenenergie bereits jetzt zum strategischen Hauptpunkt aller energiepolitischen und -wirtschaftlichen Anstrengungen machen, wird bisher nur vereinzelt vertreten. Die überwältigende Mehrheit derjenigen, die Antworten auf die Weltklimabedrohung formulieren, setzt andere Schwerpunkte. Es sind zwei Lager zu erkennen. Das eine – nennen wir es *Fortschreibungslager* – will auf keine der jetzt eingesetzten Quellen verzichten. Der Ansatz besteht darin, den Einsatz fossiler Energien durch Energiesparstrategien zu reduzieren, allmählich die Sonnenenergien einzubeziehen, an der Atomkraft festzuhalten und langfristig auf die Fusionsenergie zu setzen. Das andere Lager – nennen wir es *Energiesparlager* – ist überwiegend bereit, auf die Atomkraft zu verzichten und ist für eine schnellere Einführung erneuerbarer Energien; aber Priorität hat die Energiesparstrategie – die »Effizienzrevolution« – und nicht eine Sonnenstrategie. Energiesparen wird gar als die größte neue Energiequelle bezeichnet.

Ein allgemeiner Konsens zwischen beiden Lagern besteht für die Energiesparstrategien. Dieser Konsens macht die Lagergrenzen fließend. Der Dissens besteht in der Einstellung zur Atomtechnologie und darin, daß das Fortschreibungslager die Energiesparstrategien weniger ernsthaft verfolgt und an den zentralistischen Strukturen der Energieversorgung festhalten will. Man mag nun einwenden, eine solche Lagerdefinition sei künstlich – und noch künstlicher sei die Unterscheidung dieser beiden Lager von der hier vertretenen Sonnenstrategie. Alles sei lediglich eine Frage unterschiedlicher Einschätzungen der zeitlichen Perspektiven, Energiesparerfolge zu erzielen und Sonnenenergie in die Energiemärkte einzuführen. Je erfolgreicher wir mit dem Energiesparen sind, desto schneller können wir auch Sonnenenergie einführen – weshalb man schon gar nicht eine prioritär angestrebte Energiesparstrategie von einer Sonnenstrategie unterscheiden könne.

Solche Einwände verkennen jedoch, daß es um sehr viel mehr als nur um unterschiedliche Einschätzungen praktischer Möglichkeiten geht. Das Energiesystem ist kein interessen- und wertneutrales Labor. Unterschiedliche Interessen und Ziele bewirken bekanntlich unterschiedliche Handlungen. Falsche Ziele führen zu schlechten Ergebnissen, unzureichende Ziele zu unzureichenden Ergebnissen, unvollständige Ziele zur Vernachlässigung notwendiger Ansätze. Um die Frage erörtern zu können, ob es Alternativen zur strategischen Zielsetzung einer vollständigen globalen Sonnenenergieversorgung gibt, muß der Stellenwert von Energiesparstrategien behandelt werden – und zur Frage nach der Zukunft der Atomtechnologie führen, die sich in ihrer Konsequenz zuspitzt auf die der Fusionsenergie.

Die begrenzte Reichweite des Energiesparens

In allen Programmen politischer Institutionen, die sich auf die Gefahr einer Klimakatastrophe beziehen, überwiegen die Forderungen nach Energieeinsparung alle sonstigen Maßnahmenvorschläge bei weitem – entweder durch direkte Verbrauchsbeschränkungen oder durch Impulse zur Verbesserung der Energieproduktivität in den einzelnen Gliedern der Umwandlungskette.

Unter den Industrienationen hat Deutschland offiziell das weitestgehende Ziel mit einer Reduzierung der CO_2-Emissionen um 25 % bis zum Jahr 2005. Noch weiter ging die Enquête-Kommission des Deutschen Bundestages, die – ausgehend vom Jahr 1987 – für die wirtschaftsstärksten Industrieländer bis zu diesem Jahr eine Reduzierung um 30 % und für die Entwicklungsländer eine Begrenzung des Zuwachses um 50 % vorschlug – was im globalen Maßstab eine Verminderung der CO_2-Emissionen um 5 % bewirken würde. Bis zum Jahr 2050 wurde als Ziel eine CO_2-Minderung von 80% bei den Industrieländern angegeben und den Entwicklungsländern eine Emissionszunahme von 70% zugestanden, was insgesamt weltweit zu einer Reduktion von 50% führen könnte. Für den Zeitraum bis zum Jahr 2005 setzt die Kommission, die immerhin international als Vorbild in der ernsthaften Beschäftigung mit den Klimagefahren gilt, überwiegend auf technische Energiesparmaßnahmen – beim Gebäudebestand, bei Neubauten, im Kleinverbrauch, bei Elektrogeräten, bei Autos und Flugzeugen, Bussen und Lastkraftwagen, bei der Warmwasserbereitung, bei Brennstoffen in der Industrie, durch Kraft-Wärme-Kopplung und beim Industriestrom. Die Nutzung erneuerbarer Energien könne dagegen erst »im Zeitraum nach 2005 wesentlich größere Anteile an der Energieversorgung und den Reduktionszielen« erreichen. Danach – zwischen 2005 und 2050 – könne die CO_2-Reduktion durch erneuerbare Energien »in etwa derselben Größenordnung liegen wie der der rationelleren Energieverwendung«[71]. Die Auseinandersetzung in der Kommission ging dabei nicht etwa um die Frage einer stärkeren Schwerpunktsetzung auf Sonnenenergien, sondern darum, ob man die Atomkraft in eine Strategie zur Abwendung katastrophaler Klimaveränderungen einbeziehen solle oder nicht.

Das World Resources Institute in Washington hat in einem Weltszenario die bekannten Ansätze einer ökonomisch und technisch erprobten Senkung der Energienachfrage optimiert – unter Berücksichtigung des Bevölkerungswachstums und des Minimalbedarfs in Entwicklungsländern. Zwischen 1980 und 2020 würde danach der Primärenergieverbrauch von 10,3 auf 11,2 Terawatt steigen, während die Weltbevölkerung von 4,4 auf 6,9 Mrd Menschen anwachsen würde. Dieses Ergebnis konnte jedoch nur unter der Annahme errechnet werden, daß die Industrieländer ihren Verbrauch von 6,3 auf 3,2 Terawatt (bei einem Bevölkerungswachstum von 1,1 auf 1,2 Mrd) – also etwa um 50% pro Kopf der Bevölkerung – senken, während die Entwicklungsländer ihren Verbrauch auf 8 Terawatt bis zum Jahr 2000 verdoppeln (bei einem Bevölkerungswachstum von 3,3 auf 5,7 Mrd Menschen)[72].

Diese Resultate weisen gerade deshalb auf die Dringlichkeit einer Sonnenstrategie hin, weil sie den erreichbaren Effekt von Energiesparstrategien in optimistischer Weise berechnen. Wenn nämlich – selbst bei unterstellten spezifischen Einsparungen von

50 % in den Industrieländern – in den nächsten 30 Jahren vielleicht gerade ein weiteres Ansteigen verhindert werden kann, dann müssen angesichts der schon begonnenen klimatischen Anomalien in sehr viel kürzerer Frist noch weitergehende drastische Gegenmaßnahmen ergriffen werden. Eine auch nur vorläufige strategische Beschränkung auf Energiesparen bleibt auf halbem Wege stehen.

Daß sich auch die Enquête-Kommission des Deutschen Bundestages in ihren Empfehlungen bewußt auf die Energiesparstrategien und nicht in zumindest gleichem Maße auf die Sonnenenergie konzentrierte, wird durch ihre Bemerkung deutlich, vor 2005 könnten zwar »kleine und mittlere Windenergiekonverter, Wasserkraftanlagen, Biogasanlagen zur Fermentierung von landwirtschaftlichen Abfällen, Deponie- und Klärgas, solare Niedertemperaturanlagen in Serie produziert werden« und deshalb »schon kurzfristig zwar begrenzte, jedoch nicht zu vernachlässigende Marktanteile erreichen«; aber Empfehlungen, dazu unverzüglich massive politische Initiativen zu starten, spricht sie dennoch nicht aus. Wenn sie schon die Möglichkeit zur Serienproduktion bei diesen Sonnentechnologien sieht: warum scheut sie sich, in die Vollen zu gehen und deren sofortige massive Ankurbelung zu fordern? Auch eine weitere Feststellung der Kommission zeugt von dieser unbegründeten Zurückhaltung: Anlagen zur Herstellung und Nutzung der Photovoltaik sowie Solar-Wasserstoff-Systeme benötigen angeblich »eine Anlaufzeit von mehreren Jahrzehnten, bevor sie einen wesentlichen Anteil an der Energieversorgung ausmachen könnten«. Warum sollen denn noch Jahrzehnte nötig sein, wenn Solarzellen bereits heute in mehreren Dutzend Firmen produziert werden? Nichts steht einem gezielten Produktionsausbau im Wege – es sei denn der Mangel an politischer und wirtschaftlicher Konzeption und Entschlußkraft. Dabei ist klar, daß die Anlaufzeiten der verschiedenen Sonnentechnologien aufgrund ihrer Kosten- und Entwicklungsunterschiede unterschiedlich sind.

Offenbar hat sich die Kommission noch allzusehr von den weitverbreiteten Einwänden bremsen lassen, daß eine aktuelle Offensivstrategie zur Einführung von Sonnenenergie zu kostspielig sei. Solche Einwände sind sachlich falsch, wie wir im nächsten Kapitel sehen werden. Selbst wenn sie aber ökonomisch gerechtfertigt wären, könnten sie nicht legitimieren, warum allein aus Kostengründen eine zwingend notwendige Strategie zur Rettung der Erd-atmosphäre nicht einmal empfohlen wird. Die deutsche Parlamentskommission geht davon aus, daß sich die Menschheit einen Anstieg der Meeresspiegel um einen halben Meter bis zum Jahr 2100 selbst dann eingehandelt hätte, wenn ab dem Jahr 2030 jede weitere Spurengas-Emission in die Atmosphäre unterbleiben würde. Die Folge seien »Überschwemmungskatastrophen, Verlust der Heimat für viele Millionen Menschen« u. a. m. Warum empfiehlt sie dann nicht, sofort und auf breiter Basis in die Sonnenenergienutzung einzusteigen, womit weit vor dem Jahr 2030 bereits sehr viel drastischere Entlastungen der Atmosphäre möglich würden?

Diese Frage stellt sich noch drängender, wenn man bedenkt, daß man sich auf eine erfolgreiche praktische Umsetzung des möglichen Energiesparpotentials keineswegs verlassen kann. Zwar betont alle Welt seit einigen Jahren die Notwendigkeit des Energiesparens, aber der globale Energieverbrauch wächst dennoch weiter. So stellt auch die deutsche Parlamentskommission in einem Bericht des Jahres 1992 fest, daß die vom Zähljahr 1987 an angegebenen bescheidenen globalen Reduktionsziele von 5 % bis zum Jahr 2005 mittlerweile, um zu demselben quantitativen Reduktionsergebnis zu kommen, schon eine Reduktion von 12 % erfordern würden – denn allein zwischen 1987 und 1990 stiegen die CO_2-Emissionen um weitere 7 % an.[73] Auch diese niederschmetternde Feststellung hat nicht dazu geführt, die Empfehlungen zu überdenken. Es gibt folgende strukturelle Gründe, die gegen den erhofften und zweifellos notwendigen Erfolg einer »Effizienzrevolution« sprechen:

1. Seit der industriellen Revolution fand kontinuierlich eine Erhöhung der Energieeffizienz statt. Unterschiedlich war jedoch die Geschwindigkeit dieses Prozesses – in Zeiten teurer Energie und verschärften industriellen Wettbewerbs ging es schneller, in Zeiten der Schwemmen etwa billigen Öls langsamer. Zwar haben die Ölkrisen 1973/74 und 1979/81 bisher den größten Effizienzsprung ausgelöst, mit der Folge, daß wirtschaftliches Wachstum und Energieverbrauch in vielen westlichen Industrieländern entkoppelt wurden. Doch weist der Tatbestand, daß die Länder mit der höchsten Energieeffizienz – die westlichen Industrieländer – mit etwa 20 % der Weltbe-

völkerung ungefähr 80% des jährlichen Energieangebots verbrauchen, deutlich darauf hin, daß erhöhte Energieeffizienz bei Umwandlungstechniken keineswegs automatisch gesamtwirtschaftliche Energieeinsparung bedeutet. Würde es einen solchen direkten Zusammenhang geben, so müßte der Energieverbrauch umgekehrt sein: Die Industrieländer mit 20% der Weltbevölkerung würden dann weniger als 20% der Energie verbrauchen, und die Länder mit rückständiger Energieeffizienz und 80% der Weltbevölkerung mehr Energie verbrauchen, als ihr Bevölkerungsanteil ausmacht. Es ist also nicht möglich, über Energieeinsparung unabhängig von Wirtschafts- und Gesellschaftsstrukturen zu sprechen.

Höhere Energieeffizienz reduziert nach kurzer Zeit die Energiekosten und bringt damit Wettbewerbsvorteile. Diese Kosteneinsparung erhöht die Spielräume von Unternehmern, Individuen und Volkswirtschaften, ihren Energiebedarf für zusätzliche Dienst- oder Produktionsleistungen zu befriedigen. Die Einsparung bei der einen Energietechnik regt zur Beschaffung weiterer Energietechniken und zu verstärkter Nutzung an – zu einem zweiten oder dritten Automobil, zu mehr Beleuchtungskörpern oder Haushaltsmaschinen, zu mehr Reisetätigkeit, vor allem aber zur Steigerung der Produktion. Den aktuellen Energiesparkonzepten in der industrialisierten Welt liegt die stillschweigende Annahme zugrunde, daß der eigene Energiedienstleistungs- und Produktionsbedarf weitgehend befriedigt sei, weshalb die auf diesen Bedarf bezogenen Effizienzverbesserungen zu einem entsprechend geringeren Primärenergiebedarf führen würden.

Doch diese Annahme ist wirtschaftssoziologisch nicht haltbar. Tatsächlich sind die entwickelten Industriegesellschaften unverändert diejenigen mit der größten Gier nach zusätzlichen Energiedienstleistungen. Um durch erhöhte Energieeffizienz auch effektive Energieeinsparung zu erreichen, muß sichergestellt werden, daß die Energiekosten gleichzeitig steigen. Effizienzsteigerungen, die nur die Kosten senken, erhöhen zwangsläufig in vielen Fällen den Verbrauch. Steuererhöhungen müssen das Energiesparen in Gang setzen, und weiter steigende Steuern müssen Kostensenkungen, die wiederum leichtsinnigen Mehrverbrauch an Energie auslösen können, abfangen.

Allein wenn diese politische Rationalität den Strategien der Industrieländer zur Effizienzsteigerung zugrundeliegt, kann ein Energiespareffekt erreicht werden.

2. Besonders in den ehemaligen sogenannten kommunistischen Ländern und in den Entwicklungsländern bestehe – so heißt es gewöhnlich – ein großes Potential zur Steigerung der Energieeffizienz. Doch beziehen sich solche Aussagen wiederum großenteils mehr auf isolierte technische statt auf soziologische Strukturen. Dies zeigen die Beispiele der ehemaligen Sowjetunion und Chinas. In der industriellen Produktion, in der Kraftwerkstechnik, beim Motoren- und Geräteeinsatz und in der Haus- und Regeltechnik haben beide Länder eindeutig ineffizientere Energietechnologien. Und dennoch hat 1990 die Sowjetunion, obwohl sie 40 Mio mehr Einwohner als die USA zählte, 1 Mrd Tonnen weniger CO_2 ausgestoßen. China hat sogar 2,7 Mrd Tonnen weniger CO_2 ausgestoßen als die USA, trotz einer fast fünfmal höheren Einwohnerzahl. Trotz höherer technisch bedingter – und mit der planwirtschaftlichen Ordnung zusammenhängender – Energieverschwendung hatten die Sowjetunion und vor allem China ein höheres gesamtwirtschaftliches Energiesparniveau als der Westen: wegen einer schwach entwickelten Konsumwirtschaft, in China wegen des Fehlens privater Automobile und einer großenteils vorbildlichen Verwertung organischer Abfälle in der Landwirtschaft. Stellen wir uns vor, in der Sowjetunion und in China hätte es in den letzten 40 Jahren dasselbe wirtschaftliche System gegeben wie in den USA, Westeuropa und Japan: Die Stürme und Wogen einer Klimakatastrophe hätten wahrscheinlich schon alles niedergerissen! Wenn jetzt in diesen Ländern die Marktwirtschaft nach westlichem Vorbild eingeführt wird, dann – so lehrt uns die Entwicklungsgeschichte der Energiesysteme – wird beides zugleich passieren: einerseits eine Steigerung der betriebswirtschaftlichen Energieeffizienz im Zuge einer allgemeinen Produktivitätsverbesserung, andererseits dennoch eine deutliche gesamtwirtschaftliche Steigerung des Energieverbrauchs. Dies ist kein Widerspruch, sondern die Erfahrung von 200 Jahren industrieller marktwirtschaftlicher Entwicklung. In den meisten Entwicklungsländern ist der Bedarf an Energiedienstleistungsgeräten nahezu vollkommen unbefriedigt.

Das Unvermögen, zwischen den Strukturen entwickelter Industrieländer und der der Entwicklungsländer zu unterscheiden, ist selbst bei renommierten wissenschaftlichen Instituten festzustellen. Eine Studie des World Resources Institute aus dem Jahr 1990 über die Frage »What the North Can Do« spricht sich gegen niedrige Energiepreise in Entwicklungsländern aus, weil diese die Volkswirtschaft stagnieren und das »enorme Sparpotential« unausgeschöpft lassen würden.[74] Es wird also eine analytische Erfahrung, die für die industrialisierten Länder durchaus richtig ist, pauschal auf die sozialökonomischen Bedingungen der Entwicklungsländer übertragen. Aber das »Sparpotential« bei einer Milliardenzahl unterernährter Menschen liegt in noch größerem Hunger, noch mehr Vegetationsvernichtung, noch weniger landwirtschaftlicher oder industrieller Erzeugung. Die Entwicklungsländer ersticken an ihrer Verschuldung nicht aufgrund niedriger, sondern aufgrund der für ihr volkswirtschaftliches Niveau und ihre Zahlungsbilanz zu hohen Preise auf den Weltenergiemärkten. Es besteht kein Zweifel, daß die Entwicklungsländer billigere und mehr Energie brauchen für ihre wirtschaftliche Entwicklung, so wie der industrielle Westen seine überlegene wirtschaftliche Stellung über seine – auch kostenmäßigen – Vorteile in der Energieverfügbarkeit errang.

Während man in den Industrieländern in der Effizienzrevolution – unter der Voraussetzung, daß durch höhere Steuern einer Energieverbrauchssteigerung vorgebeugt wird – ein Mittel zur Einschränkung des Energieverbrauchs sehen muß, hat Effizienzsteigerung in den Entwicklungsländern vor allem die Funktion, den Energiemangel überwinden zu helfen. Ein vermehrtes – effizient genutztes – Energieangebot ist in Entwicklungsländern aus sozialen Gründen dringend nötig. Diesen Bedarf mit herkömmlicher umweltzerstörender Energie zu befriedigen ist aber aus Gründen mangelnder Zahlungskraft auf den Weltenergiemärkten (für Primärenergie und Energietechnik) und aus ökologischen Gründen unmöglich geworden. Deshalb muß die Energiebereitstellung in den Entwicklungsländern ohne Umwege mit Solarenergie – parallel zu Bemühungen um Effizienzsteigerungen – versucht werden.

3. Eine der Erfolgsbedingungen für Energiesparen sind ein hoher

Bewußtseins- und Informationsstand der Menschen, gut ausgebildete Techniker und eine funktionierende öffentliche Verwaltung, die die entsprechenden Schritte veranlassen und durch Verordnungen ihre Einhaltung kontrollieren kann – Beratungen, Wärmeschutzverordnungen, Energiekennzahlen für Gebäude, Kraft-Wärme-Kopplungen, technische Normierungen u. a. m. Selbst in Ländern mit relativ hohem Informations- und Ausbildungsstand sind in diesen Fragen immer noch eklatante Defizite festzustellen – bei der Allgemeinheit wie bei den Fachtechnikern. Die überwältigende Mehrheit der Staaten ist geprägt von einer schlecht funktionierenden öffentlichen Verwaltung, in denen Verordnungen oft nur auf dem Papier stehen. Deshalb kann auch nicht erwartet werden, wie es etwa die deutsche Parlamentskommission »Schutz der Erdatmosphäre« formuliert, daß »möglichst viele Staaten, insbesondere die USA, die EG, Japan, die Sowjetunion, die Volksrepublik China, Indien und Kanada ihre Reduktionsziele im Energiesektor nach einer vergleichbaren Methodik ermitteln«. Die USA wären in ihrem soziologischen und administrativen Zustand dazu mancherorts in der Lage, mancherorts aber auch nicht. In der EG wäre dies überwiegend wohl möglich, ebenso in Kanada und Japan und in den skandinavischen Staaten. Aber in den Staaten der ehemaligen Sowjetunion, auf den Philippinen, in Tanzania, Brasilien oder Indien? Von diesen die gleiche administrative Durchführbarkeit von politischen Energiesparmaßnahmen wie in den Industrieländern zu erwarten geht an ihrer inneren Realität vorbei.

Die soziologische Erfahrung ist, daß Energiequellen – sofern sie geographisch und finanziell verfügbar sind – auch unbedacht benutzt werden, bis sie zur Neige gehen. Die Vegetationsausbeutung in der Dritten Welt geht bis zum bitteren Ende weiter, wie das auch in den heute industrialisierten Ländern der Fall war, bevor fremde Energie importiert werden konnte. Es spricht nicht viel dafür, daß sich das ändert, wenn dem keine funktionierenden administrativen oder finanziellen Zwänge entgegenstehen. Und wie wenig Information und Energiebewußtsein helfen, exerzieren die reichen Länder vor, in denen die Menschen über die Folgen aufgeklärter sind, aber von sich aus, wenn keine wirtschaftlichen und administrativen Zwänge sie dazu veranlassen, ihren Verbrauch dennoch nicht einschränken.

Doch auch in der industrialisierten Welt sind die administrativen Normierungs- und Kontrollmöglichkeiten, von denen Energiesparerfolge bzw. generell Umweltschutzerfolge in erheblichem Maße abhängen, nicht mehr beliebig zu erweitern. Die Gesetzesverordnungen in der Umweltpolitik nehmen an Umfang zu. Rechtsetzung und Rechtsvollzug werden immer komplizierter, je mehr Bereiche davon erfaßt werden – Luftreinhaltung, Bodenreinhaltung, Wasserreinhaltung, Abfallentsorgung, atomare Sicherheitskontrollen, Bauvorschriften. Damit steigt selbst in Ländern mit gut funktionierender Verwaltung das Vollzugsdefizit im Umweltschutz. Die administrativen Reibungsverluste und Kosten von Sicherheits- und Umweltauflagen sind bisher in den Energiesparszenarien zu wenig bedacht worden. Am einfachsten ist Energie bei Kraftwerken einzusparen, etwa dadurch, daß sie um Kraft-Wärme-Kopplung ergänzt werden. Am schwierigsten ist es da, wo es um den Energiekonsum der Endverbraucher geht. Diese Schwierigkeiten relativieren die Chancen, das theoretische Energiesparpotential praktisch umzusetzen. Dagegen reduzieren sich bei der Sonnenenergienutzung die administrativen Kosten – man braucht weder Luftreinhaltungs- noch Sicherheitsvorschriften. Mit anderen Worten: Sonnenenergien sind müheloser einzusetzen, wenn erst einmal die Technik zur Verfügung steht und unsinnige administrative Hemmnisse abgebaut sind.

Die Energiesparstrategie genügt also schon aufgrund des damit erreichbaren maximalen Einsparpotentials kaum, um eine wirkungsvolle Politik des globalen Ökosphärenschutzes zu betreiben. So ist der oft zitierte Satz »Energiesparen ist die größte neue Energiequelle« nicht nur sachlich falsch – denn Energiesparen ist keine Quelle, sondern reduziert lediglich den Bedarf an tatsächlichen Quellen. Er lenkt obendrein davon ab, daß die einzige wirklich alternative und umweltfreundliche Energiequelle die Sonnenenergie ist. Wenn von herkömmlicher Energie 50 % eingespart werden, bleiben immer auch 50 % der bisherigen Emissionen. In anderen Worten: Ein 50 %iger Einsparerfolg bedeutet, daß die bisher in einem Jahr angefallenen Emissionen künftig in zwei Jahren anfallen. Es geht – um hier nicht mißverstanden zu werden – keineswegs darum, Energiesparinitiativen zu dämpfen. Jede dieser Initiativen ist uneingeschränkt nötig. Je erfolgreicher Energie eingespart wird, desto schneller kann auch die Sonnenenergie genutzt werden – weil die durch Sonnenenergie zu substituierende Menge an herkömmlicher Energie damit kleiner wird. Energieeinsparen ist eine Brücke zur Sonnenenergie, aber kein Ersatz für diese. Beide strategischen Elemente gehören zusammen, aber im Zentrum der Strategie muß die Sonnenenergie stehen – sie allein ist die definitive Lösung. Energieeinsparen ist das Vehikel, diese Lösung beschleunigt zu erreichen.

Der Perspektiven-Konflikt: Sonnenenergie oder Atomfusion auf der Erde

Über die zivile Nutzung der Kernkraft gab es jahrzehntelang kaum grundsätzliche Kontroversen. Die führenden Industrienationen gaben mehrere hundert Mrd DM öffentlicher Mittel für die Entwicklung von Atomreaktoren aus und subventionierten den Bau der ersten Reaktoren. Atomforschungszentren entstanden, das Studium der Kernphysik stand im Mittelpunkt des Interesses der Physikergenerationen zwischen den 50er und 70er Jahren.

Ab Mitte der 70er Jahre zerbrach der Konsens für die friedliche Nutzung der Atomkraft. Die Gefahren von Reaktorunfällen wurden der Öffentlichkeit ebenso bewußt wie die Hypothek des atomaren Mülls. Der Zusammenhang von zentralisierter Stromversorgung und ökologisch rücksichtsloser Wachstumssteigerung wurde zum Thema. In den 80er Jahren war die Atomkraft der mit Abstand umstrittenste Energieträger. Durch den Widerstand gegen die Atomtechnologie wurde die Ökologiebewegung in den westlichen Demokratien ausgelöst. Sie kollidierte mit den Plänen der westlichen Industrieländer, die nach der Ölkrise 1973/74 begonnen hatten, die Atomkraft zügig auszubauen, um unabhängiger vom Öl zu werden. Volksabstimmungen in Österreich und Italien stoppten die Kernkraftnutzung, in Schweden wurde ein Ausstiegsplan beschlossen. In den USA und in Deutschland wurden, auch ohne ausdrücklichen Beschluß, die Ausbaupläne faktisch gestoppt. Schon vor dem Reaktorunfall in Tschernobyl, der die von den Kernkraftbefürwortern für extrem unwahrscheinlich gehaltenen atomaren Unfallgefahren zu bestätigen schien, hatte es für den – in Erwartung eines weltweiten Ausbaus – Rauschzustand der Atomkraftwerksproduzenten kalte Duschen der Ernüchterung gegeben.

Dies alles spielte sich vor Beginn der weltweiten Debatte über die Klimagefahren durch die Verbrennung fossiler Energien ab – eine Debatte, die seit der Weltklimakonferenz 1988 in Toronto endgültig nicht mehr aufzuhalten war. Seitdem hoffen die Kernkraftbefürworter auf eine Renaissance der Kernkraft, die jedoch bisher – außer in Japan, Südkorea, und Taiwan – trotz aller Bemühungen nicht eingetreten ist. In wehleidigem Ton zitierten beispielsweise die großen deutschen Stromversorgungsunternehmen 1992 in ganzseitigen Zeitungsannoncen Albert Einsteins Satz: »Es ist leichter, einen Atomkern zu spalten als ein Vorurteil«. Und: »Bleiben wir realistisch: Je mehr Menschen auf der Erde leben, desto größer wird der Energie- und Strombedarf. Natürliche Kraftquellen wie Wasser, Sonne und Wind können ihn allein nicht decken. In Deutschland zum Beispiel beträgt ihr Anteil an der Stromversorgung heute trotz großer Anstrengung nur 4 %. Daher sind wir auf Strom aus Kohle und Kernkraft angewiesen. Auf Kernkraft schon deshalb, weil wir auch den Ausstoß von Kohlendioxid in die Erdatmosphäre reduzieren müssen.«

Es waren aber nicht nur die »Vorurteile« der Ökologiebewegung, die die weltweite Kernkraft-Offensive zum Erliegen brachten. Daß bis heute kein Nachweis für eine gesicherte Entsorgung atomaren Mülls vorliegt, haben auch Kernkraftbefürworter in Regierungen und Unternehmen nicht ignorieren können. Vor allem aber erwiesen sich die Gefahren einer Weiterverbreitung atomarer Waffen über den Umweg ziviler Nutzung als wesentlich größer, als man lange Zeit zugab. Die Betriebssicherheit der Kernkraftwerke stellte sich ebenfalls als unsicherer heraus als ursprünglich angenommen, was die Kernkraftnutzung an ihrer empfindlichsten ökonomischen Stelle trifft, da sie vorwiegend zur kontinuierlichen Grundlastversorgung gedacht ist. Kostensteigerungen sind eingetreten, die die Investitionsbereitschaft entscheidend dämpften – nicht nur wegen der zusätzlichen Sicherheitsauflagen, sondern auch wegen der außergewöhnlich hohen Stillegungskosten.

Die Privatisierung der britischen Stromversorgungsunternehmen in der Thatcher-Ära scheiterte bei Kernkraftwerken, weil sich für die angeblich billigste Stromerzeugung kein privater Interessent fand, der zum Kauf der Risiken bereit war. Alarmierende Reaktorstörungen wie 1978 im amerikanischen Harrisburg und der Unfall in Tschernobyl haben gezeigt, daß eine Katastrophenschutz-Infrastruktur erforderlich ist, die es in nur wenigen Ländern gibt. Ausbaupläne in Entwicklungsländern wurden weitgehend gestrichen, weil sich mehr und mehr zeigte, daß deren Versorgungsstrukturen für Großkraftwerke ungeeignet sind – nicht nur, weil keine Netzleitungen zur Verfügung stehen, sondern auch, weil es ökonomischer Unfug wäre, für den weitgehend dezentralen Bedarf weiträumige Leitungsnetze zu spannen. Deshalb kam selbst die u. a. von Atomkraftwerksproduzenten getragene sogenannte Weltenergiekonferenz von 1989 in Montreal zu dem Ergebnis, daß die Kernkraftnutzung wohl endgültig keine Perspektive für die Energieversorgung in Entwicklungsländern sei, wohl aber für die Industrieländer. Es ist erstaunlich, wie lange etablierte Experten brauchten, um wenigstens für Entwicklungsländer zu dieser naheliegenden Einsicht zu kommen. Soweit Entwicklungsländer dennoch ein besonderes Interesse an Atomkrafttechnologie haben, läßt das eher auf militärische als auf zivile Gründe schließen.

Betrachten wir gleichzeitig das Problem, daß auch die Uranvorkommen zur Herstellung atomarer Brennstäbe begrenzt sind, wird die Perspektive einer Kernkraftnutzung immer problematischer. Im Jahr 1992 »sichert« die Kernkraft etwa 18 % der Weltstromversorgung, wofür 420 Atomreaktoren unterschiedlicher Größenklassen in Betrieb sind. Wenn aber Atomkraft alle gegenwärtig betriebenen fossilen Kraftwerke ersetzen sollte, müßten nach Berechnungen des »Forum Atomique Européen« zusätzlich 1 000 Atomreaktoren von je 1 000 MW Durchschnittsgröße in Betrieb gehen. Würden auch noch der Bedarf an Wärme einschließlich der industriellen Prozeßwärme durch Atomkraft gedeckt, müßten weitere 1 000 solcher Atomkraftanlagen ans Netz gehen. Und würde auch noch der Treibstoff in Kraftfahrzeugen durch Atomstrom ersetzt, müßten weitere 1 200 Atomkraftanlagen installiert werden.[75] 3 500 große Reaktoren zur globalen Ablösung fossiler Energien, dies bedeutet – angesichts einer »Lebenszeit« der Reaktoren von etwa 30 Jahren – alle 6 Tage ein neuer Reaktor, was auch heißt, daß alle 30 Jahre 3500 Reaktorruinen entstünden. Bei einem Anwachsen des Weltenergiebedarfs müßte die Zahl der neuen Reaktoren nochmals kräftig angehoben werden.

Jedermann ist klar, daß dadurch die Uranvorkommen noch schneller zu Ende gingen, die Unfallgefahren potentiell zunähmen und die Entsorgungsprobleme verschärft würden. Deshalb wurde die Perspektive zunächst in Technologien zur Streckung des spaltbaren Materials gesehen, in der Wiederaufarbeitung atomarer Brennstoffe und in Schnellen Brütern, also Technologien, die immer betriebsanfälliger und kostenträchtiger als normale Atomkraftwerke werden. Der deutsche Brutreaktor in Kalkar, der Anfang der 70er Jahre 200 Mio DM kosten sollte, wurde 1991 nach einem Kostenaufwand von 7 Mrd vor seiner Inbetriebnahme aufgegeben. Der französische Brutreaktor Super-Phénix wurde 1986 in Betrieb genommen und war bis zu seiner Stillegung 1992 aufgrund ständiger Betriebsstörungen insgesamt nicht einmal 200 Tage in Betrieb, womit er ebenfalls zu einer Geldvernichtungsanlage wurde. Gleichzeitig steigert sich die Gefahr der Verwendung des dabei erbrüteten Plutoniums für militärische Zwecke rapide. Da einsichtig ist, daß sich aufgrund der begrenzten Uranvorkommen kein Staat auf eine Atomkraftperspektive einläßt, ohne Zugang zu Technologien des Schellen Brüters oder der Wiederaufbereitung zu haben, steht die Atomkraft in steigendem Maße dem Ziel entgegen, die internationale Verbreitung von Atomwaffen zu verhindern. Da außerdem klar ist, daß die Beherrschung des atomaren Kreislaufs mindestens ein hohes Maß an administrativer Zuverlässigkeit und politischer Stabilität eines Staates voraussetzt, steigern sich mit der offenkundigen Zunahme der politischen Instabilitäten die Atomkraftgefahren nochmals.

Wenn so viele Regierungen und Energieunternehmen der industrialisierten Welt dennoch an der Atomtechnologie festhalten, so muß es dafür tiefere Gründe geben. Zwar sprechen sie mittlerweile überwiegend von Atomkraft als einer *Übergangstechnologie*, allerdings ohne sich näher darüber auszulassen, wohin dieser Übergang führen soll. Zu kleineren »dezentralen« Kernkraftanlagen, sagen einige – also nicht 500, 1000 oder 1500 MW Kapazität pro Anlage, sondern vielleicht 100 oder 200 MW. Aber keiner der genannten Engpässe kann damit überwunden werden. Die erhoffte Lösung liegt eher in der Perspektive der *Atomfusion*. Diese soll in der Zukunft das Versprechen einer dauerhaften Energieversorgung einlösen, das die Atomspaltung wohl nicht einhalten kann. Die Atomfusion erscheint als die Vollendung des mit der Atomenergie eingeschlagenen Weges, als historische Rechtfertigung, daß im Prinzip doch alles seit den 50er Jahren richtig war.

Bei der Fusionstechnologie handelt es sich um eine besondere Variante der Atomkraft – statt der Spaltung von schweren Atomkernen zur Energiegewinnung die Verschmelzung (Fusion) von leichten Atomkernen zu schwereren, um aus der daraus entstehenden Energiedifferenz Wärme und damit Strom zu erzeugen. Es ist der Versuch, den Vorgang der Entstehung der Sonnenenergie im 150 Mio km entfernten Zentralgestirn auf der Erde zu kopieren. »Warum sollte auf der Erde nicht möglich sein, was so vielerorts im Weltall geht?« fragt der Fusionsforscher Rebhan in seinem Buch »Heißer als das Sonnenfeuer«.[76] Als Datum der Verfügbarkeit einsatzbereiter Fusionsreaktoren nimmt man etwa das Jahr 2050 an. Dafür sollen allein die Europäische Gemeinschaft und ihre Mitgliedsstaaten bis zum Jahr 2050 etwa 100 Mrd DM öffentlicher Mittel einsetzen. Zwischen 1950 und 1976 wurden bereits etwa 5 Mrd DM ausgegeben. Die weitere Tendenz war steil ansteigend: Zwischen 1976 und 1987 waren es wiederum 5,1 und zwischen 1987 und 1990 waren es 4,6 Mrd DM; also jährlich etwa 1,5 Mrd DM. Zwischen 1991 und 2010 sollen es 20 Mrd DM sein, jährlich also 1 Milliarde; zwischen 2010 und 2025 30 Mrd DM, also fast 2 Mrd DM pro Jahr, und nach 2025 nochmals 20 Mrd.[77] Es wäre überraschend, wenn bei Fortsetzung des Programms diese Vorausberechnungen so »niedrig« blieben. Der erste gemeinsame europäische Versuchsreaktor JET hat 2 Mrd DM gekostet, die Nachfolgereaktoren würden das Zehn- bis Zwanzigfache kosten.

Für die Fusionsenergie haben die westlichen Hauptpromotoren USA, Japan, Deutschland, Großbritannien und Italien zwischen 1981 und 1990 10 Mrd Dollar ausgegeben. Für die erneuerbaren Energien waren es etwa 6 Mrd, die Europäische Gemeinschaft hat in den vergangenen Jahren zwanzigmal mehr für die Fusionsforschung eingesetzt als für erneuerbare Energien. *Tabelle 9* zeigt die Forschungsbudgets für Atomenergie und Fusionsenergie im Vergleich zu anderen Energieträgern. Wurden 1981 noch 1,66 Mrd Dollar für erneuerbare Energien und 1,14 Mrd für Atomfusion, so wurde seit 1982 stets mehr für die Fusionsforschung ausgegeben – vorbei an den artikulierten Wünschen der Bürger.

Als Vorteile der Fusion werden ihr unerschöpfliches Brennstoffreservoir angegeben (bei der Fusion sollen Deuterium und Tritiumkerne – später auch Deuteriumkerne miteinander – verschmolzen werden; Deuterium gibt es praktisch unbegrenzt in den Weltmeeren, und Tritium wird aus Lithium gewonnen, welches es ebenfalls praktisch unbegrenzt in den Weltmeeren gibt); ihre hohe

Tabelle 9 FuE-Budget der IEA-Mitgliedsländer für Atomenergie und Fusionsenergie im Vergleich zu den anderen Energieträgern (in Mio $)

Jahr	1981	1982	1983	1984	1985
Energie					
Nukleare Energien	7170,6	7445,4	6508,3	6373,0	6435,3
davon Fusion	1140,9	1203,9	1178,8	1199,8	1183,2
Fossile Energien	2283,9	1537,1	1498,3	1447,3	1287,9
Erneuerbare Energien	1661,3	1128,0	976,8	932,5	742,3
Energieeinsparung	736,8	617,3	783,5	679,1	659,2
Jahr	1986	1987	1988	1989	1990
Energie					
Nukleare Energien	5775,0	4557,2	3942,9	4270,2	3936,6
davon Fusion	1082,1	1039,1	972,2	909,2	857,4
Fossile Energien	1289,7	1149,6	1237,7	1114,6	1461,3
Erneuerbare Energien	606,0	571,4	564,6	525,9	550,1
Energieeinsparung	566,0	590,4	497,4	440,8	464,4

Quelle: Energy Policies of IEA Countries, 1990 Review, OECD, Paris

Umweltverträglichkeit; ihre Sicherheit, weil ein Durchschmelzen des Reaktorkerns wie bei Atomspaltungsreaktoren ausgeschlossen ist; und ein nur geringfügiges biologisches Gefahrenpotential. Daß so lange und so kostspielige Entwicklungszeiten nötig sind – und immer noch fraglich ist, ob jemals ein Fusionsreaktor tatsächlich betriebsbereit sein kann –, ergibt sich aus einer Reihe massiver Probleme. Die Fusion bedarf hoher Drücke und Temperaturen von über 100 Mio Grad, um Deuterium und Tritium so aufzuheizen, daß aus ihrem Plasma Strom erzeugt werden kann. Das Material, das diese Temperaturen über längere Zeit aushält, muß noch entwickelt werden. Auf jeden Fall muß die Wand nach neuesten

Berechnungen wohl spätestens alle sechs Wochen ausgetauscht werden. Im Laufe der Betriebszeit eines Fusionsreaktors entstehen so nach vorläufigen Berechnungen 2000 m³ hochradioaktives Material, das auch noch nach 100 Jahren aktiv ist, und 4000 m³ mittelradioaktives Material, insgesamt viel mehr radioaktives Material als in einem Kernkraftwerk, wobei jedoch das Abklingen der Radioaktivität wesentlich schneller vonstatten ginge. Der Austausch müßte durch Roboter erfolgen. Das Plasma muß magnetisch eingeschlossen werden, um Strommengen einzubringen, die die Zündung ermöglichen. Dazu bedarf es supraleitender Magneten, die auf 270 Grad minus gekühlt sein müssen. »Wie Plasmatemperaturen von 100 Mio Grad, Kälte von minus 270 Grad zur Aufrechterhaltung der Riesenströme für die hohen Magnetfelder, extreme Vakuumbedingungen und ernste radioaktive Belastungen auf engstem Raum sicher und unfallfrei kontrolliert werden können, vermögen sich bisher nur phantasiereiche Spezialisten auszudenken.«[78] Offen ist die Frage, was bei einem Ausfall des Kühlsystems geschieht. Das Tritium, das in Reaktoren hergestellt werden muß, kann feste Strukturen durchdringen, im Kontakt mit Luft bildet sich tritiiertes Wasser, das – eingebracht in den Wasserkreislauf – schwerste biologische Schäden verursachen kann. Lithium wirkt stark korrodierend und führt im Kontakt mit Wasser, Luft und Beton zu extrem heißen chemischen Bränden. Die Kühlwassermengen für den Fusionsreaktor übersteigen die für Atomspaltungsreaktoren notwendigen um ein Vielfaches, sie könnten Gewässer zum Kochen bringen. Würde man statt dessen Natrium zur Kühlung vorsehen, so würde ständig radioaktives Natrium erzeugt, das auf keinen Fall mit Wasser in Berührung kommen dürfte. Aufgrund des ständigen Auswechselns der Plasmawände käme es dauernd zu Betriebsausfallszeiten, was eine Bereitstellung von Überkapazitäten erfordert.

Diese Hinweise mögen hier genügen. Sie ersetzen keine präzise Auseinandersetzung mit den einzelnen Problemen der Fusionstechnologie. Die grundsätzliche energiepolitische und wirtschaftliche Auseinandersetzung ist auch in einer abgekürzten Betrachtung möglich – nämlich mit einer »best case« – statt einer »worst case«-Annahme. Eine »worst case«-Annahme, wie sie bei den Konflikten um Atomwaffen oder Atomkraftwerke die Debatten prägte, geht von der schlimmsten denkbaren Gefahr aus – einem

Atomkrieg oder dem GAU, dem *Größten Anzunehmenden Unfall*. Bezogen auf die Fusionsenergie müßten wir uns die prinzipielle Frage stellen, welche Gefahren sich tatsächlich auftun können, wenn wir mitten auf der Erde den Energiefreisetzungsvorgang kopieren, wie er im Sonneninnern stattfindet. Die Vermutung liegt sehr nahe, daß eine praktizierte Fusionstechnologie die menschlichen Fähigkeiten nicht minder überfordern würde als die Atomspaltungstechnologie. Eine »best case«-Annahme geht dagegen vom Standpunkt der optimistischen Fusionsbefürworter aus, alle hier angedeuteten Probleme seien beherrsch- und verantwortbar – auf jeden Fall seien sie deutlich geringer als bei der Energiegewinnung aus Atomspaltung. Aber selbst wenn wir den »best case« den weiteren Erörterungen der Fusion voranstellen würden, blieben so viele schwerwiegende Argumente gegen sie, daß sich daraus eine klare Absage an die Fortführung dieses Projekts ergibt.

1. Bisher galt es geradezu als anstößig, gegenüber einem so grandiosen technologischen Versuch wie der Fusionsenenergie nach den Kosten zu fragen. Es gibt jedoch Schätzungen, die für einen Fusionsreaktor ungefähr zehnmal so hohe Stromerzeugungskosten vorhersagen wie bei der Stromerzeugung durch Atomspaltungsreaktoren.[79] Fusionskraftwerke werden u. a. deshalb sehr teuer, weil die Oberfläche, über die die Wärme ausgetauscht wird, sehr groß sein muß. Hinzu kommt, daß die »energy-pay-back-time« eines Fusionsreaktors eher negativ zu bewerten ist – also die Zeit, die ein solcher Reaktor arbeiten müßte, bis er mehr nutzbare Energie erbracht hätte, als für seine Herstellung erforderlich ist. Benecke schätzt diese Zeit auf 20 Jahre – bei einem Reaktor, der wahrscheinlich nur eine Betriebsdauer von 30 Jahren hätte.

Doch unterstellen wir wiederum die optimistischste Prognose, die etwa immer noch zwei- bis dreifache Kosten für die Stromerzeugung verglichen mit herkömmlichen Atomkraftwerken eingesteht.[80] Zum Vergleich: Es gibt schon jetzt – ganz am Anfang der Nutzung der Sonnenenergien! – Anlagen zur Erzeugung von Strom aus Windkraft, aus der Sonnenstrahlung oder aus Biomasse, die die Betriebskosten laufender Atomkraftwerke erreichen oder noch unterbieten, und dies sogar ohne Einberechnung der Kosten der Entsorgung von atomarem Müll. Selbst wenn es nicht die geringsten Gefahren beim Fusionsenergiebetrieb gäbe, würde ökonomisch jeder Grund, sie weiter zu verfolgen, hinfällig. Da Strom aus Sonnenkraft bereits jetzt überwiegend kostengünstiger ist, als es für die Fusionsenergie im besten Fall unterstellt wird, wird die Sonnenenergie der Fusionsenergie, wenn diese in einigen Jahrzehnten bereitstehen sollte, wirtschaftlich weit überlegen sein. Es bestehen nicht die geringsten Zweifel, daß die Sonnenenergien immer billiger werden, je mehr ihre Nutzung fortschreitet. Deshalb gäbe es nur unter einer Bedingung einen Grund für die Förderung der Fusionsenergie: wenn das Potential der Sonnenenergie nicht ausreichen würde, um die Energieversorgung der Menschheit zu sichern. Genau dieses Potential ist aber unerschöpflich und global weit mehr als notwendig vorhanden. Kurzum: Die Fusionsenergie ist angesichts der realen Chancen der Sonnenenergie überflüssig.

2. Ein Fusionsreaktor wäre eine noch zentralistischere Großtechnologie als ein konventionelles Atomkraftwerk. Dessen Reaktor hat bei einem 1 200 MW-Block einen Kern von 1 000 Tonnen Gewicht, während der eines Fusionsreaktors zwischen 5 000 und 30 000 Tonnen liegen würde. Ein Fusionsreaktor wird eine Stromerzeugungskapazität von 5 000 MW und mehr haben – Perspektivskizzen gehen bis zu einem 200 000 MW-Reaktor –, wogegen gegenwärtige Atomkraftwerke schon beinahe dezentrale Anlagen wären. Daß die gegenwärtig eher zentralisierte Energieversorgungsstruktur in der Fusionsenergie ihren Höhepunkt finden würde, ist offenbar einer der Gründe dafür, daß die Energiewirtschaft beharrlich an dieser Entwicklungslinie festhält und daß sie die offenkundigen Vorteile der Sonnenenergien gezielt ignoriert. Mit der Fusionsenergie könnten die Energieversorgungsstrukturen, die schon jetzt zu Staaten im Staat geworden sind, einschließlich der Verfügungsgewalten in alle Zukunft verlängert werden. Künstliche Fusions- und natürliche Sonnenenergien markieren zwei grundverschiedene, einander strukturell widersprechende Entwicklungshorizonte. Wer auf die Fusionsenergie wartet, muß die zentralisierten Strukturen erhalten und ausbauen. Wer die Sonnenenergie nutzt, muß diametral entgegengesetzte Strukturen anstreben. Wenn wir jetzt die Sonnenenergie nutzen und immer breiter

ausbauen, entsteht ein Energiesystem, in das Fusionsreaktoren strukturell nicht mehr hineinpassen.

3. Fusionsenergie ist zweifellos technologisch noch sehr viel komplexer als die Atomspaltungsenergie. Nur Nordamerika, Japan, Westeuropa und Rußland wären gegebenenfalls aufgrund der extrem langen technologischen Vorlaufzeit in der Lage, diese Technologien zu beherrschen. Da die Fusion als die Energieversorgung für die Zeit nach der Nutzung fossiler Energien und der Atomspaltung gilt, würde die Herrschaft über dieser Technologie durch einige wenige gleichbedeutend sein mit deren dauerhafter politisch-ökonomischer Vormachtstellung gegenüber dem Rest der Staatenwelt. Vielleicht ist dies ein weiterer Grund dafür, daß man an der Fusionsperspektive festhält und sich bis zu deren Verfügbarkeit mit den jetzigen Energieträgern und unter Umgehung der Sonnenenergie über die Runden retten will.

4. Fusionsenergie kann kaum als klimafreundlich eingestuft werden. Da sie auf jeden Fall zusätzliche Wärme in der Erdatmosphäre erzeugt, fällt auch sie unter die vom Entropiegesetz nicht erwünschten Energieträger. Auch wenn diese Klimabelastungen bisher noch nicht so einfach meßbar sind wie Spurengasemissionen, so können sie auf Dauer auch für den globalen Wärmehaushalt nicht folgenlos bleiben.

Obwohl also der Vergleich zwischen den gedachten Möglichkeiten der Fusion und den tatsächlichen Möglichkeiten der solaren Energien die Entscheidung für letztere nahelegt, bleibt die Fusion der Favorit der Entwicklungsanstrengungen. Einen rationalen Grund gibt es dafür nicht mehr. Statt dessen stellen sich sogar offizielle wissenschaftliche Institutionen gegenüber den Sonnenenergien blind. Beispielsweise ist am Schluß einer aktuellen 450-Seiten-Buchveröffentlichung eines Fusionsforschers zu lesen: »Vielleicht wäre die Umstellung unserer Energieversorgung auf Solarenergie die ideale Lösung. Aber gegenwärtig deutet nichts darauf hin, daß das eine realistische Option ist.«[81] Die Fusionsenergie als realistisch, die Sonnenenergie jedoch als unrealistisch zu deklarieren: Das hat mit Expertentum nichts mehr zu tun und müßte nicht ernst genommen werden, wenn es nicht handfeste Regierungsrealität wäre. Das gilt auch für den international bekannten Energie- und Sozialwissenschaftler Cesare Marchetti vom Internationalen Institut für Angewandte Systemanalyse, der Szenarien über die Weltenergie-Angebote bis 2100 veröffentlicht, in dem sich zwar die Fusionsenergie kräftig entfaltet, aber von Sonnenenergie keinerlei Rede ist![82] Die Sonnenenergie kommt nicht vor, weil sie nicht vorkommen soll – nur so lassen sich Analysen erklären, die einen wissenschaftlichen Anspruch vor sich hertragen, aber tatsächlich Volksverdummung sind.

Bei den Zitierten handelt es sich mittlerweile um Außenseiter, doch auch in der etablierten Expertenwelt ist es nach wie vor üblich, die Fusions- und die Sonnenenergien mit zweierlei Maß zu messen. Mit großem taktischen Geschick haben die Promotoren der Atomfusion es vermocht, sie aus den kritischen Debatten um die Atomenergie herauszuhalten und als grundlegende, weniger problematische Alternative hinzustellen. Eine öffentliche Debatte über Fusionsenergie gibt es nicht – nur gelegentliche öffentliche Erfolgsmeldungen. Das Experiment im JET-Versuchsreaktor im britischen Culham vom 9. November 1991 wurde dazu benutzt, der Fusionsenergie weltweit publizistische Aufmerksamkeit zu verschaffen. Für 2 Sekunden gelang es dort, Strom mit einer Leistung von 1,8 MWh zu erzeugen – wobei man geflissentlich nicht erwähnte, daß dafür zuvor 17 MWh Leistung zur Aufheizung des Plasmas eingesetzt werden mußten. Dies war ein »weiteres Kapitel in der Geschichte eines bisher gelungenen Werbefeldzuges«[83], pünktlich eingebracht in den Entscheidungsprozeß der Europäischen Kommission, um die vom Europäischen Parlament gesperrten Haushaltmittel für die Fusionsforschung bewilligt zu bekommen. Das Parlament hatte die Mittel zunächst gesperrt, um von der Kommission zu erzwingen, daß diese künftig die Solarforschung in gleicher Höhe fördert wie die Fusion – ohne daß man sich damit durchsetzen konnte, u. a. weil das Fusionsexperiment einen die Allgemeinheit blendenden Effekt hatte. »Wenn wir nicht aufpassen, verkaufen uns also die Wissenschaftsmanager und die Politiker eine Alternative, die keine ist«, wurde schon vor Jahren vergeblich gewarnt.[84] Und auch die Warnung des früheren stellvertretenden Direktors des Plasma Fusion Center des MIT (Massachusetts Institute of Technology) M. L. Lidsky: »If the fusion program produces a reactor, no one will want it.«[85] verhallte in den oberen Etagen der politischen Entscheidungszentren. Die Versprechungen ihrer Befürworter, schreibt Rifkin,

»erinnern geradezu gespenstisch an jene, die vor zwei Jahrzehnten von den Advokaten der Kernspaltung gemacht wurden«.[86] Für den Energieforscher Amory Lovins enthalten alle nuklearen Energien die zweifelhafte Fähigkeit, mit einer Motorsäge Butter zerschneiden zu können. Mit anderen Worten: Wir brauchen sie nicht.

Energiestrategien und westlicher Zentrismus

Auf dem Globus herrscht nunmehr uneingeschränkt der »Westen«. Hier konzentriert sich eine einzigartige globale Macht – finanziell, industriell, technologisch, militärisch, ideologisch. Wir kennen den Satz von Karl Marx, daß die herrschende Meinung die Meinung der Herrschenden ist. Dies bestätigt sich auch in den westlichen energiepolitischen Perspektivüberlegungen. Den Entwicklungsländern werden zwar Emissionssteigerungen zugestanden – aber deren Größenordnung wird entsprechend den Maßnahmen festgelegt, die man im goldenen Westen für sich gerade noch für zumutbar oder durchsetzbar hält. Deshalb beansprucht der Westen noch für Jahrzehnte höhere klimaschädliche Emissionen, als er der Mehrheit der Menschheit zugestehen will. Dahinter steht die unausgesprochene, schon selbstverständlich gewordene Philosophie, daß globaler Umweltschutz und wirtschaftliche Entwicklung anderer nur dann stattfinden dürfen, wenn dies die Stellung der westlichen Industrieländer nicht beeinträchtigt.

Es kennzeichnet die westliche Selbstbezogenheit, daß man sich für den rationaleren und für die Lösung dieser Probleme kompetenteren Teil der Welt hält, obwohl man der Hauptverursacher der globalen Probleme ist. Deshalb wird auch der zentrale Widerspruch nicht wahrgenommen: In derselben Zeit, in der Strategien zum sparsameren Energieverbrauch bei nur vorsichtigen Steigerungsraten für die Entwicklungsländer das dominierende Muster für die globale Klimapolitik sind, werden die Entwicklungsländer zu einer Umgestaltung ihrer Wirtschafts- und Gesellschaftsordnung in eine kapitalistische Marktwirtschaft verpflichtet, die auf direktem Wege dazu führen muß, daß ihr Energieverbrauch geradezu explosionsartig anwächst – sofern sie den geographischen Vorteil haben, über eigene Quellen verfügen zu können. Wenn diese Länder sich nun am westlichen Vorbild orientieren, werden zwangsläufig – trotz damit einhergehender Steigerung der Energieeffizienz – alle Szenarien einer Klimapolitik zur Makulatur. Die unweigerliche Folge ist der vervielfachte Einsatz von CO_2-Emissionsmaschinen, allen voran Automobile. Eine Gesellschaft, die vorwiegend marktwirtschaftlich ausgerichtet ist, schluckt auch die Energie nach Marktgesetzen. Mit anderen Worten: Die Eröffnung neuer Marktwirtschaften der Größenordnung Rußlands oder Chinas ohne einen gleichzeitigen Umstieg auf Sonnenenergie bedeutet den ökologischen Todesstoß für die menschliche Zivilisation.

Es gehört zum Wesen des westlich-kapitalistischen Zentrismus, daß er seine zerstörerischen Wirkungen auf andere nicht wahrnehmen will. Dies fällt ihm um so leichter, je mehr diese Wirkungen auf andere abgeladen werden können – auf Entwicklungsländer oder die Natur. Natürlich leben die Verschmutzer der Erde selbst gerne im grünen Villenviertel. Es gibt Menschen, die sich für Naturschützer halten, die lieber den Strom aus einem fernen Atom- oder Kohlekraftwerk beziehen, als aus einer Windkraftanlage, wenn diese ihre unmittelbare Naturerfahrung stören könnte. Damit einher geht zwar eine wachsende Aufmerksamkeit für Umweltprobleme in den eigenen Hochburgen, aber eine geringe Aufmerksamkeit für die noch wesentlich gravierenderen Umweltprobleme der Entwicklungsländer und des Globus insgesamt, auch wenn man selbst der Hauptverursacher ist. Das ergibt sich aus der individualistisch verengten westlichen Idee, nach der vor allem das interessiert, »was negative Auswirkungen auf unsere Nutzungsmöglichkeiten hat«, so daß »nur die unmittelbarsten und krassesten Formen der Umweltzerstörung« zu umweltpolitischem Handeln veranlassen.[87] Zu diesen Widersprüchen gehört, daß sich die angebotenen Alternativen auf effizientere Techniken beschränken. So geht man der sehr viel prinzipielleren Erörterung über die Energiequellen aus dem Wege. Neue Techniken für herkömmliche Kraftwerke lassen sich leichter mit dem vorhandenen Energiesystem vereinbaren und erhalten den technologischen Vorsprung des Westens.

Und weil es scheinbar nur die eine Energierationalität gibt, werden, wie gesagt, die Kriterien auf die völlig unterschiedlichen Bedingungen der Entwicklungsländer übertragen, woraus dann in der Tat eine »tödliche Hilfe« wird. Voraussetzung für die Einführung der Sonnenenergie in den Entwicklungsländern ist, so wird immer wieder argumentiert, daß sie vorher in den Industrieländern eingeführt wurde – weil die Entwicklungsländer eben das Bedürfnis hätten, die Industrieländer zu imitieren. Das widerspricht jedoch der Erkenntnis, daß aus drei Gründen das Energiesystem des industrialisierten Nordens nicht einmal vorläufig auf die Entwicklungsländer des Südens übertragen werden kann: Sie haben erstens – sofern sie nicht über eigene fossile Energiequellen verfügen – keine ausreichenden Devisen zur Überwindung ihres Energiemangels durch höhere Importe. Sie haben zweitens keine ausreichende Versorgungsinfrastruktur, um die Energie dorthin transportieren zu können, wo sie am dringendsten gebraucht wird – und der Aufbau einer solchen Infrastruktur wäre zu langwierig und kostspielig, um weitere Abstürze ins Uferlose rechtzeitig verhindern zu können. Und drittens wären die ökologischen Belastungen global untragbar. Gerade weil es elementar notwendig ist, in den Entwicklungsländern ein eigenes Energiesystem aufzubauen, ergibt sich daraus zwingend die Konsequenz, dies nicht weiter über den Umweg herkömmlicher Energiequellen und -techniken zu versuchen, sondern ohne Umwege mit den Sonnenenergien.

Der *zentrale Widerspruch* ist der, daß die Energieversorgung in das Marktprinzip einbezogen und die Energie wie eine Ware behandelt wird. Das Marktprinzip wurde zwar bisher keineswegs nach der reinen Lehre durchgehalten, weil mit Hilfe nationaler Regulierungen und öffentlicher Unternehmen die Versorgungssicherheit gewährleistet bleiben sollte und die langfristigen Investitions- und Verkaufsstrategien internationaler Förderunternehmen politisch abgesichert wurden – ganz zu schweigen von den Operationen der Energiekartelle. Je nachdem, ob es der Ausschaltung von Marktkonkurrenten nutzte, wurde das Marktprinzip mißachtet oder sich darauf berufen. Seit den 80er Jahren wird es im Energiesektor zunehmend praktiziert, u. a. durch Deregulierungsmaßnahmen in Großbritannien und den USA, die den marktwirtschaftlichen Wettbewerb um niedrige Energiepreise fördern sollten, was hauptsächlich den Großanbietern zugute kommt und zum Umgehen von Umweltvorschriften motiviert. Auch die Reaktionen auf die Ölkrisen bestanden vorwiegend darin, so schnell wie möglich zu günstigen Energiepreisen für die westlichen Marktwirtschaften zurückzukommen und Vorsorge zu treffen, daß das nicht mehr durchkreuzt werden kann. Die EG-Kommission hat im Januar 1992 zwei Richtlinienvorschläge vorgelegt, die auf dem Strom- und Gassektor – also bei den leitungsgebundenen Energieträgern – mehr Wettbewerb schaffen will, indem man Dritten den Zugang zum Netz erleichtert und eine Entflechtung von Energieunternehmen in die Bereiche Produktion, Transport und Verteilung anstrebt. Die wahrscheinliche Folge wären ein stärkerer Wettbewerb von Großverbrauchern um die billigsten Energieangebote, vorwiegend Investitionen mit kurzfristigen Renditeerwartungen[88], und damit ein noch verstärkter Trend zur Privatisierung, wodurch einzelwirtschaftliche Bedürfnisse der optimalen Verwertung des eingesetzten Kapitals in noch stärkerem Maße vor den gesellschaftlichen Bedürfnissen einer ökologisch verträglichen Energieversorgung rangieren würden. Eine Entflechtung der Energiemonopole ist zwar dringend geboten, hin zu einer Beachtung der gesellschaftlichen Interessen an einer Umweltvorsorge. Statt dessen überwiegt der die kurzfristigen Verwertungsinteressen begünstigende Trend zur Privatisierung; z. B. ist ENEL, das italienische staatliche Strommonopolunternehmen, privatisiert worden – statt es zu kommunalisieren.

Durch den Zerfall der Sowjetunion und ihrer Tochtersysteme sieht sich aber der Westen mehr denn je in seinem Selbstverständnis bestätigt und fragt – besessen von sich selbst – weniger als je zuvor nach seinen eigenen Widersprüchen. Auf eine falsche Frage (»Wer hat gewonnen?«) werden auch noch zwei falsche Antworten gegeben: Sieger seien der Kapitalismus und die Politik militärischer Stärke. In Wahrheit hat niemand gewonnen, sondern die Sowjetunion ist aus sich heraus total gescheitert. Der wesentliche Grund dafür ist, daß sie mit ungeeigneten politischen und wirtschaftlichen Methoden mit dem Westen ausgerechnet in den Bereichen konkurrierte, in denen dieser sich selbst auf einer existentiellen Verliererstraße befindet – im selbstzerstörerischen Wirtschaftswachstum und der Hochrüstung zu Lasten der ökologischen und ökonomischen Zukunft. In Ost und West behandelt man die Energie wie andere Produktionsgüter und hat die Endlichkeit dieser Ressourcen ebenso in Kauf genommen, wie man die Belastbarkeit der Natur überstrapazierte. In der Markt- wie in der Planwirtschaft wurden die negativen Begleiterscheinungen wirtschaftlichen Handelns von ihren »Leitungsmechanismen« – also dem Markt oder dem Plan – nicht erfaßt.[89] Und in Ost und West wurden die technologischen Ressourcen politisch auf unproduktive Bereiche wie Rüstung und Raumfahrt konzentriert. Der Unterschied lag lediglich darin, daß die Sowjetunion aufgrund ihrer politischen und wirtschaftlichen Ordnung wesentlich ineffektiver war und daß es keine Opposition und keine breiten Bürgerbewegungen, -proteste und -blockaden gegen umweltzerstörerische Entwicklungen geben konnte. Wo es solche Anstöße im Westen gab und wo die ökologische Frage artikuliert wurde, hatte dieser immer noch die Ausweichmöglichkeiten zur Verfügung, andere Länder als Müllhalde zu benutzen. Robert Kurz: »Es scheint so, als hätte der Westen gesiegt, und auf dem Boden des warenproduzierenden Systems scheint es nicht bloß so. Das Problem ist nur, daß dieser Boden selber nicht mehr trägt.«[90]

Paul Kennedy hat in seiner vielbeachteten historischen Studie über den Aufstieg und Fall großer Mächte beschrieben, was jeweils den Aufstieg begründete: militärische Stärke, die Befriedigung der sozialen und ökonomischen Bedürfnisse der Bevölkerung und die Sicherung eines nachhaltigen Wachstums der Volkswirtschaft.[91] Wenn eine dieser drei Machtkomponenten auf Dauer ausfällt, ist der Abstieg unaufhaltsam. Die Sowjetunion zerbrach, weil sie nur noch militärische Stärke hatte. Aber auch die USA stützen ihre weltpolitische Leithammelrolle vorwiegend auf militärische Stärke und können die sozialen und ökonomischen Bedürfnisse ihrer Bevölkerung immer schlechter befriedigen, geschweige denn ihre wirtschaftliche Zukunft sichern. Auch die beiden anderen westlichen Zentren Westeuropa und Japan haben hier immer größere Schwierigkeiten. Wenn Kennedy recht hat – immerhin hat er in seiner Mitte der 80er Jahre geschriebenen historischen Studie Zerfall und nationale Aufsplitterung der Sowjetunion vorausgesehen –, stehen auch dem Westen mit seinem Egozentrismus noch unvorstellbare Turbulenzen und Verwerfungen bevor. Die »erste Welt« hat eine solche Dominanz – und das geht bis zu einer noch nie dagewesenen Gleichschaltung des ökonomischen Denkens – über die niedergedrückte oder niedergegangene »vierte«, »dritte« und »zweite« Welt, daß auch deren weiteres Schicksal auf Gedeih und Verderb vom Westen abhängt.

Da der Westen eine überlegene ökonomische Stärke hat, verspricht sich die überwiegende Weltmeinung vom »Sieg des Westens« nun einen globalen Fortschritt auf allen Ebenen. In der Frage der Umweltzerstörung durch Energieverbrauch verheißt diese einmalige Hegemonie aber eher das Gegenteil. Das westliche Modell ist hier das zerstörerischste – 80% des Weltenergieverbrauchs durch 20% der Menschheit, trotz höherer Energieeffizienz, sind ein klarer Beleg. Wenn der Westen nun seine wirtschaftlichen Kategorien für die Energiereform in Entwicklungsländern einsetzt, handelt er wie ein aktiver Vollalkoholiker, der den anderen die richtigen Entziehungskuren vermitteln oder gar verordnen will. Ohne einen radikalen Umstieg der Weltenergieversorgung auf nichtzerstörerische solare Energiequellen – ohne eine der industriellen Revolution folgende solare Revolution – ist das westliche Modell von Demokratie und Kapitalismus nicht die Vollendung der Geschichte, sondern ihre dynamische Vollstreckung.

IV. Kapitel

Das Potential und die Schlüssel einer Sonnenstrategie

Der Beleg ist fällig, daß das Potential der Sonnenenergien ausreicht, um die herkömmlichen Energiequellen abzulösen, Klimakatastrophen und andere Gefahren des herkömmlichen Energieeinsatzes noch verhindern und den Energiemangel in den Entwicklungsländern überwinden zu können. Das Potential der Sonnenenergien ergibt sich aus dem aktuellen Energieangebot, den technischen Möglichkeiten zur Energieumwandlung und den wirtschaftlichen Möglichkeiten des Einsatzes dieser Techniken. Die folgenden Ausführungen stützen sich auf den Stand der technischen Entwicklung und der Kosten der Sonnenenergieanlagen bzw. der damit umgewandelten Energie. Sie demonstrieren einen Markt aktueller und umfassender neuer Möglichkeiten.

Es besteht kein Zweifel, daß die Sonnenenergie der Menschheit weit mehr Energiepotential bereitstellt, als sie je verbrauchen kann – unerschöpfbar und für alle Tätigkeiten aller Menschen, einschließlich der industriellen Aktivitäten, zu nutzen. 150 Mio km von der Erde entfernt, strahlt die Sonne unaufhörlich lediglich einen Bruchteil ihrer Energie auf die Erde. In einer Viertelstunde bietet sie mehr Energie an, als die Menschheit im gesamten Jahr verbraucht. Nicht alles davon ist für die Menschheit direkt oder indirekt nutzbar. Aber an nutzbarem Potential verbleibt immer noch mehr als tausendmal mehr Energie als der jährliche Energieverbrauch der Menschheit. Dies zeigt allein der Vergleich zwischen Endenergieverbrauch und der solaren Strahlung, wenn diese mit Solarzellen eines Wirkungsgrades von 15 % eingestrahlter Energie – also dem heutigen technischen Stand – geerntet würde:

Schon in den OECD-Ländern wären das – wie *Tabelle 10* auf S. 110 zeigt – 170mal mehr nutzbare Solarernte aus Solarzellen als der Endenergieverbrauch, in den GUS-Staaten und Osteuropa etwa 400mal soviel und in den Entwicklungsländern 950 mal mehr. Nach anderen Berechnungen würden Solaranlagen mit einem Wirkungsgrad von nur 10 % auf einer Fläche von 500 000 qkm in

Tabelle 10 Solareinstrahlung im Verhältnis zum kommerziellen Endenergieverbrauch (in Mrd Tonnen Rohöleinheiten [ROE] pro Jahr)[92]

	OECD-Länder	Osteuropa und GUS-Staaten	Entwicklungs-länder	Gesamt
Endenergie aus Solar-strahlung bei 15% mitt-lerem Wirkungsgrad	505	580	1420	2505
Kommerzieller Energie-verbrauch (Stand 1980)	3	1,5	1,5	6
Verhältnis Energieverbrauch zu Solarstrahlung bei 15% mittlerem Wirkungsgrad	1:170	1:390	1:950	1:420

der Sahara-Wüste ausreichen, um die gesamte Menschheit mit Sonnenenergie zu versorgen.[93] Zur direkten Sonnenstrahlung kommt das Potential indirekter Sonnenenergie: die Windkraft, die Biomasse, die Laufwasserkraft, die Wellenenergie. Nur 20% des jährlichen Zuwachses an Biomasse würden theoretisch aus-reichen, um den Primärenergieverbrauch der Menschheit zu dek-ken.[94]

Szenarien zur aktiven Sonnenenergienutzung

Über den derzeitigen Anteil der Sonnenenergien am Endenergie-verbrauch liegen sehr unterschiedliche Statistiken vor. Oft wird ihr Anteil aus den Statistiken ausgeblendet, abgesehen von der Wasserkraft. Das statistische Amt der Europäischen Gemein-schaft hat erstmals eine systematische Erhebung vorgenommen. Es errechnete einen Anteil von 5,4% für das Jahr 1991 und nahm an, daß dieser bis zum Jahr 2005 auf 9,6% steigen würde. Für die USA wird der gegenwärtige Anteil in einer Bandbreite zwischen 8 und 10% geschätzt.[95]

Wissenschaftliche Szenarien über den möglichen Anteil der Sonnenenergie an einer *nationalen Energieversorgung* kommen zu Ergebnissen, die weit über den Aussagen der notorischen Skepti-ker liegen. Eine Studie von fünf amerikanischen Forschungsinstituten ergab für die *Vereinigten Staaten von Amerika*, daß über eine Verdreifachung der Forschungs- und Entwicklungsanstrengungen bis 2030 ein Beitrag von 29 % an der amerikanischen Energieversorgung durch die Sonnenenergien erreicht werden könnte. Durch weitere politische Maßnahmen (Steuererhöhungen für herkömmliche Energie, Steuererleichterung und Abbau von administrativen und informativen Einführungshemmnissen für Sonnenenergie) könnte sich der Beitrag sogar auf 50 % und mehr bis zum Jahr 2030 steigern.[96]

Eine Untersuchung für *Deutschland (West)* unter Federführung der »Studiengruppe Energiesysteme« der DLR (Deutsche Luft- und Raumfahrt) errechnete die Möglichkeit eines solaren Energieversorgungsanteils von 13 % bis zum Jahr 2005, von 46 % bis 2025 und von 69 % bis zum Jahr 2050 – wobei für den Zeitabschnitt bis 2005 der Schwerpunkt der Anstrengungen zunächst einmal auf der rationellen Verwendung von herkömmlichen Energieträgern liegen soll. Basis dieser Berechnungen sind Investitionen im Bereich der rationelleren Energieverwendung von jährlich 14 Mrd DM bis zum Jahr 2005 und anschließend 1,7 Mrd bis 2025 – und im Bereich der Sonnenenergien sollen sich die Investitionen auf jährlich 12 Mrd DM bis 2005 belaufen, auf jährlich 50 Mrd DM bis 2025 und dann 65 Mrd bis 2050. Zum Vergleich: Die Gesamtinvestitionen der westdeutschen Energieversorgungsunternehmen lagen 1989 bei 22 Mrd DM.[97]

Am weitesten geht die Konzeption der Wissenschaftlergruppe »Groupe de Bellevue« aus dem Jahr 1978, auf die bereits auf Seite 55 hingewiesen wurde. Unter Berücksichtigung der Biomasse, der Photovoltaik, solarthermischer Kraftwerke, von Wasserkraft- und Windkraftwerken – auf dem Stand der Umwandlungstechnologie von 1975 – errechnet sie, daß die französische Energieversorgung vollständig auf Sonnenenergie gestützt werden könnte. Aus den genannten Sonnenenergiequellen kommen sie auf einen Versorgungsanteil von 11 % Flüssigbrennstoffen, 14 % Festbrennstoffen, 11 % Gasbrennstoffen, 34 % Wärme und 30 % Elektrizität – mit einer Endenergie von 140 Mio Tonnen Rohöleinheiten. Die Wissenschaftler schätzten den Verbrauch nicht nach der nachgefragten, sondern nach der tatsächlich benötigten Energie, also auf der Basis systematischen Energiesparens, für 60 Mio Franzosen, bei einem gehobenen Lebensstandard für alle. In ihrem Szenario liefert allein das solare Heizen 80 % des Bedarfs in Gebäuden und 40 % der Industriewärme – wobei die dafür notwendige Kollektorfläche 250 000 ha (2500 qkm) ausmacht. Die Stromerzeugung beruht auf Wasserkraft, Gezeitenkraft, Windkraft und auf Sonnenkraftwerken, die auch einen Großteil des benötigten Wasserstoffs produzieren und 450 000 ha (4500 qkm) Land beanspruchen. Die Flüssigbrennstoffe und das Gas basieren auf Biomasse, wozu 5 Mio ha (50 000 qkm) ständig nachwachsenden Waldes (1/3 der Waldfläche Frankreichs) und 2,5 Mio ha (25 000 qkm) landwirtschaftlicher Fläche (von 35 Mio insgesamt) benötigt würden (vgl. *Abbildung 4* auf S. 113). Kostenberechnungen wurden in dieser Studie nicht vorgenommen, weil es zunächst nur um den Nachweis der technischen Möglichkeiten ging. Da zwischenzeitlich der Stand des technisch nutzbaren Potentials sehr viel weiter ist, könnte man die Anforderungen an eine vollständige Sonnenenergieversorgung noch leichter erfüllen, und die einzelnen Elemente würden anders aussehen – insbesondere ist heute ein geringerer Flächenbedarf nötig. Aber schon der 1978 errechnete Flächenbedarf zeigt, daß sich dieser leicht in die vorhandenen Agrar- und Gebäudestrukturen integrieren ließe.

Für *die Weltenergieversorgung* errechnet die Studie »Renewables for Fuels and Electricity« die Möglichkeit, 60 % der Elektrizität und 40 % des Treibstoffs bis zum Jahr 2050 durch Sonnenenergie zu erzeugen. Dabei wird von einer achtfachen Steigerung des Weltprodukts ausgegangen. Deshalb reduziert sich auch die absolute Menge der herkömmlichen Primärenergien bis 2050 nur um etwa ein Viertel. Die CO_2-Emissionen der westlichen Industrieländer würden dabei bis 2050 um 50 % reduziert sein, die weltweiten CO_2-Emissionen aber nur – wegen des trotz allem zunehmenden Einsatzes fossiler Energien in anderen Teilen der Welt – um 26 %. Der prozentuale Anteil von Atomkraft bliebe in dem Zeitraum bis 2050 etwa auf dem relativen Stand von heute.[98] Eine Studie des Weltbankexperten Dennis Anderson kommt in einem Szenario auf die Möglichkeit von 65 % der Sonnenenergien bis 2050, wobei der relative Anteil fossiler Energien ebenfalls auf 25 % reduziert würde und der der atomaren Energien gleichbliebe. Anderson berechnet dabei Steigerungsraten des Weltprodukts um jährlich 2 – 2,5 %. Die Zusatzkosten für erneuerbare Energie wür-

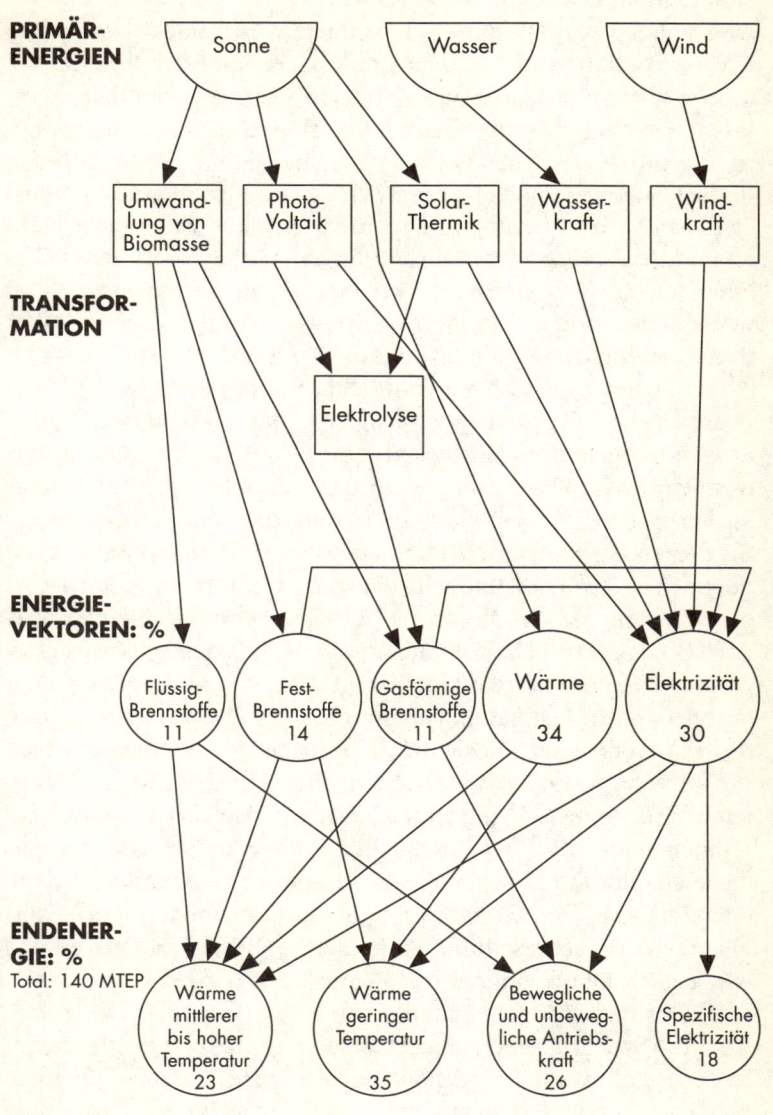

Abbildung 4
System einer vollständigen solaren Energieversorgung für Frankreich

PRIMÄR-ENERGIEN

Sonne   Wasser   Wind

Umwand-lung von Biomasse   Photo-Voltaik   Solar-Thermik   Wasser-kraft   Wind-kraft

TRANSFOR-MATION

Elektrolyse

ENERGIE-VEKTOREN: %

Flüssig-Brennstoffe 11   Fest-Brennstoffe 14   Gasförmige Brennstoffe 11   Wärme 34   Elektrizität 30

ENDENER-GIE: %
Total: 140 MTEP

Wärme mittlerer bis hoher Temperatur 23   Wärme geringer Temperatur 35   Bewegliche und unbewegliche Antriebs-kraft 26   Spezifische Elektrizität 18

Langfristiges Energieschema
Quelle: Groupe de Bellevue, 1978

113

den bei etwa 1,5 % des Bruttosozialprodukts der Volkswirtschaften liegen.[99] Alle Studien belegen konkret, daß bei vorurteilsfreier Betrachtung das sofort einführbare Potential der Sonnenenergie weit höher liegt, als ständig behauptet wird, und daß dies den Volkswirtschaften nicht einmal besondere unmittelbare Zusatzkosten abfordern würde, ganz zu schweigen von den damit verbundenen Reduzierungen sozialer Kosten, die im nächsten Kapitel behandelt werden. Die notwendigen Maßnahmen bestünden im wesentlichen im Abbau von administrativen Markthemmnissen, in der Überwindung von Informations- und Know-how-Defiziten, in der allmählichen Erhöhung der Kosten herkömmlicher Energien durch Steuern, steuerlichen Erleichterungen für Sonnenenergien und anderen Investitionsanreizen, sowie in einer eher gemäßigten Steigerung der Forschungsanstrengungen.

Der Aussagewert wissenschaftlicher Szenarien ist zwangsläufig begrenzt, weil sie von gegenwärtig belegbaren konkreten Zahlen ausgehen müssen und Entwicklungsbrüche und -sprünge, Interesseneinflüsse, Krisen und politische Veränderungen nicht vorausberechnen können. So sehr bereits die Realisierung dieser Strategien konzentrierte Anstrengungen erfordert, so wenig kann dennoch befriedigen, daß selbst bei deren Umsetzung noch derart große Potentiale an zerstörerischen Energien übrigbleiben würden. Da das natürliche Energiepotential eine vollständige Versorgung mit Sonnenenergie möglich macht, gibt es – angesichts der ansonsten verbleibenden Gefahrenpotentiale – keinen Grund, nicht zu versuchen, diese 100 % zu erreichen. Die oft gestellte Frage, wie groß der Sonnenenergieanteil an der Energieversorgung sein könne, ist eigentlich unsinnig: Da das Potential der Sonnenenergie für die menschlichen Energiebedürfnisse mehr als ausreichend ist, gibt es auch keine Grenze des nutzbaren Sonnenenergieanteils. Die Größenordnung des Sonnenenergieanteils ist allein eine Frage des »Inputs«: Je mehr politische Initiativen und wirtschaftliche Investitionen, desto größer der Anteil.

Daß es diese Möglichkeiten gibt, soll nun nicht mit Hilfe eines weiteren Szenarios untermauert werden, sondern anhand skizzenhafter, selektiver Hochrechnungen der verschiedenen Möglichkeiten zur Sonnenenergienutzung. Diesen liegt eine nicht widerlegbare Annahme zugrunde: Wenn 50 MW Solarzellen oder 1 000 Windkraftanlagen im Jahr hergestellt werden können, muß es

auch möglich sein, 50 000 MW Solarzellen oder 1 Mio Windkraft-
anlagen oder mehr im Jahr herzustellen – eine Materialbegren-
zung dafür gibt es nicht. Ein überzeugender Beleg dafür ist die
Produktion von Automobilen, die ja nichts anderes als dezentrale
Energiewandlertechniken sind. Allein die über 4 Mio jährlich in
Deutschland produzierten Automobile stellen zusammen eine
Energiewandlerkapazität von über 200 000 MW dar, etwa das
Doppelte der derzeitigen deutschen Kraftwerkskapazitäten.
Diese Rechnung basiert auf der Annahme einer durchschnittlichen mechanischen Leistung eines Personenautos von 50 KW.
1989 gab es 128 Mio PKW in den Staaten der Europäischen Gemeinschaft mit einer Energieumwandlungskapazität von 6,4 Mio
MW. Demgegenüber gab es lediglich 411 000 MW Stromerzeugungskapazität der Stromversorgungsunternehmen. Was eine Industriegesellschaft mit der Produktion ihrer Kraftwagen schafft,
kann sie auch mit der Produktion solarer Energietechniken zustande bringen. Es kommt also allein auf das mobilisierbare Kapital und auf die politische Organisations- und Durchsetzungskraft
an.

Diese Kostenbetrachtungen dürfen jedoch nicht mißverstanden
werden: Selbst wenn die »Wettbewerbsfähigkeit« der Sonnenenergietechniken im Vergleich zu herkömmlichen Energieträgern
nicht gegeben oder erreichbar wäre, müßte aus den eindeutig
übergeordneten Gründen menschheitlicher Existenzsicherung
der Sonnenenergieweg ohne weitere Verzögerung beschritten
werden. Auch in der Sicherheitspolitik wurde – aus übergeordneten Gründen – selten nach den Kosten gefragt, allenfalls wenn es
um die Kostenvergleiche verschiedener Waffentechniken im Rahmen des vorgegebenen Ziels ging oder geht. Bei der Sonnenenergie wird vor allem deshalb so oft und so notorisch nach den Kosten
oder nach der »Energiebilanz« gefragt, weil man die Antwort als
Blockadeargument benutzen will. Hohe Kosten sollen abschrek-
kend wirken und die wirtschaftliche »Unzumutbarkeit« oder gar
»Unverantwortlichkeit« beweisen. Bei der Atomenergie spielten
am Anfang ihrer Entwicklung die enormen Kosten keine Rolle,
weil das Ziel einer künftigen angeblich unerschöpflichen Energieversorgung im Vordergrund stand. Diese Erfahrung zeigt, wie
sehr die Atmosphäre gegen die Sonnenenergie gezielt vergiftet
und nach »Totschlagsargumenten« gesucht wurde – als seien alle

Menschen in jedem Augenblick ihres Alltags ausschließlich »ökonomisch« orientiert. Aber selbstverständlich funktioniert die Umwandlung unseres Energiesystems in ein Sonnenenergiesystem rascher und reibungsloser, je niedriger die Kosten sind.

Die aktuell mobilisierbaren Potentiale

Die Voraussetzung einer erfolgreichen Sonnenstrategie ist, daß nicht nur *eine* Option der Sonnenenergienutzung versucht wird, sondern alle jeweils infrage kommenden Optionen in einem programmatischen Zusammenhang. Daß diese Selbstverständlichkeit noch einmal erwähnt werden muß, gründet auf der Erfahrung, daß – auch von Befürwortern einer ökologischen Politik – häufig eine Option gegen die andere ausgespielt wird, vor allem die Energieeinsparung gegen die Solartechnologie. Eine ernsthafte und verantwortungsvolle Strategie, die auf eine wirkliche Ersetzung des jetzigen Energiesystems zielt, muß solche kleinkarierten Kontroversen hinter sich lassen. Dazu gehört, daß nicht mehr in Stufen – nach dem bekannten Motto: erst Energiesparen und dann Sonnenenergie – gedacht werden sollte, sondern in Parallelschritten. Es ist, wie dargelegt, keineswegs so, daß Energiesparen der stets notwendige erste Schritt ist – vor allem dann nicht, wenn es um Neuinvestitionen für Energieanlagen geht. Aber selbstverständlich bleibt Energiesparen ein Schlüsselelement auf dem Weg zu einer Sonnenenergiewirtschaft. Energiesparstrategien müssen hier allerdings nicht weiter behandelt werden, weil ihre Möglichkeit nicht mehr ernsthaft bestritten wird und es dazu sehr ausführliche Darlegungen gibt. Ihr oftgenannter Vorzug, daß sie die aktuell schnellste und effektivste Möglichkeit zur Klimaentlastung böten, wird jedoch von einem anderen Ansatz noch weit übertroffen: dem der gezielten Nutzung der Sonnenenergie durch die Natur selbst.

Da Pflanzen für ihr Wachstum Kohlendioxid brauchen und es durch Photosynthese als Kohlenstoff binden, bewirken sie einen Kohlenstoffaustausch zwischen der Atmosphäre und der Biosphäre. Sie sind Kohlenstoff- bzw. CO_2-Speicher. Werden Bäume nicht verbrannt, sondern zu Holzprodukten verarbeitet, bleibt es bei dieser Speicherung. In der Botanik des Erdballs sind 800 Mrd Tonnen Kohlenstoff gebunden, während sich in der Atmosphäre mehr als 700 Mrd Tonnen befinden.[100] Jährlich werden fast 8 Mrd Tonnen Kohlenstoff durch die Verbrennung fossiler Energie und durch Abholzung freigesetzt, was zu ungefähr 29 Mrd Tonnen CO_2-Emissionen führt. Etwa drei Fünftel davon werden von dem bestehenden Waldbestand und von den Ozeanen absorbiert, womit möglicherweise die Ozeane systematisch übersättigt werden. Zwei Fünftel – und wahrscheinlich zunehmend mehr – verbleiben als zusätzliche CO_2-Menge in der Atmosphäre und bilden die größte unter den Klimagefahren. Was liegt also näher als eine umfangreiche Aufforstung im globalen Maßstab, um sofort die vom gegenwärtigen Waldbestand nicht mehr absorbierbaren CO_2-Mengen aus der Atmosphäre zu holen?

Die Aufforstung von 1 Hektar Wald bindet für die Dauer des Wachstums der Bäume – durchschnittlich 40 Jahre – jährlich mindestens 10 Tonnen CO_2, also insgesamt mehr als 400 Tonnen.[101] 10 Tonnen CO_2 entsprechen der durchschnittlichen jährlichen Emissionsmenge eines Menschen in den Industriestaaten. Die Kosten für Aufforstung reichen von weniger als 100 DM pro Hektar in einigen Entwicklungsländern bis zu 20 000 DM in Industrieländern, abhängig von den menschlichen Arbeitskosten und den geographischen Bedingungen. Dies ergibt sich aus den praktischen Erfahrungen der amerikanischen Organisation »Global Releaf«, die solche Aufforstungen mit privaten Spenden durchführt. Da es für die Atmosphäre gleichgültig ist, an welcher Stelle des Erdballs die Aufforstung stattfindet, kann also die billigste Möglichkeit genutzt werden – in den Entwicklungsländern, wo auch gleichzeitig die umfangreichsten freien Flächen zur Aufforstung zur Verfügung stehen. Dort stehen die Kosten der Aufforstung im Verhältnis von 1:100 bis 1:200 zu den Kosten, die man für eine entsprechende CO_2-Minderung mit technischen Maßnahmen in

Industrieländern aufbringen müßte! Es hätte außerdem noch weitere Vorteile: Schaffung zahlreicher Arbeitsplätze, Verbesserung des natürlichen Wasserhaushalts, Vermeidung von Bodenerosion, Verbesserung des Regionalklimas und die Chance zum Aufbau oder zur Erweiterung einer kommerziellen Holzwirtschaft.

Die nicht mit Eis bedeckte Landfläche der Erde beträgt 130 Mio qkm (13 Mrd Hektar). Davon sind knapp 40 Mio qkm bewaldet, also fast 30%.[102] Houghton und Woodell haben in »Spektrum der Wissenschaft« allein für die Tropenländer eine Fläche von 8,5 Mio qkm als aufforstungsfähig errechnet und geben sogar eine CO_2-Bindung von 20 Tonnen pro Hektar an.[103] Hall und Rosillo-Calle benennen Berechnungen, wonach 17 Mrd Tonnen CO_2 durch 7 Mio qkm Aufforstung gebunden werden könnten oder gar 11 Mrd Tonnen durch 3 Mio qkm Aufforstung.[104] Für das Beijer-Institut in Stockholm reichen 5 Mio qkm aus, um uns von den CO_2-Problemen effektiv zu entlasten.[105]

Um mit Aufforstung einen wirkungsvollen Beitrag gegen gefährliche Klimaveränderungen leisten zu können, muß eine solche Initiative im großen Maßstab geschehen. Eine großangelegte CO_2-Bindung, so wird aber von einigen befürchtet, könnte dazu mißbraucht werden, weiter zuviel Energie zu verbrauchen. Doch das könnte man genauso gegen Energiesparstrategien einwenden. Tatsächlich haben Aufforstungs- und Energiesparinitiativen die Funktion einer Brücke, die gefahrloser in das neue Zeitalter hinüber führen soll. Innerhalb des mehrere Jahrzehnte dauernden Zeitraums, in dem neue Wälder aufwachsen, muß dann das globale Energiesystem in eine globale Sonnenenergiewirtschaft umgewandelt werden. Aufforstungsprogramme in globalem Umfang sind ein einmaliger Kraftakt, weil die Aufforstungsfläche nicht vermehrt werden kann. Es ist unverständlich, warum dieses Schlüsselelement einer Sonnenstrategie in den meisten Erörterungen gar keine oder nur eine nebensächliche Rolle spielt. Dieser Schlüssel ist kein Ersatz für die Nutzung der Sonnenenergiekräfte mit Hilfe von Solartechnologien und für Energiesparmaßnahmen, sondern ein unverzichtbares Sofortprogramm. »Laßt uns Überleben pflanzen« – dieses Motto des 1982 verstorbenen Briten Richard St. Barbe Baker[106], der im Laufe seines Lebens in allen Kontinenten mehrere Millionen Bäume pflanzte, ist aktueller denn je zuvor.

Die industrielle Massenfertigung der Sonnenenergietechnologien verspricht durchaus mit denen bei herkömmlichen Energien vergleichbare Kostensenkungen. Anderson und Bird haben die Kostenentwicklungen der bisherigen Stromenergieträger zwischen 1892 und 1980 in den USA mit den durchschnittlichen Kosten von solarthermisch oder photovoltaisch erzeugtem Strom verglichen, wie sie sich seit 1980 entwickelt haben und bis 2030 projizierbar sind:[107]

Tabelle 11
Bisherige Energieträger zur Stromversorgung (Durchschnittswerte)

Jahr	1892	1900	1925	1950	1980
Kosten pro Kilowattstunde (in US cent)	230	140	40	9	6

Strom aus der Sonnenstrahlung in Gebieten hoher Einstrahlung

Jahr	1980	1990	2000	2020	2050
	40	18	13	7	7

Diese Kostenentwicklung wurde zu Produktionssteigerungsraten bei Solartechnologie und ihrem Einsatz in unterschiedlichen Einstrahlungsgebieten in Beziehung gesetzt:[108]

Tabelle 12

Kapazität (in Mio KW)	0,8	5,0	36,0	300
Gewichtete Durchschnittskosten (in pro Kilowattstunde)				
– hohe Einstrahlung	19	13,5	9,8	7,6
– mittlere Einstrahlung	22,8	15,5	12,2	9,3
– niedrige Einstrahlung	31,9	21,5	16,5	12,9

Bezogen auf einzelne solare Kraftwerke ergibt eine andere amerikanische Rechnung aus dem Jahr 1990, die auf den marktüblichen Zinszahlungen beruht (in cent pro Kilowattstunde), folgendes:

Tabelle 13

	1980	1988	2000	2030
Windkraft	32	8	5	3
Photovoltaik	339	30	10	4
Solarthermischer Strom mit Gasunterstützung	24	8	6	
Solarthermischer Strom mit Parabolempfänger	85	16	8	5
Strom aus Biomasse	5	5		

Die Kostenrechnung macht deutlich, daß Windkraft, Biomasse und solarthermische Stromerzeugung den Kostenstand der herkömmlichen Energieträger bereits jetzt ungefähr erreicht haben. Die Einschätzung der Kostenentwicklung bei den Sonnenenergien kann sehr viel zuverlässiger vorgenommen werden als bei herkömmlichen Energieträgern: Die Entwicklung hängt im wesentlichen allein von den Produktionskosten für die Sonnentechnik ab und nicht von unvorhersehbaren Kostenschwankungen für Primärenergie auf den Energiemärkten. Sonnenstrahlen und Wind sind kostenlos und werden es bleiben. Für die Abnahme des organischen Abfalls werden Biogasanlagen-Betreiber vielleicht sogar Gebühren erheben. Nicht kostenlos ist dagegen Biomasse aus Pflanzen, weil diese kommerziell angebaut werden müssen.

Eine Betrachtung der einzelnen Schlüsselelemente ergibt noch deutlichere Hinweise, wie das Potential durch Massenproduktion von Sonnenenergieanlagen gesteigert werden kann.[109]

Solarthermische Wärme und solares Bauen

Am weitesten entwickelt und eingesetzt, vor allem in Israel und Kalifornien, sind die Solarkollektoren, mit denen der Warmwasserbedarf und Hauswärme erzeugt werden. Eine umfassende Studie aus dem Jahre 1992 hat für Großbritannien errechnet, daß eine Kollektorfläche von 5 bis 6 qm 225 l Warmwasser pro Tag liefert. Die Preise im internationalen Vergleich liegen zwischen etwa 100 Pfund pro qm in Israel und 400 Pfund in Italien – u. a. jeweils abhängig von den Produktionsmengen. Würden die Kollektoren in Großbritannien in allen privaten Wohnhäusern eingesetzt, so ergäbe schon dies eine CO_2-Minderung um 6 Mio Tonnen.[110] Der sofortigen Einführung dieser Möglichkeiten steht nichts im Wege, weil die Beschaffungs- und Installationskosten durch die eingesparten bisherigen Energiekosten ausgeglichen oder diese sogar bereits unterboten werden. Zentrale solartechnische Anlagen für Raumheizung und Warmwasser – wie es sie beispielsweise in Schweden für bis zu 500 Wohneinheiten und für Gewerbegebäude gibt – kosten einschließlich der Speicherung für den laufenden Betrieb teilweise schon nicht mehr als 150 Pfund pro Kollektorfläche, wie ebenfalls eine neue britische Studie analysiert.[111] Eine Hochrechnung demonstriert, daß die CO_2-Emissionen dadurch nochmals um 5 Mio Tonnen für Großbritannien reduziert werden könnten. Aber dies ist nur ein kleiner Anfang.

Nachgewiesen ist, daß bereits die passive Nutzung der Sonnenenergie in Gebäuden – durch eine entsprechende Ausrichtung des Entwurfs nach dem Sonnenlicht und dessen Ausnutzung durch Lichtplanung, durch neue Fassaden und Baumaterialien zur Wärmespeicherung und zur Kühlung, durch Wärmeaustauschsysteme, Nutzung der Glasflächen zur Energiegewinnung und durch Solarkollektoren – zu Häusern führen kann, bei denen zwischen 90 und 100 % der Heizkosten gespart werden.[112] Das ist jedoch auf Neubauten beschränkt und bedarf eines geeigneten Baustandorts. Soweit es zu Mehrkosten führt, lassen sie sich hier ebenfalls – wie Beispiele zeigen – durch die eingesparten Energiekosten über kurz oder lang ausgleichen. Gebäude haben eine durchschnittliche Lebensdauer von 100 Jahren. Durch eine architektonische Jahrhundertrevolution ist es denkbar, den gesamten Heizenergiebedarf allein für Gebäude, der in den verschiedenen Ländern zwischen 25 und 40 % des gesamten Energiebedarfs ausmacht, vollständig durch passive und aktive Sonnenenergienutzung zu befriedigen. Dies hätte gleichzeitig vielfältige weitere positive Effekte, u. a. die Hebung des Gesundheitsniveaus in Ballungsräumen und die Reduzierung der Wohnnebenkosten, die schon zu einer »zweiten Miete« geworden sind, und damit die indirekte Hebung der Einkommen. Solare Bauten sind in hohem Maße transparent gestaltet und verbinden individuelle Autonomie mit gesellschaftlicher Mitverantwortung in idealer Weise zu einer Architektur für ein neues Millennium.

Weltweit sind inzwischen etwa 30 Mio qm Solarkollektoren installiert. Die Jahresproduktion beträgt 3 Mio qm, innerhalb der EG jedoch nur 250 000 qm. Aufgrund des Wegfalls (!) der Steuererleichterungen z. B. in den USA und in Deutschland und der zu niedrigen Ölpreise ist die Weltproduktionsrate seit Ende der 80er Jahre rückläufig. In den USA war sie 1989 auf 400 000 qm zurückgegangen, auf den Stand der Türkei oder Israels. Innerhalb der Europäischen Gemeinschaften gibt es etwa 500 Firmen mit zusammen 3 000 Beschäftigten, die damit einen Jahresumsatz von etwa 180 Mio ECU erzielen. Es gibt also eine Produktionsbasis, die bei entsprechenden Anstößen in kürzester Zeit zu einer breiten Entfaltung gebracht werden könnte.

Solarthermische Kraftwerke

Von den verschiedenen Grundtypen einer solarthermischen Stromerzeugung[113] sind die Kraftwerke mit Rinnenkollektoren am weitesten entwickelt und werden seit Jahren in Kalifornien eingesetzt. 1984 wurde die erste mit einer Größe von 14 MW in Betrieb genommen, die noch Strom für 28 cent pro KWh produzierte. Die neueste Anlage hat bereits einen Wirkungsgrad von 16 % und produziert Strom für 9 cent pro KWh.[114] Diese Kraftwerkstypen sind weltweit das Vorzeigeprojekt für solare Stromerzeugung, bisher noch betrieben mit 25 %iger unterstützender Ölbefeuerung. Obwohl der weitere Ausbau zunächst gestoppt werden mußte, weil die Betreibergesellschaft LUZ International 1992 liquidiert wurde (die Stromlieferverträge waren an die fallenden Öl- und Gaspreise gebunden, außerdem liefen die gesetzlichen Steuererleichterungen gleichzeitig aus), bleiben diese Kraftwerke ein überzeugendes Beispiel für eine sofort mögliche breite Markteinführung.

Ihr Einsatz ist jedoch nicht überall möglich, weil für diesen Kraftwerkstyp eine Direktstrahlung von über 1 800 KWh pro qm im Jahr notwendig ist, so daß nur sonnenreiche und weitgehend dunstfreie Flächen südlich des 40. Breitengrades dafür infrage kommen. Aber in zahlreichen Weltregionen, von Kalifornien bis Süditalien oder Südspanien, von Indien bis Brasilien, von Australien bis Mexiko können sie eingesetzt werden. Es gibt keinen vernünftigen Grund, weiter mit der Einführung auf breiter Basis zu warten, bis sich ein privater Investor findet. Doch eben dieses politische Abwarten findet statt, so daß die Herstellerfirma für die Rinnenkollektorspiegel, die deutsche Flachglas-Solar, im Jahr der Rio-Konferenz die Produktion weitgehend einstellen mußte. Vergleichen wir die Stromerzeugungsdaten dieser solaren Farmkraftwerke mit denen von Ölkraftwerken, so ergeben sich – bei Kraftwerkskapazitäten von 80 MW und bei einem Ölpreis von 36 Dollar pro Barrel – exakt gleichhohe Stromerzeugungskosten; sinkt der Ölpreis auf 20 Dollar, kostet der Strom der Solarkraftwerke noch mehr. Doch auch diese Farmkraftwerke stehen erst am Anfang ihrer Entwicklung: 350 MW Gesamtkapazität sind für den gegenwärtigen Einführungsstand der Sonnenenergietechnik viel, im Verhältnis zu den Kapazitäten an herkömmlichen Stromerzeugungsanlagen jedoch minimal. Die Einführung einiger tausend MW verspricht weitere Kostensenkungen; weitere technologische Verbesserungen sind selbstverständlich zu erwarten, so daß in überschaubarer Zeit eine Stromerzeugung von 6 cent pro Kilowattstunde erreichbar ist – ein Preis, bei dem kein Kohle-, Öl- oder Atomkraftwerk mithalten könnte. Ein MWh solarthermischer Stromerzeugung bedeutet 2000 Tonnen weniger CO_2 im Jahr – durch die laufenden Kraftwerke in Kalifornien sind es bereits jährlich 700 000 Tonnen.

In Verbindung mit politischen Einführungsinitiativen wäre es durchaus möglich, vielleicht innerhalb von 10 Jahren die 100 fache Kapazität oder gar mehr zu erstellen und sie dann alle 10 Jahre zu verdoppeln, so daß dadurch im Laufe der nächsten Jahrzehnte etwa ein Viertel der weltweiten Stromerzeugung bis zur Mitte des nächsten Jahrhunderts erreicht werden könnte – und dazu kämen andere Sonnentechnologien in denselben und in anderen Regionen. Auf dem Weg dahin wird man auch auf die unterstützende Öl- oder Gasbefeuerung des Turbinenantriebs verzichten können. Allein für den Mittelmeerraum hat eine Studie errechnet, daß – von Süditalien und Südspanien bis nach

Nordafrika und dem Nahen Osten – 6% der Landfläche (8,9 Mio qkm) aller Mittelmeer-Anrainerstaaten für solarthermische Kraftwerke geeignet sind, davon 80% in Nordafrika.[115] Italien und Spanien könnten ihren gesamten Strombedarf durch solarthermische Stromgewinnung aus eigener Fläche decken. Durch Kabelleitungen auf dem Meeresboden könnte man Strom von Nordafrika nach Europa leiten, von Südeuropa nach Mitteleuropa. Ein schweizerisches Stromversorgungsunternehmen plant den Bau eines solarthermischen Kraftwerks in Südspanien für den Schweizer Bedarf.

Im gesamten Mittelmeerraum werden jährlich etwa 5 000 MW neue Stromerzeugungskapazitäten errichtet, in Italien sind bis 2005 20000 MW und bis 2025 50000 MW Gas- und Ölkraftwerke geplant. Wären nur die Hälfte dieser Kapazitäten solarthermische Kraftwerke, so könnten schon im Bereich des Mittelmeeres bis 2050 mehr als 150000 MW stehen, davon in Italien 30000 MW – letztere Zahl wäre wiederum gleichbedeutend mit 60 Mio Tonnen weniger CO_2 in Italien, das sind 15% der gegenwärtigen CO_2-Emissionen dieses Landes. Auch die Einführung solarthermischer Kleinkraftwerke bietet große Möglichkeiten, für individuelle Betreiber bis hin zu Dörfern. Nicht zu vergessen ist, daß mit solarthermischen Anlagen hohe Prozeßtemperaturen von mehreren tausend Grad erreicht werden können, womit sie für den Energiebedarf entsprechender Produktionsprozesse geeignet sind, z. B. für die Eisenschmelze.

Photovoltaik

Gegenwärtig werden jährlich weltweit 50 MW Solarzellen zur direkten Umwandlung von Sonnenlicht in Strom produziert, insgesamt sind bisher etwa 400 Megawatt hergestellt worden. Bis jetzt gibt es aber noch keine Produktion in automatisierten Großserien. Die dazu notwendige Anlageninvestition ist für kleine Produzenten zu hoch, und Großunternehmen haben noch keine derartigen Initiativen ergriffen.

Der Verkaufspreis ist dennoch zwischen 1976 und 1990 auf ein Drittel gesunken, der Wirkungsgrad der Umwandlung von 4% (1978) auf etwa 15% der gegenwärtig marktüblichen Zellen gestiegen. Es gibt aber schon Zellen mit über 30 % Wirkungsgrad. Noch 1990 lag der Preis der photovoltaischen Stromerzeugung für Deutschland zwischen 1,40 DM und 1,76 DM pro Kilowattstunde. Doch diesen Berechnungen liegt eine zu niedrig eingeschätzte »Lebensdauer« der Solarzellen zugrunde. Geht man für diese von realistischen 30 Jahren aus, so sind schon jetzt selbst in Mitteleuropa Kilowattstundenpreise von deutlich unter 1 DM möglich. Die »Bölkow-Studie« errechnete 1988 für den Fall einer 35 MW-Produktionsanlage einen Preis für Mitteleuropa zwischen 38 und 50 Pfennig.[116] In den USA wird bereits ein Preis von 30 cent in günstigen Einstrahlungsgebieten erzielt. Das US-Department of Energy schätzt bis zum Jahr 2010 einen Kilowattstunden-Preis von 7 cent nach dem Preisstand von 1990, zuzüglich 6 cent für eine eventuelle Speicherung.[117] Die üblichen, immer wieder zu hörenden Argumente, warum dieser solare Energieträger trotz solcher Perspektiven nur bedingt einsetzbar sei, lauten: Zwar ließen sich die Kosten für die Solarzellen senken, aber nicht die für die technischen Aufbauten (Stellagen); die Sonneneinstrahlung sei zu unterschiedlich, weshalb für die Ausfallzeiten Reservekapazitäten anderer Energieträger nötig seien, die man zu den reinen Kosten der Photovoltaik addieren müsse; der Flächenverbrauch sei zu hoch.

Doch schon jetzt gibt es zahlreiche Beispiele für die Integration dieser Zellen in Gebäudeteile: Solarzellen werden nicht *auf* den Fassaden oder Dächern angebracht, sondern als Solarzellenhaut *anstelle* der Fassaden oder Dachziegel. Damit spart man sich die bisherigen Stellagekosten und die Fassaden- oder Dachkosten. Das Argument der zu teuren Aufbauten wird hinfällig, wenn bestehende Gebäude als Solarfeld genutzt werden. Es ist außerdem ökonomisch Unsinn, freie Flächen zu nutzen, wenn genug Gebäudeflächen zur Verfügung stehen. Damit fällt das Argument des zu großen Flächenbedarfs in sich zusammen.

Welches Potential zur Verfügung stehen könnte, ergibt eine Studie des Newcastle Photovoltaic Application Centre[118]: Wenn die Photovoltaik in die Gebäudestruktur integriert wird, reichen 10 % der vorhandenen Gebäudeflächen aus, um damit den *gesamten* Strombedarf Großbritanniens zu decken. Dabei wurde das praktisch verfügbare Potential berücksichtigt – also das unterschiedliche tägliche und jahreszeitliche solare Energieangebot

einerseits und die tageszeitlich unterschiedliche Nachfrage andererseits. Die 10 % Gebäudefläche, so das Ergebnis, reichen auch
im Winter aus – es gibt lediglich Schwierigkeiten an den Winter-
abenden. Die durchschnittlichen Kosten beim Ausbau des Ge-
samtsystems würden den gegenwärtigen Durchschnittskosten des
Stroms in Großbritannien entsprechen: 8 Pence pro Kilowattstunde. Zwischen April und September könnten die installierten
Solarzellenkapazitäten 165000 MW Leistung abgeben, zwischen
Oktober und März nur 35000 MW, im Dezember schließlich nur
27000 MW – es müßte also im Sommer für den Winter gespeichert
werden, was die Kosten dann aber erhöhen würde. Insgesamt jedoch könnten damit im Referenzjahr 2020 30 % *mehr* Strom bereit
gestellt werden, als 1989 in Großbritannien verbraucht wurde.

Auch die Rechnung der britischen Forschungsgruppe ist nicht
mit einem praktischen Einführungsprogramm zu verwechseln. Es
ist weder nötig noch sinnvoll, vollständig auf einen einzigen Sonnenenergieträger zu setzen. Doch selbst wenn man von der Rechnung Hills für Großbritannien Abstriche macht, können wir feststellen: Was für 2020 allein für die Photovoltaik vielleicht eine zu
optimistische Prognose ist – die Stromversorgung des gesamten
Landes aus Solarenergie – , könnte realisierbar sein, wenn wir uns
zur Photovoltaik die anderen Sonnenenergieträger hinzudenken.
Und was auch unter Einbeziehung aller Sonnenenergieträger
dann dennoch nicht schon bis 2020 möglich sein sollte, könnte
doch bis spätestens 2030, 2040 oder 2050 möglich werden. Vor
allem aber: Was schon für das relativ sonnenarme Großbritannien
möglich ist, wird auch in fast allen anderen Ländern möglich sein.

Daß es bis heute keine automatische Serienproduktion von Solarzellen gibt und auch kein eigens für die Solarzellenerzeugung
produziertes Silizium (das gegenwärtig genutzte Siliziummaterial
ist ein Abfallprodukt der Siliziumproduktion für Computerchips),
wirft ein Schlaglicht auf die Zurückhaltung der Industrie. Erst der
Übergang in die moderne Serienfertigung ist aber der wirkliche
Start für Solarzellen unterschiedlicher Art – ob »Dickschicht«-
Zellen mit hohem Materialeinsatz oder, wie es Werner H. Bloss
betont, »Dünnschicht«-Zellen mit niedrigerem Wirkungsgrad,
aber dafür auch wesentlich niedrigerem Materialbedarf, die z. B.
die zahllosen Glasfassaden großer Bürohäuser ersetzen könnten.[119] Aber der Start der Massenfertigung erfordert einen Investi-

tionsaufwand von einigen hundert Mio DM. Das ist für kleine Hersteller zu viel, und große Hersteller und ihre Banken haben noch kein Interesse gezeigt.

Das oftgenannte Argument, die Marktaussichten seien noch zu ungewiß, ist durch die Wirklichkeit widerlegt: Die Nachfrage ist inzwischen höher als die Produktion. Vergleichen wir die dürftigen Bemühungen um die industrielle Solarzellenentwicklung – auf politischer wie auf großunternehmerischer Ebene – mit den Bemühungen um die Entwicklung immer leistungsfähigerer Datenverarbeitungssysteme, so wird der Unterschied der Prioritäten überdeutlich. Bei Solarzellenmodulen ebenso wie bei Chips handelt es sich um Halbleitertechnologien, aber bei ersteren wird ständig mit den zu hohen Kosten der Stromerzeugung argumentiert. Bei der Entwicklung von Chips hingegen wird nicht nach aktuellen Kosten gefragt, sondern auf die künftige Wettbewerbsfähigkeit der Volkswirtschaft hingewiesen, ohne daß die Ökonomie des Einsatzes dieser hochleistungsfähigen Rechner hinterfragt würde – und ohne daß andererseits der künftige volkswirtschaftliche Stellenwert der Photovoltaik Beachtung fände. Es muß also andere Gründe dafür geben, daß die Zukunftsaussichten durch Solarzellenentwicklung und -fertigung – für die Erhaltung der Umwelt wie für die Industrie – so fahrlässig vernachlässigt werden: Die Entscheidungsträger haben entweder gar keine oder eine düstere Zukunft im Auge.

Windkraft

Erst seit den 80er Jahren wird die Gewinnung von Strom aus Windkraft wieder versucht. Etwa 2 000 MW sind weltweit installiert, davon fast drei Viertel in den USA – insgesamt also nicht mehr als die Kapazität zweier großer Kernkraftwerke. Aber obwohl der Forschungsaufwand minimal war und auch bisher nur kleine Stückzahlen produziert werden, sind die Kosten der Windstromerzeugung an günstigen Standorten mit denen der Atomkraft schon jetzt vergleichbar! Da es sich im wesentlichen um Anlagekosten handelt, können die Gesamtkosten vor allem durch Steigerung der Anlageproduktion, durch technische Weiterentwicklung und durch intelligente Ausnutzung der Flächen mit der erforderlichen Windgeschwindigkeit gesenkt werden.

Die Kostenanalysen für die Stromerzeugung aus Windkraft variieren aufgrund der sehr unterschiedlichen Erfahrungen mit erprobten Anlagen. In den USA ist mit 7 bis 9 cent/KWh die Wettbewerbsfähigkeit mit Kohle und Atomstrom bereits erreicht, erwartet werden demnächst 4 bis 6 cent/KWh.[120] Für Großbritannien hat der Energieausschuß der Regierung Kosten errechnet, die ungefähr den Kohlestromkosten entsprechen und eindeutig unter den Atomstromkosten liegen.[121] In Europa sind bereits Kosten von unter 10 Pfennig pro Kilowattstunde mit modernen Anlagen und in dafür günstigen Gebieten erzielt worden[122], im Durchschnitt sind die Kosten vergleichbar mit denen eines mit Rauchgasreinigung ausgestatteten Kohlekraftwerks.

1991 veröffentlichte die European Wind Energy Association einen Aktionsplan, der innerhalb Europas bis zum Jahr 2030 als leicht realisierbares Ziel angibt, 10% der europäischen Stromversorgung bereitzustellen.[123] Die Battelle Pacific Northwest Laboratories stellen fest, daß nach dem jetzigen Stand der Entwicklung 20% des US-Stroms aus Windkraft besorgt werden könnten.[124] Dieser Optimismus ist um so mehr gerechtfertigt, als die den Kostenanalysen zugrundeliegenden Annahmen eher vorsichtig gehalten sind. Üblicherweise wird eine Laufzeit der Anlagen von nur 20 Jahren berechnet. Es gibt aber gute Gründe dafür, eine längere Laufzeit zu unterstellen – oder von sehr viel geringeren Beschaffungskosten für das Nachfolgemodell auszugehen, weil eventuell nur Teile der Anlage erneuert werden müßten.

Wenn also dieser Entwicklungsstand schon erreicht ist, gibt es keinen Grund mehr zur Zurückhaltung. Das Potential reicht für weit mehr als 10 oder 20% der Stromversorgung. Allein für Westdeutschland gibt es Berechnungen, die Gebiete von zusammen etwa 20000 qkm als für die Windenergienutzung geeignet bezeichnen. Danach könnte bei voller Ausnutzung eine Kapazität von insgesamt 250000 MW erreicht werden, was fast 1 Million Anlagen bedeuten könnte und der doppelten Kapazität aller deutschen Kraftwerke entsprechen würde.[125] Die Zahl der als geeignet erkannten Gebiete nimmt mit weiteren Analysen eher zu und nicht ab, und mit weiterer technischer Entwicklung werden auch Gebiete mit geringerer Windgeschwindigkeit interessant. Außerdem gibt es ein beträchtliches Off-shore-Potential, also im Wasser vor den Küstenufern installierte Anlagen. Die tatsächlich verbrauchte Fläche durch Windkraftanlagen ist minimal und liegt bei unter 1 % der für Windkraftanlagen ausgewiesenen Fläche – bei 20 000 qkm sind es demnach 200 qkm für die Anlagenplätze. Der land- und fischereiwirtschaftliche Betrieb unter solchen Anlagen kann weitergehen.

Es gibt keine Energiegewinnung, die weniger Landschaft verbraucht als die Windenergie, insofern ist das Landschaftsargument geradezu peinlich. Das gelegentlich benutzte Vogelschutzargument zieht nicht: In Dänemark sind nicht einmal 10 Vögel durch Windrotoren gestorben, Tausende sterben jedoch ständig an Hochspannungsleitungen und werden durch die Luftverschmutzung und Klimaveränderungen vertrieben, die vom konventionellen Energieverbrauch herrühren. Um 1900 gab es an der Nordseeküste zwischen Holland und Dänemark etwa 100 000 Windmühlen, im dänischen Inland allein 30 000. Sie gelten, soweit noch zu sehen, als integrierter Teil des natürlichen Landschaftsbildes. Warum soll das demnächst nicht wieder gelten können? Die Natur- und Landschaftsschutzargumente gegen Windkraftanlagen sind an den Haaren herbeigezogen; dennoch werden sie aufgeregt verbreitet, unter wohlwollendem Beifall der großen Energieversorger, die – als Verursacher des Smogs – das Wort von der »ästhetischen Umweltverschmutzung« erfunden haben oder von Lärmbelästigung sprechen, obwohl eine große Windkraftanlage weniger Lärm verursacht als ein Lastkraftwagen. Die dänischen Anlagen, die das hervorstechendste Beispiel sind, widerlegen alle dummdreisten Argumente gegen die Windkraft.[126]

Vor allem aber: Angesichts der Kostensituation, die sich ständig weiter verbessert, und der mit dieser Energienutzung einhergehenden Dezentralität eröffnen sich große Möglichkeiten für neue wirtschaftliche Initiativen durch die Betreiber, die unabhängig von anderen Energieerzeugern werden und helfen, das wirtschaftliche Niveau außerhalb von Ballungszentren zu heben. Windkraft bietet sich als ein zusätzliches wirtschaftliches Betätigungsfeld für Landwirte an Küsten und in Gebirgen an und hat damit einen strukturfördernden Effekt. Eine Windenergieoffensive könnte durch Mobilisierung privaten Kapitals – und ohne öffentliche Mittel zu beanspruchen – eröffnet werden. Die politische Aufgabe besteht vorwiegend darin, engstirnige administrative Hemmnisse zu beseitigen. 10 oder 20% Anteil an der Stromversorgung bis 2030 erscheinen dann eher als zu niedrig gegriffen. In manchen Ländern könnten es noch deutlich mehr sein, und dies zu einem früheren Zeitpunkt.

Erneuerbare Biomasse

Die Möglichkeiten, Biomasse für die Energieversorgung zu nutzen, erschließen sich erst dann in vollem Umfang, wenn die Energiekette des natürlichen Kohlenstoffkreislaufs von der Photosynthese bis zur Oxidation mit dem Bedarf an technisch nutzbarer Energie auf intelligente und effektive Art wieder miteinander verbunden wird. Der größte Teil der in der land- und forstwirtschaftlichen Produktion gebundenen Bioenergie, d. h. die in organischen Kohlenstoffverbindungen chemisch gespeicherte Sonnenenergie, wird nicht energetisch genutzt, so daß aus dem daraus möglichen Nutzen sogar eine zusätzliche ökologische Belastung geworden ist. In den Entwicklungsländern wird die für den Brennstoffbedarf gegenwärtig eingesetzte Biomasse noch zu einem großen Teil unter Zerstörung der vorhandenen Bestände genutzt, ohne daß diese regeneriert würden, mit der Folge von »devegetation, deforestation, desertification« – also Vegetationsverlust, Waldverlust und Wüstenausbreitung. Ob und wie wir Biomasse nutzen, läßt erkennen, ob und wie die Menschen die Natur zerstören oder in Harmonie mit ihr leben.

Biomasse ist ein Sonnenenergieträger großen Umfangs, wenn ihre *Regenerierbarkeit* genutzt wird: Sie steht, unter der Voraussetzung einer bestandserhaltenden Bewirtschaftung, weltweit und zeitlich unbegrenzt zur Verfügung. Deshalb kann sie einen enormen Beitrag zur Ablösung fossiler und atomarer Energiequellen leisten. Die in natürlichen Stoffkreisläufen nachwachsende Biomasse liefert je nach Herkunft und Verarbeitung technisch verwertbare Energierohstoffe in allen Aggregatzuständen – fest, flüssig oder gasförmig:

– Biobrennstoffe (z. B. Holz, Stroh, Schilf) werden in Kochherden, Heizöfen und Heizkraftwerken (Dampfturbinen) zur Erzeugung von Wärme und elektrischem Strom eingesetzt oder durch Pyrolyse zu Holzgas veredelt, mit dem Motoren angetrieben werden.

– Biokraftstoffe (z. B. reines Pflanzenöl, verestertes Pflanzenöl, Alkohol) werden in Verbrennungsmotoren eingesetzt, um damit Kraftfahrzeuge anzutreiben oder um in Generatoren bzw. Blockheizkraftwerken elektrischen Strom und Wärme zu erzeugen.
– Biogas, das ein Produkt aus der Methanvergärung von Grünmasse oder organischen Reststoffen ist und zum überwiegenden Teil aus dem Energieträger Methan besteht, wird ebenfalls als thermische, mechanische und elektrische Energie eingesetzt.

Ein großer Vorteil ist, daß man damit vor allem die Treibstoffe für Fahr- und Flugzeuge umweltneutral ersetzen kann. Im Rahmen einer globalen Energiewirtschaft, die ausschließlich auf Sonnenenergie basiert, hat die Biomasse damit einen höheren Stellenwert als der solare Wasserstoff. Ihr zweiter großer Vorteil besteht darin, daß sie der einzige solare Energieträger ist, den man ebenso leicht speichern kann wie Erdöl, Erdgas oder Kohle. Als dritten Vorteil hat sie – neben dem des globalen Klimaschutzes – die meisten zusätzlichen Nutzeffekte: Sie fördert die Vegetation, statt sie zu vernichten; sie ist eine Existenzperspektive für die Landwirtschaft; ländliche Räume werden wirtschaftlich belebt und so ein globaler Gegentrend zu der ständigen Vergrößerung von Ballungsräumen eingeleitet; organischer Müll kann beseitigt und damit auch die Hygiene gesteigert werden; es werden aus Pflanzen darüber hinaus biologische Stoffe für die pharmazeutische und chemische Industrie, die Baustoff- und die Papierindustrie gewonnen, die von der Natur rezycliert werden können.

Der Sonnenenergieträger Biomasse besteht – seiner vielfältigen organischen Herkunft entsprechend – aus zahllosen einzelnen Energieträgern, die jeweils unterschiedliche Technologien zur Aufbereitung und Umwandlung brauchen. Generell kann zwischen zwei Kategorien unterschieden werden:
– Organische Reststoffe und Abfallprodukte, die in unserem Wirtschaftssystem in großen Mengen anfallen und ohne weitere energetische Verwertung durch langsame, kalte Oxidation (Faulprozeß) die darin enthaltene Energie ebenso wie die Abbauprodukte CO_2 und Methan ungenutzt freisetzen. Dazu gehören vor allem die für die Biogasherstellung verwertbaren Abfallprodukte aus der landwirtschaftlichen Produktion (Gülle, Grünmasse, Preßrückstände, Schlachthofabfälle etc.),

organischer Hausmüll und Klärschlamm sowie die als Fest-
brennstoff verwertbaren organischen Trockenabfälle aus
agrarwirtschaftlicher und industrieller Produktion (Stroh-,
Korn- und Reishülsen, Späne, Bauschuttholz, Altmöbel, Alt-
papier usw.);
– Energiepflanzen, die von vornherein mit dem Ziel der energetischen Verwendung oder als industrielle Rohstoffe angebaut
werden – von der Anpflanzung von Kurzumtriebswäldern über
Palmölplantagen bis zu Zuckerhirse oder Chinaschilf-Anpflan-
zungen.

Es gibt Beispiele, die bemerkenswert und zugleich umstritten
sind, so etwa das brasilianische Alkohol-Treibstoffprogramm.
Gegenwärtig werden etwa 100 Mio l Ethanol aus Zuckerrohr gewonnen, womit schon 4 Mio Autos angetrieben werden. Den
Vorteilen (CO_2-Minderung, Schaffung von 500 000 Arbeitsplätzen, Verbesserung der Zahlungsbilanz durch Reduzierung der
Energieimporte) stehen dabei Nachteile gegenüber wie die Vertreibung von Kleinlandwirten, die Subventionierung des Etha-
nol-Produktionsaufbaus und damit der Autobesitzer zu Lasten
der ärmsten Schichten – Nachteile, die aber mit der Sozialstruktur des Landes zusammenhängen.[127] Daneben gibt es unumstrittene Beispiele wie in Schweden und in Österreich, die 13 bzw.
10 % ihrer Energieversorgung aus Biomasse bereitstellen, vor allem aus landwirtschaftlichen Reststoffen und Waldbewirtschaftung.[128]

Während die Nutzung biologischer Abfälle ausschließlich Vorteile hat, kann es bei falscher Anwendung und Auswahl der
Energiepflanzen Probleme geben, die man mit denen vergleichen
kann, die bei der Intensivierung der landwirtschaftlichen Nahrungsmittelerzeugung durch Einsatz eines naturunverträglichen
Maßes an Düngemitteln und Pestiziden entstehen. Es ist aber
leichter, solche Fehler am Beginn einer Energiepflanzennutzung
zu vermeiden, als sie nachträglich zu korrigieren. Ein Flächen-
problem, das zu Lasten der Nahrungsmittelerzeugung gehen
würde, gibt es nicht. In der Europäischen Gemeinschaft werden
ständig landwirtschaftliche Flächen stillgelegt – zum einen, um
die Überproduktion an Nahrungsmitteln zu reduzieren, zum
anderen, wenn landwirtschaftliche Betriebe aufgrund sozialer
Perspektivlosigkeit geschlossen werden, u. a. weil die Grenzen

für landwirtschaftliche Importe aus Osteuropa oder Afrika offener werden. In 91 ausgewählten Entwicklungsländern gibt es folgende Aufgliederung der nutzbaren Flächen (in Mio qkm):[129]

Tabelle 14

	Gegenwärtige Ernteflächen	Potentielle Ernteflächen	Degradierte Flächen
Afrika	1,788	7,527	2,490
Lateinamerika	1,792	8,896	1,880
Süd- und Südostasien	3,483	4,125	3,190
insgesamt	7,063	20,548	7,560

Gerade die degradierten Flächen (nicht zu verwechseln mit den Wüsten) könnten für die Erzeugung von Energiepflanzen genutzt werden, weil sie großenteils für die Nahrungsmittelproduktion nicht geeignet sind.

Es wäre theoretisch denkbar, den gesamten Energiebedarf der Menschheit aus den Biomassen zu decken; aber dies ist wiederum wegen der anderen Sonnenenergieträger nicht nötig. Potentialrechnungen haben ergeben, daß allein mit einem Drittel aller Pflanzenrückstände 10 % des Weltenergiebedarfs gedeckt werden könnten.[130] Eine Studie der »Forward Studies Unit« der EG-Kommission weist darauf hin, daß auf einer Fläche von 40 000 qkm in Europa bis zu 30 % des europäischen Energieverbrauchs gewonnen werden könnte.[131] Eine andere Rechnung des EG-Experten Giuliano Grassi kommt bei 80 000 qkm auf 70 % des Energiebedarfs – basierend auf dem Potential schnell wachsender C_3- Pflanzen (Eukalyptus erbringt auf 1 ha 15 Tonnen Trockenmasse) und noch schneller wachsender C_4-Pflanzen (z. B. Miscanthus mit 35 Tonnen/ha und Zuckerhirse mit 28 Tonnen/ha Trockenmasse, woraus ein Drittel Treibstoff gewonnen werden kann).[132] Als Energiepflanzen angelegte Palmenplantagen könnten die jährliche Erdölfördermenge auf einer Anbaufläche in degradierten heißen Zonen von 3 Mio qkm ergeben. Für Schweden hat man errechnet, daß eine Anpflanzung von Weiden einen jährlichen Hektarertrag von 6 bis 8 Tonnen Trockenmasse erbringt.[133] Die optimale Nutzung bedarf moderner Methoden, aus den Trockenmassen Öl zu extrahieren, den Rest vergären zu lassen oder zu pulverisieren und zu festen Brennstoffen oder Biogas zu verarbeiten.

Die größte Nutzungsbreite und Kosteneffektivität haben offensichtlich die C_4-Pflanzen, für deren Einführung der Publizist Franz Alt das Motto »Schilfgras statt Atomkraft« formuliert hat. Nur 0,5% der Weltflora sind Pflanzen zur Nahrungsmittelerzeugung. Statt solche auch als Energiepflanzen zu nutzen, ist es sinnvoller, die für die Energiegewinnung geeigneten Forstpflanzen gezielt auszusuchen, nach den folgenden Kriterien: schnelles Wachstum, hoher Ernteertrag, geringer Wasserbedarf und niedriger oder gar kein Düngemitteleinsatz. Dafür sind Gräser und sogenannte C_4-Pflanzen am besten geeignet. Die meisten Pflanzen sind C_3-Pflanzen, die große Teile des durch die Photosynthese gebildeten Kohlenstoffs kalt verbrennen und sofort wieder als CO_2 an die Atmosphäre abgeben, wodurch potentielle Biomasse verlorengeht. C_4-Pflanzen können dagegen mehr Kohlenstoff binden. Von ihnen gibt es nach Untersuchungen von Wolfgang Ständer über 1700 Arten – in Ostasien, Alaska, Nord- und Südamerika und Afrika, die großenteils aber genauso in Europa, wie der zu dieser Pflanzenkategorie gehörende Mais, wachsen können. Sie haben die Vorteile eines hohen Ertrags, einer günstigen Nährstoffrezyklierung in das Wurzelsystem während der Winterzeiten, geringen Düngemittelbedarfs und der Verhinderung von Erosion. Mit ihnen besteht die Chance Böden zu regenerieren, eine vielfältige Anbauweise zu erreichen und so Monokulturen zu vermeiden. Beispiele zeigen, daß der Wasserverbrauch etwa nur die Hälfte im Vergleich zu traditionellen Agrar- und Forstpflanzen ausmacht. Vielfältig sind auch die Verwertungsmöglichkeiten: die energetische Nutzung; der Einsatz für chemische Zwecke, z.B. der Herstellung von Lacken, Lösungsmitteln und Kunststoffen; die Gewinnung biologischer Baumaterialien, von Papier oder Verpackungsmaterialien.[134]

Bedeutsam ist die Nutzung der biologischen Abfälle aus der Haus-, Land- und Forstwirtschaft. So könnte die Papiererzeugung überwiegend auf der Ernte des natürlichen Waldabfalls beruhen. Für mehr als 50 Entwicklungsländer könnte so viel Energie aus dem Abfall der Zuckererzeugung gewonnen werden, wie sie Öl einführen.[135] Die Hülsen von Reis lassen sich zu Briketts verarbeiten und energetisch verwerten.[136] 5 Tonnen Reis ergeben 1 Tonne Hülsen; nutzt man letztere nicht, geben sie beim Verfaulen das besonders klimaschädliche Methan (pro Molekül die 32fache Klimaschädigung gegenüber CO_2) in die Atmosphäre; nutzt man sie energetisch, wird das Methan klimaunschädlich gemacht. Ob Kaffee- oder Erdnußhülsen, Kokosnußschalen, Oliven- oder Avocadokerne, Baumwollstengel oder Kartoffelgrünmasse: Nahezu jedes pflanzliche Nahrungsmittel hat ein energetisch verwertbares Nebenprodukt. Die energetisch verwertbaren Erntereste sind pro Tonne Kokosnußernte 4,5 Tonnen, bei Baumwolle 5 Tonnen, bei Hirse 4,9 Tonnen und bei Weizen 1,8 Tonnen.[137] Damit läßt sich die Tätigkeit der Landwirtschaft von der Nahrungsmittelerzeugung auf Energie- und Rohstofferzeugung und auf die Energieversorgung für Endverbraucher ausdehnen. Die energetische Verwertung der Biomasse ist damit ein ökonomischer Anreiz, die Landwirtschaft zu einer biologischen Kreislaufwirtschaft zurückzuführen.

Besonders bemerkenswert ist der Mehrfachnutzen der Biomasseökonomie, was insbesondere für die Dritte Welt von größter Wichtigkeit ist.[138] Im Bereich der Agrarforstwirtschaft kann man Brennstoffgewinnung, Nahrungs- und Futtermittelerzeugung, die Gewinnung industriell verwertbarer Materialien (für Arzneimittel oder Bauholz) mit Bodenschutz, der Regulierung eines natürlichen Wasserhaushalts und regionalem Klimaschutz verbinden. Im Bereich einer Kultivierung von Wasserpflanzen – z. B. mit Wasserhyazinthen – lassen sich Nahrung, Tierfutter, rezyklierbare Düngemittel und Energie für Biogasanlagen gewinnen und zugleich verschmutzte Gewässer reinigen.

Besonders Beispiele von Biogasanlagen zur energetischen Verwertung von Gülle, Biomüll, Klärschlamm und organischem Hausmüll zeigen, wieviel Doppel- und Dreifachprobleme mit *einem* Ansatz gelöst werden könnten. Es gibt in China mehrere Millionen von Anlagen zur Nutzung von Biogas, meist in einem technisch noch wenig entwickelten Verfahren. Dagegen gibt es in Dänemark bereits ausgereiftere Verfahren zur Verwertung des organischen Mülls – so etwa in Lintrop, wo 62 Landwirte gemeinsam eine Anlage betreiben und bei »wettbewerbsfähigen« Energiekosten täglich 300 Tonnen Gülle, 15 Tonnen Magen- und Darminhalte, 31 Tonnen Fischabfälle und 8–9 Tonnen Klärschlamm energetisch verwerten. Sie sparen ihre eigenen Energiekosten, reduzieren den Ölverbrauch und verkaufen Strom, außerdem erhalten sie für den Fremdmüll Abfallbeseitigungsgebühren. Für Westdeutschland zeigt eine statistische Gesamterhebung, daß 14 Mio Nutztiere in der Landwirtschaft einen energetisch nutzbaren Abfall von 146 Mio Tonnen produzieren, und 40 Mio Tonnen Klärschlämme sowie 5 Mio Tonnen organischer Müll anfallen – zusammen fast 200 Mio Tonnen, ein Beitrag zur Gesamtenergieversorgung von etwa 2 %.[139] Dieser Beitrag sieht klein aus, er entspricht aber immerhin einem Fünftel des gegenwärtigen deutschen Atomenergieanteils.

Bei Umweltschützern ist die Skepsis gegenüber der Biomassenutzung weit verbreitet – nicht gegenüber der Nutzung der Biomasseabfälle, aber gegenüber dem Energiepflanzenanbau. Die Kritik stützt sich auf die Argumente, daß

– auch deren Verbrennung CO_2-Emissionen hervorrufe. Dies gilt aber nur dann, wenn dafür kein Erzeugungs- und Erntekreislauf (»put and take, take and put«) besteht, wenn also Pflanzen ersatzlos abgeerntet werden. Die Biomasse stellt bei ihrer Rückführung in den natürlichen Kreislauf, sei es durch »kalte« oder durch »heiße« Verrottung, ihren Kohlenstoff den nachwachsenden Pflanzen wieder in Form von CO_2 zur Verfügung. Würde das nicht geschehen, käme das pflanzliche Wachstum auf der Erde sehr schnell zum Erliegen. Im Gegensatz zu fossilen Kohlenstoffträgern produziert die Biomasse während ihrer »Lebensphase« den für ihren eigenen Abbau notwendigen Sauerstoff und hinterläßt nur jenes CO_2, welches von ihr selbst aus der Atmosphäre entnommen wurde. Genau dieser Kreislauf ist Grundlage des Energiepflanzen-Konzepts, so daß die bei der Verbrennung anfallende CO_2-Menge von den nachwachsenden Rohstoffen sofort wieder absorbiert wird. Damit entsteht eine natürliche CO_2-Balance.

– die Bodenerosion durch die Expansion naturschädlicher Agro-Industrie mit massivem Einsatz von künstlichen Düngemitteln und Pestiziden vorangetrieben werde und Monokulturen entstehen könnten. Das läßt sich vermeiden, kann aber ein ebensolcher Konflikt werden wie der zwischen intensiver und extensiver Bewirtschaftung bei der Nahrungsmittelerzeugung. Daß die Landwirtschaft gegenwärtig überwiegend auf naturzerstörerische Weise betrieben wird, kann ja auch nicht zu der Konsequenz führen, keine Nahrungsmittel mehr zu produzieren. Statt dessen muß eine naturgemäßere Landwirtschaft durchgesetzt werden. Genauso ist es bei der Biomassenutzung für energetische Zwecke. Negative Beispiele – wie etwa der gegenwärtig in der EG geförderte Rapsanbau und teilweise die Gewinnung von Alkohol als Treibstoff – werden allzu vorschnell und undifferenziert auf die Biomasse insgesamt übertragen. Bei den negativen Beispielen handelt es sich um Projekte, bei denen kein ökologisches Kriterium im Vordergrund stand und die ohne ausreichende Vorüberlegungen begonnen wurden. *Abbildung 5* auf S. 138 vergleicht die Umwelteffekte des Biobrennstoffkreislaufs mit denen der Kohle.

Aufgrund der breiteren Pflanzenauswahl gibt es wesentlich mehr Möglichkeiten als bei der Nahrungsmittelerzeugung, negative Bodeneffekte zu vermeiden. Werden degradierte Flächen genutzt, gibt es durch Energiepflanzenanbau sogar die Chance, die Böden aufzuwerten, indem ihre Infiltrierung mit Wasser gefördert wird, Erosionsprozesse kontrolliert und Brandgefahren reduziert werden. Durch Mischpflanzung für unterschiedlichste Bedürfnisse – Nahrungsmittelerzeugung, energetische Nutzung von Pflanzen, pflanzliche Rohstoffe – besteht aber sogar eine besondere Chance, die gegenwärtigen Monokulturen durch Multikulturen zu ersetzen. Damit kann die Biovielfalt erhöht werden. Der hohe Flächenbedarf ist kein ernsthaftes Argument: Unter Flächenverbrauch versteht man die Überbauung und nicht die biologische Nutzung.

Wasserkraft

Die Wasserkraftpotentiale sind nicht einmal zu 10% ausgeschöpft. 650 000 MW – 18% der Weltstromerzeugung – große Wasserkraftanlagen sind weltweit am Netz und 25 000 MW kleine Wasserkraftanlagen. Große Anlagen in Verbindung mit der dazu notwendigen Staumenge und -fläche können Bodenerosion fördern, das regionale Klima verändern und negative erdtektonische und seismische Auswirkungen haben. Ihr Bau führt oft zur Vertreibung vieler Menschen, das Bersten oder die Zerstörung von

Abbildung 5

Umweltaspekte des Biobrennstoffkreislaufs	Nettoeffekte von Energiepflanzen verglichen mit Kohle				
	Umwelt-entlastung	geringe Umwelt-entlastung	neutral	geringfügige Mehr-belastung	starke Mehr-belastung
CO_2	×				
SO_2	×				
NO_x		×			
Schwermetalle	×				
Pestizide		×			
CO				×	
CH_4		×			
Nitrat, Nitrit, Ammoniak		×			
Phosphate		×			
Chlor			×		
Alkalische Metalle				×	
Dioxine			×		
Kohlenwasserstoffe			×		
Flüchtige organische Verbindungen		×			
Aldehyde			×		
Iso- und Monoterpenes				×	
Lokale Biovielfalt und Lebensraum	×				
Schutz-Effektivität		×			
Nicht lokal begrenzte Bio-vielfalt und Lebensraum		×			
Wild Spezies Produktivität		×			
Wasser-Ausfluß		×			
Dynamik der Schädlinge und Krankheiten			×		
Genetische Veränderungen der Hintergrundpflanzen-bevölkerung			×		
Organische Bodenstoffe		×			
Bodenbewegung		×			
Bodenproduktivität (viele Faktoren)		×			

Quelle: J. W. Ranney: Principles and Issues of Biomass Crops and the Environment; Oakridge National Laboratory

Dämmen kann Überschwemmungskatastrophen verursachen. Zwar sind diese großen Anlagen, für die es in Europa auch keinen Platz mehr gibt, immer noch weniger problematisch als Kernkraftwerke oder fossile Kraftwerke. Es ist aber nicht nötig, weitere solcher Anlagen zu bauen, zumal diese meist lange und kostspielige Leitungsnetze – besonders in Entwicklungsländern – erforderlich machen, womit sie Ausdruck eines die sozialen Strukturen zentralisierenden Entwicklungsmodells sind. Ausbaufähig sind kleine Wasserkraftanlagen und sogenannte Mikro-Wasserkraftanlagen an Fließgewässern, wozu auch noch weitere technische Entwicklungen sinnvoll wären.[140]

Gezeitenenergie

Im nordfranzösischen La Rance gibt es ein 240 MW-Gezeitenkraftwerk; Kanada untersucht die Möglichkeit von Anlagen von mehreren Megawatt in der Fundland Bay, Großbritannien plant an der Westküste ein 16 km langes Kraftwerk, das 7 000 MW Strom bei Kosten zwischen 4–6 cent/KWh erzeugen könnte, was 5 % der britischen Stromversorgung ausmacht. Doch große Anlagen können Probleme verursachen durch eine Veränderung der Gezeitenhöhen, der Küstenlandschaft und der Meeresbiologie; ein technisches Problem ist z. B. die Versandung. Zwar sind diese Probleme nicht mit denen der atomaren oder fossilen Energienutzung zu vergleichen, dennoch sollte man große Gezeitenkraftwerke im Bereich der erneuerbaren Energien eher als zweite Wahl betrachten. Bei Abschöpfung der anderen Potentiale gibt es dafür wahrscheinlich kaum noch Bedarf.

Wellenenergie

Bei der Wellenenergie erfolgt in einem Abstand von wenigen Kilometern vor der Küste mit Hilfe eines Kranzes von Bojen die Umwandlung der Meereswellen in Strom. Für Großbritannien wurde ein Potential von 120000 Megawatt an der Westküste errechnet, mehr als der gegenwärtige britische Stromverbrauch. Kosten von 9 cent pro KWh werden an der bestehenden Anlage vor

Kvaerner-Brug im Norden Norwegens ermittelt. Alle bereits laufenden Anlagen haben jeweils eine Kapazität von unter 50 KW. Umweltbeeinträchtigungen erwachsen aus diesen Anlagen nicht. Das Potential ist bisher weitgehend unterschätzt worden, ebenso wie die technischen Einsatzmöglichkeiten, die den besonderen Vorzug haben, daß die Bojen zwar vertaut werden müssen, aber vom Wasser getragen werden und keine Aufständerung nötig ist.

Geothermische Energie und Meereswärme

Die *geothermischen* Reserven sind begrenzt und nicht unbedingt erneuerbar. Wenn Druck und Temperaturen in einem angezapften Reservoir nach einer Zeit des Wärmeentzugs absinken, ist es für die Energienutzung erschöpft. Auch diese Form der Energienutzung ist umweltfreundlicher als die Nutzung der fossilen oder atomaren Energie, aber dennoch in ihrer ökologischen Qualität nicht mit den Sonnenenergien vergleichbar. Z. B. kann der geothermische Dampf toxische Elemente wie etwa Arsen enthalten. Dennoch ist die geothermische Energie eine Energiequelle mit ökologischen Vorzügen gegenüber fossilen oder atomaren Energien und kann in bestimmten Regionen eine wichtige Ergänzungsfunktion haben. Dagegen ist *Meereswärme* eine Variante der Sonnenenergie. »Ocean Thermal Gradient«-Kraftwerke nutzen den Temperaturunterschied zwischen der Meeresoberfläche und der Tiefe aus und nutzen die durch Sonnenenergie aufgewärmten Oberflächenschichten der Meere. Ihr Potential beträgt mehr als das 100fache des Energiebedarfs der Menschheit. Meereswärme könnte ein solares »Reservepotential« darstellen – aber vieles spricht wiederum dafür, daß ihre Nutzung in großem Umfang nicht unbedingt notwendig werden wird.

Solarer Wasserstoff

Eine Sonnenenergiewirtschaft wird mehr Stromanteil haben als die atomar-fossile Energiewirtschaft. Aber nicht alle energetischen Prozesse, die Treib- und Brennstoffe brauchen, sind durch Strom und direkte Wärme ersetzbar. Der Nachteil der Sonnenenergieträger besteht darin, daß sie – mit Ausnahme der Biomasse – keine Treib- und Brennstoffe direkt erzeugen. Während die Biomasse-energieträger aufgrund ihrer physikalischen Eigenschaften (fest, flüssig, gasförmig) einen Großteil der fossilen Energierohstoffe ablösen können, bildet solarer Wasserstoff eine weitere Möglichkeit zur Gewährleistung einer solchen Versorgungssicherheit.[141]

Die Notwendigkeit, Wasserstoff aus mit Hilfe von Sonnenenergie erzeugtem Strom elektrolytisch herzustellen, ergibt sich aus drei Gründen:

– In den Fällen, in denen auch ein kombiniertes Angebot verschiedener Sonnenenergieträger zum Risiko von Ausfallzeiten in der Stromversorgung führt, kann man Wasserstoff als »gespeicherte Sonne« zur zusätzlichen Stromversorgung einsetzen.

– Man braucht die solare Wasserstoffkomponente, um Strom aus Sonnenenergie ökonomisch effektiv nutzen zu können. Spätestens wenn man sich dem Zustand einer Stromerzeugungskapazität nähert, die den gesamten Strombedarf eines Landes oder großer Versorgungsregionen decken könnte, wird es zwangsläufig Anlagen geben, die zeitweise – besonders in Sommerzeiten – deutlich mehr Strom erzeugen, als gerade gebraucht wird und von ihnen abgegeben werden kann. Damit diese Elektrizität nicht ungenutzt bleibt, ist es sinnvoll, sie zur Wasserstofferzeugung einzusetzen und den Wasserstoff als Energie außerhalb der Stromversorgung zu nutzen – als Treibstoff oder für industrielle Prozeßwärme etwa in der Stahlindustrie zur Eisenverhüttung und als Ersatz für Kohle. Allein die Stahlindustrie trägt zu 10 % zu den globalen CO_2-Emissionen bei und ist z. B. in Brasilien wegen des Holzkohlebedarfs ein Grund für die Tropenwaldvernichtung.

– Der große Wasserstoffbedarf in der chemischen Industrie wird bisher aus fossilen Rohstoffen gewonnen und mit Hilfe fossiler Energien erzeugt. Die Ablösung dieser Wasserstofferzeugung durch Wasserelektrolyse mit Hilfe von Sonnenstrom – also die Trennung von Wasser in Wasserstoff und Sauerstoff – wäre gleichbedeutend mit einer Ökologisierung der chemischen Industrie. Längerfristig ergibt sich die Chance, aus der Kombination von solarem Wasserstoff und von aus Biomasse gewonnenem Öl die für die Industrie notwendige Petrochemie auf ökologischer Basis zu erhalten. Im Bereich der Stahlerzeugung könnte der Wasserstoffeinsatz die Kohle ersetzen und damit zu einer emissionsfreien Produktion führen.

Gegen den Wasserstoffeinsatz werden eine Reihe von Argumenten ins Feld geführt:

- Er sei zu gefährlich wegen seiner hohen Explosivität – aber der jahrzehntelange Umgang damit in der chemischen Industrie gilt nicht als aufregende Gefahrenquelle; und außerdem ist Wasserstoff nur in geschlossenen Räumen gefährlich, in offenen Räumen ist er eher ungefährlicher als Benzin, weil er leichter ist als Luft und deshalb im Freien sofort entweicht und die Atmosphäre verläßt.

- Seine Einführung scheitere an der noch nicht vorhandenen Versorgungsinfrastruktur, z. B. von Tankstellen – aber es ist undenkbar, daß diese Infrastruktur für irgend etwas aufgebaut wird, bevor nicht eine konkrete Nachfrage besteht.

- Seine Einführung lege die Gefahr nahe, daß damit die Tür für Wasserstofferzeugung aus Atomkraft geöffnet werde – aber die Kontroverse zwischen solarem und atomarem Wasserstoff ist dieselbe wie zwischen Solarstrom und Atomstrom.

- Seine Einsatzfähigkeit in Motoren sei noch nicht reif, weil die benötigten Tankvolumen noch zu groß seien. Dies ist bei Personenkraftwagen richtig, bei Lastkraftwagen oder Stadtbussen aber kein Grund zum Abwarten.

- Es gebe auch Stickoxid-Emissionen, weil bei der Verbrennung von Wasserstoff und der dabei erfolgenden Verbindung mit Sauerstoff nicht nur Wasserdampf, sondern auch der neben dem Sauerstoff in der Luft befindliche Stickstoff zu Stickoxiden oxidiert wird – aber mit Katalysatoren kann die Verbrennung des Wasserstoffs unter 700 Grad Celsius laufen, wodurch die Bildung von Stickoxiden unterdrückt wird. Auch bei der Verbrennung von solarem Wasserstoff in geschlossenen Kreisläufen entfällt dieses Argument: Bei der Wasserelektrolyse gewinnt man Wasserstoff und reinen Sauerstoff, den man genauso aufbewahren und bei der Verbrennung wieder mit Wasserstoff verbinden kann. Besonders attraktiv könnte der Einsatz von Wasserstoff bei Brennstoffzellen in Großfahrzeugen (statt Motoren) sein, weil deren Reichweite aufgrund der

3fach höheren Energieeffizienz von Wasserstoff größer werden kann.

Vor allem aber wird auf die hohen Kosten des Wasserstoffs verwiesen, die zusätzlich zu den ohnehin vorhandenen Sonnenstromkosten anfielen; ebenso wie auf die Gefahren, die sich durch die Zentralisierung ergäben, falls man die Wasserstofferzeugung für den Weltbedarf an wenigen Wüstenstandorten ansiedelt – ein Argument, das zu Beginn der Debatte über solaren Wasserstoff im Zentrum der Aufmerksamkeit stand. Doch wird man keine zentralen Standorte brauchen, weil es zum einen auch die Möglichkeit eines ökologischen Treib- und Brennstoffersatzes aus Biomasse gibt, die sich aufgrund ihrer Kostenvorteile schneller durchsetzen wird; und weil zum anderen die Gewinnung solaren Wasserstoffs sich auch an den Effektivitätskriterien der dann überwiegend dezentralen Sonnenstromerzeugung orientieren muß. Das bedeutet: Eine ökonomische Wasserstofferzeugung beginnt nicht mit solaren Großkraftwerken in der Wüste, sondern mit den kleinräumigen Sonnenenergieanlagen, die demgegenüber aktuelle Kostenvorteile haben: mit Hilfe von Strom aus Wasserkraft, Windkraft oder Biogasanlagen, vielleicht sogar in Häusern mit dezentralen Elektrolyseanlagen. Erst in späteren Schritten kämen vielleicht größere Anlagen hinzu.

Die Einführung von Solarwasserstoff steht vor dem besonderen Problem, daß sowohl die Technologie zur Umwandlung in Wasserstoff wie die zur Nutzung dieses Wasserstoffs noch zur Serienreife entwickelt werden müssen. Die Abhängigkeit der einen Technologie von der anderen verzögert die Einführung zusätzlich. Deshalb sind komplette Demonstrationsprogramme hilfreich, die mit dem gegenwärtig billigsten Strom aus erneuerbaren Energien beginnen: der Erzeugung von Wasserstoff mit Hilfe von Strom aus Wasserkraftwerken und der Nutzung des Wasserstoffs z. B. in Stadtbussen. Wo es eine solare Inselversorgung gibt, bei der saisonal bereits mehr Strom erzeugt wird, als abgenommen werden kann, kann der produzierte Stromüberschuß zur Wasserstofferzeugung eingesetzt werden. Sobald generell bei Anlagen, die Sonnenstrom ins Netz einspeisen, saisonal mehr Strom erzeugt wird als vom Netz abgenommen werden kann, sollte auch hier die Wasserstofferzeugung einsetzen. Gerade indem man z. B. Windparks mit regionalen Elektrolysewerken direkt kombiniert, wird man

erreichen, daß die Betreiber damit künftig von sich aus die saiso-
nalen Schwankungen ihres Energieangebots durch eigene, mit
Wasserstoff betriebene Reservekapazitäten ausgleichen können.
Wieviel Wasserstoff gefragt wird, hängt vor allem davon ab, wieviel Treibstoff aus Biomasse auf naturverträgliche Weise bereitgestellt werden wird.

Der solare Energie-Mix

Die Sicherheit einer Energieversorgung verlange – so eine der
Standardformeln der Energiepolitik – einen »Energie-Mix«. Man
stützt sich auf mehrere Energiequellen, um nicht von einer einzigen abhängig zu sein. Genau das ist mit Sonnenenergie ideal zu
erreichen. Die parallele Einführung von solarthermischen und
photovoltaischen Technologien, von Windkraft und Biomasse,
von Wasserkraft und solarem Wasserstoff und die Organisierung
ihrer wechselseitigen Unterstützung und eines Angebotsaus-
gleichs macht das möglich. Dazu gehört auch die Mischung von
heimischen Sonnenenergieträgern und Sonnenenergie-Importen.
Das Spektrum der Sonnenenergie ist sehr viel breiter und technologisch vielfältiger als das des herkömmlichen Energie-Mixes.

Es liegt auf der Hand, daß alle hier vorgestellten Sonnenenergieträger zusammen ein Potential bieten, das – um zu einer reinen
globalen Sonnenenergiewirtschaft zu kommen – in keinem der
einzelnen Fälle so umfangreich genutzt werden muß, wie es praktisch möglich wäre. Selbst wenn man bei jedem einzelnen Schlüssel die Erwartungen herunterschraubt, bleibt das Potential immer
noch groß genug, um das Ziel in wenigen Jahrzehnten erreichen zu
können.

In den zitierten Kostenberechnungen der einzelnen solaren
Energieträger sind noch keine Speicherkosten enthalten, die bei
Windkraft, bei der Photovoltaik und teilweise bei der Nutzung
der Fließgewässer anfallen würden. Wegen der Diskontinuität
dieses Energieangebots – so das immer wieder vorgebrachte Gegenargument – müßten jeweils Reservekapazitäten herkömmlicher Energieträger bereitgehalten werden, um in Zeiten schwacher Sonnenstrahlung bzw. nachts und in Zeiten schwacher Winde
die kontinuierliche Nachfrage decken zu können. Die Alternative

wären hohe Speicherkosten in Form von solarem Wasserstoff oder großer Batteriekapazitäten. In jedem Fall würde dies die Kosten des solaren Stroms erheblich steigern. Überprüfen wir dieses Argument mit etwas Gestaltungsphantasie, so kann es weitgehend entkräftet werden. Für eine längere Übergangzeit der Einführung von Sonnenenergie in die Strukturen des Energieverbrauchs stehen die vorhandenen herkömmlichen fossilen Kraftwerkskapazitäten noch zum Ausgleich zur Verfügung. In dieser Zeit erfüllt das Stromnetz, in das die Sonnenenergien eingespeist werden, die Funktion des Speichers – es entstehen also keine zusätzlichen Investitionskosten über die unmittelbaren Kosten für die Sonnenkraftanlagen hinaus. Wenn gleichzeitig versucht wird, nicht nur ein Element solarer Stromversorgung, sondern mehrere – Windkraft wie Photovoltaik oder Biomasse – ungefähr parallel einzuführen, relativiert sich das Speicherproblem nochmals; die verschiedenen Sonnenenergiepotentiale gleichen sich gegenseitig aus. Strom aus Biomasse steht sowieso kontinuierlich zur Verfügung. Gegebenenfalls kann Strom aus solarthermischen Kraftwerken – in dafür ungeeigneten Ländern durch entsprechenden Import – zur Grundlastversorgung gezogen werden.[142] Immer noch verbleibende Ausfallzeiten könnte man mit den Biomassepotentialen und mit vorhandenen Pumpspeicherbecken – und erst dann mit solarem Wasserstoff überbrücken. Solarthermische Wärme läßt sich ohnehin in Langzeitspeichern für Winterzeiten vorhalten. Mit anderen Worten: Würde man sich nur auf Photovoltaik oder Windkraft in einem Versorgungsnetz stützen, würden die Speicherkosten hoch. Je vielfältiger dagegen der solare Energie-Mix, desto geringfügiger wird das Speicherproblem – und Wasserstoff wird vielleicht für die Stromerzeugung gar nicht gebraucht, sondern lediglich für den Brennstoffbedarf in Motoren und in der Industrie.

Auf dem Weg zu einem solchen solaren Energie-Mix könnten wir eine Kombination von Kraft-Wärme-Kopplung vor allem mit Blockheizkraftwerken mit herkömmlichen Energieträgern und Solarenergie anstreben – und dabei in zunehmendem Maße Stirlingmotoren einsetzen. Bei diesen Motoren wird äußere Wärme auf ein Gas im Innern des Motors übertragen, mit dem die Kolben bewegt werden. Aus dieser Bewegung kann dann Strom erzeugt werden. Da es bei den herkömmlichen Energieträgern einen großen Wärmeüberschuß gibt, kann man diesen zur dezentralen Stromerzeugung nutzen. In einem späteren Stadium kann die Energie für die Stirlingmotoren solarthermisch gewonnen werden.

Die wichtigsten Eigenschaften der Energieträger hat Othmar Heise so aufgelistet, daß sie bedarfsdeckend, nutzungsgerecht, rückstandsfrei, regenerierbar und unfallsicher sein müssen.[143] Vergleichen wir nach diesen Eigenschaften den herkömmlichen atomaren/fossilen Energie-Mix mit dem anzustrebenden solaren Energie-Mix, so ergibt sich eine eindeutige Priorität:

Tabelle 15

	atomarer/fossiler Energie-Mix	solarer Energie-Mix
bedarfsdeckend	gegenwärtig ja, künftig wegen Ressourcen-verknappung nein	gegenwärtig nein, künftig wegen Ressourcenreichtum ja
nutzungsgerecht	ja, aber mit zentralisierten Angebotsstrukturen	ja, aber mit dezentralisier-ten Angebotsstrukturen
rückstandsfrei	nein	ja
regenerierbar	nein	ja
unfallsicher	Kohle und Gas ja, Öl (Tankerunfälle, Bohr-brände) und Atomkraft nein	ja

Die Sonnenenergien haben keinen der Nachteile, die herkömmliche Energieträger mit sich bringen, werden aber alle positiven Eigenschaften erfüllen können. Wer unter nutzungsgerecht allerdings ein zentralisiertes Angebot versteht, wird dieses Bedürfnis durch Sonnenenergie nicht befriedigen können.

Es muß bei weitem nicht alles in Anspruch genommen werden, was als solare Alternative zur gegenwärtigen Energieversorgung zur Verfügung stehen kann. Die verschiedenen Ansatzpunkte sind vorgezeichnet mit überschaubarer Kalkulation. Es gibt also keinen Grund, länger auf weitere Forschung und Entwicklung zu warten. Zur Verfügung stehen bereits jetzt mit herkömmlichen Energieträgern »wettbewerbsfähige« Potentiale, selbst wenn nur die Investitions- und Betriebskosten berechnet würden. Die einzig relevante Frage ist: Bringen die Sonnenenergien, wenn wir sie jetzt einführen, unmittelbare Vorteile gegenüber den anderen Energieträgern? Da die Antwort eindeutig positiv ist, wäre weiteres Aufschieben ein sträfliches Unterlassen.

Die unerschlossenen Potentiale

Genauso interessant wie die Frage nach neuen Energiequellen ist die nach neuen Nutzungstechnologien. Zu den Energiequellen gehört eine ihnen gemäße Nutzungstechnik. Mit der Einführung der Sonnenenergie in den zivilen Energieverbrauch werden manche bisherige Nutzungstechnologien überflüssig, und neue werden möglich und nötig. Entwicklungslinien, die in der Technikgeschichte schon einmal auftauchten und dann vernachlässigt oder vergessen wurden, werden wiederbelebt. Beispielsweise kann das Luftschiff – zwar eine langsamere, dafür aber umweltfreundliche Alternative im Flugverkehr – eine Wiederauferstehung für Transport- oder Urlaubsflüge erfahren. Die Haustechnik wird sich grundlegend verändern, und auch große Teile der Industrietechnik. Das Elektroauto, jahrzehntelang ignoriert, wird den jetzigen motorisierten Individualverkehr ablösen und seinen Strom aus Solarzellen oder Windkraftanlagen beziehen.

Die Aufschließung des Solarzeitalters muß so beherzt erfolgen, wie es im 19. Jahrhundert mit der Eisenbahn geschah.[144] Im Zuge der breiten Einführung werden sich dann die Komponenten der solaren Energietechnologien verändern. Wie alle anderen Technologien sind auch die zur Sonnenenergieverwertung in erheblichem Maße entwicklungsfähig, was die nutzbaren Sonnenenergiepotentiale immer weiter vergrößern und kostengünstiger machen wird. Stichworte für den Entwicklungsbedarf[145] sind unter anderem

– bei solarthermischen Kraftwerken geringere Gewichte der Tragwerke, effizientere Spiegel, neue Spiegelmaterialien oder die Verbesserung der Strahlungsempfänger, Direktverdampfung, Einsatz von Speichern, die Anpassung von Stirling-Motoren an den Solarbetrieb;

– bei der photovoltaischen Stromerzeugung die Entwicklung material- und energiesparender vollautomatisierter Herstellungsverfahren, die Entwicklung anderer Materialien für die Photozellen, Konzentratoren;

- bei der Windkraft die Neu- und Weiterentwicklung von Rotorblättern, was Material und Aerodynamik angeht, oder von getriebe- und geräuschlosen Anlagen;
- in der Biomasse müssen Erfahrungen gesammelt werden, um die ökologisch verträglichsten Energiepflanzen herauszufinden und alternative Verfahren der Verbrennungstechnik, der Vergasung und der Ölgewinnung zu entwickeln.

Eine bisher stark unterschätzte Aufgabe ist die weitere Entwicklung der Batterietechnik. Dies alles liegt im Bereich der angewandten Forschung, um die sich nicht nur öffentliche Forschungsinstitutionen, sondern vor allem auch die Unternehmen verstärkt kümmern müßten. Die Möglichkeiten von öffentlichen Forschungsinstituten zur Entwicklung von Technologien sind begrenzt, weil sie selbst keine Erfahrung mit der Serienproduktion und mit vermarkteten Produkten haben können. Außerdem verfügen sie nicht über die Entwicklungsmittel, die ein produzierendes Unternehmen bereitstellen kann, das bereits große Umsätze erzielt. Je erfolgreicher ein Produkt ist, desto größer auch der Entwicklungsaufwand für die weitere Verbesserung. Deshalb kommen die großen Entwicklungsanstrengungen und -sprünge bei Technologien in der Regel erst nach erfolgreicher Markteinführung. Wenn die Sonnenenergien dennoch bereits eine teilweise beachtliche Wirtschaftlichkeit aufweisen – selbst bei herkömmlicher Wirtschaftlichkeitsbetrachtung und bei stiefmütterlicher Behandlung der Forschung und Entwicklung! –, dann läßt sich nach allen Erfahrungen der Technikgeschichte ahnen, was bei Solartechniken in Zukunft noch möglich sein wird.

Noch weitgehend unerschlossen ist das Sonnenenergie-Potential für industrielle Prozesse, insbesondere im Bereich der Hochtemperaturen: etwa zum Destillieren, für Oberflächenbehandlungen, Legierungen und Prozeßdämpfe – mit Anwendungsmöglichkeiten (besonders in südlichen Ländern) in Ziegelfabriken, in der Glas- und Textilindustrie, in Röstereien, in der Getränkeindustrie und in der Arzneimittelherstellung; oder zur Wärmeerzeugung bei bekannten chemischen Prozessen, woraus der Wissenschaftszweig einer Solarchemie entstehen kann (für die Müllkonvertierung, zur Zerstörung toxischer Stoffe und Erzeugung synthetischer Brenn-

stoffe). Von der Beleuchtungs- bis zur Kühltechnik, von lichtge-
triebenen Maschinen bis zur Medizintechnik deuten sich umfassende neue Perspektiven an.[146]

Diese Perspektiven werden noch verführerischer, wenn wir eine
breite *Grundlagenforschung* für künftig ganz neue Umwandlungs-
möglichkeiten der Sonnenenergie initiieren. Die Aufgaben der solaren Grundlagenforschung sind immens und für die Menscheit von
höchster Bedeutung – dennoch gibt es noch keine breite solare
Grundlagenforschung! Diese müßte der von Helmut Tributsch formulierten Maxime folgen: »Machen wir es den Pflanzen nach«.[147]
Die photosynthetische Sonnenenergiewandlung wird entscheidende Hinweise für eine spätere Nutzung der Sonnenenergie mit
heute noch unbekannten Technologien liefern. In der Natur gibt
es viele komplizierte Katalysesysteme, die bereits bei Normaltem-
peraturen wirken – ein Vorbild für effiziente Elektrolysesysteme
und für Brennstoffzellen. Elektrische Fische haben rezyklierbare
Batteriesysteme mit hoher Energiedichte – ein Vorbild für die Erforschung neuer Batteriesysteme. Aus der Botanik können Ener-
giesparmethoden, Materialien, Isolationsstoffe, Synthesen licht-
wandelnder Membranen, Strukturen und Energieumwandlungen
analysiert und möglicherweise technisch kopiert werden.[148] Mit
hoher Wahrscheinlichkeit wird man in späteren Zeiten die phanta-
sielose Engstirnigkeit, mit denen die Eliten des 20. Jahrhunderts
der Solarenergie begegneten, belächeln – falls wir den Sprung
über die Hürden schaffen, die der Sonnenenergie aus ganz anderen Gründen entgegenstehen, und kommende Generationen noch
in der Gemütsverfassung sein können, über die Vergangenheit zu
lachen.

V. Kapitel

Die ökonomischen und sozialen Gewinne der Sonnenenergien

Das natürliche wie das bereits entwickelte und noch zu entwickelnde technologische Potential der Sonnenenergie, die umfassenden Möglichkeiten des Verzichts auf destruktive Energiequellen und nicht zuletzt die industriellen Perspektiven, die sich aus einer Umrüstung des Energiesystems ergeben: Dies alles weist darauf hin, daß Sonnenenergie alles andere ist als ein Notbehelf aus unserer ökologischen Existenzkrise. Sie wird neben den ökologischen umfassende wirtschaftliche und soziale Gewinne bringen. Der Aufbau des solaren Energiesystems ist eine unerwartete und einzigartige Chance, die Industriegesellschaften von den schädlichen Folgen der industriellen Revolution zu befreien und deren positive Errungenschaften – vor allem die sozialen, demokratischen und kulturellen Chancen der Befreiung des Menschen von Sklavenarbeit – der gesamten Menschheit zugänglich zu machen. Die Umweltzerstörung ist der größte Gefahrenherd der industriellen Wachstumsgesellschaften, sie ist aber nicht der einzige.

Die westliche Hochkultur der Wohlfahrtsstaaten gehört offenkundig der Vergangenheit an. Entstanden durch den Druck der sozialen Bewegungen, die aus der industriellen Revolution hervorgegangen waren, stabilisierte sie den Kapitalismus, indem sie ihn in seinen Hochburgen sozialer machten. Doch alte und neue Widersprüche sowie die damit verbundenen wachsenden Kosten haben mittlerweile dazu geführt, daß man die Zukunft des Industriesystems mehr und mehr nur im Verzicht auf seine Sozialbindungen sieht. Damit ist auch die politische Demokratie wieder in Gefahr. Die moderne Geschichte kann uns kein Beispiel einer stabilen Demokratie auf der Grundlage dauerhaften Massenelends zeigen.

Die wirtschaftliche und politische Entropie

Daß das Entropiegesetz nicht nur für den Einsatz herkömmlicher Energie, sondern auch für die Volkswirtschaften insgesamt gilt, ist in der wirtschaftswissenschaftlichen Diskussion vor allem von Nicolas Georgescu-Roegen herausgearbeitet worden. Er erkannte, welche umfassenden Folgen der zweite thermodynamische Hauptsatz signalisiert, wenn wir dauernd erschöpfliche wertvolle Stoffe umwandeln und als Abfall entlassen. Auch in den energetisch-soziologischen Betrachtungen Ostwalds ist dieser Gedanke bereits angelegt, obwohl diesem seinerzeit – zu Beginn des 20. Jahrhunderts – vorgeworfen wurde, daß er dabei allein die Energieumwandlung im Auge habe und die Materialumwandlung übersehe. Max Weber wandte seinerzeit gegenüber Ostwald ein, daß die »für die Erzeugung, Leitung und Nutzbarmachung der wichtigsten Nutzenergien unentbehrliche chemische und Formenergie jener Stoffe ebenso unwiederbringlich zerstreut werden, wie dies bei allen freien Energien nach der Entropielehre der Fall ist – aber, im Unterschied zu anderen, in historisch absehbaren Zeiträumen«[149].

Energie- und Naturwissenschaftler und Ökonomen haben solche Zusammenhänge, die zu erkennen für einen hohen universellen wissenschaftlichen Anspruch einst selbstverständlich war, jedoch mehr und mehr aus den Augen verloren. Georgescu-Roegen arbeitete heraus, daß die ständig weiter wachsende Umwandlung von Energie und Stoffen mit innerer Zwangsläufigkeit nicht zu einer ständig weiteren Erhöhung der Produktivität und der damit verbundenen Wachstumssteigerung führen werde, sondern daß dies eine existentielle Krise verursachen müsse. Je mehr die begrenzten Vorräte ausgeschöpft werden, desto teurer ihre Förderung und desto umfangreicher die Folgeprobleme, die zu einer Flutwelle anwachsen. Die entwickelten Industriegesellschaften können sie eine Zeitlang – vor allem durch eine Globalisierung der Wirtschaftsprozesse – über andere hinwegschwappen lassen, aber die Flut kommt zurück. Die zunehmenden Kosten der wirtschaftlichen Reproduktion und der Reproduktionsbedingungen – nach Altvater die »nichtproduktive Seite der Produktivitätssteigerungen«[150] – führen in die ökonomische und politische Dauerkrise: in den »Entropiestaat«, wie ihn Hazel Henderson treffend nannte.[151]

In der Tat: Die Regierungen sind mittlerweile rund um die Uhr damit beschäftigt, die umfassenden Folgen gedankenlos einseitiger Schwerpunktsetzung aus den vergangenen Jahrzehnten abzuarbeiten, so daß ihnen die Aufmerksamkeit und das Geld für Zukunftsaufgaben fehlen. Das führt unweigerlich zu einer weiteren Expansion öffentlicher Aufgaben und Ausgaben, zu einem Anwachsen der staatlichen Bürokratie und des Vorschriftenwerks für die Unternehmen und fördert den Bedarf an privaten und öffentlichen Dienstleistungen, wodurch sich der Anteil der in der Produktion Beschäftigten immer weiter reduziert. Im Zuge der Rationalisierung der industriellen Produktion, mit der die Ausweitung der Produktionstätigkeiten nicht Schritt halten konnte, wurden lange Zeit verlorengegangene Arbeitsplätze durch das Anwachsen dieser Dienstleistungen kompensiert. Doch kann man diesen Trend nicht beliebig verlängern, weil Dienstleistungen mit dem industriellen Mehrprodukt finanziert werden müssen. Diese Finanzierung wird schon deshalb schwieriger, weil sich personelle Dienstleistungen nicht ebenso rationalisieren lassen wie die industriellen Fertigungstätigkeiten. Deshalb wird der Dienstleistungssektor ständig teurer.[152] Kommt auch noch das industrielle Wachstum ins Stocken, werden die Dienstleistungen unbezahlbar und müssen reduziert werden: Die Dauerkrise ist da.

In den rapiden Wachstums- und Energieverbrauchsjahrzehnten nach dem Zweiten Weltkrieg kristallisierten sich größere, mehr monopolisierte und internationalisierte Unternehmensstrukturen heraus denn je zuvor. Das hat die Volkswirtschaften unflexibel und unfähig gemacht, auf völlig neuartige Herausforderungen zu reagieren, weil zu große Wirtschaftsbereiche zuviel zu verlieren hätten. Dadurch kehrt sich der wirtschaftliche Modernisierungsbeitrag, den diese Unternehmen zunächst durch Rationalisierungsschritte geleistet hatten, um und führt zur Konservierung überkommener Strukturen. Dennoch verfügen sie über genügend Einfluß, sich notfalls mit Subventionen und unsinnigen Staatsaufträgen über Wasser zu halten, weil sie mit der Gefahr des Verlusts von Arbeitsplätzen drohen können. Wegen der wachsenden Staatsverschuldung kommen die Flaggschiffe bisheriger industrieller Staatsprojekte in der Militär-, Luftfahrt- und Weltraumtechnologie immer mehr ins Schlingern – und das in einer Periode der Marktsättigung in den Industrieländern bei den Produkten, die ihre wichtigsten Konjunkturträger waren – Autos, Fernsehapparate, Radios, Videorecorder, Kühlschränke.[153] Doch die bisher darauf gegebenen Antworten zielen nicht auf neue Staats- und Produktionsziele, sondern lediglich auf eine wirtschaftliche Optimierung der gegebenen Strukturen – durch die Erschließung neuer Märkte für dieselben Produkte, durch Diversifizierung der Produktpaletten der Unternehmen und weitere betriebswirtschaftliche Rationalisierungen, wie es vom expandierenden Sektor der Unternehmensberatungen und der Managementschulen empfohlen wird. Doch auch auf den internationalen Märkten, die man neu erschließen will, sinkt die Kaufkraft und fehlen die Devisen. Es ist nun einmal ein unauflösbarer Widerspruch, wenn man zunächst abhängige und weniger entwickelte Volkswirtschaften hemmungslos auspowert und sie dann als neue Märkte zur Expansion nutzen will.

Produktivitätssteigerungen ohne neue Produktionsziele führen lediglich zur Verlagerung der Unternehmensprobleme auf die Allgemeinheit. Politische Wachstumshemmnisse – Sozialgesetze, Unternehmenssteuern, Umweltauflagen – sollen wieder beseitigt, Gewerkschaftseinfluß zurückgedrängt werden, und die Energie soll billig bleiben, um durch »Flucht nach vorn« den bisherigen Erfolgsweg zu zementieren. Kaum jemand unter diesen Modernisierern macht sich Gedanken über den Widerspruch, wie die durch ihre Empfehlungen wachsenden sozialen Kosten bei gleichzeitig geringeren Staatseinnahmen noch finanziert werden können. Der Spiegel dieser Entwicklung sind die sozialen Kosten, an deren Anwachsen die Krisenzuspitzung sichtbar wird. Erst ihre adäquate Berechnung führt zu wirklicher wirtschaftlicher Rationalität und damit zur Möglichkeit, die Zukunft adäquat zu gestalten. Die einfältige ökonomische Fixierung auf jeweils isolierte Betriebskosten hat nicht nur von den sozialen Kosten abgelenkt, sondern auch den Blick auf die sozialen Gewinne und auf die voraussehbaren künftigen betriebswirtschaftlichen Gewinne der Sonnenenergie verstellt.

Die primitiven ökonomischen Vergleiche zwischen herkömmlicher Energie und der Sonnenenergie liegen zwar in der seriösen Energiedebatte hinter uns – keineswegs jedoch in der aktuellen energiepolitischen und wirtschaftlichen Praxis, wo man nach wie vor nur die jeweiligen Betriebskosten beachtet. Dabei wird notorisch nicht berücksichtigt, wieviel Subventionen für die herkömmlichen Energieträger aufgebraucht wurden und werden und wie hoch die Schäden sind, die durch den Verbrauch dieser Energie entstehen. Diese *sozialen Kosten* der herkömmlichen Energieversorgung sind inzwischen erkannt und teilweise wissenschaftlich berechnet worden. Hohmeyer hat die sozialen Kosten für die Stromerzeugung – unter Berücksichtigung der Umweltschäden, eines Ausbeutungszuschlags, der öffentlich bereitgestellten Güter und Dienstleistungen, der Subventionen und der öffentlichen Forschung und Entwicklung – 1992 auf 3,11 bis 15,96 Pfennig pro KWh bei der fossilen Stromerzeugung und auf 10,06 bis 70,13 Pfennig pro KWh bei der atomaren Stromerzeugung berechnet, die auf den Preis aufgeschlagen werden müßten. Umgekehrt ergebe sich demgegenüber ein sozialer Nettonutzen (wenn man die vermiedenen sozialen Kosten der konventionellen Elektrizitätserzeugung, die Umweltschäden, die makroökonomischen Nebeneffekte und öffentliche Zahlungen berücksichtigt) bei der Photovoltaik zwischen 19,6 und 20,8 Pfennig pro KWh, der vom Betriebspreis abgezogen werden könnte. Bei der Windkraft liege der soziale Nettonutzen zwischen 15,6 und 16,8 Pfennig pro KWh.[154] Doch in der Praxis bleibt der Zusammenhang mit den weit über die Energieversorgung hinausreichenden Folgen immer noch unberücksichtigt. Wir erleben anhaltende Blindheit gegenüber den wirtschaftlichen und sozialen Chancen der Sonnenenergie – und ein lautstarkes Getöse »wirtschaftlicher Sachverständiger« gegen sie.

Der ökonomische und soziale Kostenvergleich

Nicht alle Einwände gegen die Sonnenenergie werden in der Absicht geäußert, sie bewußt herunterzuspielen. Aber festzustellen ist eine peinliche Uninformiertheit über dieses wirtschaftliche und soziale Potential, die sogar bis zu solchen Wissenschaftlern reicht, die zu den schärfsten Kritikern der blinden Wirtschaftsweise zählen. Dazu gehört auch Georgescu-Roegen, der moderne Vater einer ökologischen Wirtschaftstheorie. Noch 1986 schrieb er in einer Retrospektive, daß die von ihm geforderte »prometheische Technik« zur Vermeidung einer wirtschaftlichen und sozialen Entropie noch nicht existiere: »Die direkte Nutzung solarer Energie erfüllt die minimale notwendige Bedingung eines prometheischen Verfahrens nicht. Um diese Bedingung zu erfüllen, müßte eine gewisse Anzahl Sonnenkollektoren allein mit Hilfe der Energie, die sie einfangen, reproduziert werden können ... Das größte Hindernis hierbei ist die extrem schwache Strahlung der Sonnenenergie beim Erreichen der Erdoberfläche. Daraus folgt, daß wir unverhältnismäßig viel Materie brauchen, um einen nennenswerten Betrag an Sonnenenergie nutzbar zu machen«[155].

Diese These gehört zu den Breitseiten, die ständig von Repräsentanten des etablierten Energiesystems gegen die Sonnenenergie abgefeuert werden. Sie ist unhaltbar und längst widerlegt. Eine Solarzelle hat eine Arbeitszeit, die schon jetzt mit 30 Jahren oder mehr veranschlagt werden kann. Sie hat jedoch bereits in zwei oder weniger Jahren so viel Energie umgewandelt wie für ihre Herstellung in all ihren Stufen benötigt wird;[156] bei Windkraftanlagen ist es ein halbes Jahr.[157] Der Materialbedarf ist auch kein Problem: Silizium, aus Sand gewonnen, gibt es wie Sand am Meer, und wenn Solarfassaden anstelle eines Teils der Hausfassaden theoretisch ausreichen, die gesamte Stromversorgung sicherzustellen, dann ist der über das Silizium hinausgehende Materialbedarf auch nicht größer als für den bisherigen normalen Hausbau.

Man kann und muß diese Betrachtung sogar noch weiter ausdehnen, weil es nunmehr um die »dritte Dimension« der Ökonomie geht – nachdem es bisher um Warenproduktion und Verteilung ging –, die Transformation von Energie *und* Materie.[158] Mit Hilfe der Sonnenkraft lassen sich nicht nur das entropiebeschleunigende konventionelle Energiesystem ablösen, sondern auch große Teile der bisher eingesetzten mineralischen und chemischen Materialien. Deren Ersatz liegt in der landwirtschaftlichen Erzeugung von Rohstoffen und Ausgangsstoffen für synthetische Verfahren, also in biologischen Materialien. Die Recyclierbarkeit der bisher eingesetzten Materialien ist das Pendant zur Energieeinsparung, was wiederum nur eine vorläufige Lösung des Problems bzw. eine Problementlastung bedeuten kann. Erst die Ablösung dieser Materialien durch biologische kann uns von den entropischen Gefahren durchgängig befreien – wenn die landwirtschaftliche Erzeugung dem Prinzip der Erneuerbarkeit folgt, also ohne eine Intensivierung der Produktionsflächen, die die Böden mittelfristig zerstört. Die Sonnenenergie, die die Ökosphäre und damit auch die Materie durchströmt, ist also nicht nur die Quelle für ein neues Energiesystem, sondern für ein neues System des Stoffkreislaufs.

Es gibt weitere Argumente, die – bewußt oder unbewußt – die Unkenntnis gegenüber den tatsächlichen Möglichkeiten der Sonnenenergie offenbaren und damit die Perspektiven verstellen. Der Landschaftsverbrauch sei zu hoch – aber wir haben im vorhergehenden Kapitel gesehen, daß das nicht stimmt; nur wer den Landschaftsverbrauch bei der Förderung der herkömmlichen Energien ausklammert, kommt zu dem einäugigen Ergebnis eines größeren Landschaftsverbrauchs der Solarenergie. Und vergessen wird auch, daß durch Atomkraftnutzung schon mehr Landschaft verseucht worden ist, als für Solarzellen oder -kollektoren je gebraucht werden wird. Die Diskontinuität der Sonnenenergie wird kritisiert – ohne an den beschriebenen solaren Energie-Mix zu denken. Die »Energiedichte« sei zu gering – ein ebenfalls nicht stichhaltiges Argument, wie wir weiter unten sehen werden. Und weiter: Sonnenenergie führe zu »Umweltschäden«, wobei geflissentlich übersehen wird, daß es einen fundamentalen Unterschied gibt: der Verbrauch von atomaren und fossilen Energien führt zu irreversiblen Folgen für die gesamte Ökosphäre, die Nutzung von Sonnentechnologie kann allenfalls zu punktuellen, reversiblen Umwelteingriffen führen. Manche Solarenergiegegner gebärden sich als neue »Öko«-Fundamentalisten, die – indem sie ein Energiesystem der globalen Zerstörung verteidigen – bei den Sonnenenergien das letzte Haar in der Suppe suchen.

Die von Hohmeyer genannten hohen Umweltkosten der herkömmlichen Energieträger im Vergleich zu denen der Sonnenenergie – die im Rahmen der von ihm berechneten sozialen Kosten bei der Kohlestromerzeugung bei 7,93 Pfennig und bei Atomstrom bei bis zu 21 Pfennig pro KWh liegen, demgegenüber bei der Windkraft bei 0,01 und bei der Photovoltaik bei 0,44 Pfennigen pro KWh, zeigen, daß der Verweis auf Umweltschäden durch Sonnenenergien völlig unhaltbar ist. Bisher waren die politischen Institutionen weder national noch international zu einem wirkungsvollen Schritt der Berechnung der sozialen Kosten herkömmlicher Energien bereit. Zur Entschuldigung verweisen sie auf volkswirtschaftliche Risiken mit unübersehbaren Folgen, wenn sich der Energiepreis verteuere. Deshalb werden die Sozialschäden offenbar als nach wie vor unvermeidbares Übel in Kauf genommen.

Aber vielleicht können zusätzliche Aspekte der Sonnenenergien endlich den überfälligen Anstoß zu einer Sonnenstrategie bewirken. Denn die tatsächlichen sozialen Kosten der konventionellen Energien gehen weit über die bisher berechneten hinaus, wenn das gesamte Energiesystem mit seinen umfassenden Auswirkungen betrachtet wird. Entsprechend hoch sind die sozialen Gewinne der Sonnenenergie.

1. Neue Arbeitsplätze

Es ist schon hervorgehoben worden, daß die Einführung der Sonnenenergie zahlreiche neue Arbeitsplätze in nahezu allen Produktionssektoren und auch im Bereich der Dienstleistungen schafft. Wenn immer wieder eingewandt wird, daß Sonnenenergietechniken die im aktuellen Wettbewerb stehenden Volkswirtschaften zuviel kosten würden, dann verrät das eine isolierte volkswirtschaftliche Betrachtungsweise. Die Kosten der Sonnenenergie sind gegenwärtig ja nicht höher wegen der Kosten der Primärenergie, sondern nur wegen der Arbeitskosten. Höhere Kosten heißt aber: Sonnenenergienutzung braucht mehr Arbeitsplätze! Die Einführung der Sonnenenergie ist gleichbedeutend mit der Reduzierung der Arbeitslosigkeit und damit der sozialen Kosten der Arbeitslosigkeit. Das World Watch Institute hat ausgerechnet, daß für eine Stromerzeugung von 1000 Gigawattstunden im Jahr etwa durch Windkraft mehr als fünfmal so viel Menschen beschäftigt werden wie durch Atomstrom:

Tabelle 16

Technologie	Beschäftigte (pro Tausend Gigawattstunden im Jahr)
Atomstrom	100
Geothermischer Strom	112
Kohlestrom einschließlich Kohleförderung	116
Solarthermischer Strom	248
Windstrom	542

(Quelle: World Watch Institute)

Die erforderliche Beschäftigtenzahl würde zweifellos bei einer Massenproduktion von Sonnenenergieanlagen nicht mehr so hoch sein wie gegenwärtig. Aber dafür erfolgt mit deren Einführung eine durchgängige Mobilisierung neuer Entwicklungs- und Produktionsaktivitäten nicht nur für die Produktion von Anlagen zur Umwandlung von Sonnenenergie, sondern auch von solchen zur Nutzung der Sonnenenergie. Handwerk und Kleinindustrie erhalten neue Impulse.

2. Entlastung von administrativen Kosten

Aufgrund der Umweltbelastungen und anderer Gefahren wachsen, wie bereits hervorgehoben, die administrativen Eingriffe und damit die Kosten herkömmlicher Energieversorgung. Dies geht bis in den internationalen Bereich – etwa Vereinbarungen über den Schutz der Meere vor Energieabfällen oder die Kontrolle des atomaren Brennstoffkreislaufs. Zu all diesen Bestimmungen und Vorschriften gehört eine administrative Ausstattung zur Schadens- und Vollzugskontrolle. Das zunehmende Vollzugsdefizit weist auf eine Zunahme der administrativen Kosten hin, die ebenfalls in keiner Energierechnung auftauchen.

Durch die Einführung der Sonnenenergie bietet sich dagegen die Chance, die administrativen Kosten reduzieren zu können. Zwar gilt das noch nicht für die Gegenwart, da es viele administrative Hemmnisse gegen Sonnenenergien gibt: durch Bausatzungen und Landschafts- und Naturschutzvorschriften, die – in Verkennung der ökologischen Gefahrenhierarchie – gegen die Installierung von Sonnenenergieanlagen teilweise noch mehr Bedenken geltend machen als gegen herkömmliche Energieanlagen. Aber für Sonnenenergieanlagen bedarf es keiner besonderen Sicherheitsbestimmungen, keiner Abgasbegrenzungen, Entsorgungsvorschriften, Smogvorschriften und Meßstationen. Lediglich für die Nutzung der Biomasse braucht man einige administrative Regelungen, die aber nicht aufwendiger sein müssen als die gegenwärtig auf die Landwirtschaft bezogenen und die deshalb von den bestehenden Landwirtschaftsämtern wahrgenommen werden können.

Insgesamt ist Sonnenenergie eine Chance zur Entbürokratisierung. Je mehr Sonnenenergien eingeführt werden, desto geringer der administrative Aufwand für Staat und Unternehmen. Sonnenenergie ist damit ein Mittel zur Rationalisierung des öffentlichen Aufwands.

3. Devisengewinne und Subventionsabbau

Die herkömmlichen Energien verursachen bei den Importländern hohe Einkaufskosten und belasten damit die Zahlungsbilanz. Allein im Jahr 1990 hat die Europäische Gemeinschaft 60 Mrd ECU für Ölimport ausgegeben und 22 Mrd ECU für Holz und Holzprodukte einschließlich Papier.[152] Durch eine Mobilisierung der Sonnenenergien lassen sich in jedem Land die Anteile heimischer Energiequellen drastisch erhöhen. Sie bewirken so zum einen eine größere Energiesicherheit, zum anderen reduzieren sie die internationale Abhängigkeit. Darüber hinaus bringen sie – wie im VII. Kapitel gezeigt wird – die Chance zum drastischen Subventionsabbau in der Landwirtschaft mit sich.

4. Reduzierung militärischer Kosten

Dieser Gesichtspunkt gilt für die großen westlichen Energieverbrauchsländer. Ihr Interesse an einer Sicherung des Zugangs zu den billigen Ölquellen aus dem Nahen und Mittleren Osten ist der Hauptgrund für die über 60 Milliarden Dollar, die allein die USA für ihre militärischen Aufgaben in dieser Region bereitstellen.[160] Der Golfkonflikt und -krieg 1990/91 hat alleine etwa 70 Mrd US-Dollar gekostet, die in keiner Ölrechnung stehen. Diese Summe würde wahrscheinlich ausreichen, um die Grundlage für eine Unabhängigkeit von fossilen Ölimporten durch Pflanzentreibstoffe zu schaffen. Aber schon vor dem Golfkonflikt wurde in den USA ausgerechnet, daß die militärische Sicherung der Ölquellen – umgerechnet auf die importierten Ölmengen aus dem Mittleren Osten – 23,5 US-Dollar pro Barrel Öl ausmachen, also den privatwirtschaftlichen Einkaufspreis mehr als verdoppeln.[161] Diese Kosten steigen für die NATO gegenwärtig eher weiter an: Deren neue Strategien zur Bildung schneller Eingreiftruppen, die selbst nach dem Ende des Ost-West-Konflikts einer deutlichen Reduzierung der Rüstungsbudgets im Wege stehen, werden vorwiegend mit den neuen Instabilitäten und Gefahren in den Ölförderregionen des Mittelmeerraums und des Mittleren Ostens begründet. Mit der Mobilisierung der Sonnenenergien reduzieren bzw. erledigen sich auch die offiziellen Prämissen für diese Kosten.

Die Kosten der fossilen und atomaren Energien steigen darüber hinaus durch die zunehmenden Gefahren der Weiterverbreitung atomarer Waffen über den Umweg ziviler Atomtechnologie ständig. Auch die weitere Stabilisierung feudaler Staatsstrukturen in Ölförderländern – als Gegenleistung für großzügige Energielieferungen zu günstigen Preisen – und die daraus resultierenden sozialen Spannungen gehören auf die Kostenrechung des herrschenden Energiesystems, ebenso wie die auf den Energiemangel in Entwicklungsländern zurückgehenden sozialen Katastrophen und die dadurch erzeugten Flüchtlingsströme. Dem ließe sich durch die eindeutige und massive Prioritätenänderung zugunsten der Sonnenenergien abhelfen.

5. Landschaftsgewinne

Es wurde schon gezeigt, daß die Sonnenenergien bei ihnen gemäßem ökonomischem Einsatz den Flächenbedarf für die Energieversorgung reduzieren. Wenn Solarzellen auf den Dächern und Windkraftanlagen auf Weideflächen die herkömmlichen Kraftwerke einschließlich der Förderfelder für Primärenergie ersetzen, entstehen Landschaftsgewinne statt zusätzlichem Landschaftsverbrauch!
Da wir mit der Sonnenenergienutzung den Widerspruch zwischen Wirtschaftswachstum und Naturzerstörung überwinden, entsteht daraus eine neue wirtschaftliche Eigendynamik. Es gibt keinen größeren potentiellen Markt als den für Sonnentechnologien, und bisher liegt er nahezu vollständig brach. Ganz neue Industriebereiche können hier entstehen, denen keine grundsätzlichen Akzeptanzprobleme in der Gesellschaft im Wege stünden, wie das bei den herkömmlichen Produktionsschwerpunkten zunehmend der Fall ist. Damit ist eine neue Investitionssicherheit gewährleistet.

Der durch die Einführung der Sonnenenergie ausgelöste wirtschaftliche Strukturwandel wird davon geprägt sein, daß sich die Zahl der wertschöpfenden Arbeitsplätze wieder massenhaft erhöht. Arbeitsplätze im Bereich der Energieförderung und -bereitstellung, einschließlich des Transports und der Verteilung, werden reduziert und durch produktive Tätigkeiten bei der Sonnenenergieanlagenproduktion und im installierenden Handwerk ersetzt.

Damit verbunden ist die Chance zur Trendumkehr: von Dienstleistungstätigkeiten zurück zu produktiven Tätigkeiten. Dieser Trend wird dadurch noch begünstigt, daß mit der immer größeren Zahl der Energieselbstversorger ein weiteres Element bisheriger unproduktiver Dienstleistungstätigkeiten reduziert wird. Ähnliches gilt für den Bereich der Gesundheitsversorgung, da ohne Zweifel die Sonnenenergien das allgemeine Gesundheitsniveau erheblich steigern werden. Eine Kostenschätzung für die USA hat ergeben, daß die herkömmliche Energieversorgung pro Jahr Korrosionsschäden in Höhe von 2 Mrd Dollar verursacht, Gesundheitsschäden zwischen 12 und 82 Mrd, Ernteschäden zwischen 2,5 und 7,5 Mrd, militärische Sicherungskosten zwischen 15 und 60 Mrd, Arbeitslosenkosten in Höhe von über 30 Mrd und Subventionen in Höhe von 55 Mrd Dollar – zusammen also versteckte Kosten zwischen 116 und 236 Mrd Dollar, je nachdem, ob man streng oder weniger streng rechnet.[162]

Das herrschende Energiesystem erzeugt – neben den langfristigen Umweltschäden – eine Reihe weiterer Zukunftskosten. Dies gilt insbesondere für die Verbrennung und damit Vernichtung von Naturressourcen, die auch für nichtenergetische Zwecke eine substantielle Bedeutung haben, etwa für Industriematerialien und Arzneimittel. Sonnenenergien sind nicht der einzige, aber wohl der bedeutendste Faktor zur Ressourcenschonung, der künftige Brüche in vielen Industriezweigen vermeiden helfen wird. Sie vermitteln die Chancen zur ökonomischen und ökologischen Humanisierung der industriellen Revolution und zu administrativen und sozialen Reformen, die unter den gegenwärtigen Bedingungen nicht mehr realisiert werden können. In der *Abbildung 6* auf S. 164 sind die sozialen Kostenfaktoren der herkömmlichen Energien und die sozialen Gewinne der Sonnenenergie einander gegenübergestellt. Sie zeigt ein frappierendes Bild der sozialen Chancen der Sonnenenergie.

Mögliche betriebswirtschaftliche Vorteile der Sonnenenergie

Jede Technologie hat ihre eigenen wirtschaftlichen Gesetzmäßigkeiten. Deshalb sind all diejenigen ökonomischen Analysen nicht besonders aussagekräftig, die lediglich die Endpreise der verschiedenen Energieträger vergleichen, ohne die Zusammensetzung ihrer jeweiligen Kostenfaktoren und deren wirtschaftliche Optimierbarkeit zu beachten. Eine detaillierte Betrachtung dieser Kostenfaktoren öffnet den Blick auf eine überraschende Möglichkeit: daß künftig sogar betriebswirtschaftliche Vorteile der Sonnenenergie möglich werden!

1. Die Nichtanwendbarkeit des Skalengesetzes auf die Sonnenenergienutzung

Nach dem ökonomischen Skalengesetz sinken mit der Konzentration der Energieumwandlung auf größere Anlagen die anteiligen Anlagekosten (Betriebsinfrastruktur, Management), und dadurch werden die Kosten reduziert. Deshalb ist beispielsweise die Stromerzeugung in wenigen großen Kohlekraftwerken billiger als in vielen kleinen, weshalb es zu einem stetigen Trend zu Großkraftwerken kam. Zentralisierung bewirkt zwar in mancher Hinsicht auch Mehrkosten, z. B. in der Verteilung, aber sie werden durch die sinkenden Produktionskosten überkompensiert. Voraussetzung ist die Möglichkeit, große Mengen von Primärenergie zu einem Produktionsstandort transportieren zu können – und zwar solcher Primärenergien, die eine hohe Energiedichte haben, also ein großes Energiepotential in einem verhältnismäßig kleinen Volumen. Die mangelnde Energiedichte der in breiter Streuung angebotenen Sonnenenergie gilt demgegenüber als ihr entscheidendes ökonomisches Handikap.

Dabei wird übersehen, daß das ökonomische Skalengesetz nur zum Teil auf die Umwandlung der Sonnen-Primärenergie in eine Sekundärenergie angewandt werden kann. Das Skalengesetz gilt in vollem Umfang für die Herstellung von Sonnenenergietechnik in großen Serien, aber nicht für den Einsatz die-

Abbildung 6 Soziale Kosten- und Nutzenvergleich der Energieträger

	Fossile Energien	Atom-spaltung	Atom-fusion	Solar-therm. Wärme	Solar-therm. Strom	Photo-voltaik	Wind	Bio-masse-abfall	erneuerbare Biomasse-Pflanzung	Klein-wasser-kraft	Groß-wasser-kraft	Gezeiten
Unbegrenzte Verfügbarkeit	nein	nein	ja	ja	ja	ja	ja	ja	ja	ja	ja	ja
Reduzierung CO_2	nein	ja	ja	ja	ja	ja	ja	ja	ja	ja	ja	ja
Reduzierung Wärmeemission	nein	nein	nein	ja	ja	ja	ja	ja	ja	ja	ja	ja
Landschaftsschonung	nein	nein	nein	ja	ja	ja	ja	ja	bei richtiger Anwendung, ja	ja	nein	nein
Vermeidung großer Unfallgefahren	nein	nein	vielleicht	ja	ja	ja	ja	ja	ja	ja	nein	ja
Reduzierung administrativer Kosten	nein	nein	nein	ja	ja	ja	ja	ja	nein	ja	nein	nein
Entlastung der Zahlungs-bilanz	nein	ja	ja	ja	ja	ja	ja	ja	ja	ja	ja	ja
Reduzierung internationaler Konflikte	nein	nein	nein	ja	ja	ja	ja	ja	ja	ja	nicht immer	ja
Soziale Akzeptanz	nein	nein	nein	ja	ja	ja	ja	ja	bei richtiger Anwendung, ja	ja	nein	eher nein
Reduzierung öffentlicher Transportkosten	nein	nein	ja	ja	ja	ja	ja	ja	nein	ja	ja	ja
Entstehung neuer industrieller Arbeitsplätze	nein	ja	ja	ja	ja	ja	ja	ja	ja	ja	nein	ja
Förderung dezentraler Wirtschaftsstrukturen	nein	nein	nein	ja	ja	ja	ja	ja	ja	ja	nein	nein
Erhöhung der Energie-autonomie (Industrieländer)	nein	ja	ja	ja	ja	ja	ja	ja	ja	ja	ja	ja
Erhöhung der Energieauto-nomie (Entwicklungsländer)	nein	nein	nein	ja	ja	ja	ja	ja	ja	ja	ja	ja

ser Techniken. Die Gründe dafür sind von Barry Commoner beschrieben worden: »Da die Sonne nebenan genauso scheint wie hier, wird eine Anlage zur Energiegewinnung einfach dadurch vergrößert, daß die lichtempfindliche Fläche vergrößert wird, seien das nun Spiegel für eine zentrale Dampfturbine, Kollektoren für die Raumheizung, Solarzellen zur Stromversorgung oder Getreidefelder zur Treibstoffgewinnung. Jeder Spiegel, jeder Kollektor, jede Solarzelle, jedes Getreidefeld ist so wirksam wie sein Nachbar. Deshalb hängt die Wirtschaftlichkeit kaum von der Größe der Anlage ab: Hier gilt kein ökonomisches Skalengesetz. Abgesehen von kleineren Einsparungen bei der Wartung produziert deshalb eine große zentrale Sonnenenergieanlage die Energie nicht billiger als viele kleine. Da aber bei der Dezentralisierung die Verteilungskosten entfallen oder sich stark verringern, ist es wirtschaftlicher, kleine Anlagen zu bauen. Kein künftiger technischer Durchbruch kann diese Tatsache aus der Welt schaffen!«[163]

Zwar gibt es bei einigen Sonnenenergieträgern Unterschiede, die diesen Aspekt modifizieren: Bei der solarthermischen Wärmeerzeugung sind Gemeinschaftsanlagen für etwa 500 Häuser wirtschaftlicher als 500 Einzelanlagen, weil die Wärmespeicherung für Gemeinschaftsanlagen einfacher und billiger wird; bei Biogasanlagen kann eine Zentralanlage für ein Dorf ökonomisch günstiger sein als 100 Einzelanlagen. Aber auch diese größeren Anlagen sind, verglichen mit wirklichen Großkraftwerken, noch dezentral zu nennen. Bei solarthermischen Stromkraftwerken ist eine räumliche Verdichtung der Kollektoren ökonomischer, nicht wegen der besseren Wirkung der Kollektoren, sondern weil große Turbinen und Strahlungsempfänger produktiver arbeiten. Doch auch Turbinen mit einer Umwandlungsleistung von mehr als 300 MW ergeben keine weiteren kostensenkenden Vorteile mehr.

Aber bei allen Formen der Direktumwandlung von Sonnenlicht oder Wind in Strom oder von Sonnenkraft in Wärme ist das Skalengesetz eben nicht wirksam. Große Anlagen machen die Sonnenenergienutzung teurer als notwendig. Daraus ergeben sich für ihre ökonomische Nutzung zwangsläufig andere Strukturen der Energiewirtschaft! Man kann ohne ökonomische Einbuße dezentral bleiben und sich sogar die Zentralisierungskosten eines überregionalen Verteilungsnetzes sparen. Es ist Aufgabe einer wirklich problem- und techniknahen Wirtschaftswissenschaft, diese unbezweifelbare betriebswirtschaftliche Grundannahme der Sonnenenergie wissenschaftlich zu quantifizieren.

2. Energieeffizienz und Wirkungsgrad

Spricht man von Energieeffizienz, meint man in der Regel den Wirkungsgrad einer Energieumwandlung im Verhältnis zur eingesetzten Primär- oder Sekundärenergie. Dabei wird der »geringe« Wirkungsgrad der noch jungen Sonnentechnologien als Nachteil hingestellt. Doch dabei wird oft ein Faktor übersehen: Sonnenenergie hat den einzigartigen Vorteil, daß man sie für jeden Bedarf zielgerecht und damit in denkbar bester Effizienz einsetzen kann. Die Ineffizienz herkömmlicher Kraftwerke liegt vor allem darin, daß zur Erzeugung von Sekundärenergie hohe Temperaturgrade notwendig sind, die – wiederum in den Worten Commoners – »weit über den energiebedürftigen Aufgabenanforderungen liegen, so daß die thermodynamische Qualität der Energie in dem Prozeß verschwenderisch degradiert wird. Im Gegensatz dazu kann Sonnenenergie ohne weiteres auf jede gewünschte Temperatur gesteigert werden, indem sie konzentriert wird, und das kann thermodynamisch auf jede gegebene Aufgabe genau zugeschnitten werden. Der Grund liegt eben darin, daß die thermodynamische Qualität der aktuellen Sonnenstrahlung von der Temperatur der Quelle bestimmt wird, die sie aussendet. In diesem Fall ist die Quelle die leuchtende Oberfläche der Sonne, die eine Temperatur von ungefähr 5 500 Grad Celsius aufweist. Die niedrige Temperatur, die die direkte Sonnenstrahlung erzeugt, wenn sie an der Erdoberfläche absorbiert wird, bedeutet ja nicht, daß die Qualität der Energie unterwegs gesenkt wurde. Dies bedeutet vielmehr, daß sich die Energie auf ihrer langen Reise von der Sonne aus gewaltig ausgebreitet hat. Alles, was wir brauchen, um solare Energie zu jeder gewünschten Temperatur bis zu den 5 500 Grad Celsius der solaren Quelle zu liefern, ist deren Konzentration von einer ausreichend großen Fläche aus.«[164]
Sonnenenergienutzung bedarf also keiner ineffizienten Pro-

duktion überschüssiger Wärme, die nur zum Teil als Abwärme genutzt werden könnte. Bei herkömmlichen Anlagen bedeutet die Steigerung der Effizienz eine Verringerung von Energieverlusten, bei Sonnenenergie eine Steigerung der Energiegewinne. Hier liegt ein sehr viel größeres Potential zur betriebswirtschaftlichen Effizienzsteigerung, was besonders spürbar werden wird bei den deutlich niedrigeren bzw. gar nicht anfallenden Kosten für Kraftwerkskühlung und bei der Nutzung solarthermischer Energie für industrielle Prozeßwärme. Der letztgenannte Bereich wird bisher in viel zu geringem Maße in die Erörterungen künftiger solarer Energiestrukturen einbezogen.

3. Betriebs- und Managementkosten

Die Betriebs- und Managementkosten – in der betriebswirtschaftlichen Sprache zu den variablen Kosten zählend – beziehen sich auf die von der Marktentwicklung abhängenden Kosten für Rohenergie (Öl, Gas, Kohle, Uran) und aufbereitete Energie (raffinierter Treibstoff, atomare Brennstäbe), auf die Entsorgungskosten (abgebrannte atomare Brennstäbe, Ölschlämme, Schlacken), und auf Transportkosten, Ausfallkosten und Personalkosten. Diese Kosten können bei herkömmlicher Energie zwar durch Wettbewerb und neue Verfahren gesenkt, aber nicht vollständig vermieden werden. Bei den Sonnenenergien sind sie dagegen teilweise vollständig vermeidbar bzw. sehr viel weitergehend reduzierbar. Ihre Kalkulationssicherheit ist außerdem deutlich höher.

Wind und Sonnenstrahlen kosten nichts – Kosten fallen immer durch die Anlagen an. Auch Bioabfall ist kostenlos oder bringt dem Betreiber sogar Einnahmen. Außer bei einigen Nutzungsarten der Biomasse (Energiepflanzen) muß die Energie auch nicht aufbereitet werden. Abfallentsorgungskosten entfallen. Ausfallkosten fallen nicht ins Gewicht: Wenn eine einzelne Windkraftanlage ausfällt, laufen die anderen weiter; bei Solarzellen- und Kollektoranlagen fallen vielleicht einmal einige Module aus, aber selten – und dann nur für kurze Zeit – die gesamte Anlage; die Wartung kann jeweils schnell erfolgen. Transportkosten für Primärenergie bei dezentralen Anlagen der Biomassenutzung entstehen nur für kurze Strecken. Auch die Verteilungskosten von Strom können – außer bei solarem Importstrom – stark reduziert werden; lediglich bei Wasserstoff fallen mit dem Gas vergleichbare Transportkosten an. Gerade die Transportkosten fallen in erheblicher Weise ins Gewicht und sind eine betriebswirtschaftlich belastende und volkswirtschaftlich »schädliche Redundanz«. Großkraftwerke haben ein dreifaches leitungsgebundenes Transportsystem, was höhere Energieverluste und höhere Kosten für die Bereitstellung von Energie verursacht.[165]

Besonders hervorzuheben ist, daß es bei den Sonnenenergien teilweise die Möglichkeit gibt, sogar auf laufende Personalkosten zu verzichten: wenn der Hauseigentümer die Anlagen an seiner Fassade oder auf seinem Dach hat oder wenn der Landwirt eine Windkraftanlage oder eine Biogasanlage auf seinem Land betreibt. In all diesen Fällen ist der Betrieb in die sonstigen Tätigkeiten integriert, es müssen lediglich gelegentliche Wartungskosten bezahlt werden – vergleichbar der Inanspruchnahme eines Handwerkers. Diese Möglichkeiten hat kein Kraftwerksunternehmen, das solche Anlagen betreibt. Da der Energieertrag, wie wir gesehen haben, bei dezentralen Anlagen nicht geringer als bei großen Anlagen mit einem entsprechenden Unternehmensapparat ist, sind dezentrale Anlagen selbständiger Betreiber – wenn sie ihren Ertrag zu fairen Preisen ins Netz einspeisen – betriebswirtschaftlich von großen Unternehmen nicht zu verdrängen. Sie arbeiten billiger – eine Umkehrung aller bisherigen Erfahrungswerte!

4. Der Energiekettenvorteil

Betrachten wir unter Berücksichtigung vor allem der Betriebs- und Managementkosten die jeweilige spezifische Energiekette verschiedener Träger, so werden die potentiellen betriebswirtschaftlichen Vorzüge der Sonnenergien noch deutlicher. Die Länge der Energiekette bestimmt sich aus den einzelnen kostenwirksamen Gliedern der Energiebereitstellung von der Förderung bis zum Endverbrauch. Die Atomkraft hat mindestens sieben Kettenglieder: Uranbergbau – Urantransport – Herstellung der Brennelemente – Transport der Brennele-

Abbildung 7 Betriebswirtschaftliche Kostenelemente in den Energieketten verschiedener Energieträger

	Förderung	Transport	Aufbereitung	Transport	Umwandlung	Entsorgung	Verteilung
Atomkraft	Uranbergbau	Schiffe	Uranauf-bereitung	Schiffe, Züge	Verstromung	Atommüll	Stromnetz
Ölverbrennung	Bohrtürme, Bohrinseln	Pipelines	Raffinerien			Ölschlamm	Vertriebsnetz
Kohlestrom	Bergbau	Schiffe, Züge			Verstromung	Schlacken u.a.	Stromnetz
Gasverstromung	Bohrtürme, Bohrinseln	Pipelines, Tanker			Verstromung		Stromnetz
Sonnenstrom ohne Netzbetrieb					Haustechnik		
Sonnenenergie (ohne Biomasse)					Verstromung		Stromnetz
Biomasse (Energiepflanzen)	Anbau	Fahrzeuge	z. B. Vergärung		Verstromung, Verbrennung, Vergasung		Stromnetz, Vertriebsnetz

169

mente – Stromerzeugung – Entsorgung des atomaren Mülls – Stromverteilung. Die Ölverbrennung hat fünf: Förderung des Rohöls – Transport – Raffinierung – Entsorgung – Verteilung. Der Kohlestrom hat ebenfalls fünf: Bergbau – Transport – Verstromung – Entsorgung – Verteilung. Die Sonnenenergien, mit Ausnahme mancher Formen der Biomassenutzung haben demgegenüber weniger Glieder in ihrer kommerziellen Energiekette. In der Regel gibt es nur zwei Stufen: Sonnenenergieumwandlung in der Anlage und Verteilung. Betriebswirtschaftlich kann der große Betreiber mit den kleinen Betreibern bei gleicher technischer Optimierung der Sonnenenergieanlage nicht konkurrieren! Die Sonnenenergien sind also aufgrund geringerer Kostenfaktoren dazu prädestiniert, die herkömmlichen Energien betriebswirtschaftlich abzuhängen. (siehe *Abbildung 7* auf S. 169) Die entscheidende Voraussetzung ist allerdings, daß die greifbar möglichen technischen Entwicklungen forciert werden und der Sprung in die Massenfertigung erfolgt.

Würden alle direkten und indirekten Subventionen einschließlich der bereitgestellten Infrastruktur für die herkömmlichen Energieträger – und dies in allen Elementen der Energiekette – gestrichen bzw. im Energiepreis berechnet, so würde dies wahrscheinlich schon jetzt zu überraschend negativen betriebswirtschaftlichen Resultaten führen.

Was liegt da also – alle potentiellen sozialen und wirtschaftlichen Gewinne der Sonnenenergie vor Augen – näher, als die Chance zu ergreifen, mit neuen Produkten auf Märkte zu zielen, die aufgrund des objektiven Bedarfs umfangreicher sind als etwa der der Automobilindustrie, wobei diese Produkte zu einer Verringerung der bürokratischen Dienstleistungen führen und die Staatshaushalte entlasten können? Wenn politische Initiativen zur Belebung der wirtschaftlichen Aktivitäten notwendig sind: Was ist dazu geeigneter als die Sonnenenergietechniken, deren Einsatz keine sozialen Folgeschäden hervorruft?

VI. Kapitel
Der Nonsens vom Energiekonsens: Widerstände gegen die Sonnenenergie

Immer häufiger hört man die Frage: Warum werden denn die Chancen nicht ergriffen, wenn sie auch nur annähernd so groß sind, wie es zuvor dargestellt wurde – von keinem Land und keinem kapitalkräftigen Unternehmen? Da es unvorstellbar scheint, daß nahezu alle politischen Institutionen und Unternehmen, die überwältigende Zahl der Wissenschaftler einschließlich der Ökonomen so fundamentale Chancen nicht erkennen und wahrnehmen, begegnet man den realoptimistischen Argumenten für die Sonnenenergie mit ungläubigem Staunen und Zweifeln. Es muß, so der Grundverdacht, einen Haken bei der Sache geben. Wir haben allerdings bereits daran erinnert, wie oft es in der Geschichte kollektive Torheiten politischer Führungsgenerationen gegeben hat. Daß es selbst in der Wissenschaft äußerst schwer ist, eine neue Theorie, die den bisherigen Annahmen überlegen ist, durchzusetzen, belegt uns ihre Geschichte. In seiner wissenschaftlichen Autobiographie resümierte Max Planck: »Eine neue wissenschaftliche Wahrheit pflegt sich nicht in der Weise durchzusetzen, daß ihre Gegner überzeugt werden und sich als belehrt erklären, sondern vielmehr dadurch, daß die Gegner allmählich aussterben.«[166]

Im vorhergehenden Kapitel wurde verdeutlicht, daß nur diejenigen die umfassenden Chancen der Sonnenenergie erkennen können, die in der Lage sind, sich von etablierten Denkweisen zu lösen. Die selbst in der Wissenschaft weitverbreitete Resistenz gegenüber neuen Ideen hat der Wissenschaftsphilosoph Thomas S. Kuhn in seiner Beobachtung über die Struktur wissenschaftlicher Revolution beschrieben: Das grundsätzliche Überdenken eines überkommenen Paradigmas erfolgt regelmäßig erst bei offenkundig gewordenem Unvermögen, ein Problem zu lösen, und wenn das Bewußtsein dafür eine neue grundlegende Denkmöglichkeit – »einen Alternativkandidaten« – hervorbringt. Aber auch dann verläuft der Ablösungsprozeß keineswegs schnell und reibungslos. Für die etablierte Fachwelt »bedeutet die neue Theorie eine

Änderung der Regeln, die bislang die Praxis der normalen Wissenschaft beherrschten. Zwangsläufig wirkt sie sich daher auf umfangreiche, schon erfolgreich abgeschlossene wissenschaftliche Arbeiten aus.« Mit anderen Worten: Ihre Arbeiten drohen, zur Makulatur zu werden. Nicht nur die eigene wissenschaftliche Reputation ist auf einmal gefährdet, sondern das Lebenswerk einer oder mehrerer Generationen von Wissenschaftlern – und bei Technologien oft auch umfangreiche Forschungsmittel, also Geld.

Aus dem letztgenannten Grund ist der Widerstand in der technologischen und naturwissenschaftlichen Forschung gegenüber neuen Prioritäten, die außerhalb ihrer eigenen Kompetenz liegen, hartnäckiger als je zuvor geworden. Deshalb ist die Emanzipation von altem Denken heute noch schwieriger, als Kuhn es beschrieben hat: »Zu Beginn mag ein neuer Paradigmakandidat wenig Befürworter haben... Trotzdem werden sie, falls sie kompetent sind, ihn verbessern, seine Möglichkeiten erforschen und zeigen, was es hieße, zu der von ihm geleiteten Gemeinschaft zu gehören. Und dabei wird, falls das Paradigma dazu bestimmt ist, seinen Kampf zu gewinnen, die Zahl und Stärke der überzeugenden Argumente zu seinen Gunsten wachsen. Mehr und mehr Wissenschaftler werden dann bekehrt werden, und die Erforschung des neuen Paradigmas wird fortschreiten. Allmählich wird die Zahl der Experimente, Instrumente, Artikel und Bücher, die auf dem Paradigma fußen, wachsen. Überzeugt von der Fruchtbarkeit der eigenen Anschauung, werden immer mehr die neue Art der Ausübung normaler Wissenschaft anmahnen, bis schließlich nur einige ältere Starrköpfe übrig bleiben.«[167] Die Sonnenenergie wird sich gegen alle Widerstände durchsetzen, weil ihre fundamentalen Vorzüge auf Dauer nicht zu unterdrücken sind. Doch dieser Optimismus ist kein Anlaß, sich in seinen Forderungen und Erwartungen zu mäßigen, denn die Schicksalsfrage ist, ob die neue Energie rechtzeitig und in dem zur Abwendung sozialökonomischer und sozialökologischer Gefahren notwendigen Umfang genutzt wird.

Was selbst in der Wissenschaft festzustellen ist, kann in Politik, Wirtschaft und auch in den Medien kaum anders sein, besonders wenn auch noch – wie bei der Energieversorgung – massive privat- und volkswirtschaftliche sowie machtpolitische Interessen im Spiel sind. In manchen Medien kann man eine zunehmend positive Resonanz für die Sonnenenergie feststellen, aber in die politische und die Wirtschaftsberichterstattung ist sie bisher kaum vorgedrungen. Zwar wird von den Repräsentanten der etablierten Energiepolitik und -wirtschaft immer so getan, als seien sie Inkarnationen der Sachlichkeit, aber sie verstehen darunter ihre einseitige Sicht. Gibt es Konflikte, rufen sie nach dem »Energiekonsens« und bezichtigen Andersdenkende des ideologisierten Unverstandes. Sie sehnen sich nach den Zeiten zurück, in denen Energiepolitik und -wirtschaft kein Thema innenpolitischer Kontroversen war, weil es doch scheinbar stets nur um die optimale Gewährleistung von Versorgungssicherheit und niedriger Energiepreise gehe.

Tatsächlich offenbart das auf nahezu allen etablierten Ebenen festzustellende mangelhafte Engagement für die Sonnenenergie einen hohen Grad an Irrationalismus in existentiellen Fragen. Die offenkundigen Widerstände gegen die Sonnenenergie spiegeln die überall festzustellende Gedanken- und Hilflosigkeit unserer Gegenwartskultur den neuen zivilisatorischen Herausforderungen gegenüber wider. Um die wirklichen Widerstände überwinden zu können, müssen wir analysieren, warum und wie sie sich behaupten.

Strukturkonservative ökonomische Widerstände

»The Solar Conspiracy« lautet der Titel eines 1975 in den USA publizierten Buches mit dem Zusatz »The 3.000.000.000.000 game plan of the energy baron's shadow government«.[168] Der Autor, seinerzeit Vorsitzender der International Solarthermics Corporation, beschreibt die vergeblichen Versuche kleiner Unternehmen, die solarthermische Anlagen für die Hauswärme angeboten haben, in den Markt einzudringen und dort zu expandieren. Ökonomisch haben sie alle Vorteile auf ihrer Seite: Anlagen, die sich nach überschaubarer Zeit für den Nutzer bezahlt machen; ein deutlich kostengünstigerer Preis, als er für vergleichbare Anlagen von Großunternehmen gefordert wird; überzeugende Prognosen, daß hier ein umfangreicher Markt winkt, der größer ist als der Umsatz aller amerikanischen Ölmultis. Auf der anderen Seite eine Regierung mit einem Einführungsprogramm, dessen Mittel vorzugsweise die NASA erhält, die solche Anlagen für mehr als den zehnfachen Preis einführt, und die Großunternehmen der Energiewirtschaft, die Patente und Lizenzen kleinerer Firmen aufkaufen und im Tresor lagern. Das Fazit des Autors aus intimer praktischer Erfahrung: Die Kontrolle des Energiesystems zu behalten war den Energiebaronen wichtiger als erhebliche zusätzliche Gewinne durch die Produktion und den Verkauf von Solaranlagen, deren Besitz den individuellen Betreiber unabhängiger macht. Dies ist sicher eines der Motive, warum die Solarenergie auf dem Energiemarkt bisher selbst dann nicht richtig Fuß fassen konnte, wenn sie – wie bei den solarthermischen Hausanlagen – schon unbestreitbare Vorzüge aufweisen kann. Aber es ist bei weitem nicht das einzige Motiv.

Schwerer wiegt, daß klar abzusehen ist, was eine Massennutzung der Solarenergie auslösen wird: den wahrscheinlich umfassendsten *wirtschaftlichen Strukturwandel*, der je stattgefunden hat! Jeder wirtschaftliche Strukturwandel hinterläßt ökonomische Gewinner und Verlierer. Oft steht nicht von vornherein fest, wer die einen und wer die anderen sein werden. Aber bei der Einführung der Solarenergie in großem Umfang stehen die Verlierer bereits von vornherein fest: Es sind in erster Linie die Anbieter der Primärenergien Öl, Kohle, Gas und der atomaren Brennstoffe, in zweiter Linie die bisherigen Erzeuger von Großanlagen zur Energieumwandlung sowie die Besitzer und kommerziellen Betreiber solcher Anlagen. Diese

– verlieren Umsätze, wenn durch die Einführung der Sonnenenergie immer weniger Primärenergie nachgefragt wird;

– könnten bereits getätigte Investitionen nicht mehr voll abschreiben bzw. nach deren Abschreibungsdauer nicht mehr gewinnträchtig weiternutzen, weil ihre Kraftwerke wegen eines vorzeitig expandierenden Sonnenstromangebots immer weniger ausgelastet würden;

– würden einfach auf ihrem angestammten Gebiet der Energietechnik immer weniger gefragt, weil die bisherige Kraftwerkstechnologie dann nicht mehr gebraucht wird.

Die jeweilige Abhängigkeit von der gegebenen Energiestruktur ist unterschiedlich stark; die einen sind auf Gedeih und Verderb darin eingebunden, andere nicht unbedingt dauerhaft. Aber zu verlieren haben sie alle viel, wenn eine unverzügliche breite Markteinführung der Solarenergie erfolgt, deren Investitionen und deren Markt nicht mehr von der Energiewirtschaft kontrolliert werden können.

Überdies gibt es in der Energiewirtschaft zahlreiche Verflechtungen, so daß manche Unternehmen von *allen* potentiellen Verlustgefahren unmittelbar betroffen wären. Ein erheblicher Teil dieser Unternehmen gehört ihren Staaten, die ein ökonomisches Interesse an den Unternehmensumsätzen haben und gleichzeitig auf hohe Steuereinnahmen aus dem Verbrauch dieser Energien angewiesen sind. Ölförderländer haben Anteile an Automobilfirmen; Ölmultis an der atomtechnischen Industrie, die wiederum meistens auch die Fertigung von atomaren Brennstoffen kontrolliert; Stromversorgungsunternehmen besitzen Mineralölkonzerne und haben Anteile am Kohlebergbau; Banken haben überall Anteile. Daraus – und aus der Tatsache, daß es sich um eine internationalisierte Struktur handelt – kann man sich bereits ein ungefähres Bild machen von der indirekten und direkten Einflußmacht dieses Netzwerks. Es verhält sich resistent gegenüber der Sonnenenergie, weil deren Eindringen in die Energiemärkte direkt zu Lasten der Auslastung ihrer Produktionsstätten und des Absatzes ihrer bisherigen Produkte ginge. Nicht nur die bisherige Zukunftsdimension eines ganzen Wirtschaftszweiges ginge verloren, sondern auch bereits eingesetztes Kapital würde in erheblichem Umfang liquidiert.

Die kumulativen Weltenergieinvestitionen zwischen 1980 und 2000 wurden in einer Studie aus dem Jahr 1980 in einem »low scenario« und in einem »high scenario« einander gegenübergestellt:[169]

Auch wenn wir nur vom niedrigeren Szenario ausgehen, ergibt sich aus *Tabelle 17* eine Gesamtinvestition von über 10 Billionen Dollar – etwa 60% davon allein in der Elektrizitätswirtschaft. Im Jahresdurchschnitt sind das 500 Mrd Dollar, wobei es sich um den Preisstand des Jahres 1980 handelt; nach heutigem Preisstand wären dies schon etwa 800 Mrd Dollar im Jahr. Da diese Investitionen nahezu ausnahmslos im Bereich der herkömmlichen Energieversorgung getätigt wurden und werden, geben die Zahlen einen Eindruck davon, wie hoch die Investitionsberge und die damit verbundenen massiven Interessen sind, die der Einführung der Sonnenenergie gegenüberstehen.

Tabelle 17 Weltenergieinvestitionen 1980–2000

low scenario (in Mrd Dollar)

	Öl	Erdgas	Kohle	Elektrizität	Gesamt
Erzeugung	1519	455	353	2963	5290
Transport und Verteilung	585	558	100	3679	4922
Gesamt	2104	1013	453	6642	10212

high scenario (in Mrd Dollar)

	Öl	Erdgas	Kohle	Elektrizität	Gesamt
Erzeugung	1798	580	708	4521	7607
Transport und Verteilung	612	832	226	5416	7086
Gesamt	2410	1412	934	9937	14693

Die potentiellen Gewinner einer Sonnenstrategie kann man ebenfalls bereits benennen: die Produzenten von solarer Energieumwandlungstechnik und die individuellen, kommunalen oder regionalen Betreiber. Der entscheidende Unterschied zwischen den potentiellen Verlierern und Gewinnern ist: Die Verlierer sind jetzt präsent und üben Einfluß aus; immerhin ist die Energiewirtschaft der westlichen Industrieländer die umsatzstärkste und am meisten internationalisierte der Weltwirtschaft. Die potentiellen einzelwirtschaftlichen Gewinner dagegen sind bisher kleine solartechnische Unternehmen oder wenig geförderte Abteilungen von Energiekonzernen, oder sie stehen bisher nur auf dem Papier.

Daß die hauptsächlichen Verlierer die *Förderländer und Vertriebskonzerne von Energierohstoffen* wären, ist mehr als plausibel: Kommerzielle Primärenergien (Öl, Kohle, Gas, Atombrennstoffe) werden durch die Sonnenkraft ersetzt, die als Primärenergie nicht kommerzialisierbar ist. Die Sonnenstrahlen und der Wind kosten den Betreiber entsprechender Anlagen nichts. Kein Unternehmen ist in der Lage, die Sonne zu privatisieren oder Förderlizenzen dafür zu erwerben. Zwar liegt der Anbau von Energiepflanzen über den Kauf entsprechender Felder im Bereich der kommerziellen Aktivitäten. Aber ihre Anbauer werden kaum identisch sein mit den Förderern von herkömmlicher Primärenergie.

Die Anbieter von herkömmlicher Primärenergie haben sehr langfristig in die Erschließung neuer Fördergebiete, in Fördertechniken, in Pipelines und Frachtschiffe für den Energietransport, in Raffinerien oder in die Kohleveredelung investiert. Je mehr und je längerfristig investiert worden ist, desto hartnäckiger und langwieriger ist zwangsläufig die Abwehrhaltung gegenüber der Alternative der Sonnenenergie und auch gegenüber Energiesparstrategien. Die Anbieterseite auf den internationalen Energiemärkten sieht nicht einfach zu, wie ihre Einnahmen, auf die sie eingestellt und von denen sie abhängig ist, wegen sinkender Nachfrage ständig niedriger werden. Die bisherige Erfahrung läßt vermuten, daß sie – marktgerecht – dieser Entwicklung durch den Anreiz billigerer Angebote entgegensteuern, um über die Stimulierung eines größeren Verbrauchs Einnahmeverlusten vorzubeugen. Der andere Weg, eine Preiserhöhung, wäre zwar generell wünschenswert und läge im eigenen langfristigen Interesse der Förderländer, weil deren unwiederbringliche Ressourcen geschont würden – jedoch mit der für sie kurzfristig negativen wirtschaftlichen Konsequenz, daß dies die Nachfrage der Importeure reduziert. Eine Ölpreissenkung – so das Ergebnis der Analyse Massarrats der aus dem bisherigen Verhalten der Anbieterseite voraussehbaren Reaktionen etwa auf eine Energiesteuer – könne »alle ökologisch positiven Wirkungen einer noch sehr mühsam auszuhandelnden globalen Energiesteuer mit einem Schlag zunichte machen«[170].

Die Ölförderländer haben deshalb über ihre OPEC massiv gegen die Pläne der EG-Kommission interveniert, eine Energiesteuer einzuführen, und haben auch die Rio-Konferenz vor einer Beschlußfassung über die CO_2-Steuer gewarnt. Wenn sie als Reaktion darauf mit billigen Energieangeboten die Weltmärkte zu überschwemmen versuchen, wird es vielleicht einige Regierungen geben, die das durch erhöhte Energiezölle oder Steuern konterkarieren wollen oder können, aber wahrscheinlich mehr Regierungen, die sich von kurzfristigen volkswirtschaftlichen Entlastungsvorteilen ködern lassen. In den 80er Jahren haben die meisten Regierungen nicht nur auf billigere Preise angebissen, sondern entsprechende Angebote der Förderländer gezielt herbeigeführt:

durch Spaltung der OPEC-Front und durch Verabredungen mit zunehmend geldbedürftigen Förderländern, die Förderquellen zu vergrößern und damit ein Preisdumping zu erzielen. Außer Dänemark machte kaum ein Land auch nur den Versuch, die Preissenkung durch eine Mineralölsteuererhöhung abzufangen, was die einzige adäquate Reaktion gewesen wäre. Es gibt wenig Grund zu der Annahme, daß Ölförderländer und Ölmultis ihr Instrument bei einer erfolgenden Nachfragesenkung nicht erneut einsetzen würden. Solange man sich auf herkömmliche Quellen stützt, bleibt das Energieverbrauchsverhalten von den Energienanbietern beeinflußbar, die wegen ihrer langfristig angelegten Investitionen für das Aufschließen weiterer Quellen einen kontinuierlichen Einnahmebedarf haben. Erst eingeführte Sonnenenergiestrukturen wären nicht mehr von solchen Gegenstrategien zu beeinflussen.

Ebenso stark sind die *Produzenten von herkömmlichen Energieanlagen* der bestehenden Energieversorgungsstruktur verhaftet. Auch wenn sie nicht direkt Förder- und Vertriebsgeschäfte mit Brennstoff machen, sind ihre Produktlinien von herkömmlicher Energie abhängig und ist entsprechendes Anlagekapital daran gebunden. Außerdem besteht ein erheblicher Teil ihrer Aktivitäten aus Anlagenreparaturen und aus Ersatz- und Zusatzbeschaffung. Sie haben im Bereich der herkömmlichen Anlagen ihr Know-how und ihre Marktsegmente und fühlen sich dort auf erprobtem Terrain, während das Know-how für Sonnenenergietechnologie meist andere haben. Sie müßten es sich erst erarbeiten und sich neue Märkte erschließen. Besonders spürbar ist der Widerstand der atomtechnischen Industrie. Noch Anfang der 80er Jahre hatte sie sich auf einen umfangreichen weltweiten Atomkraftausbau eingestellt, der das Geschäft des Jahrtausends zu werden versprach: weltweit weniger als zehn Anbieter von Atomkraftwerken hofften und hoffen inzwischen wieder, sich einen Markt von hunderten neuer Anlagen – zu Preisen von jeweils mehreren Mrd DM – aufteilen zu können. Die Atomkraftanlagenbauer sind ausschließlich auf wenige Großkunden angewiesen, weshalb ihnen für den Fall eines Umstiegs auf Sonnentechnologien eine Umorientierung auf zahlreiche Kleinkunden besonders schwer fiele.

Der Hauptgrund für die Zurückhaltung *der Betreiber herkömm-*

licher Anlagen liegt in ihren bereits getätigten Investitionen. Zum Beispiel hat die westdeutsche Energiewirtschaft im Jahr 1989 in der öffentlichen Gaswirtschaft 3,3 Mrd DM, in der Mineralölverarbeitung 800 Mio DM und in der Elektrizitätsversorgung 15,4 Mrd DM – zusammen also fast 20 Mrd DM-Brutto-Anlagen-Investitionen getätigt. Allein die öffentliche Elektrizitätsversorgung Deutschlands hat für den Fünfjahreszeitraum 1991–1995 Brutto-Anlagen-Investitionen von insgesamt 78,2 Mrd DM geplant.[171] Diese liegen fast ausschließlich im Bereich der herkömmlichen Energien – nur ein kleiner Teil mögen Wasserkraftwerke und Kraft-Wärme-Kopplungsanlagen sein. Alle weiteren Investitionen in den Bau herkömmlicher Kraftwerke und die spezifisch auf deren Produktionsumfang ausgerichteten Netze sind zusätzliche wirtschaftliche Einführungshindernisse für die Sonnenenergie.

Für die Investition in einen herkömmlichen Energieträger wird selbstverständlich ein Abschreibungszeitraum veranschlagt und die durchschnittliche Lebensdauer der Anlage berechnet. Das meiste Geld wird an bereits entschuldeten, also älteren Anlagen verdient. Nehmen wir als durchschnittliche Betriebszeit einer Anlage einen Zeitraum von 30 bis 40 Jahren an: Kraftwerksunternehmen können innerhalb dieses kalkulierten Zeitraums kaum ein Interesse daran haben, in eine damit konkurrierende Sonnenenergie-Kapazität zu investieren. Je jünger ihre Investitionen sind, desto geringer ist dieses Interesse und desto größer ist die damit vorhandene Investitions-Altlast, der eine Neuinvestition in die Sonnenenergienutzung betriebswirtschaftlich entgegensteht. Erst wenn es um den Zubau neuer Anlagen bzw. um Ersatz für ausgediente Kraftwerke geht, fällt dieses Blockademotiv fort. Doch kann die Allgemeinheit mit der Einführung der Sonnenenergie nicht warten, bis alle Abschreibungen und Renditeerwartungen bereits installierter Kraftwerke realisiert sind. Da gleichzeitig jede Neuinvestition in nichtsolare Kraftwerksanlagen ein zusätzliches jahrzehntelanges Einführungshindernis für Sonnenenergieanlagen ist, ergibt sich eindeutig, daß der Zubau oder der Ersatz ausgedienter Kraftwerke politisch unterbunden werden muß. Andererseits darf man aber auch nicht übersehen, daß individuelle Energienutzer sich ebenfalls Hindernisse schaffen, wenn sie z. B. Häuser ohne ausreichende Wärmedämmung bauen oder renovieren oder neue konventionelle Heizanlagen installieren;

auch dieser Markt ist der Sonnenenergieeinführung auf lange Zeit verstellt.

Dies sind die eigentlichen Gründe dafür, daß sich umfangreiche Sonnenenergie-Investitionen angeblich nicht »rechnen«, wie immer wieder hervorgehoben wird. Deshalb wird immer wieder betont, daß Sonnenenergie erst »langfristig« eine mögliche Alternative sei – kurzfristig würde sie die Investitionszyklen unterbrechen. Diese wirtschaftlichen Verhaltensmuster haben durchaus ihre sektorale Rationalität, sie sind ein vollkommen normales Unternehmerverhalten – angesichts der Naturzerstörungsgefahren durch konventionelle Energien sind sie für die Allgemeinheit jedoch intolerabel. Das Schicksal der menschlichen Zivilisation darf nicht von der Wirtschaftlichkeitsrechnung der Energiewirtschaft abhängig bleiben!

Natürlich hätten die Unternehmen der Energiewirtschaft – Förderunternehmen, Anlageproduzenten und Anlagenbetreiber – die Möglichkeit zu einer Diversifizierung ihrer Aktivitäten; also zum Umstieg von der herkömmlichen Energie auf Sonnenenergie. Wenn es jedoch um den Umstieg auf einen mit ihren Investitionsplänen kollidierenden neuen Energieträger geht, sind sie nicht zu der Eile motiviert, die dringend geboten wäre.

Sie richten deshalb ihr Diversifizierungsinteresse eher auf nichtkonkurrierende Investitionen – entweder innerhalb der Energiewirtschaft selbst (wie beim Aufkauf der deutschen Texaco-Filiale durch die RWE für 2 Mrd DM) oder außerhalb der Energiewirtschaft. Hinzu kommt, daß die Bereitschaft zur Umorientierung des einen Unternehmenssektors in der Energiewirtschaft von einer entsprechenden Innovationsbereitschaft des anderen mit abhängt. Ein Anlagenbauer wird so lange keinen Produktionszweig für Sonnenenergieanlagen groß aufziehen, wie er kein klares Interesse mehrerer Betreiberunternehmen dafür sieht – und ein Betreiberunternehmen sieht von einer hohen Investition für erneuerbare Energien ab, solange die Anlagenbauer noch keine großen Serien anbieten. Es ist kein Zufall, daß die größte Beweglichkeit beim Einstieg in die Sonnenenergie bisher bei den von diesem System relativ unabhängigen Einzelbetreibern festzustellen war – Privatpersonen, Betreibergenossenschaften für Windkraftnutzung oder selbständige kommunale Energieunternehmen wie z. B. die Stadtwerke Saarbrücken oder Rottweil, die vom

Stromkauf bei überregionalen Elektrizitätsproduzenten auf die Eigenerzeugung von Strom aus erneuerbaren Energien oder aus Blockheizkraftwerken umsteigen.

Aber selbst wenn es die betriebswirtschaftlichen Restriktionen bei den großen Unternehmen der Energiewirtschaft nicht gäbe, kann man nicht unbedingt mit einer großen Innovationsbereitschaft in die Sonnenenergie rechnen. Diese Unternehmen müßten dann nämlich bereit sein, einen großen Teil ihrer zentralisierten Unternehmensaktivitäten an kleinere dezentrale Unternehmen abzugeben – also entweder ihr eigenes Unternehmen weitgehend zu entflechten oder es umzuorganisieren in großteils dezentral und relativ selbständig operierende regionale Querschnittsabteilungen. Zwar müßten sie für die längeren Zeiträume des Umsteigens auf Sonnenenergie noch herkömmlich erzeugten Strom aus zentralen Anlagen in Gebiete liefern, die noch nicht mit Sonnenenergie versorgt werden können – aber dies wäre von Jahr zu Jahr weniger, statt wie bisher von Jahr zu Jahr mehr. Am Ende wären die zentralisierten Unternehmensleistungen auf das überregionale Leitungsnetz und die Anteile solarer Energiemengen beschränkt, die von großflächigeren Sonnenkraftwerken über längere Entfernungen importiert werden müßten. Würden sie statt dessen versuchen, die Sonnenenergie mit zentralen Anlagen bereitzustellen, so würden sie – siehe Kapitel V – die wirtschaftliche Effektivität der Sonnenenergie beeinträchtigen und damit ihre rasche Einführung behindern. Man kann also kaum annehmen, daß die großen Unternehmen der Energiewirtschaft eine wirkliche Motivation zu einem zügigen und sachgerechten Umstieg auf Sonnenenergie haben. Sie behindern sich selbst und gegenseitig dabei – sekundiert von den Kreditinstituten, die ihr eingesetztes Kapital wiedersehen wollen.

Da Sonnenenergie langfristig das Todesurteil für die Großanlagen bedeutet, ist die Vorstellung naiv, daß eine große energiewirtschaftliche Innovation in Richtung Sonnenenergie sofort eintreten könnte, sobald ein Leistungs- und Kostennachweis die Sonnenenergietechniken als wettbewerbsfähig ausgewiesen hat. Daß die Sonnenenergie ständig, und wider gegenteilige Erfahrungen, schlechtgerechnet wird, hat offenkundig vor allem interessenspezifische Gründe. Wenn erst einmal die wirtschaftlichen Möglichkeiten und Vorteile entfaltet würden, gäbe es kein öffentlich tragfähiges Argument mehr, mit der breiten Einführung der Sonnenenergienutzung noch länger zu warten. Um solchen Anfängen zu wehren, wird ständig versucht, die Erwartungen der Öffentlichkeit zu dämpfen – und sei es mit falschen Zahlen und sogar absurden Verlautbarungen über die Umweltbelastungen durch Sonnenenergie. Mit einigen kleinen Vorzeigeprojekten täuschen die Gegner ein Bemühen vor, das nicht ernsthaft gegeben ist. Sie bauen sich damit eine Scheinkompetenz auf und erhalten mit solchen Projekten die Gelegenheit, die Sonnenenergie öffentlich schlechtzumachen. Erst im Sommer 1992 haben die Bayernwerke, unterstützt durch Mittel des deutschen Forschungsministeriums, eine photovoltaische Demonstrationsanlage in einem nicht ans Netz angebundenen Dorf in Betrieb genommen, für die sie offiziell einen Kilowattstundenpreis von 10 DM angeben – mehr als das Fünffache dessen, was die Preiskalkulation anderer bestehender Anlagen in Deutschland ergibt. Mehr als 100 Mio DM im Jahr geben die großen deutschen Stromversorger für Werbekampagnen gegen die Sonnenenergie aus – mehr als sie bisher für Photovoltaik oder Windstromanlagen insgesamt investiert haben, weil die Kosten angeblich gegenüber den Stromkunden noch nicht zu verantworten seien. Dies steht in einem heuchlerischen Kontrast zu ihrer in ganzseitigen Zeitungsanzeigen unter der Überschrift »Zuviel Wind um wenig Strom« veröffentlichten Behauptung: »Auch wir, die deutschen Stromversorger, bewerten diese Energien positiv. Und investieren erhebliche Mittel in ihre Entwicklung. Aber bleiben wir realistisch: Solarstrom ist Schönwetterstrom.«

Von den Hauptakteuren der Energiewirtschaft erforderte der unverzügliche Umstieg eine unternehmerische Selbstlosigkeit, die ohne Beispiel in der Wirtschaftsgeschichte ist – und eine innovatorische Weitsicht, die besonders in großen Konzernbürokratien nur in seltensten Fällen bisher anzutreffen war. Sich beim Umstieg auf die Sonnenenergienutzung auf die Energiewirtschaft zu verlassen, hieße also, die Menschheit dem Verderben zu überlassen. Es wäre auch außerhalb jeder politischen Verhältnismäßigkeit, das Schicksal der Menschheit dem Gutdünken und den Entscheidungskategorien eines einzigen Wirtschaftszweiges anzuvertrauen. Gäbe es nicht die akute Gefahr zunehmender Klima-Anomalien, befänden wir uns also nicht in einem Wettlauf mit der Zeit, so könnte man sich unter Berücksichtigung der eingegangenen Investitions-Altlasten der Energiewirtschaft einen allmählichen und gut abgefederten Übergang zur Sonnenenergienutzung vorstellen, im Konsens aller Beteiligten, gelegentlich mit sanftem Nachdruck. Aber die Zuspitzung der globalen ökologischen Gefahrenlage erlaubt einen solchen schleichenden strukturellen Wandel nicht mehr.

Es ist nicht zu verantworten, den Zeitpunkt einer Masseneinführung von Sonnenenergie-Technologien davon bestimmen zu lassen, wann dieser mit der Einführungsbereitschaft der dominierenden Träger der Energiewirtschaft übereinstimmt – zumal es für die Gesamtheit der Investitionskreisläufe im Energiesektor einen für alle gleichermaßen optimalen Zeitpunkt nicht geben kann. Den Strukturwandel im Energiesektor im »Konsens« vollziehen zu wollen bedeutet einen immer schmerzhafter werdenden Aufschub. »Energiekonsens« ist ein Schutzbegriff für die möglichst lange Weiternutzung herkömmlicher und die Abwehr erneuerbarer Energien. Die Durchsetzung der Sonnenenergie gegen die hartnäckigen Widerstände und Desinformationen des herrschenden Energiesystems verlangt *Energiestreit*. Ohne den jahrelangen Streit gegen die Atomkraft wären beispielsweise inzwischen deutlich mehr Atomkraftwerke mit den entsprechenden Hypotheken für die Allgemeinheit in Betrieb.

Welche Blockademöglichkeiten den Anbietern von Primärenergie zur Verfügung stehen, haben die Konterstrategien zu Energiesparinitiativen einzelner Länder bereits zur Genüge demonstriert, indem man politisch herbeigeführte Energieverteuerungen mit billigeren Energiepreisen zu unterlaufen versuchte. Auch die Betreiberunternehmen und ihre Anlagenlieferanten befürchteten Umsatzeinbußen. Doch hat sich ihre Einstellung in den letzten Jahren zu ändern begonnen, teilweise aufgrund modifizierter politischer Rahmenbedingungen, teilweise aber auch freiwillig – seit amerikanische Unternehmen vorgerechnet haben, daß die Einführung von Energiespartechniken und der Verkauf von Energie aus leistungsoptimierten Anlagen für ihre Unternehmensrechnung günstiger ist als eine Investition in neue Kraftanlagen mit langen Abschreibungsfristen. Anlagenbauer haben gemerkt, daß es für Anlagenkomponenten zur Effizienzsteigerung eine große und überdies unumstrittene Nachfrage gibt, die nicht der Gefahr

eines von Bürgerprotesten erzwungenen Bau- und damit Liefer-
stops ausgesetzt ist. Offiziell gibt es, außer mit den Anbietern von
Energierohstoffen, über Energiesparstrategien keinen grundsätzlichen Konflikt mehr – deshalb stehen sie in offiziellen Vorschlägen zu Energiereformen überall an erster Stelle, während die Sonnenenergie am Rande bleibt.

Gegenüber der Sonnenenergie ist der Widerstand insgesamt
hartnäckiger: Solange es allein beim Sparen auf der Basis herkömmlicher Energiequellen bleibt, können Förderländer und
Vertriebsunternehmen über ihre Energiepreissteuerung auf das
Tempo dieser Entwicklung Einfluß nehmen; so lange bleiben die
Anlagenbauer in ihrem angestammten Metier und müssen keine
neuen Konkurrenten fürchten; und solange sind zwar die Umsätze, aber nicht unbedingt der strukturbestimmende Einfluß der
zentralen Betreibergesellschaften grundsätzlich in Frage gestellt.
Gegenüber solaren Energieträgern greifen – wie gesagt – keine
Angebotsmanipulationen von Brennstoff-Lieferanten mehr, kann
also die Alternative nicht mehr unterlaufen werden. Weil die Sonnenenergietechnik eine sehr viel grundlegendere Umstellung der
Anlagenindustrie und eine prinzipielle Strukturveränderung der
Betreiberunternehmen erfordert, hat sie mit mehr Widerständen
zu rechnen. Sobald ihre breite Einführung aber richtig begonnen
hat, wird sie nicht mehr aufzuhalten sein, weil sie widerstandsfä-
higer gegenüber konterkarierenden Zugriffen aus der etablierten
Energiewirtschaft ist: Sonnenenergie eröffnet die Möglichkeit,
sich diesen Machteinflüssen zu entziehen.

Die ökonomischen Widerstände beruhen also auf harten Interessen, denen sich die betreffenden Unternehmensführungen
kaum entziehen können. Selbstverständlich könnte die Energiewirtschaft, wäre sie zukunftsbewußter, sehr viel mehr Engagement für die Sonnenenergie aufbieten, als sie es bisher getan hat.
Aber solange das Gros der eigenen Investitionen bei herkömmlichen Energieträgern liegt, bleibt sie an ihre überkommene
Struktur mit Bleigewichten gekettet. Ihr tatsächlicher Spielraum
ist zwar wesentlich größer als bisher zugegeben, wie einige Beispiele schon zeigen, aber selbst bei voller Ausschöpfung dieses
Spielraums wäre das – gemessen an den tatsächlichen Erfordernissen – bei weitem nicht genug. Keines der Unternehmen kann es
von sich aus auf sich nehmen, bereits getätigte und noch relativ

frische Investitionen zu entwerten und eingesetztes Kapital zu vernichten; keines wird von sich aus Verlierer des notwendigen Strukturwandels sein wollen oder können. Auch ihre Kreditgeber würden dies zu verhindern suchen.

Den bequemen Ausweg eines »all-winners«-Konzepts zu wählen, um niemandem weh zu tun, wäre demnach gleichbedeutend mit einem verantwortungslos langsamen Trott in eine Sonnenenergie-Wirtschaft. Nicht die angeblich zu hohen Kosten der Sonnenenergietechnologie sind das wirkliche Problem, sondern die zu hohen Kosten eines unverzüglichen Strukturwandels der Energiewirtschaft. Diese vertritt eben die Interessen einzelner Unternehmen und nicht die der Allgemeinheit. Zwar tun diese in der Öffentlichkeit so, als würden sie statt ihrer Interessen den lauteren Sachverstand vertreten. Aus ihrer Sicht ist das verständlich.

Nicht verständlich ist, daß der Allgemeinheit verantwortliche Politiker und Medien dieses Spiel überwiegend mitmachen, das im Dreijahresturnus auf den Konferenzen des sogenannten Weltenergierates seine Finalrunden durchführt. Dieser Weltenergierat ist nichts weiter als das versammelte internationale Energiekartell, zu dem Heerscharen von Politikern und Journalisten pilgern. Regelmäßig wird dort zu zeigen versucht, wo die »sachlichen« Grenzen neuer energie- und umweltpolitischer Ziele seien. 1989 in Montreal – damals nannte sich das Kartelltreffen noch »Weltenergiekonferenz« – wurde festgestellt, daß die Sonnenenergien bis zum Jahr 2020 nur einen Anteil an der Energieversorgung von maximal 3 % ausmachen würden. 1992 in Madrid wurde festgestellt, daß erneuerbare Energien im nächsten Jahrhundert (!) keine bedeutende Rolle spielen würden. Nur drei Monate nach der Rio-Konferenz wurde kaltschnäuzig erklärt, daß bis 2020 die jährlichen CO_2-Emissionen nur um 10 % reduziert werden könnten. Was als Prognose hingestellt wurde, ist in Wirklichkeit ein Interessendekret.

Die notwendigen Sieben-Meilen-Schritte zur Solarenergienutzung bedürfen deshalb einer konsequenten und politischen Strategie. Statt sich weiter um den Konsens mit allen Interessen in der Energiewirtschaft zu bemühen, was im Sinne einer ambitionierten Sonnenstrategie offenkundig Nonsens ist, muß diese Strategie versuchen, die Energiewirtschaft zu *spalten*! Sieht man sich die verschiedenen Motive für die Verharrung in den gegebenen Strukturen an, so zeigt dies, daß Anlagenproduzenten und kommunale und regionale Energieversorgungsunternehmen sowie neue Kapitalgesellschaften und Unternehmen bzw. Unternehmensformen auf der Seite der Produzenten und Nutzer von Sonnentechnologie das größte Interesse an einer Sonnenstrategie haben müßten. Sie sind die potentiellen Gewinner, deren Interessen mit denen der Allgemeinheit in Einklang gebracht werden können und müssen. Für eine antimonopolistische, antifossile und antiatomare, Orientierung brauchen sie so lange politische Rückendeckung, wie sie noch keine eigene durchsetzungsfähige Stellung im ökonomischen Interessenkampf haben. Ohne diese Rückendeckung bleibt die Marktmacht der sich um die herkömmlichen Energiequellen tummelnden Energiewirtschaft noch für eine unverantwortlich lange Zeit gleichbedeutend mit ihrem Marktversagen, was die Sonnenenergien angeht.

Staatsversagen: Ohnmacht über die Verhältnisse

Das mehr als dürftige Engagement der politischen Institutionen für die Sonnenenergie ist nicht nur dadurch zu erklären, daß Staaten und Kommunen selbst große Unternehmensanteile in der Energiewirtschaft haben und sich gelegentlich selbst eher wie Vertreter von Unternehmensinteressen verhalten, statt die Interessen der Allgemeinheit zu vertreten. Man kann auch nicht sagen, daß sämtliche Entscheidungsträger in den politischen Institutionen noch gezielte Vorbehalte gegenüber der Sonnenenergie hätten. Statt dessen wird eingewandt – so etwa der amerikanische Unterstaatssekretär im Energieministerium auf einem Hearing im amerikanischen Senat über Solarenergie im April 1990 anläßlich des »Earth Day« –, für entschiedene Maßnahmen zur Sonnenenergienutzung fehle es am gesellschaftlichen Konsens. Ich nahm an diesem Hearing teil und antwortete darauf mit der Bemerkung: »Wenn eine Regierung etwas nicht will, verweist sie auf angeblich nicht vorhandenen Konsens. Wenn sie etwas will, etwa Rüstungsprojekte, zieht sie auch ohne Konsens die Entscheidung durch und nennt das ›leadership‹.«

Daß die politischen Institutionen vor der solaren Aufgabe versagen, ist nur *ein* Element des generell festzustellenden Staatsversagens vor Zukunftsaufgaben. Es ist Ausdruck des substantiellen Defizits der heutigen politischen Systeme, die sich in der Situation »der Krise ohne Alternative« befinden, wie sie der Historiker Christian Meier in seinen Fallstudien über die Selbstruinierung des antiken römischen Weltreichs beschrieben hat – wobei aktuelle Bezüge deutlich werden: »Die Gesellschaft ist in solchen Handlungskonstellationen befangen, daß sie fast mit Notwendigkeit durch die nicht intendierten Nebenwirkungen ihres Handelns den Prozeß der Krise vorantreibt. Andererseits ist es noch nicht möglich, daß sich Positionen herausbilden, von denen aus etwa die Notleidenden eine neue Ordnung betreiben. Noch ist man allgemein mit dem Bestehenden zufrieden oder machtlos und nicht in der Lage, es wirksam in Zweifel zu ziehen, so wenig es funktioniert. Insofern besteht eine Diskrepanz zwischen dem, was die Gesellschaft will, und dem, was in ihr bewirkt wird. Es gibt, solange dieser Zustand dauert, noch keine Kraft, die es mit dem Bestehenden aufnehmen kann, die die Krise in Gegensätze zwischen sich und den Verfechtern des Bestehenden einfangen und zum Gegenstand politischen Handelns machen kann, kurz gesagt: Es gibt noch keine Alternative.«[172]

Die Regierungs- und Verwaltungsstrukturen, wie sie sich in den zurückliegenden Jahrzehnten entwickelt haben, stehen sich bei der Lösung der Zukunftsaufgaben inzwischen selbst im Wege. Sie haben, analog zu der zunehmend vielschichtiger und komplexer gewordenen Gesellschaftsstruktur, eine immer arbeitsteiligere Form angenommen. Gab es in den Kabinetten des 19. Jahrhunderts lediglich die »klassischen Ministerien«, so sind die Ressorts inzwischen nahezu überall um Spezialressorts erweitert worden, in manchen Ländern gibt es 20 oder 30 Ministerien mit Spezialressorts, neuerdings auch für Umwelt. Daneben entstanden zahlreiche neue Regierungsämter und Agenturen. Diesem Trend folgten auch die Parlamente. Der Typus des modernen Politik-Ingenieurs weist sich durch seine Spezialisierung aus, so daß es heute kaum noch »den« Politiker gibt, sondern nur noch Außenpolitiker, Finanzpolitiker, Wirtschaftspolitiker, Verkehrspolitiker, Bildungspolitiker, Landwirtschaftspolitiker u. a. m., bis hin zu Energiepolitikern und Umweltpolitikern. Dahinter steht die Vorstellung, die

Architektur des politischen Systems und seiner Institutionen sei im wesentlichen fertig konstruiert und es gebe nur noch Renovierungen, Umbauten und Anbauten an Teile des Gesamtgebäudes. Solche politischen Handlungs- und Karrieremuster sind vielleicht für relativ normale und stabile Zeiten geeignet, aber in Zeiten umfassender struktureller Krisen versagen sie zwangsläufig. Die in sie Integrierten sind nur noch zu Teilveränderungen fähig, aber kaum noch zu umfassenden, ressortübergreifenden neuen politischen Entwürfen. In dieser Beschränkung machen sich die offiziell politisch verantwortlichen und gewählten Repräsentanten zunehmend abhängig von den nichtgewählten, professionalisierten und zahlenmäßig weit überlegenen Spezialisten der Ministerialverwaltungen.[173]

Die ökologische Krise hat uns mit der Nase darauf gestoßen, daß wir Teile eines Gesamtorganismus sind und deshalb zusammenhängend denken und handeln müssen. Die Arbeitsweise der politischen Institutionen steht dem diametral entgegen. Das eine Ressort oder die eine politische Abteilung weiß kaum noch, was die anderen tun; oft werden die Handlungen der einen von den Zielen der anderen konterkariert. Jeder wird zugeben, daß die Umweltfrage alles andere übergreift, aber in der modernen politischen Arbeitsteilung erscheint sie als ein Ressort neben den anderen. So erklärt sich, warum immer häufiger politische Entscheidungen zustande kommen, die für ihren Sektor rational erscheinen, in anderen Sektoren jedoch zu verheerenden Folgen führen. Zu den arbeitsteiligen Entscheidungsverfahren im modernen Management – worin sich Ministerialbürokratien kaum noch von Konzernbürokratien unterscheiden – gehören Mechanismen wie die Aufgabendelegation, was die Zerstückelung der Politik über die Ressorts hinaus noch weitertreibt in immer mikroskopischere Betrachtungsweisen. Solche Delegationsverfahren gelten als Qualifikationsnachweis moderner politischer und wirtschaftlicher Führung. Je mehr sie um sich greifen, desto mehr werden Führungen abhängig von bloßer Stückwerksarbeit.

Die Folge ist, daß Regierungen von ihrem Apparat geführt und immer austauschbarer werden. Die Öffentlichkeit wartet vergeblich auf neue politische Entwürfe, selbst wenn sie sich – wie gerade die Wende zur Sonnenenergie – aufdrängen. Politische Führungen und Parlamente entpolitisieren sich in dieser Struktur zwangsläufig selbst, wenn sie keine eigenen konzeptionellen Gestaltungsideen haben, die sie kraft der ihnen formell gegebenen Entscheidungskompetenz durchsetzen könnten. Damit fördern sie gleichzeitig die politische Entmotivierung in der Gesellschaft, indem sie deren Erwartungen permanent frustrieren. Statt daß man der Erkenntnis des Sozialphilosophen Niklas Luhmann Rechnung trägt, gezielt die »Komplexität zu reduzieren«, geschieht durch diese Organisationsform der politischen Institutionen und ihre Arbeitsmuster genau das Gegenteil: Gesetze und Regelungen werden erlassen, die die Komplexität und die Unübersichtlichkeit ständig erhöhen, die Reformunfähigkeit verstärken und die Politikverdrossenheit steigern – in einer Zeit, in der umfassende Reformfähigkeit und politisches Engagement für das Überleben der Menschheit unabdingbar sind. Die immer gefährlicher werdenden Politikdefizite versucht man durch Flucht in die Rhetorik auszugleichen. Probleme werden sprachlich besetzt, statt daß man sie bewältigt. Meistens gelingt diese Täuschung der Öffentlichkeit sogar für einige Zeit, nicht zuletzt mit Hilfe der Medien. Aber das Ergebnis ist eine zunehmende Unglaubwürdigkeit der politischen Akteure und die Folgen sind Politikmüdigkeit und schließlich Rebellion.

Nur so erklären sich Widersprüche wie die, daß z. B. die deutsche Regierung die positiven Ergebnisse eines von ihr finanzierten Versuchsprogramms für »Niedrigenergiehäuser« veröffentlicht, aber gleichzeitig neue Wohnungsbauprogramme finanziert, in denen diese Empfehlungen unbeachtet bleiben; oder daß die EG-Kommission einen Vorschlag für eine Energiesteuer verabschiedet, um den Energieverbrauch zu senken, aber gleichzeitig eine umfassende Deregulierung des europäischen Flugverkehrs durchführt, deren Ziel die Preissenkung für Flugreisen und Energie sein soll und die damit den Verbrauch von klimaschädlicher Energie zusätzlich anheizen wird; oder daß das deutsche Forschungsministerium einerseits Klima- und Sonnenenergieforschung finanziert, sich aber andererseits auch an der Entwicklung eines Überschall-Flugzeugs beteiligte, dessen Einsatz unweigerlich die Erdatmosphäre in extremistischer Weise zerstören würde. Sämtliche Schieflagen, die im II. Kapitel unter dem Abschnitt »Fakten politischen Zukunftsversagens« genannt wurden, gehören zu diesen grotesk widersprüchlichen Ergebnissen des Regierungshandelns.

So ist es kein Wunder, daß innerhalb eines Ministeriums, einer Regierung, eines Parlaments die eine Hand umstößt, was die andere aufbaut. Dadurch bleiben insbesondere in der grundlegenden Energiefrage die sozialen und ökologischen Kosten bisheriger Energieversorgung ebenso unberücksichtigt wie die umfassenden sozialen Vorteile der Sonnenenergie. Millionenstädte ersticken an ihrem eigenen Müll, und Epidemien greifen um sich, aber eher wird an den Bau eines Kern- oder Kohlekraftwerks gedacht als daran, die Riesenmengen Mülls zu trennen und seine organischen Bestandteile energetisch zu nutzen, um damit die Atmosphäre zu schützen, die Atemluft zu verbessern, das Wasser zu säubern, das Müllproblem zu lösen und die Hygiene zu fördern. Ebenso wie die Energiewirtschaft ihren überkommenen Strukturen und ihren bisherigen Investitionen verhaftet ist – wofür es wenigstens noch eine begrenzte ökonomische Rationalität gibt –, haften das politische Institutionensystem und die von ihm bestimmten Prozesse an eingespielten Abläufen, unfähig zu Schritten und Zukunftsentwürfen, die der Größe des Problems gerecht werden, wenn diese die eingespielten Arbeitsmethoden des politischen Betriebs durchkreuzen. Um den Weg zu einer globalen Sonnenenergiewirtschaft in der notwendigen Konsequenz zu gehen, müssen – das ist eine Binsenweisheit – die ökonomischen Widerstände durch strategische politische Entscheidungen überwunden werden. Doch dazu ist es notwendig, die politischen Institutionen auf ihre Betriebstauglichkeit zu überprüfen. Dazu gehören grundlegende administrative Reformen, die aber nur dann einen Sinn ergeben, wenn man weiß, für welche Ziele sie notwendig sind. Eine politische Sonnenenergieoffensive, die nahezu alle arbeitsteiligen Politikbereiche berührt, muß auch alle diese Bereiche erfassen.

In einer Zeit wachsender Politikenttäuschung ist es Mode geworden, der jetzt aktiven Politikergeneration einerseits mangelnde eigene Fähigkeiten vorzuwerfen und ihnen andererseits die großen prägenden Persönlichkeiten früherer Jahre vorzuhalten. Aber diese Gegenüberstellung von starken Vätern und schwachen Söhnen und Töchtern verschleiert die wirklichen Probleme und ist – trotz des aktuellen Staatsversagens – hochgradig ungerecht. Die politischen Akteure der Gegenwart stehen vor der sie überwältigenden Aufgabe, mehr Probleme abarbeiten zu müssen, als jemals einer Generation von ihren Vorgängern hinterlassen wurden.

Das Umweltproblem, die Überrüstung, die janusköpfigen Technologieprojekte, die Energieverschwendungsorgien, die Überbürokratisierung und nicht zuletzt die eingespielten politischen Ordnungs- und Entscheidungsstrukturen sind allesamt Probleme, die auf Entscheidungen der hochgerühmten Vorgänger beruhen – und deren uferlose Folgen jetzt nicht mehr zu übersehen sind. Viele der Gründe für die Hilflosigkeit der heutigen Politik liegen in der Zukunftsblindheit bei früheren politischen Entscheidungen. Die jetzige Generation muß die Suppe auslöffeln, die von der früheren versalzen worden ist. Es ist undenkbar, daß diese Folgen kurzfristig abgearbeitet werden könnten.

Die eigentliche Schwäche der meisten politischen Akteure der Gegenwart liegt nicht darin, daß sie nicht so »gut« wären wie ihre »Väter« und »Großväter«. Es ist anders: Sie kommen nicht dazu, eine wirkliche Alternative zu formulieren, solange sie den vorgeprägten Handlungsmustern verhaftet bleiben. Originale sind beeindruckender als ihre heutigen Abziehbilder. Diese mögen sich immer noch am besten für geschmeidige individuelle Führungskarrieren eignen. Die Anforderungen und Fähigkeiten, eine politische Führungsrolle im vorgegebenen Rahmen zu erlangen, stehen in immer krasserem Gegensatz dazu, eine solche Verantwortung heute ausüben zu können. Die konventionellen Verhaltensweisen reichen allenfalls zur »Macht in den Verhältnissen« und nicht mehr zu neuer gestalterischer »Macht über die Verhältnisse«. So stehen »Macht zum Handeln und Ohnmacht zum Verändern« (Christian Meier) nebeneinander und bilden eine verderbliche Mischung, weil sich die Idee für eine zeitgemäßere politische Konzeption noch nicht durchgesetzt hat und es an einer ausreichenden Anzahl aktiver Träger mangelt. Die politischen Unterlassungen in einem so zentralen Bereich der Zukunftsvorsorge wie beispielsweise der Sonnenenergie haben hier eine tiefe Ursache. Daß diese Unterlassungen fortdauern, liegt aber auch daran, daß Politik nicht in einem luftleeren Raum stattfindet und in entscheidendem Maße auch von ideologischen Strömungen beeinflußt ist.

Die 80er Bewegung und ihre Zukunftsblindheit

Die 60er und 70er Jahre waren Jahre der Erwartung, daß sich Politik und Wirtschaft demokratischer und sozialer gestalten ließen: die Zeiten Kennedys und der amerikanischen Bürgerrechtsbewegung, der britische soziale Wohlfahrtsstaat Wilsons, die sozialliberale Reformkoalition in der Bundesrepublik Deutschland, die Aufbruchstimmung der italienischen Linksparteien der 70er Jahre, und, etwas verspätet, 1981 der Wahlsieg der französischen Linken. Die 68er Revolte hatte dem altbackenen autoritären Konservatismus den Rest gegeben und leitete den kulturellen Wandel zu einer »offenen Gesellschaft« ein. Die Entspannungspolitik eröffnete neue Chancen für einen friedlichen weltpolitischen Wandel. Und während die westlich-kapitalistischen Systeme in der Hochphase einer wohlfahrtsstaatlichen Entwicklung standen, vollzog sich ein Wertewandel, nachdem scheinbar die materiellen Existenzbedürfnisse gesichert waren. Nun ging es um »immaterielle Werte«, die Entfaltung persönlicher Freiheit und das Engagement für die Umwelt. Damit begann die Umweltdebatte mit einem Mißverständnis, das Folgen haben sollte. Denn die Umweltfrage ist keine immaterielle Angelegenheit, sondern betrifft in substantieller Weise die materielle Existenz.

Verglichen mit dem Beginn der 90er Jahre waren die politischen Zustände zu Beginn der 80er Jahre noch relativ problemorientiert. Es gab zahllose Bürgerinitiativen, die hernach wieder einschliefen; breite Protestbewegungen gegen Atomwaffen, von der »nuclear freeze«-Bewegung in den USA bis nach Westeuropa, von denen heute, zehn Jahre später, bei vergleichbaren Anlässen – etwa dem atomaren Trident-Programm der britischen Regierung – nicht mehr viel übrig geblieben ist. Militärische Pläne zur Intervention in Entwicklungsländern werden heute wie selbstverständlich diskutiert, während sie noch wenige Jahre zuvor Stürme öffentlichen Protests hervorgerufen hätten. Atomwaffentests regen heute die Öffentlichkeit weniger auf als früher, das gleiche gilt für soziale Einschnitte, obwohl sie schärfer geworden sind. Von den »neuen sozialen Bewegungen«, die – ausgelöst von der 68er Bewegung – Anfang der 80er Jahre in aller Munde waren und schon als neue Jahrhundertbewegung bezeichnet wurden, ist nicht mehr viel zu sehen. Eine Demobilisierung öffentlichen Engagements findet in einer Zeit statt, in der die Erkenntnisse über die Naturzerstörung dramatischer geworden und das allgemeine Bewußtsein darüber weiter verbreitet ist als je zuvor.

Die 80er Jahre waren von einem weiteren ideologischen Wertewandel geprägt – vom neoliberalistischen. Die neoliberale politische Wende erwies sich als einer der erfolgreichsten ideologischen Feldzüge der Neuzeit, der nahezu alle Länder durchzog und – trotz seiner verheerenden Folgen – sogar bis in die Politik sozialreformerischer Parteien hineinwirkte. Die Kampfansage galt dem sozialen Wohlfahrtsstaat, der politischen Intervention in wirtschaftliche Abläufe, den Steuern. Die uneingeschränkte individuelle Freiheitsentfaltung wurde zur Zauberformel der gesellschaftlichen Zukunft; das bedeutete Freiheit des Individuums und des Unternehmers, die Selbstregulierung aller Probleme durch den Markt, den unbeschränkten Kapitalismus als eigentlichen Freiheitsgaranten: kurz den »wettbewerblich organisierten Kapitalismus – also die Organisation der ganzen Masse der wirtschaftlichen Aktivität durch private Unternehmen, die auf freien Märkten operieren – als ein System von wirtschaftlicher Freiheit und einer notwendigen Bedingung für politische Freiheit«[174]. Der Ellbogenstärke galten die neuen Hymnen, der neuen Auslese der Erfolgreichen, der Privatisierung von öffentlichen Dienstleistungen, dem Verzicht des Staates auf wirtschaftliche Initiativen, dem offensiven Desinteresse an öffentlichen Angelegenheiten, dem Prinzip »jeder für sich und gegen jeden«.

Trotz ihrer offenkundigen Widersprüchlichkeiten und Verlogenheiten, ihrer extremen Einseitigkeiten und desaströsen sozialen Konsequenzen vor allem in den Zentren dieser Entwicklung, in Großbritannien und den USA, wurde diese Ideologie zur Leitmelodie einer neuen Bewegung. Wir können sie die »80er Bewegung« nennen, die die »68er Bewegung« ablöste. Im neoliberalen Musterland, den USA, lag die wirtschaftliche Infrastruktur alsbald völlig vernachlässigt darnieder; die Deregulierung produzierte nicht mehr produktive Konkurrenz, sondern weniger Marktteilnehmer und schlechtere Dienstleistungen; die Jagd nach dem schnellem Geld ruinierte das Banken- und Industriesystem; die Ausbildungs-, Forschungs- und Entwicklungsbasis wurde immer dünner. Im Widerspruch zur offiziellen Entstaatlichungsideologie expandierte der Rüstungssektor und mit ihm die Staatsschulden, weil Aufrüstung zum neuen Stärkebewußtsein gehörte und die Militärindustrie noch größeren Einfluß auf die Regierung gewann. In anderen Bereichen öffentlicher Wirtschaftsaktivität wurde rigoros abgebaut, so daß die USA dabei u. a. auch ihre noch bis zum Beginn der 80er Jahre führende technologische Stellung in der Sonnenenergie preisgaben. Selbst der ökonomische Leistungsstandard verschlechterte sich überall dort, wo diese Bewegung dominierte, der sich besonders die jüngeren Managementeliten in Scharen anschlossen.

Nie zuvor war es so leicht möglich gewesen, Privilegien und Rücksichtslosigkeiten mit der Idee der Freiheit zu legitimieren! Die pure Marktfreiheit und -auslese wurde sogar zum Leitkriterium für die Entwicklungsländer, durchgesetzt mit der Hilfe internationaler Finanzinstitutionen, und nach 1989 auch für die Gesellschaftsreformen der Planwirtschaften des politischen Ostens. Auch die neuen wirtschaftlichen Liberalisierungsansätze der Europäischen Gemeinschaft sind vom Neoliberalismus in starkem Maße beeinflußt. Im Dunstkreis dieser Ideologie hat die Diskrepanz zwischen den Zukunftsgefahren und den politischen Initiativen, mit denen sie bekämpft werden müssen, drastisch zugenommen. Neuen ökologischen Initiativen steht mehr denn je zuvor der pauschale Vorbehalt gegen staatliche Interventionen entgegen, und die öffentliche Rückendeckung aktiver sozialer Bewegungen hat eher ab- als zugenommen.

Erklärungsbedürftig bleibt, warum dieser Neoliberalismus trotz seiner effektiven praktischen Verwüstungen einen so breiten Erfolg im öffentlichen Bewußtsein hatte, daß selbst die Opposition dagegen erlahmte. Die Gründe sind wohl darin zu finden, daß das wohlfahrtsstaatliche Modell in Mißkredit geraten war. Mit einer Wachstumskrise, wie sie Anfang der 80er Jahre bestand, wurde der Wohlfahrtsstaat konzeptionell nicht mehr fertig, weil er seine kostspielige Leistungsfähigkeit von einem kontinuierlichen Wirtschaftswachstum abhängig gemacht hatte. In Ermangelung eines ökologischen Wirtschaftskonzepts, das weiteren volkswirtschaftlichen Zuwachs ohne Wachstumsschäden ermöglichen würde, stand er den neoliberalen Forderungen hilflos gegenüber, die wirtschaftliche Existenz durch Entstaatlichung sichern wollten. Er war entstanden, um sozial Schwache zu unterstützen und Abhängigkeiten zu überwinden. Aber mit seiner Etablierung entstanden bürokratische Apparate und Staatsleistungen, die auch von vielen Nichtbedürftigen mißbraucht wurden, während viele tatsächlich Bedürftige ins Abseits gedrängt wurden. Intelligente Verfechter des klassischen Wirtschaftsliberalismus erkannten, daß die von der 68er Bewegung entwickelte Idee der individuellen Selbstverwirklichung aufgegriffen werden und in eine neue Philosophie des bindungsfreien Individualismus mit modernem Anstrich umgemünzt werden konnte. In den 70er Jahren beschwor der britische Neoliberale Samuel Brittain in einer »Die Ökonomie der Freiheit« betitelten Schrift die »Erneuerung der unternehmerischen, ja sogar piratenhaften Elemente des Kapitalismus«. Die Zeit sei dafür reif, denn »die Werte des wettbewerblichen Kapitalismus haben mit gewissen zeitgenössischen Verhaltensweisen viel gemeinsam, besonders mit der Haltung der ›Radikalen‹. Da ist vor allem die Neigung, jeden, soweit praktisch irgend möglich, das tun zu lassen, was er gerne tut.«[175]

Der moderne Individualismus war zunächst eine notwendige Antwort auf überkommene willkürliche Herrschaftsstrukturen. Seine egozentrische Übersteigerung paßt jedoch geradezu ideal in die kommerzialisierte Konsumgesellschaft mit ihrer ständigen Stimulierung neuer, vom Markt zu befriedigender Bedürfnisse. Die sich daraus entwickelnde immer größere Rücksichts- und Gedankenlosigkeit gegenüber gesellschaftlichen Erfordernissen ist inzwischen zu einem kollektiven Syndrom geworden. Der Anforderung einer gesellschaftlichen Zukunftsorientierung steht – radikaler und weiter verbreitet denn je – eine sich ausbreitende soziale Umweltverschmutzung entgegen. Soziologen erkennen darin die Gefahr einer gesellschaftlichen Selbstzerstörung, wenn es nicht gelinge, den menschlichen Gemeinschaftssinn und soziale Bindungen zu erneuern: »Wenn wir nicht damit beginnen, den Schaden an unserer sozialen Ökologie zu beheben, dann werden wir – und dies ist seit einiger Zeit evident – uns selber zerstören, noch lange bevor eine Katastrophe der natürlichen Ökologie die Zeit hat, unsere Lebensgrundlagen zu zerstören.«[176]

Ungeachtet solcher Warnungen ist die Übersteigerung individueller Freiheiten, ohne Rücksicht auf den sozialwirtschaftlichen Rahmen und die sozialökologischen Konsequenzen zu nehmen, der Leitfaden unserer Tage. In der Menschenrechtsdebatte stehen mehr denn je allein die individuellen und nicht auch die sozialen Menschenrechte im Vordergrund. Darüberhinaus tritt erstmals in der Geschichte der Kapitalismus sogar als unangefochtenes Vorbild in der Welt auf – mit den USA als moralischem Weltführer und trotz seiner hinterlassenen Kahlschläge, besonders in Entwicklungsländern, und seiner ökologischen Kurzsichtigkeit. Bestärkt durch den Ruin der »sozialistischen Mißwirtschaften«, die ökologisch ebenso versagt haben, präsentiert er sich als einzige Möglichkeit, menschenwürdige Zustände zu schaffen – als gebe es nicht auch zahllose Beispiele für kapitalistische Mißwirtschaften. In einer seit der Französischen Revolution nie dagewesenen Simplifizierung politischer und wirtschaftlicher Ideen zur Gesellschaftsgestaltung wird diskutiert, als gebe es prinzipiell nur zwei Formen von Wirtschaft und Gesellschaft, die freiheitlich-kapitalistisch-marktwirtschaftliche oder die diktatorisch-kommunistische, über die die Weltgeschichte nun ihr endgültiges Urteil gesprochen habe.

Das anthropozentrische Weltbild – der Mensch im Mittelpunkt – wird dabei derart individualisierend verabsolutiert, daß ihm offenbar kein Preis zu Lasten anderer Menschen in der Gegenwart und Zukunft zu hoch ist. Aus dieser geistigen Verfassung heraus werden maßstabslose Argumente artikuliert. So ist z. B. immer wieder zu hören, man könne leider die die Ozonschicht zerstörenden FCKW, die u. a. in den Klimaanlagen in Automobilen eingesetzt werden, erst aus dem Verkehr ziehen, wenn Ersatzstoffe dafür zur Verfügung stünden! Etwa 10 % der Automobile haben solche Klima-Anlagen – und ein Verzicht darauf gilt als unzumutbar, auch wenn die Ozonschicht deshalb immer dünner wird! Dies entspricht der Ideologie der Zeit: Man gibt die Zukunft zugunsten eines Auslebens von Gegenwartsbedürfnissen preis, was schon vielfach egofaschistische Züge angenommen hat.

Indem der soziale Wohlfahrtsstaat brüchig wurde, verflog auch der Optimismus und das öffentliche Vertrauen, er könne die dauerhafte wirtschaftliche Stabilität eines Staatswesens inmitten weltwirtschaftlicher Konkurrenz, einer Internationalisierung der Kapitalströme und zunehmender wirtschaftlicher Turbulenzen gewährleisten. Im Wertewandel der 80er Jahre ging es folgerichtig wieder verstärkt um die materielle wirtschaftliche Existenz. Da man die ökologische Frage mehr als eine kulturelle denn als eine materielle verstand und diskutierte – als einen Luxus, den man sich nur leisten kann, wenn es einem wirtschaftlich gut geht –, rückte sie praktisch wieder in den Hintergrund. Die Mehrheit verbündete sich mit den etablierten Kräften, um mit ihnen zu überleben. Die Identifikation mit dem Unternehmen rückte vor die Identifikation mit dem Staat, der Gesellschaft oder einer Partei.

Die sozialreformerischen Kräfte begriffen nicht, daß die Krise und die Folgekosten des bisherigen Wirtschaftswachstums die eingeführten öffentlichen Dienstleistungen nicht mehr finanzierbar machten, weil sich die Lücke zwischen geringer steigenden Staatseinnahmen und zunehmenden Staatskosten nur noch durch wachsende Staatsverschuldung schließen ließ. Sie versäumten, den wohlfahrtsstaatlichen Leistungskatalog wieder sozial gerechter und den öffentlichen Dienstleistungsapparat funktionsfähiger zu gestalten. Vor allem erkannte man nicht, welche Chance in den Motivationen und Ideen der ökologischen Bewegungen lag, denen gegenüber man eher ein nur taktisch-opportunistisches oder gar ein ablehnendes Verhältnis hatte. Es ging dabei nie darum, unbedacht deren Konzepte zu übernehmen, sondern darum, neue Grundströmungen als Seismographen zur Formulierung neuer Strategien und zur Mobilisierung dafür zu sehen. Genau das tat der Neoliberalismus, freilich nicht in eine soziale und ökologische, sondern in eine asoziale und ökonomistische Richtung. Er modernisierte sich und erhielt eine neue Basis. In einem nächsten Akt zerstreute sich die neue sozialökologische Bewegung, und die sozialreformerischen Parteien begannen, sich an den Neoliberalismus anzupassen – ein Prozeß, in dem sie sich noch immer befinden und dadurch weder ihre alte Identität erhalten noch eine neue gewinnen können.

In der neoliberalen Atmosphäre der 80er Jahre haben auch die um sich greifende Angst vor der Gefährdung wirtschaftlicher Vorsprünge, die sozialen Katastrophen in Entwicklungsländern und anstehende globale Klimakatastrophen innerhalb der westlichen Industriestaaten zur aggressiven Verteidigung eigener Besitzstände mobilisiert, koste es was es wolle – und zwar mit Hilfe einer Ideologie, die das auch noch als höhere Moral rechtfertigt. Je weniger Lösungsmöglichkeiten der ökologischen Weltkrise zu sehen sind, je mehr und je schneller der Verzicht auf die gehobene

Luxusausstattung der westlichen Industriegesellschaften droht, desto größer wird offenbar die Neigung, wenigstens die eigene Haut zu retten und den eigenen Nabel als Zentrum der Welt zu betrachten. Die neoliberale Ideologie und der von ihr geförderte Kult des Individuums – die »Kultur des Narzißmus«[177] – erscheinen als ein Symptom dafür, daß man die Rettung der Gesellschaft bereits aufgegeben hat.

Obwohl man die ökologischen wie die ökonomischen und die kulturellen Folgen dieser Ideologie deutlich erkennt, strahlt sie dennoch eine solche Faszination aus, daß sie bis heute Leitbild des politischen Handelns bleiben konnte, auch wenn sie mittlerweile nicht mehr ganz so überzeugt vertreten wird. Neben den genannten Gründen hängt dies möglicherweise damit zusammen, daß sie eine Reduktion der Komplexität verspricht, mit der Regierungen nicht fertigwerden und die der Grund für das Staatsversagen ist. Die neoliberale »Entstaatlichung« schafft den Regierungen die Möglichkeit, Verantwortungen kurzfristig abzuwerfen, also nicht mehr zuständig sein zu müssen und die Probleme laufen lassen zu können. Der Neoliberalismus konnte sich durchsetzen in Ermangelung einer neuen wohlfahrtsstaatlichen Idee, wie die ökonomischen, ökologischen und sozialen Ziele anders erreicht werden könnten als immer nur durch eine Erhöhung des Staatsbudgets und der Steuerlasten, einer ständigen Ausdehnung von Regelungsvorschriften und des öffentlichen Verwaltungsapparats. Deshalb wird der Neoliberalismus so lange einflußreich sein, wie die Verfechter sozialökologischer Veränderungen statt einer zweifellos notwendigen Komplexitätsreduzierung nur immer komplexere Konzepte anbieten und sich an die Ursachen nicht herantrauen.

Sanfte Irrtümer

Nicht zu übersehen ist, daß es auch in Teilen der Ökologiebewegung Vorbehalte gibt – nicht gegen das generelle Ziel einer Sonnenenergiewirtschaft, wohl aber gegen einen unverzüglichen massiven Einstieg und gegen manche Nutzungsformen. Solche Kritiker unterscheiden zwischen dem »sanftem« und dem »harten« Weg, zwischen »solarer Kleintechnologie« oder »solarer Großtechnologie« – mit großer Skepsis gegenüber letzterem, ja sogar bei manchen mit heftiger Ablehnung des »harten, großtechnologischen Weges«, der »nur« zum Austausch der einen Technologie durch eine andere führe. Deshalb solle man klein und sanft anfangen oder sich sogar generell darauf beschränken. Viel wichtiger sei es, so ist immer wieder zu hören, zunächst einmal die Strukturen des Energieverbrauchs und den Lebensstil zu ändern, bevor eine neue Technik eingesetzt werde. Und es werden Bedenken gegenüber negativen Umweltauswirkungen auch durch die Sonnenenergienutzung geäußert. Solche Argumente sind den Repräsentanten des jetzigen naturzerstörerischen Energiesystems hochwillkommen und werden dankbar aufgegriffen – weil sie die Erwartungen gegenüber der Sonnenenergie dämpfen helfen und sogar die unverantwortliche Zurückhaltung gegenüber den Sonnenenergien auch scheinbar ökologisch rechtfertigt. Sieht man näher hin, verraten diese Vorbehalte aber entweder eine mangelnde Beschäftigung mit den Möglichkeiten der Sonnenenergie oder offenbaren eine eher psychologische Hemmung.

1. Der Vorbehalt, daß nicht »nur« eine Großtechnik gegen eine andere ausgetauscht werden dürfe, verwechselt die Schale mit dem Inhalt und orientiert sich an einer Erfahrung, die auf die Sonnenenergietechnologien gar nicht übertragbar ist, wenn man deren spezifische Ökonomie in Relation zu dem natürlichen Energieangebot bedenkt. Aber selbst, wenn es wirklich »nur« um einen Austausch der Techniken ginge, wäre das Argument haltlos – weil dieser Austausch nicht weniger bedeutet als die Ablösung der umweltzerstörerischen durch umwelterhaltende Energiequellen! Das Kernproblem sind und bleiben die eingesetzten Quellen und die Umwandlungsvorgänge, alles andere ist demgegenüber sekundär. Die Größe von Energieanlagen allein bedeutet noch keine existentielle Gefahr für die Menschheit und hätte auch keine weltweite Anti-Kernkraft-Bewegung ausgelöst. Der Größte Anzunehmende Unfall (GAU) bei einem Sonnenkraftwerk wäre, daß einige Module ausfallen und dann vollkommen gefahrlos und sofort ersetzt werden könnten, ohne daß das gesamte Kraftwerk abgeschaltet werden müßte. Das Gegensatzpaar von »sanft« und »hart«, »groß« und »klein« läßt sich auf Sonnenkraftwerke nicht einfach übertragen. Was heißt bei der Sonnenenergie »hart« und »groß«?

Es gibt eine einzige Sonnenenergietechnologie, bei der die Analogie etwa zu atomarer Großtechnik tatsächlich angebracht ist. Diese Technologie steht bisher nur auf dem Papier, und wir werden dafür sorgen müssen, daß das so bleibt. Es handelt sich um Pläne für Sonnenkraftwerke im Weltraum. Bereits in den 70er Jahren wurde von dem US-Amerikaner Glaser die Idee entwickelt, eine 11,7 mal 4,3 km große Solarzellenplattform im Weltraum zu stationieren. Damit könnte Sonne kontinuierlich in Strom umgewandelt werden, weil dieses Satelliten-Kraftwerk, abgesehen von wenigen Stunden im Jahr, zu keiner Zeit im Schatten der Erde stünde. 10 Gigawatt Strom – die Leistung von 10 großen Atomkraftwerken – sollten über einen Mikrowellenstrahl von 1 km Durchmesser auf eine Empfangsantenne mit einer Fläche von 50 qkm gelenkt werden. Da solche Mikrowellenbündel extrem schädlich sind und diese Art der Sonnenenergie – im Gegensatz zu der natürlichen Sonnenenergiestrahlung auf die Erde – erhebliche zusätzliche Energiemengen in die Erdatmosphäre schleusen würden, könnte das Satellitenkraftwerk die sonst gegebenen positiven Eigenschaften der Sonnenenergie nicht für sich in Anspruch nehmen.[178] Auch heute noch wird an solchen Konzepten gearbeitet – noch Ende der 80er Jahre wollte sich beispielsweise der deutsche MBB-Konzern auf diese Energiequelle konzentrieren. Bleiben wir also mit der Sonnenenergienutzung auf der sicheren Erde, so kann hier von Großkraftwerken eigentlich nur in Zusammenhang mit großen Gezeitenkraftwerken oder Wasserkraftwerken mit großen Stauseen und hohen Staudämmen gesprochen werden. Es gibt gute Gründe, solche Anlagen abzulehnen – ebenso wie den Ausbau riesiger monokultureller Energiepflanzenfelder und ihre Überdüngung zwecks blindwütiger Ertragssteigerung.

Wenn das aber vermieden oder ausgeschlossen wird, was – wie in vorhergehenden Kapiteln beschrieben – möglich ist, sind auch große Ernteflächen bei Biomasse und große Solarkollektoren- und Solarzellenfelder unproblematisch. Sie sind auch nicht *großtechnisch*, sondern *großflächig*. Ein großflächiger Einsatz ist bei Solarkraftwerken ökonomisch nur dann nötig, wenn die vorhandenen Gebäude als Nutzungsflächen in der Summe zu einer solaren Energieversorgung nicht ausreichen.

Dies ist in dichtbesiedelten Ländern praktisch nicht der Fall. Großflächige Sonnenkraftwerke können auf unbesiedelte Gebiete beschränkt werden, auf Wüsten und andere Ödlandschaften – und dabei sogar, mit zusätzlicher Hilfe von Bewässerungssystemen, deren Begrünung ermöglichen.

Es wird aus einsichtigen praktischen und nicht zuletzt ökonomischen Gründen nicht dazu kommen, daß die gesamte solare Energieversorgung in entfernten Wüstengegenden mit Zehntausenden von Quadratkilometern Anlagenfläche stattfindet – eine Vorstellung, die manche ablehnende Reaktion hervorruft. Nur: Wenn es keine andere Möglichkeit als diese gäbe, müßte man auch diese Monostruktur in Kauf nehmen. Das wäre zwar mit manchen Problemen verbunden, aber im Gegensatz zur Stromversorgung aus fossilen und atomaren Kraftwerken – und sie bilden den politisch interessanten Vergleichsmaßstab – wäre auch das für nicht weniger als die Rettung der Erde vor Klima- und Atomgefahren.

Doch die praktische Priorität einer künftigen Solarenergieversorgung liegt in den naheliegenden und nicht in den fernliegenden Möglichkeiten: in der vorrangigen Nutzung der heimischen Potentiale in jedem Land und in einer notwendigen breiten Streuung von Solarzellen, Solarkollektoren, Windkraft, Biomasseverwertung und kleinräumiger Wasserkraft. Fernliegende Anlagen sind für den Restbedarf an solaren Energieimporten. Diese werden auf jeden Fall deutlich unter den jetzigen Energieimporten der importbedürftigen Länder liegen, insbesondere wenn die Effizienzrevolution stattgefunden hat. Großtechnisch wird also allenfalls die Erzeugung der Anlagen sein – weil hier das Skalengesetz zur Kostendegression gilt. Diese Großtechnik muß in Kauf genommen werden, so wie auch die Vergrößerung der Produktionsanlagen von Fahrrädern in Kauf genommen werden müßte, wenn sich ihr Absatz verzehnfachen würde, weil sich ein anderes Verkehrsverhalten durchgesetzt hat.

2. Was das Argument angeht, zuerst sollten die Gewohnheiten des Energieverbrauchs und der Lebensstil geändert werden, bevor man an den massiven Einsatz der Solarenergie denken könne, so übersieht es den Zusammenhang zwischen Technikeinsatz und Strukturentwicklung. Die Abwehrhaltung gegen-

über der Sonnenenergie bei den Vertretern der herkömmlichen Energie gründet sich ja darauf, daß sie genau wissen, in welchem Maße der Einsatz von Sonnenenergietechnologien die bestehenden Strukturen zu mehr Dezentralität und Autonomie verändern würde. Es wäre auch völlig unsinnig und gar nicht möglich, Strukturen für eine noch nicht eingeführte Technologie ändern zu wollen.

Techniken prägen politische und soziale Strukturen – und einmal entstandene Strukturen wollen die ihnen entsprechende Technik. Die aus diesem wechselseitigen Entwicklungsprozeß entstandenen Strukturen werden automatisch von der Sonnenenergie verändert, wenn die dazu erforderlichen Techniken effizient eingesetzt werden. Was die geforderte Änderung der Lebensstile betrifft, so gilt das gleiche. Das Bewußtsein der meisten Menschen ändert sich nicht in erster Linie durch Einsicht in die Notwendigkeiten, sondern – um an eine soziologische Grunderkenntnis von Karl Marx zu erinnern – durch ein verändertes ökonomisches Sein. Es ändert sich also *mit* der praktischen Umgestaltung des Energiesystems, nicht aber vor dieser Umgestaltung.

3. Es ist richtig, daß auch Sonnenenergietechniken Umweltbelastungen hervorrufen. Selbstverständlich muß bei der Installierung darauf geachtet werden, daß landschaftsplanerisch sorgsam vorgegangen wird. Aber dennoch sind diese – gelegentlich von Naturschützern vorgetragenen – Vorbehalte, selbst wenn sie alle richtig wären, in ihrer Kritik maßstabslos. Sie zeigen, daß bei Umweltbelastungen oft nicht die *Gefahrenhierarchie* berücksichtigt wird. Es ist vor allem ökologisch unverhältnismäßig, die irreversiblen Gefahren für die Menschheit durch herkömmliche Energiequellen und reversible regionale Natureingriffe durch Sonnenenergienutzung nebeneinanderzustellen. Natürlich ist ein unberührter Küstenabschnitt schöner, aber die Alternative ist nicht unberührte Küste oder Windanlagen, sondern Windanlagen oder die Fortsetzung der Öltankerabflüsse ins Meer, CO_2-Emissionen und Atomstromproduktion. Für jede nicht gebaute Windanlage durchschnittlicher Größe werden jährlich 1000 Tonnen CO_2 aus Kohlestromanlagen ausgestoßen. Es ist ökologisch nicht zu verantworten, aus Naturschutzgründen gegen den Bau einer solchen Anlage zu

sein und dadurch indirekt hinzunehmen, daß die Naturzerstörung durch atomare oder fossile Energiequellen nicht entsprechend reduziert werden kann. Krass ausgedrückt: Man kann die Neigung beobachten, die Einführung von Sonnenenergietechniken so an die Voraussetzung uneingeschränkter Naturschonung zu knüpfen, daß nicht einmal ein Quentchen eines Problems übrig bleibt. Wenn aber deshalb das Vorhaben unterlassen wird, geht die 100%ige Zerstörung weiter. Ginge man mit derart strengen Maßstäben an das Energiesparen heran, wäre die negative Bilanz noch viel größer – weil ein Einspareffekt um die Hälfte des bisherigen Energieverbrauchs bedeutet, daß die andere Hälfte herkömmlicher Energie mit den entsprechenden Folgen immer noch weiter verbraucht wird.

Offensichtlich sind die Vorbehalte bei Teilen der Umweltverbände eher psychologisch zu erklären. Umweltschutz war bisher eher defensiv angelegt – auf die Verhinderung weiterer Zerstörung durch gesetzliche Restriktionen und Verbote gerichtet. Das Ersetzen von herkömmlicher Energie durch Sonnenenergie dagegen ist ein Vorgang offensiver Umgestaltung. Da es viel schwerer ist, ein »Ja« zu einer neuen Entwicklung zu formulieren als lediglich ein »Nein« zu gegebenen Entwicklungen, ist die Zahl derer, die das jetzige Energiesystem ablehnen, größer als die Zahl derjenigen, die sich couragiert für eine ambitionierte Sonnenenergiealternative einsetzen. Selbst bei Aufforstungsprogrammen wurden schon vorherige Umweltverträglichkeitsprüfungen gefordert.

4. Manche fürchten einen massiven Einstieg in die Sonnenenergienutzung, weil möglicherweise nach einiger Zeit auch hier schwerwiegende Folgen auftreten könnten, an die zunächst nicht gedacht worden ist. Die Atomkrafterfahrung steckt vielen noch in den Knochen, weil nahezu eine ganze Generation besten Gewissens auf diese Energie setzte und dann doch eines besseren belehrt wurde. Doch es ist eine Legende, daß die Gefahren der zivilen Nutzung der Atomkraft in den 50er Jahren nicht bekannt gewesen seien. Man braucht nur an die Diskussion in den 50er und 60er Jahren zu erinnern, in der sehr eindringlich auf alle kommenden Gefahren hingewiesen wurde, die sich Jahrzehnte später als richtig erkannt herausstellten.[179] Dagegen ist kein einziges auch nur annähernd vergleichbares

Problem bei der Sonnenenergienutzung auszumachen. Woher sollte dieses Problem kommen, wo es doch vorwiegend darum geht, die ohnehin eingestrahlte Sonnenenergie mit technischen Mitteln anzuzapfen? Gäbe es ein solches Problem, wären die zahlreichen Interessenvertreter gegen die Sonnenenergie, die Armeen von Gutachtern kaufen können, schon lange auf dem Plan. Statt dessen sind sie, wie gezeigt, auf lächerliche Scheinargumente angewiesen.

Vielleicht sind die Angst vor einem erneuten Fehler und die bisher mehr defensiv ausgerichteten umweltpolitischen Konzepte auch der Grund dafür, daß sich viele auf Energiesparforderungen beschränken, weil sie meinen, hierbei nichts falsch machen zu können. Doch dadurch entsteht erst recht die Gefahr, erneut etwas falsch zu machen, indem man sich zu vorsichtig und betulich an die Sonnenenergie herantastet – eine Einstellung, die nicht sehr weit entfernt ist von der zögerlichen Haltung der Energiewirtschaft, deren Unternehmen hier und da mit vereinzelten kleinen Projekten eine Aufschiebe- anstelle einer Einführungsstrategie betreiben. Wenn nur kleinere Lernprojekte, um »Peanuts«, statt einer umfassenden Einführungsstrategie vorgeschlagen werden, ist es nicht verwunderlich, daß in der Öffentlichkeit kaum jemand der Sonnenenergie zutraut, Hauptträger der Energieversorgung werden zu können.

Die Vorbehalte bei Teilen der Ökologiebewegung gegen eine breit angelegte Sonnenenergieoffensive erweisen sich als »sanfte Irrtümer«. Ungewollt blockieren sie damit ihr eigenstes Anliegen.

Global reden – national aufschieben: Der Mißbrauch des Internationalismus

»Global denken, lokal handeln« – diese einprägsame Formel der Umweltbewegung mahnt die unmittelbare Mit- und Eigenverantwortung an, nach der jeder an seinem Platz die notwendigen Konsequenzen zu ziehen hat. Die internationale Umweltpraxis vollzieht sich jedoch nach einer anderen, unausgesprochenen Formel: »Global reden, national aufschieben.« Die Globalität der Umweltgefahren wird von nationalen Regierungen ständig dazu mißbraucht, überfällige eigene Initiativen zu verwässern oder aufzuschieben, solange diese nicht auch von anderen ergriffen werden. Es ist zum beliebten Alltagsspiel von Regierungen geworden, die an sie gerichteten Erwartungen auf irgendeine internationale Ebene – eine Konferenz oder eine Organisation – umzulenken. Scheinbar einleuchtende Begründungen dafür gibt es immer: Es nütze ja angeblich wenig, wenn nur ein Land die erforderlichen Konsequenzen ziehe; und da man in internationaler Wirtschaftskonkurrenz stehe, müßten schon alle anderen auch mitziehen, damit man etwa durch höhere Energiesteuern nur im eigenen Land keine wirtschaftlichen Wettbewerbsnachteile habe.

So richtig der Hinweis auf die notwendige Veränderung des globalen Handlungsrahmens ist, so gemeingefährlich ist es, die erforderlichen Initiativen von solchen Veränderungen abhängig machen zu wollen. Das bedeutet eine Beerdigung der Zukunftsperspektiven, denn es ist aus vielerlei Gründen praktisch ausgeschlossen, daß alle Regierungen zum gleichen Zeitpunkt denselben Willen, dasselbe Interesse und gleiche politische und wirtschaftliche Handlungsmöglichkeiten für eine neue Strategie haben.

Der Weltkonferenz für Umwelt und Entwicklung in Rio de Janeiro lag derselbe Irrtum zugrunde wie zahllosen Regierungskonferenzen zuvor: daß es über einen derart umfangreichen Problemkomplex – in dem sich alle vorhandenen Macht-, Interessen- und Entwicklungsdifferenzen widerspiegeln – zu einem allgemein akzeptierten Konsens aller Regierungen kommen könne. Regierungskonferenzen der Vereinten Nationen müssen sich zwangsläufig am Konsensprinzip orientieren: Wenn eine einflußreiche Regierung immer einem Punkt widerspricht und dabei bleibt, wird dieser entschärft oder eliminiert. So geschah es auch in Rio: Als die »Agenda 21« zur Abstimmung stand, schwächten Anträge der Ölförderländer Kuwait und Saudi-Arabien die Passagen ab, die die Sonnenenergienutzung empfehlen sollten. Zum Stichwort »neue und erneuerbare Energiesysteme« forderten sie den Zusatz: »...die sicher, umweltfreundlich und wirtschaftlich sind«. Die Passage, die für die Energieversorgung der Entwicklungsländer zunächst »besonders die erneuerbaren Energien« nannte, wurde auf Antrag der Ölförderländer zu einer, in der nur noch von »einschließlich der erneuerbaren Energien« die Rede war – ihre Bedeutung rutschte also von der ersten an die letzte Stelle![180]

Deshalb mangelt es den Ergebnissen solcher Konferenzen nicht an ernsten Worten, wohl aber an nennenswerten Konsequenzen. 1987 wurde beispielsweise der Bericht der von der UNO eingesetzten unabhängigen Umweltkommission mit dem Titel »Our Common Future« veröffentlicht. Er löste eine UNO-Regierungskonferenz unter demselben Motto aus, die 1990 im norwegischen Bergen stattfand. Doch deren Empfehlungen fielen deutlich hinter die der Kommission von 1987 zurück, weil in den vorbereitenden Treffen der Regierungsvertreter mehr als der kleinste gemeinsame Nenner nicht herauskommen konnte. Am Ende der Konferenz standen wieder einmal beschwörende Reden über die neue Weltverantwortung neben kläglichen Resultaten, aber der Blick war fest auf das nächste Ereignis in Rio de Janeiro gerichtet. Erneut begannen zahllose Vorbereitungstreffen, auf denen Regierungsbeamte wiederum sorgsam darauf achteten, daß nicht etwa Beschlußempfehlungen erarbeitet wurden, die im direkten Widerspruch zu der Politik ihrer jeweiligen Regierung standen.

Es kann nicht verwundern, daß solche Konferenzen so ablaufen. Sie werden blockiert von Koalitionen, die sich aus ökonomischen Interessen, von diesen abhängigen Wissenschaftlern, ideologischen Fixierungen und opportunistischen Mitläufern bilden.[181] Verwunderlich ist vielmehr die politische Naivität, mit der Regierungen wie Umweltverbände, internationale Organisationen wie Medien von Mal zu Mal große Erwartungen und Hoffnungen auf solche Konferenzen projizieren, die diese gar nicht erfüllen können. Jahrelang fixierte sich die umweltaktive Weltöffentlichkeit auf die angekündigten Konventionen von Rio de Janeiro zum Schutz der Umwelt, so als hätten wir keine Erfahrungen mit solchen Konventionen. Beispielsweise war Ende der 60er Jahre eine Konvention verabschiedet worden, wonach jedes westliche Industrieland eine Summe von 0,7% seines Bruttosozialprodukts für Entwicklungshilfe bereitzustellen hat. Im folgenden Vierteljahrhundert lösten lediglich vier Länder diese Verpflichtung ein – was die Rio-Konferenz dazu veranlaßte, in einer neuen Konvention diese Verpflichtung erneut zu beschließen, die nunmehr bis zum Jahr 2000 zu erfüllen sei. Es gibt wenig Gründe zu der Annahme, daß das fortan verbindlicher eingehalten wird, denn Sanktionen bei Nichterfüllung der Verpflichtungen kennt die internationale Ordnung nicht. Internationale Konferenzen werden zur Artikulation guten Willens und als Ersatz für eigene Handlungen benutzt und damit zur Beruhigung der Öffentlichkeit. Produzieren sie keine angemessenen Taten, so wird das auf die komplizierte internationale Verständigung geschoben. Wenigstens, so wird hervorgehoben, formulieren solche Konferenzen ein neues programmatisches Niveau, das dann vielleicht nicht mehr so leicht wie zuvor ignoriert werden könne. Aber kurzfristig geweckte neue Hoffnungen, die von den dafür Verantwortlichen nicht realisiert werden, führen zu gefährlichen Enttäuschungen. Zurück bleibt eine zusätzlich entmotivierte und noch fatalistischer werdende Öffentlichkeit, mehr Desengagement als neues Engagement.

Die internationale Behandlung der Energiesteuer ist ein weiteres Fallbeispiel dafür, wie Verantwortung auf andere abgeschoben wird. Kaum tauchte diese Forderung in Deutschland auf, wurde zwar prinzipiell bestätigt, daß sie richtig sei, sogleich aber auf die Notwendigkeit eines gemeinsamen internationalen Rahmens verwiesen, mindestens innerhalb der Europäischen Gemeinschaft. Nachdem sich die EG-Kommission, kurz vor der Rio-Konferenz, nach langen Auseinandersetzungen auf einen Vorschlag dafür verständigt hatte, wurde der Plan unter dem Druck einiger Mitgliedsregierungen und unter Verweis auf die Rio-Konferenz fallengelassen – als nämlich feststand, daß in Rio kein Beschluß dieser Art verabschiedet werden würde.

Die Maxime, daß eine ökologische Energiewende international abgestimmt sein müsse, eignet sich in vorzüglicher Weise dazu, eigene Interessen an der Fortführung bisheriger falscher Schwerpunkte vor einer kritischen Öffentlichkeit zu verstecken. Da sich aber nicht nur ein Staat, sondern die Staatenwelt insgesamt in derselben strukturellen Sackgasse befindet und jeder den gleichen Trick benutzt, erweist sich diese Maxime als eine äußerst sperrige Hürde gegenüber grundlegenden Neuerungen. Dies gilt in besonderem Maß für das globale Energiesystem, das weitgehend internationalisiert und dadurch gekennzeichnet ist, daß nahezu alle die gleichen Fehler gemacht haben. Stereotyp wird behauptet, daß gezielte eigene Schritte zu einer konsequenten Umweltvorsorge zu wirtschaftlichen Nachteilen führen, wenn die internationale Staatengemeinschaft oder miteinander wirtschaftlich und politisch besonders verbundene Staatengruppen nicht genauso handeln.

Allerdings kommt es manchmal doch zu erstaunlichen Wendungen: Als auf Druck der politischen Öffentlichkeit hin der deutschen Industrie Umweltauflagen abverlangt wurden, warnte diese sogleich vor der Gefährdung ihrer internationalen Wettbewerbsfähigkeit; weil trotzdem einige Auflagen folgten und daraufhin umweltschonendere Techniken entwickelt wurden, brachte sie das einige Jahre später in die Position, Umwelttechniken als ihr zukunftsträchtigstes und wettbewerbsfähigstes Gebiet ausweisen zu können.

Wir haben gesehen, daß der wirtschaftliche Nutzen der Sonnenenergien die Anfangsschwierigkeiten bei weitem überwiegt, so daß es unverantwortlich ist zu warten, bis der internationale Zug in diese Richtung fährt. Betrachten wir den Unterschied zwischen zentralistischen und föderalistischen – also mehr dezentral organisierten politischen Systemen – so haben letztere überwiegend einige wesentliche Gestaltungsvorteile. In zentralistischen Ordnungen schlagen grundlegende Fehler auf alles durch, in föderalen Ordnungen können Teile des politischen Systems für sich bereits neue Antworten versuchen, die im Erfolgsfall als konstruktives Beispiel für andere dienen. Aber ausgerechnet in den entscheidenden Zukunftsfragen wird kein globaler Föderalismus praktiziert, sondern eine stupide internationale Gleichschalterei betrieben, die seit dem Ende des Ostblocks noch schlimmer geworden ist. Gerade in der Umwelt- und Energiefrage ist es notwendig, die neuen Antworten nicht wieder von einem vorherigen internationalen Konsens abhängig zu machen, sondern die jeweils eigenen geographischen Möglichkeiten zur Nutzung der erneuerbaren Sonnenenergien in eigener Verantwortung auszuschöpfen. Es ist an der Zeit, den umweltzerstörerischen wirtschaftlichen Staatenwettbewerb durch einen umwelterhaltenden Staatenwettbewerb abzulösen.

Ein weiteres Mittel dieser Gleichschaltung sind multinationale Gemeinschaftsprojekte, die es in zahlreichen Varianten gibt: In der Weltraumforschung durch die Europäische Raumfahrtagentur, in der gemeinsamen Entwicklung eines Fusionsreaktors unter dem Dach der Europäischen Gemeinschaft, in gemeinsamen Rüstungsprojekten wie dem Kampfflugzeug »Tornado« oder dem »Europäischen Jagdflugzeug«, in den jüngeren amerikanisch-russischen Verabredungen zur weltraumgestützten Raketenabwehrtechnik. Offizielle Gründe für solche Kooperationen sind die Erwartung einer Kostensenkung und die Förderung internationaler Zusammenarbeit bei großen Zukunftsvorhaben. Ob aber diese Kostensenkungen wirklich eintreten, ist mehr als fraglich. Ins Auge springt dagegen ein anderer, durchaus gewollter Effekt: Projekte dieser Art werden aus der demokratischen Willensbildung in den beteiligten Ländern teilweise oder ganz herausgenommen. Was international ist, kann innenpolitisch kaum noch in Frage gestellt werden, weil dadurch Partnerländer brüskiert werden könnten. So können solche Projekte vorzüglich der Kritik und Infragestellung entzogen werden. Es fällt auf, daß vor allem in solchen Bereichen Projekte durchgeführt werden, in denen die öffentliche kritische Diskussion möglichst vermieden werden soll.

Der elende Prozeß der Naturzerstörung kann nicht mehr durch schleichende Langzeitstrategien aufgehalten und abgebrochen werden, sondern nur durch rasch und breit wirksame Sofortstrategien. Die internationale Handlungsebene ist dafür die denkbar ungeeignetste. Am geeignetsten sind hier nach wie vor die nationalstaatlichen Institutionen – im Bereich der Europäischen Gemeinschaft vielleicht demnächst die gemeinsamen europäischen Institutionen, wenn sie demokratische Entscheidungsprozesse haben. Die Revolutionierung der Energieversorgung zur Sonnenenergie hin muß vor allem auf eine entsprechende Umgestaltung dieser politischen Institutionen zielen. Mit »Nationalismus«, also mit egoistischem Vorgehen einer Staatsnation zu Lasten anderer, hat das nichts zu tun. Aufgrund der Globalität der Umweltzerstörung durch den herkömmlichen Energieverbrauch nützen nationale Sonnenenergieprogramme allen und schaden niemandem – außer denen, die mit der Zerstörung der Natur Geschäfte auf Kosten der Menschheit machen. Es gibt keinen einzigen Grund, auf sie weiter Rücksicht zu nehmen.

Für die internationale Ebene gibt es dennoch genug zu tun – es geht hier allerdings weniger um das mühselige Aushandeln unverbindlich bleibender Verpflichtungen als um die Stärkung international wirkender politischer Institutionen, die eine eigene Handlungskompetenz und die dafür notwendige Finanzausstattung brauchen. Das ist nötig, um internationales Recht durchsetzen zu können und um die Teile der Welt, die für ihren Beitrag zu einer neuen globalen ökologischen Politik noch keine ausreichenden eigenen administrativen, wissenschaftlich-technischen, industriellen und finanziellen Möglichkeiten haben, zu unterstützen. Es ist kein Zufall, daß die Fragen neuer institutioneller politischer Möglichkeiten bei der Weltkonferenz über Umwelt und Entwicklung in Rio de Janeiro nur am Rande behandelt wurden.

Die Anziehungskraft des alten Denkens

Wer etwas Neues fordert, steht grundsätzlich zunächst einmal in Beweisnot: Er muß die anderen überzeugen, daß das noch nicht Existierende besser als der Status quo ist. Deshalb haben Konservative es normalerweise leichter als Erneuerer. Sie können sich auf eingeprägte Denkmuster und eingespielte Gewohnheiten stützen, neue Ansätze mit haltlosen Behauptungen denunzieren und Angst und Verunsicherung dagegen erzeugen. Je tiefgreifender und umfassender eine Neuerung ist, desto mehr Motive und Möglichkeiten gibt es für eine solche psychologische Kriegführung. Die Sonnenenergie stellt so viel in Frage, daß ihr die psychologisch erklärbare Anziehungskraft des alten Denkens – bewußt oder unbewußt – in vollem Umfang entgegenwirkt.

Im Wissenschaftsbetrieb steht eine überwältigende Zahl von Atomphysikern, Energie- und Wirtschaftswissenschaftlern einer verschwindend kleinen Zahl von Solarwissenschaftlern und ökologisch denkenden Ökonomen gegenüber. Es ist nicht verwunderlich, daß die Erstgenannten ihre in Jahrzehnten erworbene wissenschaftliche und auch öffentliche Autorität gegen einen von ihnen vernachlässigten Ansatz ins Feld führen, indem sie nach Gegenargumenten suchen. Auch Koryphäen sind sich dafür oft nicht zu schade.

Ein markantes Beispiel dafür ist Manfred Eigen, Nobelpreisträger und Direktor des Max-Planck-Instituts für biophysikalische Chemie. Was man in seiner Schrift »Jenseits von Ideologie und Wunschdenken« zur Sonnenenergie liest, ist leider blanker Unsinn.[182] So sieht er z. B. nur eine zweifache Nutzungsmöglichkeit: in der Gewinnung von Hauswärme und in der Photovoltaik. Zahlreiche anerkannte Spezialisten aller Couleurs – Wissenschaftler, Architekten, Abteilungsleiter in Ministerien und in Industrieunternehmen, Fachjournalisten und Fachpolitiker in den

Parlamenten – sähen ihr Selbstverständnis und ihre berufliche Identität gefährdet, wenn sie zugeben müßten, daß ihr besonderer Sachverstand bisher in einer zentralen Frage »danebengelegen« hat. Deshalb sind sie vor allem darauf bedacht, nachzuweisen, warum bestimmte neue Ideen anderer nicht realisierbar sind. Es ist kein Zufall, daß die meisten bedeutenden technologischen Innovationen nicht von großen Unternehmen und die meisten politischen Innovationen nicht von großen Verwaltungsapparaten geschaffen wurden, sondern von »außen« kamen.

Auch wenn anerkannt würde, daß eine Sonnenstrategie technologisch möglich ist, traut man sie sich organisatorisch – und damit soziologisch – nicht mehr zu. Die Folge ist eine teils selbstauferlegte, teils organisierte Mutlosigkeit. Aus Angst vor neuen Entwürfen – selbst wenn diese eine rettende Perspektive signalisieren – wird schleichender Selbstmord riskiert. Dies ist eine klassische zivilisatorische Verfallserscheinung, die wahrscheinlich allein durch eine psychologisch noch nicht abgenutzte Generation überwunden werden kann.

VII. Kapitel
Rückkehr zur Sonne: Die solar-industrielle Revolution

Die Vernunft gebietet es, die aufgezeigten Chancen zur Humanisierung der industriellen Revolution durch die Sonnenenergie unverzüglich zu ergreifen. Die ökologische, soziale und wirtschaftliche Weltlage erlaubt keinen weiteren Aufschub für eine Sonnenstrategie. Das Ziel, allein auf Sonnenenergie eine Energieversorgung aufzubauen, muß die vorrangigste Priorität haben, wenn wir erreichen wollen, daß die Politik den Kernproblemen entspricht – nicht nur für die Einzelressorts der Energie- und Umweltpolitik, sondern für die Gesamtpolitik; nicht nur für den Sektor Energiewirtschaft, sondern für die Gesamtwirtschaft; nicht nur für die Energiewissenschaft und -technik, sondern für Wissenschaft und Technik generell.

Dazu sind Eisbrecher nötig: Crash-Programme und neue politische und wirtschaftliche Akteure. Die Sonnenstrategie muß langfristig angelegt sein, was keinesfalls bedeutet, daß kurzfristig Untätigkeit erlaubt wäre. Vor allem aber: Die Priorität der Sonnenstrategie verlangt, daß alte Prioritäten fallengelassen werden. Nur dann haben wir den Spielraum dafür und die Freiheit der Wahl.

Es gibt immer wieder, bis in die jüngste Vergangenheit, Beispiele für politische Versuche, eine neue zentrale Aufgabe zu definieren und in einem Zeitraum zu realisieren, der zuvor als unrealistisch galt. Das »Manhattan-Projekt« zur raschen Entwicklung der amerikanischen Atomwaffe im Zweiten Weltkrieg zählt dazu ebenso wie das »Apollo-Programm« zur amerikanischen Mondlandung, das »Strategic-Defense-Programme« (SDI) und auch das massive zivile und militärische Atomprogramm Frankreichs. Alle diese technischen Projekte haben die politischen und wirtschaftlichen Strukturen tief geprägt und das Wertesystem der sie tragenden Gesellschaften nachhaltig beeinflußt. Es ist kein Zufall, daß es sich um Programme militärischer Art bzw. solche der Weltmachtkonkurrenz handelt. Sie sind kein Vorbild für die Sonnenstrategie, aber immerhin dokumentieren sie die Möglichkeit, politische Druchbrüche zu organisieren. Ein Vorbild ist eher die massive Anstrengung in der zweiten Hälfte des 19. Jahrhunderts für den Bau und Betrieb der Eisenbahnen, wofür in Deutschland in manchen Jahren über 10 % des Nationalprodukts aufgebracht wurden.

Die besondere Schwierigkeit einer Sonnenstrategie besteht darin, daß sie sich nicht – wie die vorgenannten Projekte – auf einen Interessenkonsens bei den gesellschaftlichen Machteliten stützen kann, sondern gegen diese durchgesetzt werden muß. Es geht auch nicht nur um ein industrielles Großprojekt, sondern um viele parallel laufende neue industrielle Projekte innerhalb desselben Zielrahmens sowie darum, politische Institutionen auf diese Aufgabe auszurichten. Diese Institutionen haben die formale Legitimation, den Widerstand gemeinschaftsschädlicher Interessen zu brechen. Allerdings sind damit noch nicht die gesellschaftlichen Träger der Sonnenstrategie genannt, die eine grundlegende Verhaltensänderung der politischen Institutionen bewirken können.

Was in diesen Strukturen die Überwindung der Widerstände und Hemmnisse gegen die Sonnenenergie bewirkt, *mit wem* und *wie* dies bewirkt werden kann, beschreibt der nun folgende Handlungskatalog einer nationalen Sonnenstrategie, während der Katalog für eine globale Strategie im IX. Kapitel behandelt wird. Das nationale Programm wird so formuliert, daß es für jeden Industriestaat gelten kann. Bereits die Realisierung einiger der folgenden Maßnahmen würde zu Durchbrüchen in den verschiedensten Bereichen führen, alle zusammen ergeben eine im Verlauf weniger Jahrzehnte zu realisierende rettende Perspektive für die Menschheit.

Die neue Maxime: Herkömmliche Energien als additive Energien

Sonnenenergien werden, sofern man sie in den Etablissements von Energiepolitik und -wirtschaft überhaupt zur Kenntnis nimmt, nur als »additive Energien« angesehen. Mit diesem Begriff wird ausgedrückt, daß Sonnenenergie nicht als Ersatz für die herkömmlichen Energieträger ins Auge gefaßt wird, sondern nur als eine Möglichkeit, den Zuwachs des Energiebedarfs, den die herkömmlichen Energien nicht befriedigen können, zu liefern. Sonnenenergie ist nach diesem Sprachgebrauch nicht mehr als Beiwerk zur Energieversorgung, geeignet für Luxus- und Nebenbedarf, aber nicht für richtige Kraftwerke und Kraftmaschinen. Bliebe es bei dieser beschränkten Auffassung, dann könnte die jetzt lebende Generation schon die Särge für ihre Nachkommen bestellen. Aus dem energietechnischen Imperativ ergibt sich die für die Sonnenstrategie konstitutive Maxime, wie sie Irm Pontenagel formuliert hat: »Nicht erst ab einem fiktiven Zeitpunkt, sondern ab sofort müssen die Sonnenenergien als Basis der Energieerzeugung gelten; im Gegensatz dazu sind die herkömmlichen Energien die additiven, die nur noch innerhalb des Zeitraums genutzt werden dürfen, den wir bis zu ihrer vollständigen Ablösung brauchen.«[183]

Das ist mehr als eine verbale Retourkutsche: Es ist die Umkehrung des jetzigen Wertesystems der Energiebereitstellung, und sie muß eine handlungsleitende Wirkung haben. Auf den ersten Blick mag es grotesk scheinen, daß die Energieressourcen, die im wesentlichen heute die Energieversorgung der Menschheit ausmachen, nur noch als additive gesehen werden sollten. Gehen wir aber von dem grundlegenden Bezugsrahmen aus, dem natürlichen Energiesystem der Erde, dann entspricht das Verständnis von fossilen und atomaren Energien als additiven den tatsächlichen Relationen. Dementsprechend müssen wir die systemfremden Energieumwandlungsaktivitäten der Menschheit im Bereich der fossilen und atomaren Energien (die zusammen mit der ebenfalls systemfremden Wald- und Vegetationsvernichtung über 80 % der Energieversorgung ausmachen) Zug um Zug auf 70, 60, 50, 40, 30, 20, 10 und schließlich null Prozent reduzieren.

Daraus folgt: *Prinzipiell ist jede Nutzung atomarer und fossiler Energien zu vermeiden, wenn sie bereits jetzt unter zumutbaren Bedingungen mit Sonnenenergien möglich ist.* Es ist nicht länger hinzunehmen, daß aus bloßem Interessenegoismus, aus Gedankenlosigkeit oder Trägheit selbst dann zerstörerische Energien weitergenutzt werden, wenn die Alternative zur Verfügung steht. Spätestens wenn die Sonnenenergien keine untragbaren ökonomischen und funktionellen Nachteile mehr bringen, darf der weitere Einsatz jetziger Nutzenergien nicht mehr erlaubt sein. Aus dieser Maxime ergeben sich zahlreiche Ansätze zum praktischen Vollzug der Sonnenstrategie.

Der direkte Sprung in die Serienproduktion

Der Sprung in die Massen- und Serienproduktion ist deshalb vordringlich, weil dadurch am schnellsten eine von Wirtschaft und Gesellschaft getragene Entwicklung zur Sonnenökonomie möglich wird, die nicht jede Initiative den politischen Institutionen überlassen muß. Deren Aufgabe besteht lediglich darin, wirkungsvolle Anstöße zu geben und einen Rahmen festzulegen. Zu unterscheiden sind direkte und indirekte, kostenwirksame, kostenlose und sogar kostensenkende Initiativen zur Markteinführung der Sonnenenergien. Soweit sie kostenwirksam sind, beschränken sich die Vorschläge auf solche, die sich durch Prioritätenwechsel finanzieren lassen und damit im Ergebnis kostenneutral sind.

1. Der öffentlich induzierte Markt für Sonnentechnik

Die politische Institutionen verbrauchen in großem Umfang Energie, vor allem für die Beheizung und Klimatisierung öffentlicher Gebäude, für das Betreiben ihres Fahrzeugparks und für die Bereitstellung öffentlicher Infrastruktur. Es gibt keinen Grund, warum man in diesem Bereich nicht unverzüglich dazu übergehen sollte, diesen Energiebedarf künftig durch Sonnenenergie zu decken. Durch *gesetzliche Selbstverpflichtung* der politischen Institutionen muß vorgeschrieben werden, daß *alle öffentlichen Neubauten* oder zu renovierende öffentliche Gebäude *mit Solardächern und Solarfassaden* – Kollektoren und/oder Solarzellen – ausgestattet werden und daß der bauliche Entwurf den Kriterien von »Minimalenergiehäusern« unter Einschluß passiver Solarenergienutzung entspricht. Die Kosten würden, wie gezeigt, durch die eingesparten herkömmlichen Fassadenelemente und die eingesparten Energiekosten allmählich wieder ausgeglichen. Der anfängliche, darüber hinausgehende Finanzierungsaufwand für die Solarzellen müßte in Kauf genommen werden, weil die öffentliche Hand eine Vorbildfunktion hat – abgesehen davon, daß sich auch diese Kosten durch Einsparungen an anderen Stellen der Neubauten wieder auffangen ließen. Bisher hat man auch nicht gefragt, ob dieses Foyer, jene Treppe oder jenes Baumaterial »wettbewerbsfähig« ist.

Es wäre ein nicht zu übersehendes Signal, wenn mit öffentlichen Repräsentativbauten Signale für die Zukunft gesetzt würden, zum Beispiel mit den neuen Regierungs- und Parlamentsbauten in Berlin oder dem neuzubauenden Sitz der Kommission der Europäischen Gemeinschaften. Solche Bauten stehen im Mittelpunkt der öffentlichen Aufmerksamkeit. Wenn das Gebäude des höchsten demokratischen Verfassungsorgans demonstrativ ein Solargebäude ist, dokumentiert dies auch ein politisches Zukunftsprogramm und löst zahllose private Initiativen aus, die sonst nur mit Hilfe kostspieliger Zuschüsse angekurbelt werden könnten. Mit der öffentlichen Vorbildfunktion wären – neben dem Gewinn für die Umwelt – folgende weitere Effekte unmittelbar verbunden:

- Sofort würde ein Markt für Kollektoren, Solarzellen und andere solare Bauelemente entstehen, die Nachfrage nach diesen Techniken würde unverzüglich steigen, wozu noch die Kostensenkung für die Solartechnologie auf dem privaten Markt käme.
- Das Bauhandwerk würde sich auf diese neuen Technologien ausrichten, was es auch befähigte, entsprechende private Aufträge zu realisieren.
- Private Bauherren würden diesem Trend folgen.
- Architekten würden vermehrt dazu übergehen, ihre Kreativität für solche Bauten einzusetzen.

Für die Vergabe öffentlicher Aufträge müßte verbindlich gemacht werden, daß alle neu zu installierenden *freistehenden öffentlichen Beleuchtungseinrichtungen* – Straßenbeleuchtungen, Verkehrsschilder, Telefonzellen, Haltestellen und anderes mehr – mit Solarzellen betrieben werden, wodurch Netzleitungskosten eingespart würden. Beispiele dafür gibt es, aber noch keine entsprechende generelle Verpflichtung, die zu einem breiten Wurf führen würde. So käme es zu einer Produktionsankurbelung. Auch alle neuen *Fahrzeuge des öffentlichen Fahrzeugparks*, die im Nahverkehr eingesetzt werden, müßten Elektrofahrzeuge mit dazugehörigen Tankflächen aus Solarzellen oder Windkraftanlagen sein.

Um vor allem die Solarzellenproduktion ins Rollen zu bringen, die am dringendsten Marktanstöße braucht, um kostengünstiger produzieren zu können, müßte für Solarzellenproduzenten eines Landes ein Masseneinführungsprogramm für einen Zeitraum von vielleicht fünf Jahren gestartet werden. Dafür sind mittlerweile zwei Ansätze formuliert worden: ein 70 000-Dächer-Programm, wie es die NEDO für Japan konzipiert hat, und ein 100 000-Dächer- und Fassadenprogramm, wie es von EUROSOLAR für Deutschland konzipiert wurde. Letzteres wurde 1994 von der SPD in das Wahlprogramm für die Bundestagswahlen übernommen. 100 000 Solarzellendächer bzw. -fassaden sollen nach diesem Programm durch einen staatlichen Finanzierungsanreiz für private Betreiber gefördert werden, um den Übergang in die Massenproduktion zu ermöglichen. Über die damit erreichbare Kostensenkung wäre nach fünf Jahren ein Kilowattstundenpreis für Strom aus Solarzellen von etwa 30 Pfennig realisierbar. In Verbindung mit der Einführung zeitvariabler Tarife für die Einspeisung dieses Stroms in das allgemeine Netz könnte dann dieser Sonnenstrom das Niveau der Gestehungskosten erreicht haben, wie es für den Bezug von herkömmlich erzeugtem Spitzenstrom für die Deckung der Tageslastspitze der Fall ist. Mit Ablauf des Fünfjahresprogramms gäbe es eine selbsttragende Entwicklung auf dem privaten Markt, eine Lawine wäre losgetreten.

Zur Erinnerung: Die ersten Atomkraftwerke wurden eingeführt, indem die Betreiberunternehmen die Kostendifferenz zwischen Atomkraft- und Kohlekraftwerken aus der Staatskasse erhielten, was zwei Drittel der Kosten ausmachte und worin nicht einmal indirekt der Zwang zu einem produktiven Anlagenbau enthalten war. In Frankreich liefert das staatliche Postunternehmen jedem privaten Interessenten kostenlos ein Bildschirmtextgerät aus heimischer Produktion (nur die Gebühren sind zu bezahlen), damit die Produktion solcher Geräte in Gang kommt – es sind mehrere Millionen Geräte, die bereits auf diesem Wege verteilt wurden. Den verantwortlichen Regierungen muß die Frage gestellt werden, warum sie einen Anstoß mit noch größerer industrieller Wirkung nicht für die Sonnentechnologie versuchen.

2. Kostenlose öffentliche Maßnahmen

Maßnahmen, die allein politischen Gestaltungsmut, aber keinerlei öffentliches Budget erfordern, müßten zunächst darin bestehen, die *administrativen Hindernisse* abzubauen, die der Sonnenenergie entgegenstehen. Dazu gehört vor allem das Baurecht:
– Die gesetzliche Vorgabe für Baugenehmigungen, nach der

neue Häuser und Gebäudegruppen mit der Hauptfassade nach Süden und die Baulinien, Baugrenzen und Bebauungstiefen am Einfallswinkel der Sonnenstrahlung auszurichten sind.

– Die Vorschrift einer Energiekennziffer, die nach dem Stand der Möglichkeiten von »Niedrigenergiehäusern« ein verbindliches Zielkriterium vorgibt.

– Bei der Flächennutzungsplanung die vorrangige Nutzung derjenigen Gebiete für Neubauten, die eine Sonnenenergieernte besonders gut ermöglichen.

– Eine planungsrechtliche Sicherung der Gebiete, die für Windkraftanlagen geeignet sind, als dafür vorgesehene Sondergebiete.

– Die Genehmigungsfreiheit für die Installierung von Solaranlagen in Gebäuden in allen Bauordnungen und für Windkraftanlagen auf Außenflächen sowie auf landwirtschaftlich genutzten Flächen.

Darüber hinaus ist eine gesetzliche Vorschrift angebracht, nach der in *jedem Neubau und bei Neubedachungen eine festzulegende Mindestkapazität* von Solarkollektoren oder Photovoltaikanlagen angebracht werden muß. Bei Solarkollektoren ist das bereits heute für jeden Bauherrn zumutbar – zumal bei anderen verbindlichen Bauvorschriften, die einen wesentlich geringeren Stellenwert haben, dieses Zumutbarkeitskriterium sonst keine Rolle spielt. Der dadurch sofort anspringende große Markt würde schnell die noch bestehenden geringfügigen Kostendifferenzen zu herkömmlicher Wärmeversorgung verschwinden lassen. Warum sollten Bauvorschriften, die sich auf das Ortsbild beziehen, eher zumutbar sein als solche, die sich auf saubere Luft und Klimaschutz beziehen?

Mit diesen Maßnahmen würde gleichzeitig bewirkt, daß die Sonnenenergienutzung in Verbindung mit energiesparenden Maßnahmen automatisch Bestandteil der Bauplanung von Bauherren, Architekten, Baufirmen, Bauplanungsbehörden, Gemeinderäten und Bewohnern wird, also insgesamt ihre positive Einstellung zu den natürlichen Lebensbedingungen fördert. Die Sonnenenergienutzung an und in Gebäuden muß ein genauso selbstverständlicher Bestandteil des Bauens werden, wie es selbstverständlich ist, daß zu einem Bau Fenster, Türen und Toiletten gehören. Alte Kulturen, von Ägypten bis zum vorkolumbianischen Amerika, haben uns das vorgemacht. Wir haben keinen Anspruch darauf, uns eine Kulturgesellschaft zu nennen, wenn wir an diese Tradition nicht mit modernen und sehr viel leichter einzusetzenden technischen Mitteln wieder anknüpfen.

Eine kostenlose Maßnahme wäre auch, in *Flüssen, Binnen- und Küstengewässern* private Motorboote nur noch als Solarboote zuzulassen. Das wäre sogar weniger radikal als die für manche Seen bereits verfügten vollständigen Verbote für Motorboote. Wiederum würde automatisch ein neuer Markt entstehen. Diese Maßnahme ginge ausschließlich zu Lasten derjenigen, die öffentliche Gewässer und die Luft zum Schaden der Allgemeinheit verschmutzen. Für die Stadt Venedig, deren einzigartige Bauten durch Schwingungen vom Betrieb der Motorboote allmählich zerstört werden, könnte ein Demonstrationsprogramm zur Ersetzung der Motorboote durch Solarboote gestartet werden – was eine weltweite Signalwirkung hätte.

Wasserrechte für die Wiederaktivierung und den Neubau kleiner Laufwasserkraftwerke müßten großzügiger vergeben werden. Außerdem müßten Vorschriften zur obligatorischen Nutzung der Gase aller vorhandenen *Mülldeponien* und der energetischen Verwertung des organischen Abfalls in *Kläranlagen*, in *Müllentsorgungsanlagen* und *landwirtschaftlichen Großbetrieben* erlassen werden. Dadurch würde die Nutzung dieser Energiepotentiale zum Alltagsgeschäft jeglicher Planung. Was obligatorisch ist, verursacht einen geringeren administrativen Aufwand als eine Fülle von unterschiedlichen Einzelregelungen.

Die mißliche Situation, daß es zufälligen Einzelinitiativen überlassen bleibt, ob das allgemein umgesetzt wird, was heute bereits prinzipiell möglich ist und von praktischen Beispielen demonstriert wird, muß endlich überwunden werden.

Die Umwandlung der Energiewirtschaft

Vor allem in den USA sind mehr und mehr Stromversorgungsunternehmen zu einem »Least-Cost-Planning« übergegangen, das mit zunehmendem Erfolg auch freiwillig praktiziert wird.[184] Diese Maßnahme wurde durch die Erkenntnis angeregt, daß es für die Energieversorgungsunternehmen billiger ist, den Verbrauchern

Energiesparmaßnahmen zu finanzieren, als in Spitzenlastkapazitäten zu investieren – also Anlagen, die nur in Zeiten besonders hoher Nachfrage produzieren und deswegen unrentabel sind. In Kalifornien ist ein System von Ausschreibungen für zusätzliche Energiebereitstellung entwickelt worden, das dem Anbieter den Zuschlag gibt, der diesen Bedarf am kostengünstigsten befriedigen kann, zum Beispiel durch eine Ausschöpfung von bisher ungenutzten Wärmekraftpotentialen und durch die Umorientierung auf die kostengünstigere Stromerzeugung aus Gas. Mit diesem Finanzierungskonzept von »Negawatt« statt »Megawatt« kann in einem relativ kurzen Zeitraum eine erhebliche Energieeinsparung erzielt werden. Das Ziel von »Negawatt« umweltschädlicher Energie kann allein damit natürlich nicht erreicht werden, weil selbst die effektivste Anlage Brennstoffe benötigt und das sparsamste Verbrauchsgerät eine Mindestmenge Strom braucht. Deshalb muß »Least-Cost-Planning« durch weitere neue Strukturprinzipien der Stromwirtschaft ergänzt werden, um den Übergang zu Sonnenenergieanlagen einzuleiten.

1. Gesetzliche Einspeisegarantie für Strom aus erneuerbaren Energien und die Entflechtung der stromproduzierenden und stromtransportierenden Unternehmen

Der entscheidende Schritt zur Ablösung der herkömmlichen Energieträger im Bereich der Stromversorgung ist die gesetzlich garantierte Einspeisung von Strom aus erneuerbaren Energien in das allgemeine Stromnetz zu einem angemessenen, gesetzlich garantierten Preis. Dieser Schritt ist beispielsweise durch das Stromeinspeisungsgesetz für erneuerbare Energien in Deutschland gemacht worden, das seit dem 1. Januar 1991 in Kraft ist. Es garantiert für Strom aus Solarzellen und Windkraft einen Einspeisetarif in Höhe von 90 % der vermiedenen Kosten herkömmlicher Stromerzeugung (ca. 17 Pfennig pro Kilowattstunde), bei Strom aus Kleinwasserkraft und Biomasse 80 % (ca. 15 Pfennig pro Kilowattstunde). Eine Verbesserung dieser Gesetzesgrundlage und ihre Ergänzung um eine Entflechtung der Stromwirtschaft in einerseits stromproduzierende Unternehmen und andererseits stromtransportierende Unternehmen, wie sie z. B. in Großbritannien vorgenommen wurde, wäre die Basis für eine rasante Entfaltung des Sonnenstroms auf dem Strommarkt.

Der – unausgesprochene und den meisten Initiatoren dieses Gesetzes in Deutschland nicht bewußte – Grundgedanke des Stromeinspeisungsgesetzes für erneuerbare Energien ist, daß durch die uneingeschränkte Abnahmeverpflichtung die erneuerbare Energie die Grundlagenenergie ist, wobei die herkömmliche Energie mehr und mehr eine nur noch additive Eigenschaft hat. Das radikale Optimum dieses Konzepts wären kostengerechte Einspeisetarife: Je nach den unterschiedlichen Gestehungskosten von Strom aus Solarzellen, Windkraft- und Wasserkraftanlagen oder Biomasse-Verstromungsanlagen würden Tarife gezahlt, die kostendeckend sind. Dies würde den Stromproduktionssektor sofort revolutionieren und den schnellen Übergang von zentralen Großkraftwerken zu zahllosen Kleinkraftwerken programmieren. Erst bei einem Überangebot an Strom aus erneuerbaren Energien, also beim Vollzug der vollständigen Ablösung herkömmlicher Energieträger, müßte die Einspeisegarantie entfallen. Auch für das Prinzip der kostengerechten Vergütung gibt es schon praktische Beispiele: Mehrere deutsche Städte haben es bereits in ihren Kommunalparlamenten beschlossen (Aachen, Freising, Bonn, Berlin).

Auf der Basis einer Einspeisegarantie für Strom aus erneuerbaren Energien zu Preisen, die eine Amortisation der Investitionen ermöglichen und die private Anbieterseite mobilisieren, gewinnt auch der Plan der EU-Kommission (siehe Seite 105) für eine Entflechtung der Stromwirtschaft durch die funktionale Trennung von stromproduzierenden und stromtransportierenden Unternehmen Sinn und Schubkraft. Der Widerstand der Stromwirtschaft gegenüber der Einspeisung von Sonnenstrom rührt ja von deren doppelter Rolle als Stromproduzent und Netzbetreiber. Mit ihrer Verfügungsgewalt über das Netz blockieren sie die Produktionskonkurrenz aus erneuerbaren Energien. Ein Unternehmen, das nur noch ein Stromnetz betreibt, wird jedoch gegenüber erneuerbaren Energien neutral. Eine dermaßen entflochtene und von zahlreichen Anbietern erneuerbarer Energien geprägte Stromwirtschaft würde erstmals wirklich marktwirtschaftlich.

Zu dieser »horizontalen« Entflechtung ist auch für die netzbetreibenden Unternehmen eine »vertikale« Entflechtung denkbar:

durch deren Umverteilung in transnationale, nationale, regionale und kommunale Unternehmen – so wie es auch Europastraßen, Nationalstraßen, Regionalstraßen und Kommunalstraßen gibt, die in der Verkehrsplanung aufeinander abgestimmt sind.

2. Die kommunale Energieselbstverwaltung

Die beste Struktur für die Abschöpfung des Sonnenenergiepotentials sind *kommunale Energieversorgungsunternehmen* in Städten und Landkreisen, woraus sich die Umkehrung des Trends zu überregionalen Stromversorgungsunternehmen ergibt. Kommunale Unternehmen müssen zugleich die Strom- und die Wärmeerzeugung sowie die Verteilung zum Endverbraucher hauptverantwortlich übernehmen. Die unmittelbare geographische Nähe ermöglicht

– die optimale Abschöpfung der örtlichen Sonnenenergiepotentiale;
– deren Synchronisierung mit der Bau-, Flächennutzungs- und Infrastrukturplanung;
– die größere Planungstransparenz;
– die besseren Chancen zur demokratischen Beteiligung, wobei kreative neue Ideen berücksichtigt werden, was gerade für die Sonnenenergienutzung wichtig ist;
– die effektivste kundennahe Energieberatung.

Diese Unternehmen sind auch die geeignetsten Partner für private Betreiber, die Überschußstrom ins Netz einspeisen, und sie sind diejenigen, die den größten betriebswirtschaftlichen Spielraum für Neuinvestitionen zur Realisierung der Sonnenstrategie haben, weil sie in den letzten Jahrzehnten von zentralisierten Unternehmen aus der Strom- und Gaserzeugerrolle verdrängt wurden und deshalb nicht zu stark an alte Anlageninvestitionen gefesselt sind.

Das generelle Ziel ist die kommunale Energieselbstverwaltung. Sie wird zu einer Revitalisierung von Stadt- und Landwerken führen, die überwiegend zu bloßen Verteilungsunternehmen geworden sind, sofern sie noch existieren. *Wo es solche Stadtwerke nicht gibt, müßten neue gegründet werden.* Die Erzeugung von solarer Endenergie durch kommunale Energieversorgungsunternehmen wird zu einer der vorrangigen kommunalpolitischen Zukunftsauf-

Abbildung 8

Biomasse-Fernwärme-Netze in der Steiermark

Stand: November 1994

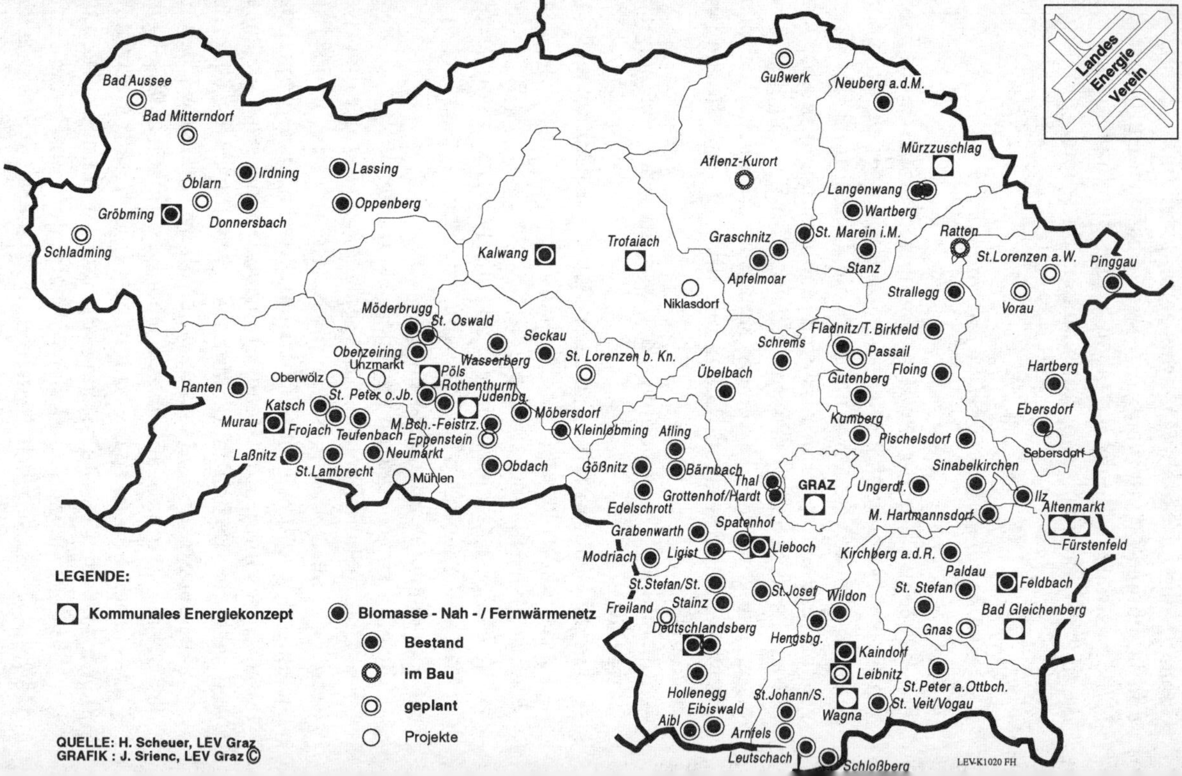

QUELLE: H. Scheuer, LEV Graz
GRAFIK : J. Srienc, LEV Graz

gaben, um so das örtliche Leben wieder in den ökologischen Zyklus einzugliedern. Da die Sonnenenergienutzung im Bereich der Biomasse zu einem erheblichen Teil aus Nebenprodukten anderer Funktionen besteht, ist auch hier für die Stadt- und Landwerke ein breites Aufgabenspektrum gegeben: die Integration von Strom-, Gas- und Wärmeerzeugung und der Müll- und Abwasserentsorgung. Eine Aufgabe der Stadtwerke wäre es, u. a. Nutzungsrechte für die Fassaden und Dächer der vorhandenen Gebäude einzuholen und dort Sonnentechnologien zu installieren und zu betreiben, wenn die Eigentümer das nicht selber tun wollen. Die Kommunalunternehmen könnten auch – wenigstens vorläufig – die Aufgabe übernehmen, Biomasse in Biotreibstoff oder Biogas umzuwandeln, entsprechende Contracting-Unternehmen zu beauftragen oder selbst zu gründen, oder örtliche Erzeuger bei der Vermarktung dieser Produkte zu unterstützen. Kommunale Unternehmen sind in optimaler Weise in der Lage, aus Biomasse Strom und Wärme zu gewinnen durch den Einsatz von Blockheizkraftwerken. Sie können den gezielten Übergang in eine Sonnenenergieversorgung organisieren, indem sie zunächst eine Kombination von Sonnenenergien und herkömmlichen Energien in solchen Blockheizkraftwerken betreiben. Auf diesem Wege beleben sie gleichzeitig die örtliche und regionale Industrie, denn das Knowhow für diese Technologien ist leicht zu erlangen. Ein solcher kommunaler Weg erfordert keine zu umfangreichen Sprunginvestitionen, die ein kommunales Unternehmen überfordern würden, denn bei dieser Strategie kann ein neuer Energiebaustein auf den anderen gesetzt werden.[185] *Abbildung 8* auf Seite 224 zeigt am Beispiel des österreichischen Bundeslands Steiermark, wie sich eine breitflächige Dezentralisierung durch ein solches Konzept herausbildet.

Überregionale Energieversorgungsunternehmen, die leitungsgebundene Energie anbieten, hätten den kommunalen Unternehmen gegenüber eine Ausgleichs- und Reservefunktion, die sich mit der Ausweitung der lokalen Sonnenenergienutzung immer weiter reduzierte. Dennoch behielten sie eine wichtige Funktion, da der überregionale Ausgleich solar erzeugter Energien ein wichtiger Bestandteil einer solaren Energiewirtschaft sein wird. Voraussetzung für eine solche Orientierung auf Stadt- und Landwerke bzw. auf regionale Energieversorgungsunternehmen ist, daß ih-

nen *gesetzlich untersagt wird, langfristige Lieferverträge mit über-*
regionalen Energieversorgungsunternehmen einzugehen, die sie an
der kontinuierlich steigenden Eigenerzeugung von Endenergie
aus den Sonnenenergien behindern. Sie brauchen also einen un-
eingeschränkten Substitutionsspielraum, den sie sich nicht ver-
traglich abhandeln lassen dürfen.

Die überregionalen Unternehmen wären damit in die Situation
versetzt, sich auf Kapazitätsabbau und -umbau – zum Beispiel
auf schnelle flexible Gaskraftwerke zur Leistungsregelung – einstellen zu müssen. Dies ist jedoch ein erwünschter Effekt. Da sie
sich gleichzeitig immer weniger auf langfristige Kapazitätspla-
nung einstellen können, würden sich ihre Energiepreise eher
erhöhen – was den Trend zur Rekommunalisierung weiter fördert. Da jedoch vor dem Prinzip der Rekommunalisierung die
Einführung der Sonnenenergien steht, müßten die überregionalen Stromerzeuger ebenfalls das gesetzlich garantierte Recht
haben, aus Sonnenenergie erzeugte leitungsgebundene Energie –
etwa Strom aus solarthermischen Kraftwerken oder aus der Verwertung von Biomassepotential – analog zum Einspeisegesetz in
die kommunalen Netze einspeisen zu dürfen. Das fördert das
Interesse der größeren Unternehmen, sich an dem Substitutions-
prozeß zur Sonnenenergie zu beteiligen, und stellt sicher, daß die
Investition in Sonnenenergieanlagen keine Fehlinvestition wird.
Außerdem könnte es den Wettbewerb um produktive Sonnenenergienutzung fördern. Den überregionalen Versorgungsgesell-
schaften bliebe auch die Möglichkeit, durch einen Einstieg in die
Produktion von Energiespartechnologien oder Sonnenenergieanlagen den Abbau eigener Stromerzeugungskapazitäten zu
kompensieren, um ihr Unternehmen auf diesem Wege zu diversifizieren.

Diese Skizze einer kommunalen Energieselbstverwaltung – die
nicht bedeutet, daß jede Stadt oder Region allein mit Sonnenenergie aus lokalen Quellen auskommen könnte – ist mehr auf die
Energieversorgungsstrukturen bezogen, wie sie in Deutschland
und manchen anderen Ländern existieren. In Ländern wie Frankreich und Italien, in denen es eine staatliche Einheitsgesellschaft
zur Stromversorgung gibt (EdF, ENEL), ist auch eine unterneh-
mensinterne Dezentralisierung denkbar, wobei die dezentralen
Unternehmenseinheiten eine Investitionsautonomie erhalten –

oder ein Kommunalisierungsgesetz, das die Staatsgesellschaft auf die Rolle des überregionalen Versorgers reduziert, vielleicht in Form einer Verbund-Holding aller Kommunal- und Regionalunternehmen, die Strom und Wärme erzeugen.

3. Investitionsstopp für neue Atom-, Kohle- und Ölkraftwerke

Ob die vorgenannten Möglichkeiten ausgeschöpft werden, hängt nicht nur von gesetzlichen Rahmenbestimmungen ab, sondern auch davon, ob die Kommunen mitmachen. Das ist nicht überall zu erwarten. Deshalb geben Initiativen, die die Breitenwirkung fördern, wirkungsvolle Investitionsanreize für Sonnenenergieanlagen. Dafür gibt es eine Reihe von Vorschlägen bzw. Initiativen mit unterschiedlicher Zielschärfe. Eine wirkungsvolle Maßnahme wäre, wenn z. B. die Städte und Gemeinden in Deutschland, die zum Ausgleich für die Konzessionsvergabe an ein überregionales Versorgungsunternehmen eine Konzessionsabgabe erhalten, dazu gesetzlich verpflichtet werden, diese Abgabe für Sonnenenergieinvestitionen oder für energiesparende Investitionen in die Kraft-Wärme-Kopplung zu verwenden.

Vorschläge, den Energieversorgungsunternehmen Investitionszuschüsse zu gewähren, damit sie in Sonnenenergieanlagen investieren, sind dagegen sehr problematisch. Die strukturellen Motive der großen Energieversorgungsunternehmen gegen die vorzeitige Einführung der Sonnenenergie werden dadurch kaum aufgeweicht. Wegen einiger Millionen Zuschüsse für Sonnenenergieanlagen läßt man sich nicht von der konsequenten Abschreibung von Milliarden-Investitionen abbringen. Das Ergebnis solcher Zuschüsse war allzu oft, daß zwar vorsorglich die Hand dafür aufgehalten wurde, die damit eingeleiteten Projekte aber nicht einmal sorgfältig durchgerechnet wurden, so daß man anschließend behaupten konnte, sie seien von »Wirtschaftlichkeit« noch weit entfernt. Investitionszuschüsse sind deshalb nur für private Betreiber oder für kommunale Unternehmen sinnvoll.

Der wirkungsvollste Ansatz ist deshalb ein klarer Schnitt, der dem Staat »nur« Entscheidungskraft, aber kein Geld abverlangt: Gefordert ist ein Investitionsstopp für den Bau neuer Atomkraft-, Kohlekraft- und Ölkraftanlagen dadurch, daß keine Baugenehmigungen mehr erteilt werden. Die einzigen Investitionen, die im Bereich herkömmlicher Anlagen dann noch getätigt werden könnten, lägen bei Maßnahmen zur Erhöhung der Energieeffizienz (z. B. für Kraft-Wärme-Kopplung), zur Abgasreduzierung und für die Reaktorsicherheit sowie bei Investitionen für sehr effiziente Gaskraftwerke, die die niedrigsten CO_2-Emissionen aller fossilen Kraftwerke haben. Damit nicht der Ausweg in große Gaskraftkombinate versucht würde, müßten Baugenehmigungen dafür auf eine Größenordnung von vielleicht 50 MW pro Anlage begrenzt werden und der Kraft-Wärme-Kopplung in jedem Fall Vorrang einräumen. Dieser Schritt zur Investitionssteuerung würde bewirken, daß

– keine weiteren Investitionsberge für Atomkraft-, Kohlekraft- und Ölkraftanlagen mehr entstünden, was für den Kapitalrücklauf einen jahrzehntelangen Betrieb solcher Kraftwerke erfordert;

– die Investitionsanstrengungen zur Energieeinsparung erheblich gesteigert würden;

– den Sonnenenergien eine immer breitere Investitionsschneise geschlagen würde. Für Neukapazitäten würden die Energieversorgungsunternehmen in vielen Fällen bereits jetzt dazu veranlaßt, die Möglichkeiten der Windkraft, der Solarzellen, der solarthermischen Stromerzeugung und der Biomassenutzung direkt in Angriff zu nehmen.

Wirtschaftlicher Strukturwandel und die Sanierung der Staatsfinanzen

Nahezu jeder Staatshaushalt wird von erheblichen Dauersubventionen belastet. Diese Bindung öffentlicher Mittel geht in völlig unverhältnismäßiger Weise zu Lasten der Zukunftsgestaltung, was entweder mit materiellen sozialen Gründen für die Betroffenen oder mit immateriellen Argumenten des nationalen Prestiges, der technologischen Wettbewerbsfähigkeit oder der äußeren Sicherheit legitimiert wird. An vier zentralen Beispielen soll nun gezeigt werden, wie diese Subventionen zum sozialen Vorteil der Allgemeinheit und der Betroffenen abgebaut werden könnten und wie daran gleichzeitig die Einführung der Sonnenenergie gekoppelt wäre.

1. Die Landwirtschaft als Träger der Sonnenenergie

In der Europäischen Gemeinschaft haben bekanntlich die landwirtschaftlichen Subventionen stumpfsinnige Ausmaße erreicht, ohne das damit verbundene Ziel der Erhaltung landwirtschaftlicher Strukturen zu realisieren. Subventionen begünstigen außerdem diejenigen, die durch kurzsichtige und rücksichtslose Produktionssteigerungen schwere Schäden hinterlassen. Möglich und überfällig wäre ein Programm, das landwirtschaftlichen Betrieben durch großzügige Zuschüsse die *Installierung von Biogasanlagen* oder von Anlagen zur Verwertung anderer land- und forstwirtschaftlicher Abfälle und gegebenenfalls auch von Wind- oder Wasserkraftanlagen ermöglicht. Die Zuschüsse könnten zum Beispiel als staatliche *Vorfinanzierung* erfolgen, die zinslos mit den erwarteten landwirtschaftlichen Subventionen verrechnet werden. Der Vorteil für Landwirte liegt darin, daß die landwirtschaftlichen Betriebe mit solchen Anlagen – durch Einsparung ihrer bisherigen Kosten für Fremdenergie und durch Energieverkäufe – eine langfristige und stabile Existenzsicherung erhielten, wobei der Anlagenbetrieb gleichzeitig sicherstellte, daß die landwirtschaftliche Produktion aufrechterhalten wird. Wer landwirtschaftliche Abfälle verwertet, wird auch weiter landwirtschaftlich produzieren. Statt die Landwirte in die Rolle des bezahlten Landschaftspflegers abzudrängen, wie es für die Landwirtschaft in der EG empfohlen wird, würden sie zu Betreibern von Anlagen zur umweltfreundlichen Energieversorgung – zu wirtschaftlichen Pflegern des Naturkreislaufs. Da sie eine stabile zusätzliche Einnahmequelle erhalten, ergibt sich daraus möglicherweise mittelfristig sogar die Chance zu einem Subventionsabbau.

Ein solches Programm hätte eine mehrfache Wirkung: Minderung des CO_2-Ausstoßes in die Atmosphäre; Verhinderung eines erheblichen Ausstoßes von Methan in die Atmosphäre, indem es zur Energiegewinnung verbrannt wird; Schutz des Bodens und des Grundwassers vor der Überdüngung durch Gülle; Beitrag zur Müll- und Klärschlammbeseitigung; Gewinnung von hochwertigem und umweltfreundlichem Düngemittel aus der vergorenen Gülle; Hebung der landwirtschaftlichen Einkommen und Hilfe zur Existenzsicherung von Landwirten und damit die Chance, künftig landwirtschaftliche Subventionen abzubauen; Entstehung eines neuen Produktionszweiges im Bereich des Anlagenbaus. Nahezu jeder Effekt für sich ergibt schon einen ausreichenden Grund, den Weg der Biogasnutzung einzuschlagen – statt den Energiebedarf weiter durch Öllieferung und -verbrennung zu decken, das Methan weiter die Atmosphäre zerstören zu lassen, Boden und Grundwasser verkommen zu lassen oder die Gülle- und Klärschlammmengen in Flüsse und Seen zu leiten und die bedrohten landwirtschaftlichen Existenzen mit öffentlichen Mitteln zu subventionieren.

Für die Städte in Entwicklungsländern, in denen es häufig keine vernünftige Beseitigung des organischen Mülls gibt, ergeben sich noch weitere Vorteile, indem durch die energetische Verwertung dieser Abfälle ein entscheidender Beitrag zur Hygiene und damit zur Bekämpfung von Seuchen geleistet werden kann. Städte wie Mexico City sind dem Gestank und den Ansteckungsgefahren des organischen Abfalls – in diesem Fall von etwa 20 Mio Menschen – ausgesetzt. Statt an seine energetische Verwertung zu denken und damit die Lebensqualität entscheidend zu verbessern, wird auch dort noch eher der Bau von Atomkraftwerken zur städtischen Energieversorgung in Betracht gezogen – während man angeblich für die Beseitigung des organischen Mülls kein Geld hat. Aber auch die »europäische Hauptstadt« Brüssel hat nicht einmal Kläranlagen, leitet die Fäkalien von mehr als einer Million Menschen in den Fluß und wird mit Atomstrom versorgt.

Diese Chance zum Subventionsabbau ergibt sich in noch größerem Maße aus dem Anbau von Energiepflanzen: Statt daß man ihnen Flächenstillegungen finanziert, erhalten die Landwirte für den Ausbau ausgewählter Energiepflanzensorten, die einen hohen Ertrag haben und die keinen oder nur einen geringen Düngemittel- und Pestizid-Einsatz erfordern, zunächst ebenso eine *Abnahmegarantie* wie für Getreide oder Milch. Damit könnten sie sofort beginnen, Kurzumtriebswälder und Schilfgrasfelder anzulegen, weil sie sich nicht mit dem Problem abgeschotteter Energiemärkte konfrontiert sehen müssen. Die Folge wäre eine *unmittelbare Entlastung für die Landwirtschaftsbudgets*, weil sich im Zuge dieser Umstrukturierung die öffentlichen Kosten für die Lagerhaltung und Vernichtung landwirtschaftlicher Produkte reduzieren lassen, die bei der Europäischen Gemeinschaft bei jährlich 15 Mrd DM liegen. Die EG hat dies mittlerweile mit Raps begonnen – und damit leider genau mit der falschen Sorte, weil Raps eine schlechte Energiebilanz hat und den angegebenen ökologischen Kriterien nicht entspricht.

Es ist absehbar, daß sich durch eine solche Entwicklung in der Landwirtschaft neue Strukturen herausbilden, die ihr in Zukunft sogar dazu verhelfen, daß sie sich selbst trägt und daß Subventionen abgebaut werden können. Dies ergibt sich aus einer groben »input-output«-Annahme. Durchschnittlich zwei Drittel des gesamten Umsatzes eines landwirtschaftlichen Betriebs werden für »inputs« ausgegeben wie Futtermittel, Düngemittel, Sprühmittel, Maschinen, Treibstoff. Durch Biogasanlagen lassen sich die Kosten für Düngemittel stark und die für Treibstoff (die bis zu 20 % der Betriebskosten ausmachen) völlig abbauen. Durch die Verarbeitung organischen Abfalls anderer und durch den Stromverkauf erhöhen sich die Einnahmen. Beim zusätzlichen Energiepflanzenabbau lassen sich die Kosten für Düngemittel und Sprühmittel ebenfalls senken sowie die Einnahmen weiter erhöhen. Sobald neue Produktions- und Vertriebsgenossenschaften für Bioenergie aufgebaut sind und eine energiewirtschaftliche Kooperation mit Stadtwerken besteht, können neue, in die Industriegesellschaft integrierte Regionalstrukturen und eine dauerhaft stabile landwirtschaftliche Identität entstehen. Das Ausbluten der ländlichen Räume kann beendet werden. *Abbildung 9* auf Seite 233 zeigt die sozialen, ökologischen und ökonomischen Vorteile, die am Beispiel der Bewirtschaftung eines Energiewalds dargestellt sind.

Ein konkreter Finanzierungsansatz für die Einführung von Verwertungsanlagen könnte darin liegen, die bisherigen Energiesubventionen für die Landwirtschaft in einen wirkungsvollen Investitionsanreiz umzumünzen. Beispielsweise werden in Deutschland 1 Mrd DM pro Jahr an Subventionen für die »Gasölverbilligung« gezahlt. Diese Subvention könnte gestrichen und als Ausgleich dafür ein zinsloser Kredit für die Investition in eine Biomasseverwertungsanlage gegeben werden. Nehmen wir einen Zinssatz von 10 % an, so würden lediglich – für eine Laufzeit von 10 Jahren und bei einer jährlichen Kredittilgung von 10 % – die anfallenden Zinsen aus dem öffentlichen Haushalt bezahlt. Es ist auf diesem Weg möglich, die 10fache Summe der Zinssubventionen zu mobilisieren. Landwirte, die diesen Vorteil wahrnehmen, investieren in die Zukunft, haben dann genug selbsterzeugte Energie für ihren eigenen Bedarf und eine zusätzliche Einnahmequelle. Wer diese Gelegenheit nicht ergreift, hat den Nachteil, daß die Gasölbeihilfe gestrichen wird.

2. Von der Rüstungstechnologie zur Sonnentechnologie

Die Entwicklung und Produktion von Rüstungstechnologien in den NATO-Staaten und auch in Rußland ist trotz Ende des Ost-West-Konflikts kaum unterbrochen worden. Das hängt ganz offensichtlich vor allem damit zusammen, daß weder die Regierungen noch die Rüstungsunternehmen wissen, was sie sonst tun sollten. Wegen dieser Einfallslosigkeit werden Milliarden über Milliarden weiterer öffentlicher Mittel verschleudert. Um dies zu legitimieren, wurden im Westen neue Gefahren erfunden, obwohl ein Übermaß an Waffen zur Verfügung steht. Projekte werden weiterentwickelt, die eigentlich abgebrochen werden müßten, die Rüstungsforschung läuft weiter, obwohl sie drastisch beschnitten werden müßte.

Der strukturelle Unterschied zwischen der Rüstungsindustrie und anderen Industriebereichen ist, daß es für militärindustrielle Produkte allein die Staatsabnehmer gibt. Kein Wirtschaftsbereich läßt sich deshalb einfacher auf andere Produktionen politisch umsteuern als der der Rüstungsindustrie – durch die Ersetzung von militärischen mit zivilen Staatsaufträgen, indem die Priorität von der äußeren Sicherheit zur Umweltsicherheit wechselt. Es ist selbstverständlich kein Problem, moderne Eisenbahnwaggons statt Panzer zu bauen, die von den staatlichen Eisenbahngesellschaften gekauft würden, womit die Attraktivität des Eisenbahnverkehrs zu Lasten des Autoverkehrs erhöht würde. Zwar sollten Rüstungsunternehmen gegenüber den Anbietern, die solche Produkte bereits jetzt anbieten, mit diesen Ersatzaufträgen nicht privilegiert werden. Aber der Staat als Auftraggeber von Großprojekten kann auch auf solche Produkte ausgerichtete Unternehmenskooperationen steuern, so wie es Regierungen im Bereich der Rüstungsindustrie immer getan haben.

Abbildung 9
Soziale, ökologische und ökonomische Vorteile einer Biomassenutzung
(am Beispiel der Bewirtschaftung eines Energiewaldes)

Für Individuen

Pro 500 t verkauften Brennstoffs
- 1 Vollzeitjob für Erntearbeit
- 1 Vollzeitjob für Waldbewirtschaftung
- 1 Vollzeitjob im Bereich der administrativen und kommerziellen
  Dienstleistung

Für die Umwelt

Lokal
- Revitalisierung natürlicher Lebensräume
- Steigerung der Landwirtschaftsattraktivität

National / global
- Reduzierung der CO_2-Emissionen
- Reduzierung der SO_2-Emissionen

Für die Landgemeinde

- Stop der Abwanderung
- lokale Brennstoff-Finanzierung bleibt im lokalen Wirtschaftskreislauf
- zusätzliche Nutzer für öffentliche und private lokale Dienstleistungen
- Beschäftigungsperspektiven für die Dorfjugend
- Generationenkontinuität lokaler Familien

Für die öffentlichen Finanzen

Einsparung von
- beitragslosen Sozialversicherungsleistungen
- Familienhilfe
- Steuerhilfen für neue Wohnungen in Städten sowie
- erhöhte Steuereinnahmen durch Beschäftigung

Quelle: Clare T. Lukehurst: The Economic Significance of Using Biomass, Feedstocks for
Energy Production in Rural Areas, Vortrag auf der VII. Europäischen Biomassekonferenz,
Florenz, 5.–9.10.1992

Die politische Aufgabe ist also, der Rüstungsindustrie aus
strukturpolitischen Gründen statt weiterer rüstungstechnischer
Aufträge auf ihre Fähigkeiten zugeschnittene ziviltechnische Ent-
wicklungsaufträge zu verschaffen, wofür es im Bereich der Sonnenenergienutzung eine Reihe von Möglichkeiten gibt. Dies
würde spätestens mittelfristig die Budgets entlasten, weil die alternativen Technologien dann im Gegensatz zu den Rüstungspro-

dukten auf dem privaten Markt verkauft werden müßten. Beispiele hierfür sind:

- im Bereich des Kriegsschiffbaus die Entwicklung von Schiffen mit Wasserstoffantrieb (wofür es bereits Erfahrungen aus U-Boot-Entwicklungen gibt), von neuen Transportschiffen mit elektronisch gesteuerter Segeltakelage, schwimmende Solarzellenpontons oder solare Meerwasserentsalzungsanlagen;
- im Bereich des Flugzeugbaus die Entwicklung von wasserstoffbetriebenen Flugzeugen (1988 wurde in Moskau der erste Versuchsflug durchgeführt); von neuen Luftschiffen, die als effektives Transportmittel dienen können;
- die Entwicklung von neuen Rotoren für Windkraftanlagen;
- die Entwicklung von Leichtbaumaterialien für Flugzeuge oder Eisenbahnfahrzeuge, die eine energiesparende Wirkung haben.

3. Vom Weltraum auf die Erde

Angesichts der kümmerlichen Mittel für die staatliche Sonnenenergieforschung sind die überdimensionalen und nahezu ausschließlich aus öffentlichen Mitteln finanzierten Weltraumtechnologieprojekte nicht mehr zu tolerieren – gleich, ob sie aus den Militär- oder aus den Forschungshaushalten finanziert werden. Das gleiche gilt für die Fusionsenergie, die – wie gezeigt – einem Vergleich mit den Möglichkeiten der Sonnenenergie nicht standhält. Darüber hinaus finden sich in den Forschungshaushalten der großen Industrieländer eine Reihe von Positionen, die eher den Charakter einer unsinnigen Großindustrieförderung haben, weil ihre öffentliche Relevanz nicht zu sehen ist und weil die Mittel von den Unternehmen selbst getragen werden könnten. Ein Beispiel dafür sind öffentliche Entwicklungsmittel für neue Fernsehschirme. Die technologische Forschungslandschaft bietet über weite Strecken ein Spiegelbild einseitiger industrieller Interessen und falscher Schwerpunkte – durchgeboxt von Instituten und Unternehmen, die kräftig daran verdienen und in inzestuösen offiziellen Expertenkommissionen Akquisition für die Weiterfinanzierung ihrer Projekte betreiben. Selbst zweifelhafteste Projekte wurden von ihnen – mit skandalösen und kosteninflationierenden Folgen – empfohlen. In der Atomforschung gibt es namhafte Beispiele milliardenschwerer Entwicklungsruinen, die aber dennoch die wissenschaftliche Autorität der Atomforscher nicht schmälerten, weil sie im Strom der herrschenden Interessen schwimmen. Die Forschungspolitik hat auch ihnen immer neue Mittel gewährt, weil sie es nicht wagte, sich mit solchen Autoritäten anzulegen.

Angesichts der eklatanten Notwendigkeit eines Paradigmawechsels gibt es außer den Militärhaushalten keinen Bereich, der so grundlegend überprüft werden muß wie die *Forschungshaushalte*. Die Gründe für die erste Priorität der Sonnenenergieforschung sind evident – vor allem im Bereich bisher unerschlossener Sonnenenergiepotentiale. Darüberhinaus gibt es auf diesem Gebiet zahlreiche Aufgaben in der internationalen Forschungs- und Entwicklungszusammenarbeit besonders mit Entwicklungsländern. Im Gegensatz dazu ist angesichts knapper Mittel die Einstellung der Fusionsforschung angebracht, deren Institute mit geringen Mitteln auf hochqualifizierte Materialforschung umgewidmet werden könnten (einem bisher eher vernachlässigten Forschungsfeld). Fällig ist auch die Umwidmung der Luftfahrtforschung auf die bereits genannten ökologisch verträglichen Luftverkehrssysteme und die drastische Kürzung bei Weltraumtechnologien, denn unsere Probleme liegen auf der Erde und nicht im Weltraum.

4. Vom Kohlepfennig zum Sonnenpfennnig

Innerhalb der Europäischen Gemeinschaft werden ungefähr 20 Mrd DM Subventionen zur Erhaltung der Kohleförderung in Deutschland, Großbritannien und Spanien ausgegeben, die mit den Kohlepreisen auf dem Weltmarkt nicht mehr konkurrieren kann. Offizieller Grund dafür ist, daß eine eigene heimische Energieversorgungsbasis erhalten werden soll, die sich aber mit Sonnenenergie in viel größerem Umfang sichern läßt. Der eigentliche Grund ist die Sicherung der vorhandenen Arbeitsplätze, obwohl die Subventionskosten dafür in keinem vertretbaren Verhältnis mehr zu dem damit erzielten Ergebnis stehen. Etwa 10 Mrd DM an Kohlesubventionen werden allein für den Erhalt der Arbeitsplätze von 130000 Beschäftigten im deutschen Bergbau ausgegeben, das sind etwa 70000 DM pro Beschäftigten – jedes Jahr mehr als die fünffache Summe dessen, was in den letzten 10 Jahren an öffentlichen Mitteln für die Forschung und Entwicklung der Sonnenenergietechniken ausgegeben wurde. Dies läßt sich für eine Energiequelle, die zu den ablösungsbedürftigen gehört, auf Dauer nicht legitimieren. Auch unter voller Beachtung des Ziels, die Arbeitsplätze zu erhalten, ist eine Überwindung dieses Widerspruchs möglich.

Der eine Weg bestünde in der Einführungsbeschränkung von Importkohle zur Stromerzeugung, was politisch nur noch im Rahmen der Europäischen Gemeinschaft möglich ist. Dies verletzt zwar die Ideologie des »freien« Weltenergiemarkts, aber es ist nicht einzusehen, warum amerikanische oder australische Kohle größere Freizügigkeit für den Export in die Europäische Gemeinschaft genießen soll als landwirtschaftliche Produkte aus Entwicklungsländern. Da unser generelles Ziel ist, die sozialen Kosten der herkömmlichen Energien politisch zu berechnen, darf man nicht allein an Steuern, sondern muß auch an höhere Zölle für Energieimporte denken.

Eine andere Möglichkeit wären der *stufenweise Abbau der Kohlesubventionen – etwa in der Größenordnung von 10% jährlich – und die Verwendung der freiwerdenden Mittel über mehrere Jahre für Investitionsbeihilfen, um Produktionsstätten aufzubauen und um Arbeitskräfte für Produktionsanlagen im Bereich der Sonnen- und Energiespartechnologien in den Kohlerevieren umzuschulen.* Solche Investitionsbeihilfen bedeuten gleichzeitig eine deutliche Kostensenkung der Solartechnik und damit eine höhere Einführungsgeschwindigkeit. Nehmen wir an, jedes Jahr würden von den 20 Mrd Kohlesubventionen in der Europäischen Gemeinschaft fortlaufend 10% reduziert – bis zu einem Grundsockel von vorläufig 2 Mrd für die Erhaltung einer Mindestreserve und für Zechenstillegungsmaßnahmen – und die Summe von 2 Mrd für 5 Jahre für solare Investitionsbeihilfen bereitgestellt, dann würden sich dabei im Laufe von 14 Jahren im Grundmodell folgende Umschichtungen ergeben:

Im Laufe von 14 Jahren wären 90 Mrd DM effektive Subventionsminderung erzielt und weitere 90 Mrd für den Aufbau neuer Produktionsstrukturen in Energiezukunftstechnologien verwendet. Damit gäbe es einen massiven Einführungsschub für kostengünstige Sonnentechnologien, in dessen Rahmen die qualifizierten Bergbauberufe neue zukunftsorientierte Arbeitsplätze erhalten. Selbst bei gedämpftem Optimismus läßt sich voraussagen,

Tabelle 18

Jahr	verbleibende Kohle-subvention	neue Investitions-beihilfen	Einsparung
1	18	2	–
2	16	4	–
3	14	6	–
4	12	8	–
5	10	10	–
6	8	10	2
7	6	10	4
8	4	10	6
9	2	10	8
10	2	8	10
11	2	6	12
12	2	4	14
13	2	2	16
14	2	–	18
	100	90	90

daß auf diesem Wege sehr viel mehr neue Arbeitsplätze entstehen werden, als alte verlorengehen – wahrscheinlich schon lange vor dem Ablauf dieses Stufenprogrammes. Die Investitionsbeihilfen müßten allen interessierten Investoren zur Verfügung stehen, aber zunächst an Investitionsinitiativen in den Kohlerevieren gebunden sein; sobald dort genug Ersatzarbeitsplätze geschaffen sind, könnte entweder das Programm vorzeitig abgebrochen werden – was dann noch höhere Subventionseinsparungen bringen würde – oder auf alle Regionen der Europäischen Gemeinschaft ausgedehnt werden. Dies wäre eine aktive Strukturpolitik für die Erhaltung von Arbeitsplätzen und der Natur sowie für die Sanierung der Staatsfinanzen. Am Ende gäbe es sogar mehr Marktwirtschaft, als es jetzt im Bereich der Kohleversorgung der Fall ist.

Ein signifikantes Beispiel für eine zukunftsblinde Politik ist der Versuch innerhalb Deutschlands, künstlich die Braunkohleförderung in der ehemaligen DDR aufrechtzuerhalten und gleichzeitig erhebliche Summen für die Sanierung der abgetragenen Fördergebiete auszugeben. Zukunftsoffen wäre demgegenüber, die wirtschaftliche und die ökologische Sanierung *in einem Schritt* zu versuchen, indem *anstelle weiterer Braunkohleförderung ein Großprogramm zum Ausbau von ertragreichen Energiepflanzen gestartet wird*, das die verödeten Revierböden auch biologisch reinigt und aufwertet, kostengünstige und umweltfreundliche Energie liefert und zahlreiche Arbeitsplätze schafft – zu gewiß niedrigeren Kosten als denjenigen, die bei einer krampfhaften Fortschreibung alter Strukturen entstehen.

Die Finanzierung der Sonnenenergie-Offensive

Um den Widerstand der Großbanken gegen die Gefahr einer Kapitalvernichtung durch zu frühzeitig auf den Plan tretende Sonnenenergiekonkurrenz zu umgehen, muß die Frage nach bereitwilligen Investoren und nach Finanzierungswegen für die Einführung der Sonnenenergie beantwortet werden. Der bisherige Energiewirtschaftsverbund von Kreditgebern für Großanlagen, Anlagenbauern und Betreibern nimmt zwangsläufig Rücksicht auf seine eigenen Interessen und strebt eine möglichst lange Weiterführung des Anlagenbestandes an. Natürlich wäre es eine kluge Zukunftsstrategie, wenn die Unternehmen rechtzeitig diversifizieren würden. Wenn ein Automobilkonzern – statt wie der Daimler Benz-Konzern in Rüstungs- und Weltraumtechnologien zu diversifizieren und sich damit weitere Altlasten nicht mehr fortzuschreibender Strukturen aufzubürden – in sonnenbetriebene Elektro-Autos und in den Anlagenbau für Sonnenenergien diversifizieren würde, hätte er gewiß eine dynamischere Zukunft auf einem unendlich großen Markt. Solartechnologie kann jeder kaufen, Raketen, Kampfflugzeuge und Satelliten nicht. Als Investoren für eine Radikalkur hin zu einer Sonnenökonomie im Bereich des Anlagenbaus kommen, wie gesagt, vor allem diejenigen in Frage, die im bisherigen Energiewirtschaftsverbund am wenigsten oder gar nicht integriert sind – Elektrokonzerne ohne Engagement im Atomkraftwerksbau; Automobilkonzerne mit bisheriger Monostruktur; die Glas- und Keramikindustrie sowie die Baustoffindustrie aufgrund ihrer Marktpotentiale in ihnen schon vertrauten Marktstrukturen.

Soweit es sich um Investoren ohne eigene Kapitalmacht handelt, stellt sich die Frage, wer an ihrer Stelle die Sonnenenergie-Offensive finanzieren kann. In diesem Bereich haben sich in verschiedenen Ländern in den letzten Jahren neue Bankinstitute gebildet, die zinsvergünstigte Ökokredite verleihen – etwa die deutsche Ökobank oder die schweizerische Alternative Bank (ABS). Aber noch handelt es sich um kleine Institute, die für eine breite Offensive nicht stark genug sind. Andere Banken – z. B. in der Schweiz die Basellandschaftliche Kantonalbank – gehen dazu über, »grünes Kapital« zu 1–2% unter dem Marktzins zu vergeben. Doch ist bei der Solaroffensive so viel zu mobilisierendes Kapital nötig, daß auch diese Ansätze allein nicht ausreichen können.

Ein großer Schritt bestünde darin, das *Anlagekapital der Versicherungsgesellschaften für den solaren Strukturwandel* zu gewinnen. Zum Versicherungsgeschäft, besonders bei den Lebensversicherungen, gehört die langfristig angelegte Rücklagenbildung – und langfristig gewinnbringend sind im Zweifelsfall nur noch die Anlagen solcher Unternehmen, die ökologische Produkte herstellen. Große Kapitalgesellschaften beginnen also zu erkennen, daß bei einer Fortschreibung des herrschenden Energiesystems unbezahlbare Risiken auf sie zukommen. Da sich Versicherungsgesellschaften am wenigsten leisten können, das schnelle kurzfristige Geld langfristigen Erträgen vorzuziehen, müssen sie für den energetischen Strukturwandel gewonnen werden, so daß sie Teile des ihnen von Versicherungskunden bereitgestellten Kapitals in Unternehmen anlegen, die Sonnenenergietechniken produzieren oder betreiben. Der Schweizer Finanzexperte Kurt Müller sieht darin einen strategischen Ansatz.[186]

Für die Investitionsfinanzierung zum Betrieb von Sonnenenergieanlagen – Einzelpersonen wie Kraftwerksunternehmen – ist das von EUROSOLAR vorgeschlagene Konzept von Solarbanken bzw. Solarkrediten geeignet. Diese Kredite müssen die spezifische Eigenart eines Sonnenenergiebetriebs berücksichtigen: daß es zwar einen Kapitalbedarf für die Anlage gibt, daß aber keine laufenden Energiekosten – außer beim Energiepflanzenanbau – anfallen. Damit könnten die eingesparten Energiekosten mit der Abschreibung des Kredits verrechnet werden, so daß sich der Betreiber einen im Vergleich zu herkömmlichen Energieanlagen höheren Investitionsaufwand leisten kann, ohne finanzielle Zusatzbelastungen zu haben. Die Verbindung einer solchen langfristig angelegten Kreditfinanzierung mit einer Sonnenenergieberatung würde sofort einen Boom für Sonnentechnologien auslösen, beginnend bei den Hauseigentümern und Bauherren, die auf Sonnenenergie umsteigen. So wie für das Grundbedürfnis Wohnen spezielle Wohnungsbaukreditanstalten geschaffen und Wohnungsbaukredite eingeführt wurden, muß dies auch für das Grundbedürfnis nach sauberer Energie geschehen. Es müssen dazu nicht unbedingt neue Bankinstitute gegründet werden; auch spezialisierte Abteilungen von Banken und Bausparkassen können diese Aufgaben übernehmen. Es ist Teil der Sonnenstrategie, staatliche, regionale und kommunale Bankinstitute daraufhin zu orientieren. Auch das weitverzweigte Netz von selbständigen Genossenschaftsbanken eignet sich dazu.

Nicht zuletzt würde mit dem Solarkredit auch eine Chancengleichheit zwischen Solaranlagenbetreibern und Betreibern der jetzigen Großkraftwerke erreicht, die üblicherweise Großkredite mit ungewöhnlich langen Laufzeiten bis zu 20 Jahren und günstigen Zinssätzen erhalten – eine Vergünstigung, die den Betreibern von Sonnentechnologien bisher nicht zur Verfügung stand.

Freie Initiativen

Es sollte nicht darauf gewartet werden, bis die Parlamente, Regierungen und Gemeinden die notwendigen Schlüsselmaßnahmen ergreifen. Das würde bedeuten, die Sonnenstrategie von politischen Institutionen abhängig zu machen, und reichte besonders in der gegenwärtigen historischen Situation nicht aus, in der es diesen immer schwerer fällt, sich auf die realen Probleme angemessen einzustellen. Um die Sonnenstrategie voranzutreiben, ist die aktive Gesellschaft notwendig: Freie Initiativen, die angebliche Sachzwänge durchbrechen und eigene Projekte kreieren. Gerade eine Strategie, die zu einer Dezentralisierung der Strukturen führt, bedarf der Schubkraft von Menschen, die Alternativen nicht nur fordern, sondern selbst verwirklichen.

Nicht zufällig ist das, was an Nutzung der Sonnenenergie bereits vorgezeigt werden kann, meist Resultat solcher Anstrengungen: die solarthermischen Kraftwerke in Kalifornien, Windkraftanlagen in Dänemark, Biogasanlagen in kleinen landwirtschaftlichen Betrieben, Solarhäuser. Auch die Beratung von Bürgern, deren Interesse an angewandter Solartechnik von der kommerziellen oder der öffentlichen Fachberatung nicht befriedigt werden konnte, ist bisher überwiegend von gemeinnützigen Initiativen vorgenommen worden. Diese Erfahrung ist historisch nicht neu, sondern von der sozialen Bewegung des 19. Jahrhunderts unter sehr viel schwierigeren Bedingungen vorgemacht worden.

Eine große Rolle spielten dabei die freien Genossenschaften: Einkaufs-, Produktions-, Vermarktungs-, Kredit-, Wohnungsbau-, Konsumentengenossenschaften.[187] Diese Bewegung hatte großen Erfolg, und wegen dieses Erfolgs ist sie im Laufe der Zeit in vielen Fällen zu groß geworden, bürokratisiert und ideell erlahmt. Sie hat gesellschaftliche Strukturen positiv beeinflußt und sich dabei in diese integriert, bis ihre Organisationen von anderen Unternehmen kaum noch zu unterscheiden waren. Neue freie Initiativen müssen sich für die jetzt anstehenden neuen Ziele und Interessen bilden, die von den etablierten politischen und wirtschaftlichen Strukturen gar nicht oder in höchst unzulänglicher Form verfolgt werden, obwohl ein elementarer Bedarf dafür vorhanden ist.

Die Sonnenenergienutzung ist das passendste Beispiel, das man sich denken kann. Die dänischen, von Landwirten organisierten Betreibergenossenschaften sind ein Modell dafür, wie im Bereich der Landwirtschaft eine zielgerichtete Belebung genossenschaftlicher Initiativen erfolgen kann. Auch die Bildung von Kapitalgesellschaften für Investitionen in erneuerbare Energien oder die Selbstbau-Bewegung für Solarkollektoren in nachbarschaftlicher Hilfe in Österreich gehören in das Spektrum solcher Initiativen. Weil es sich um viele relativ kleine Investitionen in Energieanlagen handelt und nicht um wenige Großinvestitionen, ist die Mitwirkung am Aufbau hier nahezu jedem möglich. Dadurch kann privates Kapital in breitem Umfang mobilisiert werden. Da jeder aktiv mitgestalten kann, sogar in individueller Weise, ist die Sonnenstrategie beteiligungsoffen, wie es bei keiner anderen Perspektive je der Fall war. Eine neue Kultur kann entstehen, in der die Menschen nicht nur funktionierendes Element einer Megamaschine sind. Wenn sich so über eine kulturelle Revolution »von unten« und eine Revolutionierung politischer Entscheidungsprozesse »von oben« eine beide Entwicklungen beschleunigende Wechselwirkung ergibt, wird die Realisierung der Sonnenstrategie allen Widerständen zum Trotz unaufhaltsam sein.

Es wird möglich werden, durch hocheffektive kleintechnische Systeme das herkömmliche Energiesystem zu unterlaufen und eine Rebellion in Tausenden individueller Schritte einzuleiten, die sich zu einer Revolution von Millionen individueller Schritte entwickelt. Die Möglichkeit dazu bietet sich durch kleintechnische Kraft-Wärme-Kopplungssysteme in individuellen Haushalten bis hin zu Handels- und Gewerbebetrieben – zum Beispiel durch die Verheizung von aus Biomasse gewonnenen Briketts (kurzfristig aus Restholz, dann aus C_4-Schilfpflanzen), wobei die dabei erzeugte Wärme mit Hilfe eines Stirlingmotors genutzt werden kann. In einer Übergangsphase könnte man diesen Weg der hauseigenen Stromversorgung auch mit Hilfe von Diesel- oder Gasmotoren gehen. Im Sommer dagegen, wenn die Sonnenstrahlung ausreicht und keine Wärme – außer für Brauchwasser – benötigt wird, kann der Strom- und Wärmebedarf mit Solarzellen und -kollektoren ausreichend gedeckt werden.

Mit solchen praktischen und äußerst konkreten Initiativen – und mit Hilfe von neuen Unternehmen außerhalb des Energiekartells, die solche Techniken entwickeln und produzieren – kann die Sonnenstrategie selbst dann eingeleitet werden, wenn die politischen Institutionen erstarrt bleiben. Allerdings wird die Realisierung dann insgesamt etwas länger dauern, weil die ersten Anlagen – bevor sie in die Massenfertigung gehen – noch unverhältnismäßig teuer sind und deswegen nur über solche Marktteilnehmer in Gang kommen, die bewußt ihre privaten Prioritäten geändert haben. Trotz dieser Chance zu einer praktischen Volksbewegung bleibt es bei den hier formulierten Erwartungen eines radikalen politischen Kurswechsels – weil keine Zeit mehr zu verlieren ist und weil weitere falsche Entscheidungen für die konventionellen Energieträger nicht mehr, oder nur noch mit erheblichen finanzpolitischen Einbußen, rückgängig zu machen sind.

VIII. Kapitel
Die Entropiesteuer

Die umfassendste Maßnahme, die das Energiesparen und den Umstieg auf die Sonnenenergien in der gesamten Breite des Energieverbrauchs vorantreiben wird, ist zweifellos die höhere Besteuerung von herkömmlicher Energie. Eine solche gesetzliche Bestimmung, die die sozialen Kosten dieser Energien ausgleichen soll, ist die am einfachsten umzusetzende Maßnahme. Die Entscheidung selbst läßt sich allerdings nur unter enormen Schwierigkeiten durchsetzen, weil sie auf die meisten und vielfältigsten Widerstände stößt.

Die im vorhergehenden Kapitel behandelten politischen Schlüssel zur Einführung der Sonnenenergie hängen nicht von der Voraussetzung einer höheren Energiebesteuerung ab. Sie widersprechen also dem weitverbreiteten Vorurteil, daß in jedem Fall die unerläßliche Bedingung für die Einführung der Sonnenenergie höhere Steuern auf herkömmliche Energien seien – woraus viele die Rechtfertigung für ihre Untätigkeit herleiten.

Eine große Chance wurde in den 80er Jahren vertan, als nach dem Zerfall des OPEC-Kartells die Ölpreise wieder fielen, aber in kaum einem Land versucht wurde, diese Preissenkung durch höhere Mineralölbesteuerung aufzufangen; immerhin hatten sich viele Leute schon an die höheren Energiepreise gewöhnt. Die einzige positive Ausnahme war Dänemark. In Kalifornien wurde der aufkommende Boom bei Sonnenenergieanlagen, der durch Steuererleichterungen (Tax-Credits) gefördert worden war, sogar wieder gestoppt. Lieber tanzte man um das goldene Kalb, als daß man die Energieangebotsstrukturen reformierte. Unter den Vorzeichen der Klimakatastrophe lebte die Energiesteuerdebatte dann Ende der 80er Jahre wieder auf. Die bisherigen Energiesteuern galten überwiegend der Geldschöpfung für die Staatskassen, allerdings immer mit dem Ziel, der Wirtschaft dennoch möglichst billige Energie bereitzustellen. Daraus leitete sich die Methode der Besteuerung und der unterschiedliche Energiepreise ab: Man wollte möglichst niedrige Preise für die Produktion und relativ höhere für die Endverbraucher, etwa die Autofahrer oder die privaten Stromkunden. Die meisten Energiespar- und Besteuerungsvorschläge orientierten sich am Endverbraucher. Das Neue an der Energiebesteuerung aus ökologischen Gründen ist, daß sie auf die grundsätzliche Umstrukturierung des Energiesystems und nicht auf höhere Staatseinnahmen zielt, weshalb die höhere Energiebesteuerung Hand in Hand gehen soll mit einer Minderbesteuerung anderer Bereiche. Damit führt das ökologische Steuerkriterium zu einer grundlegenden Veränderung des Steuersystems.

Daß hier ein großer Spielraum vorhanden ist, belegen die unterschiedlich hohen Benzin- und Dieselkraftstoffsteuern. In Italien sind sie fast zehnmal höher als in den USA. Der dennoch lebhafte Autoverkehr in Italien zeigt, daß eine höhere Besteuerung nicht unbedingt zu weniger Autofahrten führt. Eher steigt man auf kleinere Autos um, wobei aber bedacht werden muß, daß andere Umstiegsmöglichkeiten – z. B. Solarautos – erst ganz am Anfang ihrer Entwicklung stehen. In den Bereichen, in denen das Umsteigen auf Sonnenenergie sofort möglich ist – etwa bei der Hauswärme –, liegen allerdings die Steuern für Öl oder Gas deutlich unter denen für Autotreibstoff. Um also zu einem wirkungsvollen fiskalischen Anreiz für die Sonnenenergie zu kommen, müßten die Energiesteuern auf breiter Front und zugleich spürbar erhöht werden.[188] Schweden und Dänemark haben bereits eine CO_2-Steuer eingeführt. Die Kommission der Europäischen Gemeinschaft wollte 1992 eine CO_2-Steuer – ergänzt durch eine Besteuerung auch von Atomenergie, um deren Wettbewerbsvorteile zu mindern – einführen, was aber an zu großen internen Widerständen vorläufig scheiterte. Anfangs versuchten Mitgliedsländer wie Spanien und Portugal, diese Steuern zu blockieren, weil sie Nachholbedarf an umweltschädigendem Wachstum beanspruchten, und am Ende hieß es, man könne sich zur CO_2-Steuer nur entscheiden, wenn Japan und die USA auch mitmachten. Das Argument, niedrige Energiepreise seien die Voraussetzung für internationale Wettbewerbsfähigkeit, hält sich hartnäckig – obwohl das eine haltlose Vereinfachung ist: Die USA haben deutlich niedrigere Energiepreise als Deutschland und Japan, ohne mit diesen international wettbewerbsfähig zu sein.[189]

Die Konzepte der ökologischen Steuerreform zielen zumeist darauf ab, im Gegenzug die Lohn- und Einkommensteuern drastisch zu reduzieren, um der Mehrbelastung eine Entlastung gegenüberzustellen.[190] Ernst Ulrich von Weizsäcker hebt die Energiesteuer ins Zentrum seiner Vorschläge zur »Erdpolitik« – neben Vorschlägen für weitere Steuern auf Bodenversiegelung, Wasser- und Luftverschmutzung sowie auf Müll und auf Stoffe wie Chlor, Halogene, Nitrat, Schwermetalle und Aluminium.[191] Seinem Konzept legt er zwei Prinzipien zugrunde:

– das stufenweise und damit voraussehbare Ansteigen der Steuer, damit sich die Betroffenen in ihrem Verhalten langfristig darauf einstellen und schockartige wirtschaftliche Störungen vermieden werden;
– parallel dazu eine Steuerentlastung, wobei er offen läßt, bei welcher Steuerart dies sein könnte. Wenn die Energiesteuer ihren Zweck erfüllt und dadurch die Steuereinnahmen zu niedrig würden, könne man zu den früheren Steuern zurückkehren.

Einen noch weitergehenden Vorschlag machen Farel Bradbury und Malcom Slesser mit der »Unitax«: Sie wollen die Lohn- und Einkommensteuer, sämtliche Unternehmenssteuern, die Verbrauchssteuern und die Sozialabgaben durch eine Energiesteuer ersetzen – erhoben auf die Primärenergien, wenn diese in den wirtschaftlichen Kreislauf einer Volkswirtschaft eingeführt werden, und berechnet nach der Höhe der seitherigen Gesamteinnahmen aller öffentlichen Kassen.[192] Doch würde diese totale Umgestaltung des Steuersystems eine unterschiedslose Energiesteuer erfordern, die auch die Sonnenenergien einbezieht – andernfalls ließe sich das System nicht durchhalten, weil nach massenhaftem Umstieg auf Sonnenenergie die Steuereinnahmen zu sehr sinken würden und man nach einiger Zeit das Steuersystem von neuem total revidieren müßte. Das Beeindruckende an der »Unitax«-Idee ist die radikale Steuervereinfachung, weil die Besteuerung der Energie am Beginn der Energiekette einer Volkswirtschaft eintreten würde – die Finanzämter würden zu einer Minibehörde schrumpfen und der bürokratische Steuererklärungsaufwand durch Unternehmen und Privatpersonen verschwände.

Doch gegen eine Kompensation der höheren Energiesteuer durch eine Senkung der Lohn- und Einkommensteuer werden gesellschaftspolitische Bedenken geltend gemacht, da ungerechte Zusatzlasten für die sozial schwachen Bevölkerungsschichten entstünden. Arbeitslose und Rentner zahlen keine Lohn- oder Einkommensteuer, hätten also keine Entlastung, sondern nur die höheren Energiekosten. Slesser nennt als konkreten Fall für »Unitax« das Beispiel einer britischen Familie mit einem jährlichen Einkommen von 20000 Pfund, wovon gegenwärtig 6400 Pfund Einkommensteuer und Sozialversicherungsbeiträge gezahlt würden. Nach seinem Steuerkonzept zahle die Familie statt dessen für das Autofahren 1400 Pfund mehr Steuern und für die Heizung 3500 Pfund mehr; da aber gleichzeitig die im Vergleich höheren Mehrwertsteuern fielen, käme es bei dieser Familie zu einer effektiven Entlastung. Doch eine Lösung des Problems, daß die Nichtsteuerzahler empfindliche Mehrbelastungen hätten, die jetzigen Spitzensteuerzahler dagegen eine drastische Entlastung, ergibt sich aus diesem Beispiel nicht. Und eventuelle Ausgleichsmaßnahmen für die sozial Schwachen – etwa Heizölbeihilfen – würden wieder einen erheblichen administrativen Aufwand erfordern.

Das neue Prinzip: Die Besteuerung erschöpfbarer Ressourcennutzung

Die zentralen Fragen eines ökologischen Steuerkonzepts sind folgende: Welches *generalisierbare Prinzip* liegt dem Konzept zugrunde, um zu einer neuen Steuersystematik kommen zu können; welche *anderen Steuern* sollen deshalb *gesenkt* werden; und an *welcher Stelle* des Wirtschaftskreislaufs soll die Steuer erhoben werden. Die Kriterien sind:

- eine *ökologisch orientierte wirtschaftliche Dynamik*;

- Energie- und Produktpreise, die eher der *sozialen und der ökologischen Wahrheit* entsprechen;

- *soziale Gerechtigkeit* der Energiebesteuerung;

- die *Vermeidung einer weiteren Komplizierung des Steuerrechts*, möglichst sogar eine Vereinfachung.

Die Durchsetzung eines ökologischen Steuerkonzepts hängt entscheidend davon ab, daß es einfach und in sich stimmig ist. Umweltsteuern dürfen sich nicht in zahllosen Einzelbesteuerungen verzetteln, was das Steuersystem völlig undurchschaubar machen und einen nicht praktikablen Steuererklärungs- und Steuerprüfaufwand ergeben würde.

Wägt man die zitierten Vorschläge ab und berücksichtigt man das Grundprinzip ökologischer und ökonomischer Zukunftssicherung – daß nämlich die durch menschliche Aktivitäten bewirkte Entropie reduziert werden muß – sowie dem sich daraus ergebenden energetischen Imperativ (siehe Kapitel II), dann kommt man zu einem Grundkonzept einer *Besteuerung dieser Entropie*. Dieser Vorschlag wird von vornherein auf die Europäische Gemeinschaft bezogen, weil in dieser ohnehin die Angleichung der nationalen Steuersysteme dringend nötig ist, was durch neue Besteuerungsprinzipien sicherlich einfacher möglich wird als durch Angleichung nicht wirklich vergleichbarer bisheriger Besteuerungen. Gerade in der Steuerpolitik steht der Europäischen Gemeinschaft, geschieht das nicht, ein Chaos bevor – mit zahllosen Steuerumgehungsmöglichkeiten besonders für multinationale Unternehmen.

Mit einer Entropiebesteuerung können alle relevanten Umweltschädigungen systematisch erfaßt und in ihrer sozialen Relevanz bestimmt werden. Da alle Besteuerungsfaktoren mit Förderung, Produktion und Verbrauch von Energie oder anderen Gütern zusammenhängen, ist es – um eine ökologische wirtschaftliche Dynamik und gleichzeitig soziale Gerechtigkeit zu fördern – wichtig, die Entlastung im Bereich anderer Verbrauchs- und Unternehmenssteuern anzusetzen. Die Entropiesteuer erfaßt damit systematisch alle Schäden an nicht regenerierbaren Gütern. Indem wir stufenweise vorgehen, kommen wir zu dem Konzept,

– zunächst mit der Besteuerung herkömmlicher Energie zu beginnen und dafür auf die Mehrwertsteuer zu verzichten;

– in einem zweiten, dritten und vierten Schritt die mineralischen Rohstoffe, umweltschädigende chemische Stoffe und den Landschaftsverbrauch zu besteuern und dafür auf die sonstigen Unternehmenssteuern zu verzichten.

Die Besteuerung sollte, wie gesagt, dort vorgenommen werden, wo der zu besteuernde Faktor in den Kreislauf der Volkswirtschaft tritt, das heißt, wo die Zoll- bzw. Steuerhoheit bzw. die Kommerzialisierung von Böden beginnt. Nur so kann eine unmittelbare Wirkung dieser Steuer auf diejenigen Produktionsprozesse erreicht werden, deren Veränderung der Dreh- und Angelpunkt einer ökologischen Wirtschaftsdynamik ist, während gleichzeitig die Berechnung der Steuern nicht nur für die öffentliche Steuerverwaltung, sondern auch für die Unternehmen sehr vereinfacht wird – besonders wenn die hier vorgeschlagenen kompensatorischen Steuerentlastungen berücksichtigt werden.

Eine neue wirtschaftliche Dynamik

Dieses Konzept, das die Vorschläge Ernst-Ulrich von Weizsäckers zur Besteuerung der Stoffströme und des UNITAX-Konzepts modifiziert, würde folgende Effekte auslösen:

1. Stufe: Besteuerung herkömmlicher Energien

Das Öl könnte bei den Raffinerien besteuert werden, die sowohl Importöl als auch eigengefördertes Öl in jedem Fall durchlaufen; Kohle würde beim Importeur und den heimischen Fördergesellschaften besteuert; Gas ebenfalls beim Importeur bzw. den Eigenförderern; die Steuern auf die Atomkraft müßten bei den Betreibern der Uranaufarbeitungsanlagen bzw. bei den Atomkraftwerksbetreibern ansetzen. Die damit drastisch erhöhten Preise der Primärenergie würden dann automatisch an die Industrieunternehmen, die Stromerzeuger und die Mineralölgesellschaften weitergegeben, wobei bei Mineralöl eine Differenzierung zwischen Heizöl und Kraftstoffen für Autos möglich ist. Generell würde ein massiver Rationalisierungsschub zur Einsparung von Energie und zum Umstieg auf steuerfreie Sonnenenergie einsetzen und die Zahlungsbilanz entlasten. Würde nun im Gegenzug auf die Mehrwertsteuer verzichtet, so hätte dies eine Reihe großer Vorteile: Die energieverbrauchenden Unternehmen würden administrativ entlastet und ihren betriebswirtschaftlichen Schwerpunkt auf die Reduzierung der Energiekosten verlagern. Die Preise stiegen nur dort, wo die zusätzlichen Energiekosten über dem Mehrwertsteuersatz liegen, in den anderen Fällen würden sie sogar sinken. Das gleiche gälte für den privaten Endverbraucher von Energie bzw. auch von anderen Produkten. Auf diesem Wege wird hoher umweltschädigender Energieeinsatz immer »bestraft«, während niedriger Energieeinsatz Vermarktungsvorteile brächte. Generell könnten sich so Be- und Entlastungen für industrielle wie für private Verbraucher die Waage halten, was die Produktoptionen verändert. Die staatliche Steuerverwaltung wird entlastet.

Von den meistdiskutierten Energiesteuern unterscheidet sich dieser Ansatz also dadurch, daß auch der Energieverbrauch der Industrie voll erfaßt und daß die Mehrwertsteuer kompensatorisch gestrichen wird. Die Gesamthöhe der zusätzlichen Energiebesteuerung müßte sich demnach am Mehrwertsteueraufkommen orientieren. Der Vorschlag bezieht sich, wie gesagt, auf die Europäische Gemeinschaft. Wieviel Geldmengen dabei umgeschichtet werden, soll nun anhand lediglich des *deutschen* Gesamtsteueraufkommens an der Mehrwertsteuer demonstriert werden: Im Jahr 1991 betrug dieses 179,7 Mrd DM; demgegenüber betrug die Mineralölsteuer einschließlich Heizöl und Erdgas 47,3 Mrd DM. Bei einem Wegfall der Mehrwertsteuer zugunsten der höheren Energiesteuer würde letztere zunächst auf 227 Mrd DM, also fast um den fünffachen Betrag steigen – und dann sofort wegen der damit verbundenen Effekte der Energieeinsparung und des Umstiegs auf erneuerbare Energien sinken. Das Einnahmeäquivalent des Staates läge in diesem Fall darin, daß über den damit ausgelösten Schub zu neuen Produktlinien neue Beschäftigung entsteht – und damit höhere Steuereinnahmen, eine Entlastung der Sozialkosten und eine Reduzierung der Umweltschadenskosten.

2., 3. und 4. Stufe: Besteuerung weiterer Entropie-Faktoren

Welcher der nächsten Schritte zuerst erfolgen muß, ist eine Frage weiterer Abwägungen und auch entsprechender systematischer Vorbereitungen – angesichts der Vielzahl unterschiedlicher mineralischer Rohstoffe und chemischer Stoffe – wobei durchaus unterschiedlich und differenziert angesetzt werden muß.

Die Hauptverbraucher der industriellen Rohstoffe und auch die Hauptimporteure, überwiegend aus den Entwicklungsländern, sind Japan, Europa und die USA. Die Preise sind eines der zentralen Probleme in dem blindwütigen Nord-Süd-Wirtschaftskrieg. Einerseits sind die Entwicklungsländer auf Erlöse aus diesen Rohstoffen angewiesen; andererseits sind sie faktisch einem Niedrigpreisdiktat der Abnehmer ausgeliefert, die ihr industrielles Monopol entsprechend ausnutzen. Das führt zu sich ständig verschärfenden politischen Spannungen.[193] Die rasche Ausbeutung der Rohstoffvorkommen richtet sich gegen das langfristige Interesse von sowohl Entwicklungs- als auch Industrieländern. Da die Mineralien nicht in reiner Form aus der Erde geholt werden, erfordert die Gewinnung verwertbarer Rohstoffe einen erheblichen Energieaufwand und hat auch andere Umweltbelastungen vorwiegend in den Förderländern zur Folge. Mit hoher Wahrscheinlichkeit ist die Energiebilanz der Rohstofförderung und -aufbereitung in den Entwicklungsländern großenteils negativ – d.h. die dortigen Volkswirtschaften erleiden durch die dafür notwendigen Energieimporte und die Waldvernichtung größeren wirtschaftlichen Schaden, als sie Exportnutzen haben. Solange die Rohstoffe so billig sind, werden auch die Wiederverwertungsmöglichkeiten nicht ausgeschöpft, obwohl die Erstverwertung dieser Mineralien in der Regel einen höheren Energieeinsatz als die Zweitverwertung erfordert.

Diese zweite Verwertung (Sekundärmaterialien) hat aufgrund der niedrigen Rohstoffpreise in den meisten Ländern zwischen 1950 und 1980 sogar abgenommen. In den USA fiel sie bei Aluminium von 51,4% (1950) auf 1979 nur noch 41,1% (Großbritannien: von 18,9% auf 4,7%, Deutschland: von 13,0% auf 11,3%, Frankreich: von 5,5% auf 4,4%). Lediglich in Japan nahm der Anteil von 0,8% auf 19,9% zu. Ähnliches wurde für Kupfer und Zink festgestellt.[194] Energiebedarf und Abfälle spielten bisher bei Energiebilanzen und Umweltanalysen kaum eine Rolle[195], obwohl sie in erheblichem Maße zur Entropiezunahme beitragen. Allein durch die Eisenverhüttung entstehen jährlich 10% der globalen CO_2-Emissionen, und es werden, etwa in Brasilien, dafür ländergroße Urwälder geopfert.[196]

Die Besteuerung der mineralischen Rohstoffe – die 1983 erstmals für die gesamte Europäische Gemeinschaft vorgeschlagen wurde[197] – könnte ebenfalls relativ einfach bei den Importeuren und direkt bei den heimischen Förderern durchgeführt werden.

Sie würde sofort einen massiven Recyclingschub auslösen und könnte damit auch helfen, den Energieverbrauch deutlich zu reduzieren. Außerdem würde die technologische Entwicklung angeregt, mineralische Rohstoffe durch andere Materialien zu ersetzen, z. B. durch keramische Materialien, durch Glasfiber oder durch pflanzliche Rohstoffe.[198]

Auch die weitere Stufe der Besteuerung umweltschädlicher chemischer Stoffe würde die schon genannten Effekte auslösen, neben einem weiteren Recyclingschub die Substituierung durch umweltschonendere Stoffe auf breiter Basis: im Bereich der Verpackungsmaterialien etwa durch Folien aus pflanzlichen Rohstoffen, die sich als Abfall wieder in die Natur recyclieren lassen; chemische Düngemittel würden durch aus Pflanzen, z. B. Wasserhyazinthen, gewonnene Mittel ersetzt; synthetische Baumaterialien durch biologische, synthetische Arzneimittel durch natürliche. Die Forschung und Entwicklung auf diesen Gebieten würde eine einzigartige neue Dynamik erhalten, das Müllproblem und damit die Müllbeseitigungskosten würden reduziert. Entwicklungsländer könnten anstelle von nicht erneuerbaren Mineralien erneuerbare pflanzliche Grundstoffe exportieren. Diese Besteuerung kann Zug um Zug auf immer mehr Stoffe ausgeweitet werden, wobei man mit den besonders umweltbelastenden beginnt. Die Steuer kann direkt bei den Chemieunternehmen erhoben werden. So würde die Chemieindustrie zum Vorreiter auf dem Weg in eine ökologische Industriegesellschaft werden. Die Zahl der Arbeitsplätze würde sich, als Folge der Substitutionsbemühungen, erhöhen.

Der Gesamtimport der Bundesrepublik Deutschland an Rohstoffen lag 1991 bei einem Wert von 77 Mrd DM – einschließlich Erdöl, Erdgas, Treibstoffen, Strom, Kohle und Uran, die zusammen etwa 55 Mrd DM ausmachten. Da letztere bei dem hier vorgeschlagenen Konzept in dessen erster Stufe bereits besteuert sind, verbleiben etwa 22 Mrd DM für die übrigen Rohstoffe. Die bisherigen Zölle sind sehr unterschiedlich, teilweise gibt es in den einzelnen Kapiteln des Gebrauchszolltarifs überhaupt keine Zölle, teilweise gehen sie bei mineralischen Rohstoffen bis zu 14 % und bei Nichteisen-Metallen bis zu 10 %. Allerdings unterliegen alle Importe der generellen Mehrwertsteuerpflicht. Demgegenüber gab es 1991 31,7 Mrd DM Körperschaftssteuereinnahmen und 39 Mrd DM Gewerbesteuereinnahmen.

Eine konzeptionelle Umsetzung der Entropiesteuer auf den Sektor der mineralischen Rohstoffe würde zunächst dazu führen, diese um den Betrag der Mehrwertsteuer zu erhöhen, im Zuge der Abschaffung dieser Steuer zugunsten der Energiesteuer. Danach müßte die Besteuerung so angehoben werden, daß damit mindestens 30 Mrd DM Mehreinnahmen erzielt werden, um die Körperschaftssteuer wegfallen lassen zu können. Wenn es dann auf einer dritten Stufe um die Besteuerung umweltschädigender chemischer Stoffe geht, wäre das Entlastungsäquivalent die Gewerbesteuer.

Hinzu käme die Besteuerung der Bodenversiegelung und der Wasserverschmutzung, wozu sich in besonderem Maße eine Gemeindesteuer eignet. Ergänzend dazu ist es notwendig, eine *Bodenverkaufssteuer* zu erheben, um der asozialen Bodenspekulation entgegenzuwirken. Welche die Gesamtwirtschaft und die Sozialstruktur massiv belastenden Folgen die Bodenspekulation hat, ist in Japan genau zu erkennen. Dort sind extrem hohe Bodenpreise der wichtigste Faktor einer sozialen Entropie. Damit würde auch auf diesem Sektor dem der Entropiesteuer zugrundeliegenden Prinzip gefolgt, daß nicht reproduzierbare und nicht vermehrbare Güter den Marktgesetzen entzogen werden. Alles, was nicht reproduzierbar ist und damit zum kollektiven Gut zählt, ist in seiner Konsequenz nicht marktwirtschaftsfähig. Privatbesitz an Grund und Boden ist von dieser Besteuerung nicht tangiert, wohl aber die Geschäfte damit, die zu empfindlichen Störungen des sozialen und ökologischen Gleichgewichts, zu einer Zerstörung von Wohnkulturen in Städten und zu immensen Gewinnen einer kleinen Schicht von Spekulanten geführt haben, ohne daß sie dafür den kleinen Finger krumm machen mußten.

Alle diese Elemente einer Entropiesteuer würden bei den Unternehmen den Schwerpunkt ihrer Rationalisierungsbemühungen, der gegenwärtig überwiegend bei der Wegrationalisierung von Arbeitsplätzen liegt, auf die Ersetzung nicht erneuerbarer durch erneuerbare Ressourcen und auf die Vermeidung von Umweltlasten verlagern. Ergänzend zu dieser Steuerstrategie sollte ins Auge gefaßt werden, den Import von industriellen Produkten aus Ländern, die keine vergleichbaren Maßnahmen ergreifen, durch Zollanhebungen zu erschweren. Ein Wirtschaftsraum wie der der Europäischen Gemeinschaft kann sich das leisten. Die

Strategie zur Rettung des Erdballs ist wichtiger als die Ideologie des freien Weltmarkts. Volkswirtschaften, die die wirklichen ökonomischen, sozialen und ökologischen Preise durch die Natur selbst und durch die Menschheit bezahlen lassen wollen, dürfen nicht länger dafür auch noch Marktvorteile haben.

Damit entspräche dieses Konzept dem Ziel, die industrielle Revolution zu verstetigen, ihre Richtung zu verändern, sie unter Vermeidung der bisherigen Schadenswirkungen zu verbreitern und damit zu humanisieren. Die Mittel sind:

- Verteuerung und Einsparung herkömmlicher Energien, Umstieg auf Sonnenenergien;
- Besteuerung der limitierten, energieverbrauchsintensiven und umweltschädlichen Faktoren der Produktion, aber im Gegenzug Entlastungen bei anderen Faktoren; und deshalb Erhöhung der Kosten des Energie- und Materialverbrauchs, aber Senkung anderer Verbrauchskosten.
- Ausschöpfung neuer sozialer Gewinne und Vermeidung sozialer Einschnitte, Umlenkung der Stoffströme der Industriegesellschaft von Naturausbeutung und Naturzerstörung zu Naturerschließung und Naturerhaltung.

IX. Kapitel

Vom atomaren Nichtverbreitungsvertrag zum solaren Verbreitungsvertrag

Die Gesellschaften des Südens waren jahrzehntelang ein Opfer des Ost-West-Konflikts, nicht nur weil die geistigen und materiellen Ressourcen an den Rüstungswettlauf gebunden waren, sondern auch wegen der Versuche, den Süden in Ost-West-Einflußzonen aufzuteilen und ihm entweder das eine oder das andere System überzustülpen. Aber in den Entwicklungsländern haben die Modelle der westlichen wie der östlichen Systeme gleichermaßen versagt. Immer wieder wurde deshalb nach einer Weltordnung gerufen, die nicht mehr bipolar, sondern polyzentristisch sein sollte.

Nach dem Verfall des Ostblocks ist die Chance zu einer mehr selbstbestimmten Entwicklung in der »Dritten Welt« aber nicht größer, sondern sogar kleiner geworden. Zuvor hatten Entwicklungsländer noch teilweise die Möglichkeit, die eine Weltmacht gegen die andere auszuspielen und sich auch von diesen umwerben zu lassen. Seit das vorbei ist und weil sie in immer größere wirtschaftliche Abhängigkeit geraten sind, unterliegen sie einem ausschließlich einseitigen Entwicklungsdiktat. Die einzige Gegenwehr ist in Gestalt des sogenannten islamischen Fundamentalismus entstanden, dessen reiche Ölstaaten jedoch den Interessenverbund mit den westlichen Zentren eingegangen sind. Diese westlichen Länder handeln – so zeigt es sich nach dem Abtritt der Sowjetunion – gegenüber dem Süden genauso zusammengeschweißt, wie sie es gegenüber dem Osten taten. Ihre Entwicklungspolitik ist, trotz ihrer Erfolglosigkeit, eher noch uniformer geworden, obwohl die Lage nach einer radikalen Richtungsänderung schreit. Man diskutiert allenfalls, wie eh und je, über die Möglichkeit, die Entwicklungsgelder zu erhöhen und den Warenexport der Entwicklungsländer zu erleichtern, aber kaum über neue Entwicklungsziele. Man versucht sich weiter in der Erarbeitung und Verabschiedung neuer Konventionen, trotz aller Erfahrungen, die man mit ihrer Unverbindlichkeit und damit gemacht hat, daß sie einfach nicht beachtet wurden.

Der Golfkrieg – der die Ölvorkommen politisch sichern sollte, deren Verbrennung die Erdatmosphäre zerstört – hat die neue internationale Politik stärker geprägt als die globale Umweltkrise. Der neue »erweiterte Sicherheitsbegriff«, ursprünglich eine Umschreibung des Abbaus sozialer Spannungen, hat statt dessen nur zu erweiterten militärischen Einsatzplänen geführt. Doch ohne neue Ziele kommt die Entwicklungspolitik ebensowenig aus ihrer Sackgasse heraus wie ohne neue Handlungskonzepte, da sonst gescheiterte Ansätze immer weiterverfolgt werden, während man die Mittel dafür erhöht. Aus diesen Fehlentwicklungen kann nur eine solare Entwicklungsrevolution heraushelfen.

»Solar for Peace« statt »Atom for Peace«

Der Gedanke, daß man einen Energieträger außerhalb der kommerziellen Energiemärkte international verbreiten könnte, ist nicht neu. Er wurde und wird jahrzehntelang mit dem falschen Objekt, der Atomtechnologie, versucht. Noch heute ist der finanzielle und institutionelle Aufwand dafür weit größer und intensiver als für die internationale Verbreitung der Sonnenenergien: Durch die Internationale Atomenergieagentur (IAEA), die die Aufgaben hat, den atomaren Brennstoffkreislauf zu kontrollieren und den Technologietransfer zu fördern, die Nuclear Energy Agency, eine Tochter der von den OECD-Staaten gebildeten Internationalen Energieagentur, die eine gesonderte Solarenergieagentur gleichwohl nicht für nötig halten; und durch die EURATOM-Behörde innerhalb der Europäischen Gemeinschaft. Nichts Vergleichbares gibt es für die Sonnenenergie, weder innerhalb der westlichen Staatengemeinschaften noch im globalen Rahmen – entsprechende Ansätze wurden bis in die jüngste Zeit von den internationalen Entscheidungsführern strikt abgelehnt.

Seit der legendären »Atoms for Peace«-Rede des amerikanischen Präsidenten Eisenhower im Jahr 1953 gibt es die widerspruchsvolle Doppelstrategie, einerseits die atomare Bewaffnung weiterer Staaten zu verhindern und andererseits die Verbreitung von Atomkraftwerken zu fördern – obwohl klar ist, daß diese Förderung die Voraussetzung für die Fähigkeit zur Atomrüstung schafft. 1970 trat der atomare Nichtverbreitungsvertrag in Kraft: Vertragsstaaten, die noch keine Atomwaffen haben, verzichten auf deren Herstellung und Erwerb. Diejenigen, die Atomwaffen oder Vorsprünge in der Atomtechnologie haben, verpflichten sich einerseits – so der Wortlaut des Vertrages – »zur Beendigung des nuklearen Wettrüstens in naher Zukunft und zur nuklearen Abrüstung« und andererseits dazu, »den weitestgehenden Austausch von Ausrüstungen, Material und wissenschaftlichen und technologischen Informationen zur friedlichen Nutzung der Kernenergie zu erleichtern«. Der Vertrag soll »zur Weiterentwicklung der Anwendung der Kernenergie für friedliche Zwecke« beitragen, und dies »unter gebührender Berücksichtigung der Bedürfnisse der Entwicklungsgebiete der Welt«. Der atomare Nichtverbreitungsvertrag repräsentiert sowohl die größten Gefahren als auch die größten Hoffnungen der 50er und 60er Jahre, die mit der Atomtechnologie verknüpft waren. Die Gefahren sind geblieben, die Hoffnungen sind zerstoben.

Die Verpflichtung zur atomaren Abrüstung wurde und wird nicht eingehalten. Aus der atomaren Abrüstung »in naher Zukunft« wurde nach 1970 ein immer atemberaubenderes atomares Wettrüsten. Auch nach dem Ende der Sowjetunion lehnen die westlichen Atomwaffenstaaten und die NATO die vollständige atomare Abrüstung ab, weil sie Atomwaffen als letzte Möglichkeit zur Abschreckung betrachten – wobei man sie nunmehr auch gegen Staaten richten will, die selbst keine Atomwaffen haben. Daß man mit dieser Begründung die Gefahren der internationalen Verbreitung solcher Waffen größer statt kleiner macht – weil es eine Reihe von Staaten faktisch dazu motiviert, gegen die auf sie gerichteten Atomwaffen künftig eigene Atomwaffen zu haben –, will man nicht wahrhaben.

Die Verpflichtung zur Verbreitung atomarer Technologien dagegen wurde befolgt, denn man hoffte auf einträgliche Geschäfte. Dennoch blieb das Resultat hinter den Erwartungen zurück. Einer der Gründe dafür ist die Komplexität der atomaren Technologie, so daß die meisten Ländern das »Produkt« nicht selbst herstellen können und es deshalb importieren müssen, wozu den Entwicklungsländern wieder einmal die Devisen fehlen. Wer dagegen über den offiziellen Weg der zivilen Atomtechnik die inoffizielle Befähigung zum eigenen Atomwaffenbau haben will, dem ist zunächst der Atomwaffensperrvertrag eine Hilfe. Somit besteht die größte Wahrscheinlichkeit, daß unter Berufung auf den atomaren

Nichtverbreitungsvertrag genau das Gegenteil dessen eintritt, was dieser bewirken sollte. Das »Atom for Peace«-Konzept ist nicht durchführbar, weil zivile und militärische Atomtechnik nicht wirklich zu trennen sind. Deshalb ist die allgemeine und vollständige Atomwaffenabrüstung ein aktuelles weltpolitisches Gebot für eine stabile Friedenssicherung, wozu auch der Stopp der Verbreitung »ziviler Atomtechnologien« notwendig ist.

Im Schlußartikel des atomaren Nichtverbreitungsvertrages steht, daß 25 Jahre nach seinem Inkrafttreten eine Konferenz einzuberufen sei, »die beschließen soll, ob der Vertrag auf unbegrenzte Zeit in Kraft bleibt oder um eine oder mehrere bestimmte Frist oder Fristen verlängert wird«. Die Frist läuft aus, und neue gewaltsame Formen der Verhinderung von Atomrüstung zeichnen sich ab, die die Welt in Atem halten und die internationale Politik zusätzlich militarisieren, statt sie zu entmilitarisieren. Solche Anstrengungen, einen »Atomtod« zu verhindern, lenken uns weiter ab von den Anstrengungen zur Verhinderung des »Entropietods«. Nur ein neues Leitbild – anstelle des alten, atomaren – kann die Menschheit befreien – eines, das wirklich verbreitungsfähig ist, nicht mißbraucht und deshalb jedem zugänglich gemacht werden kann. »Solar for Peace« ist das adäquate, alle Zeiten überdauernde Leitbild für die Nutzung der Energie im Weltmaßstab. Die Menschheit braucht einen solaren Verbreitungsvertrag. Vorkehrungen gegen den militärischen Mißbrauch von Sonnenenergie sind nicht erforderlich, denn solare Waffen gibt es nicht und wird es auch nicht geben, weil erfreulicherweise die Energiedichte der Sonnenstrahlung dazu nicht ausreicht. Zu einem solchen Vertrag muß eine internationale Institution gehören, deren vorrangige Aufgabe der Transfer von Sonnentechnologie wäre.

Die Internationale Solarenergie-Agentur

Die Errichtung einer Internationalen Sonnenenergieagentur ist 1990 von EUROSOLAR in einem Memorandum gefordert worden.[199] Zahlreiche Nicht-Regierungsorganisationen und auch einige Regierungen und politische Parteien haben die Forderung aufgegriffen. Sie war 1992 zentraler Bestandteil der Empfehlungen der United Nations Solar Energy Group on Environment and

Development (UNSEGED), die für den UN-Generalsekretär Empfehlungen zur Solarenergie für die Weltkonferenz in Rio de Janeiro ausgearbeitet hatte. Auf der UNO-Konferenz über erneuerbare Energien 1981 in Nairobi forderten Vertreter von Entwicklungsländern bereits eine Institution der Vereinten Nationen zur Förderung der Sonnenenergie. Doch diese Forderung wurde von den Industrieländern 1981 ebenso abgelehnt wie 1992 vor allem von der amerikanischen und der japanischen Regierung, die den Vorschlag einer Internationalen Solarenergie-Agentur schon in den Vorbereitungskonferenzen für Rio abblitzen ließen. Zwar gibt es einige UN-Organisationen im Bereich der Entwicklungshilfe, die auch Sonnenenergie-Förderprogramme haben. Aber keine dieser Initiativen ist mit dem Stellenwert vergleichbar, den eine Sonnenenergie-Agentur haben muß.

Diese Agentur müßte jedem Land helfen, Entwicklungslücken in der Sonnentechnologie zu schließen und eine unabhängige Infrastruktur für die Nutzung aufzubauen, von der Forschung und Ausbildung bis zur eigenen Produktion von Solartechnik. Dazu gehören

- die Hilfe zur Gründung von Forschungsinstituten;
- die Erstellung von Demonstrationsanlagen in jedem Land für die gesamte Bandbreite neuer Sonnentechnologien;
- wissenschaftlich-technischer Informationsaustausch und Ausbildungsprogramme für Wissenschaftler, Ingenieure, Unternehmer und Verwaltungsbeamte;
- die Beratung für den Aufbau eigener Produktionsstätten;
- die Kommunikation über Einführungserfahrungen und die Projektierung von Einführungsprogrammen;
- die Zusammenarbeit mit Regierungen, Banken, Entwicklungs- und Umweltorganisationen;
- die Durchführung von Entwicklungsprojekten.

Die wichtigste organisatorische Aufgabe einer solchen Agentur wäre es, Transferzentren an zahllosen Plätzen der Welt, insbesondere in den Entwicklungsländern, zu schaffen, die in ihren Regionen mehrere Aufgaben zugleich erledigen: die Entwicklung bzw. Weiterentwicklung angewandter Solartechnologien; die Motivierung, Beratung und Schulung von Unternehmern, Handwerkern und lokalen Verwaltungen; die Durchführung regionaler Projekte.

Es verwundert nicht, daß der Gedanke des solaren Technologietransfers bisher auf Ablehnung stieß. Während der Transfer von Atomtechnologien die Marktchancen der wenigen Kraftwerkshersteller verbessert, ist bei den Sonnenenergie-Technologien das Gegenteil der Fall: Aufgrund geringerer Komplexität und ihrer Gefahrlosigkeit kann Solartechnik in Entwicklungsländern selbst hergestellt werden. Da solarer Technologietransfer aus der globalen Marketingstrategie industrialisierter Länder herausfällt, ist er die Voraussetzung für eine unabhängige Energieversorgung sich entwickelnder Länder. Mit der Ablehnung einer solchen Agentur bezweckt man, für sich einen Markt zu reservieren, an dessen aktueller Ausweitung man gleichwohl noch gar kein wirkliches Interesse hat. Würden nämlich in den Industrieländern in großem Umfang Solartechnologien für die Märkte in den Entwicklungsländern bereitgestellt, dann gäbe es keine Möglichkeit mehr, die Markteinführung in den Industrieländern selbst hinauszuzögern. Weil dem Energiewirtschafts-Komplex die Zeit für die Sonnenenergienutzung im eigenen Land noch nicht reif erscheint, darf sie also auch noch nicht reif sein in den Entwicklungsländern. Würden diese gar mit der Massenproduktion von Sonnenenergietechnologien beginnen und neben den eigenen auch die Märkte in den Industrieländern beliefern, bedeutete das eine Herausforderung des industriellen Fertigungsmonopols der reichen Industrieländer.

Die Notwendigkeit der Sonnenenergie besonders für die Entwicklungsländer wird heute kaum noch ernsthaft bestritten. Aber gerade deshalb werden sie eher als künftige Märkte für Solartechniken aus Industrieländern betrachtet, weshalb man dort keine inländischen Konkurrenten heranziehen will. Die Verhinderung einer Internationalen Solarenergie-Agentur offenbart einen skrupellosen Interessenegoismus, der sich bisher weder von der Entwicklungskatastrophe des Südens noch von den nahenden Klimakatastrophen oder den anwachsenden Flüchtlingsströmen hat beeindrucken lassen. Sie verrät darüber hinaus eine gefährliche Kurzsichtigkeit: Den großen Markt für Solartechniken aus Industrieländern wird es in den Entwicklungsländern nicht geben, weil dort die Kaufkraft fehlt – entweder werden die Entwicklungsländer die Solartechnologie überwiegend selbst produzieren, oder es bleibt bei einigen Tropfen im Wüstensand.

Daß der Widerstand gegen eine solche Agentur bisher erfolgreich war, offenbart aber auch, wie intensiv die politischen, wirtschaftlichen und wissenschaftlichen Eliten der Entwicklungsländer mit denen der Industrieländer verflochten sind. Anders ist nicht zu erklären, warum sich die Entwicklungsländer immer wieder davon abbringen lassen, sich selbst für den Entwicklungsschwerpunkt Sonnenenergie zu entscheiden, bzw. warum sie nicht selbst darauf kommen.

Natürlich werden die hier genannten Gründe für die Ablehnung einer Solarenergie-Agentur nicht offiziell bestätigt. Statt dessen wird betont, wie wenig sinnvoll es sei, eine weitere internationale Organisation zu gründen – die bestehenden sollten oder könnten diese Aufgabe mit übernehmen. Doch wird auch keine dieser bestehenden Organisationen mit den dafür notwendigen Kompetenzen und Finanzen ausgestattet. Ein anderer fadenscheiniger – und dem ersten widersprechender – Einwand lautet, die mangelhafte Leistungsfähigkeit bestehender UN-Organisationen schrecke von der Bildung einer weiteren ab. Doch gerade wenn deren Arbeit so unbefriedigend ist, müßte dies ein Grund mehr für die Bildung einer neuen leistungsfähigen Institution sein.

Der Zeitpunkt ist überfällig, daß sich die Mehrheit der Staaten nicht länger durch eine Minderheit von Ölförder- und Industrieländern davon abhalten läßt, ihre eigenen Interessen zu erkennen und wahrzunehmen. Widersinnig ist es, die Etablierung einer Internationalen Solarenergie-Agentur davon abhängig zu machen, ob auch diejenigen Regierungen einverstanden sind, die sie nicht wollen, da deren Mitarbeit sogar schaden würde, denn sie würden die Entfaltung der Arbeit nur behindern. Die Solarenergie-Agentur könnte die gemeinsame Institution eines Kooperationsbündnisses der Entwicklungsländer mit aufgeschlossenen Industrieländern sein. Wenn sich internationale Wirtschaftsgemeinschaften bildeten, haben die Initiatoren auch nicht gefragt, ob diejenigen einverstanden waren, die ihre wirtschaftlichen Interessen davon beeinträchtigt sehen könnten. Deshalb sollten einige Regierungen in Eigeninitiative eine solche Agentur gründen, ohne auf den allseitigen Konsens zu warten, den es nie geben wird. Der österreichische Bundeskanzler Vranitzky hat eine solche Möglichkeit bereits angedeutet.[200] Allerdings müßte die Agentur sich für weitere Mitgliedsstaaten offenhalten.

Ohne eine internationale Agentur bleibt der notwendige Sonnentechnologietransfer abhängig von mehr oder weniger zufälligen bilateralen Kooperationen einzelner Staaten. Mit ihr kann erreicht werden, daß die wirtschaftliche Entfaltung der Sonnentechnologien nicht mehr von Kategorien des Wettrennens zwischen weltwirtschaftlichen Konkurrenten abhängig ist – wobei diese bei der Solarenergie bisher ein Wettbremsen veranstaltet haben. Mit ihren spärlichen Aktivitäten halten die Bremser – mit kleinen Sonnenenergieabteilungen – den einen Fuß in der Tür zum künftigen Solarmarkt und versuchen gleichzeitig, mit dem anderen Fuß die Marktentfaltung zu verzögern. Wenn der Solarmarkt jedoch ohne ihr Zutun vorzeitig zur Entfaltung kommt, wollen sie die Nase vorn haben. Die Sonnenenergie-Technologie ist aber für die Menschheit zu wichtig, als daß man sie diesem Spiel weiter überlassen dürfte. Mit Hilfe des Technologietransfers durch die Solarenergie-Agentur und von breit gestreuten solaren Technologiezentren muß vor allem angestrebt werden, daß alle Länder in kürzester Zeit zu Eigenproduzenten von Sonnentechnologien werden. Nur dann können die Entwicklungsländer ihren Sonnenenergiebedarf befriedigen. Produzieren sie diese selbst, haben sie sogar die Chance, Exporteur von industriellen Produkten zu werden. Sie könnten damit der Rolle entwachsen, lediglich Exporteur von Rohstoffen und Agrarprodukten zu sein, womit ihr natürlicher Reichtum abgetragen wird, während sie die Lebensmittel verkaufen müssen, die sie für die Ernährung ihrer eigenen Menschen dringend brauchen.

Gerade weil es in den Südregionen der Welt um die Erstausstattung mit einer Energieversorgungsstruktur geht, sind die Chancen für die Einführung der Sonnenenergie dort größer als in den Industrieländern. Die Aufgabe der Solarenergie-Agentur müßte auch darin liegen, ein Patent-Informationssystem über Sonnentechnologie aufzubauen und Patentberatungen durchzuführen; Lizenz- und Joint-Venture-Produktionen zu vermitteln; einheitliche industrielle Normen für Solartechniken zu erarbeiten, die eine globale Interaktion erleichtern. (Vgl. *Abbildung 10* auf S. 264) Solarer Technologietransfer ist die Alternative zu Entwicklungskrediten und -leistungen, die sich bisher überwiegend auf die Nutzung fossiler Energien konzentrierten. Eine unabhängige und unbehinderte wirtschaftliche Entwicklung des Südens ist ohne Sonnenenergie unmöglich.

Von der »Grünen Revolution« zur solaren Revolution in Entwicklungsländern

Die Solarenergie-Agentur wäre auch die geeignete Institution, um den Schwerpunktwechsel der internationalen Entwicklungshilfe zur Sonnenenergie zu unterstützen und teilweise organisatorisch zu koordinieren. Zu einem erfolgreichen Schwerpunktwechsel gehört, innerhalb des breiten Spektrums der Sonnenenergienutzung vorrangig diejenigen Techniken einzuführen, die für die Lebenschancen der Landbevölkerung in den Entwicklungsländern die elementarste Bedeutung haben:

- mit Sonnenenergie betriebene Wasserpumpen und Bewässerungssysteme, um das landwirtschaftliche Potential voll ausschöpfen zu können – wegen Wassermangels und fehlender Möglichkeiten der Wasserspeicherung gibt es etwa in Indien oft nur eine Ernte, wo sonst zwei oder gar drei möglich wären;
- landwirtschaftliche Geräte mit eigenen Treibstoffen zu betreiben, natürliche Düngemittel zur Verfügung zu haben und Ernteerträge mit Hilfe der Sonnenenergie zu trocknen und zu lagern;
- zu kochen und elektrisches Licht zu haben;
- die Energie für Kleinproduktionen verfügbar zu haben.

Abbildung 11 auf Seite 265 zeigt, für welche sozialen Funktionen die verschiedenen Solartechnologien anzuwenden sind.

Weil allein dadurch das Bevölkerungswachstum gebremst und Fluchtbewegungen aufgehalten werden können, müssen diese Möglichkeiten der Sonnenenergienutzung schnell und breitenwirksam eingeführt werden. Dieses Ziel und das andere, die globale Klimakatastrophe abzuwenden, erfordern neben dem Schwerpunktwechsel in der Entwicklungspolitik auch einen Methodenwechsel.

Crash-Strategien sind auch in der Entwicklungspolitik notwendig – gezielte globale Projekte, die in kurzer Zeit und konzentriert zu realisieren sind. Mehr als die Hälfte der Menschheit lebt in Entwicklungsländern ohne Stromversorgung – nahezu drei Mrd Menschen. Sie kochen und heizen mit Holz oder Dung, wodurch sie sich selbst wertvolle Düngemittel für die Landwirtschaft entziehen und Raubbau an ihrer natürlichen Vegetation treiben. Gleichzei-

Abbildung 10
Internationale Solarenergie-Agentur
Aufgaben und Arbeitsschema

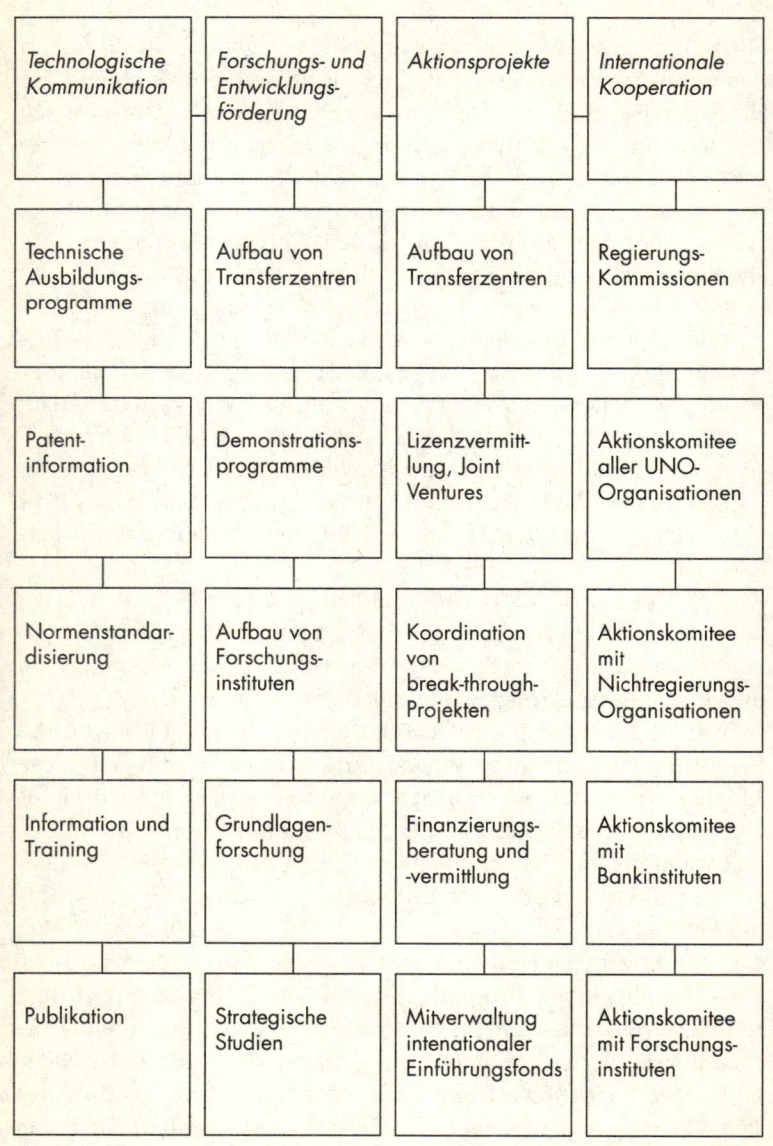

Technologische Kommunikation	*Forschungs- und Entwicklungs-förderung*	*Aktionsprojekte*	*Internationale Kooperation*
Technische Ausbildungs-programme	Aufbau von Transferzentren	Aufbau von Transferzentren	Regierungs-Kommissionen
Patent-information	Demonstrations-programme	Lizenzvermitt-lung, Joint Ventures	Aktionskomitee aller UNO-Organisationen
Normenstandar-disierung	Aufbau von Forschungs-instituten	Koordination von break-through-Projekten	Aktionskomitee mit Nichtregierungs-Organisationen
Information und Training	Grundlagen-forschung	Finanzierungs-beratung und -vermittlung	Aktionskomitee mit Bankinstituten
Publikation	Strategische Studien	Mitverwaltung intenationaler Einführungsfonds	Aktionskomitee mit Forschungs-instituten

Abbildung 11

Funktionen der Solartechnologie in Entwicklungsländern

	Solar-zellen	Solare Hoch-tempe-ratur	Solare Niedrig-tempe-ratur	Klein-Was-ser-kraft	Wind	Bio-masse Verbren-nung	Bio-masse Verga-sung	Biogas	Bio-treib-stoff
Kochen			×			×		×	
Trocknen, Wasser und Raumheizung			×			×		×	
Telekommuni-kation	×			×	×				
Haushaltsstrom	×			×	×		×		
Sterilisierung und Desinfektion	×		×					×	
Entsalzung und Destillierung	×	×	×			×		×	
Wasserpumpen	×	×	×	×	×		×	×	
Pressen, Dreschen, Waldschneiden	×			×	×		×	×	
Kühlung	×	×	×	×	×		×	×	
Zugmaschinen					×		×	×	×
Prozeßdampf		×	×			×		×	
Kraft-Wärme-Kopplung		×				×		×	
Großernten	×	×		×	×	×	×	×	

Quelle: W. Shearer, UN University: Solar Energy – A Means of Developing in Developing Countries.

tig werden die Wege zur Holzbeschaffung immer länger. Nach Berichten der Weltbank wird in Entwicklungsländern jährlich eine Mrd m³ Holz zum Kochen verbrannt; zusammen mit verbranntem Dung und Pflanzenresten entspricht das einer Energiemenge von täglich 5 Mio Faß Öl und einer abgeholzten Waldfläche von durchschnittlich 500 qkm pro Tag – 180 000 qkm im Jahr, fast 0,5 % der Waldoberfläche des Globus. Die Wald- und Baumlandschaften verschwinden nicht immer völlig, aber selbst wenn die Hälfte nachwachsen würde, wäre das, was verloren geht, eine Fläche von mindestens der Größenordnung Österreichs.

Die Brennholzkrise in den Entwicklungsländern nimmt dramatische Formen an. Nach Berechnungen der Welternährungsorganisation FAO wird es im Jahr 2 000 über zwei Mrd Menschen geben, die nicht genug Brennholz haben. Die durch den Energiemangel wesentlich bedingte Flucht in die Städte verschärft die Energiekrise, weil auch in den Städten die leicht transportierbare Holzkohle verwendet wird, wobei aber die Energieverluste höher sind als bei der direkten Verbrennung von Hölzern auf dem Land. Jeder in eine Stadt abwandernde Mensch verdoppelt dadurch seinen Energieverbrauch – ein wahrer Teufelskreis.[201]

Schon durch die *Einführung von Solarkochern* für 500 Mio Familien ließe sich die Brennholzkrise überwinden. Die Herstellung eines solchen Gerätes mit einer Kochleistung von 2 Litern Topfinhalt und mehrstündiger Speicherung schon in kleiner Serie von einigen hundert Stück kostet etwa 100 DM, davon sind 65 DM Materialkosten. Bei einer Produktion in Entwicklungsländern würde sich dieser Betrag möglicherweise noch einmal halbieren lassen. Angenommen, zuzüglich Herstellergewinn und Vertrieb käme man auf Kosten von 50 DM, so würde die Ausstattung von 500 Millionen Familien 25 Mrd DM kosten – das ist 2,5 mal so viel wie das deutsche Jahresbudget für Entwicklungshilfe; oder zwei Drittel der Summe, die die Entwicklung des Europäischen Jagdflugzeugs kostet; oder etwas mehr als die Summe, die die deutsche Regierung für die Mitfinanzierung des Golfkriegs – 18 Mrd DM – bezahlt hat.

Im Gegenzug ließen sich mit Hilfe von Solarkochern das Feuerholz für 2,5 Mrd Menschen einsparen, der Degradierung der Landschaft und dem Treibhauseffekt entgegenwirken, Wanderungsbewegungen und die Flucht in die Slums der Millionenstädte von Entwicklungsländern bremsen – und wahrscheinlich auch das Bevölkerungswachstum, denn je mehr Arbeitsenergie für die Holzbeschaffung nötig ist, desto mehr Kinder werden in die Welt gesetzt.

Würden die Kocher in Entwicklungsländern produziert, entstehen Handwerksbetriebe und Kleinindustrien, mit mehreren Millionen Arbeitsplätzen. Das Gerät allen Familien zu schenken, wäre nämlich weder sinnvoll noch nötig, also würde das Ganze sogar billiger. Kostenlose Verteilung an die Ärmsten, die keinerlei Kaufkraft haben, und darüber hinaus ein umfassendes

Konzept zum Aufbau von handwerklichen Produktionsstätten in den Dörfern wäre die richtige Einführungsmethode. Solche Crash-Programme bedürfen einer Kostenkontrolle, die sich am ehesten erreichen läßt durch den Aufbau konkurrierender Produktionsstätten. Sie sind andererseits nur dann durchführbar, wenn die weitverbreitete pädagogisierende Entwicklungshilfementalität überwunden wird, nach der – überspitzt ausgedrückt – zu jedem Solarkocher eine Betreuung und soziologische Begleituntersuchung gehört.

Ein sehr viel weiter gehendes Crash-Programm wäre das für die *Einführung der Photovoltaik in Entwicklungsländern*, woraus sich zugleich eine neue wirtschaftliche Nord-Süd-Beziehung entwickeln ließe. Gegenwärtig gibt es in Entwicklungsländern einige tausend Wasserpumpen, die mit Strom aus Solarzellen betrieben werden, sowie einige solcher Dorfkraftwerke, Impfstationen und Stromanlagen für Schulen oder für die ländlichen Telefonnetze. Die EG-Kommission führt erstmals ein 40 Mio-Dollar-Programm in der Sahel-Zone zur Installierung von 1 000 photovoltaischen Wasserpumpen durch. Mit der Photovoltaik ließe sich ein Minimum an Elektrizität für den Lebenskomfort in den Dörfern der Entwicklungsländer gewinnen, ohne daß dafür Stromnetze erforderlich sind. Von Helmut Glubrecht, dem Gründer des niedersächsischen Solarforschungsinstituts, vorgeschlagen und von Wolfgang Palz von der EG-Kommission konzipiert worden ist die Idee eines »Global Photovoltaic Action Plan«. Er könnte umgesetzt werden für drei Mrd Menschen zu Kosten von 150 Mrd Dollar während eines Zeitraums von zehn Jahren, also 15 Mrd Dollar pro Jahr.[202] Der Plan sieht die Einführung von Solarstrom für jeden der drei Milliarden Einwohner in Entwicklungsländern vor, was durchschnittlich die folgende Bedarfsdeckung ergäbe:

- Licht   10 Wp pro Familie
- Information   20 Wp pro Dorf
- Batterien   70 Wp pro Dorf
- Hospital   100 W
- Wasserpumpen für drei Dörfer   1 KW-Anlage

Dies ergäbe eine Gesamtkapazität von 30 000 MW. Auf diesem Wege würde die Photovoltaik-Massenproduktion rapide angekurbelt, mit Produktionsstätten in Entwicklungsländern. Es entstünden Installations- und Wartungsbetriebe und es würden Technik-erfahrungen gesammelt und verbreitet.

Das alles übergreifende Crash-Programm, in dessen Rahmen die vorgenannten globalen Aktionen passen, wäre das einer *solaren Entwicklungsrevolution* nach der in den 50er Jahren durchgeführten »Grünen Revolution«. Jene stand unter dem Vorzeichen der Steigerung der Weltnahrungsproduktion zur Bekämpfung des Welthungers. Sie kann durchaus auf Erfolge verweisen, allerdings mehr kurzfristiger Art und mit zahlreichen negativen Auswirkungen, die die Erfolge wieder zunichte machen. Die Erträge bei Weizen, Mais und Reis konnten gesteigert werden. Aber der soziale Preis bestand in der strukturwidrigen Technisierung der Landwirtschaft in Entwicklungsländern, im Verlust biologischer Vielfalt und im unbedachten Einsatz von Stickstoffen, Phosphor, Kali und Schädlingsbekämpfungsmitteln. Damit wurde die Landwirtschaft in den Industrieländern kopiert, die von einer idiotischen Energiebilanz geprägt ist: Dem Energiegewinn in Form der Nahrungsmittel steht ein deutlich höherer Energieeinsatz entgegen – und damit der kollektive Marsch in die Sackgasse.

Die Energiekosten schlagen dabei in Entwicklungsländern ökonomisch deutlich nachteiliger zu Buche als in den Industrieländern. Schon wegen der Energiekosten führte dies zur Verdrängung kleiner durch großflächige Betriebe, hinter denen das Kapital aus der »Ersten Welt« steht, und die Umstellung auf Nahrungsmittelexporte verschlechterte die Ernährungslage der einheimischen Menschen. Außerdem hat diese landwirtschaftliche »Modernisierung« zahllosen Menschen die Arbeit genommen.[203] Mit der solaren Revolution kann diese Entwicklung umgekehrt werden, indem eine autonome Energieversorgung, unabhängig von den Primärenergiemärkten, entsteht. Die Verbindung von Vegetationserneuerung und landwirtschaftlichen Initiativen – von Peter de Groot, Alison Field-Juma und David O. Hall am Beispiel der semi-ariden Zonen Kenias als »Taking Root« beschrieben[204] – ist die große Chance, die auf der Nutzung von solarer Technologie für Bewässerung und den Anbau von Nahrungsmittel-, Energie- und Rohstoffpflanzen anbaut.

In den Waldregionen läge demgegenüber der Schwerpunkt auf einer Agrarforstwirtschaft, in der der Wald als Quelle von Energie und von Erzeugnissen für Nahrungsmittel und für gewerbliche und industrielle Zwecke dient. Die solare Energieversorgung bildet damit die Voraussetzung für die Existenzsicherung und kleinbäuerliche Beschäftigung in den Ländern der Dritten Welt, und damit nicht nur für den Stopp der Landflucht, sondern sogar für eine organisierte Stadtflucht – und für ein freiwilliges Räumen der Slums, weil die Rückkehr in die ländlichen Räume menschengerechtere Lebensbedinungen verspricht.

Die Wiederbegrünung der Erde

Wir haben gesehen, daß es möglich ist, durch Aufforstung die von der Natur gegenwärtig nicht mehr absorbierbaren CO_2-Mengen für den Zeitraum eines halben Jahrhunderts zu binden. Angesichts dessen ist es nicht akzeptabel, lediglich eine allmähliche Reduzierung der klimaschädlichen Spurengase oder gar nur eine Stabilisierung dieser Emissionen auf dem Niveau des Jahres 1990 anzustreben. Es ist ein Syndrom unserer Zeit, daß schon diejenigen als fortschrittlich gelten und noch Beifall heischen, die die Fortsetzung des bisherigen Umweltkriegs auf seinem jetzigen Niveau – statt seiner weiteren Eskalation – bereits als Umweltschutzprogramm bezeichnen.

Es gibt keinen vernünftigen Grund, mit einer großflächigen Wiederbegrünung der Erde nicht unverzüglich zu beginnen – obwohl es auch hier noch Bedenkenträger gibt, die auch hierfür erst Umweltverträglichkeitsanalysen fordern, während die Verbrennung fossiler Energien munter weitergeht. Ein Programm zur Wiederbegrünung der Erde gewährt der Menschheit den zeitlichen Spielraum, in dem die ebensowenig aufschiebbare Konversion der technischen Energiesysteme durchgeführt werden kann. Die globale Aufforstung kann sofort eingeleitet werden, weil dafür keine weiteren technischen Entwicklungen nötig sind und keine Produktionsstätten aufgebaut werden müssen; die Produktionsstätte ist der Boden. Damit die Wiederbegrünung kosteneffektiv geschieht, sollte sie in den Entwicklungsländern und in den Ländern der ehemaligen Sowjetunion durchgeführt werden. Hier gibt es Länder mit großen Flächen: Rußland mit 17, China mit 9,6, Brasilien mit 8,5, Indien mit 3,3, Argentinien mit 2,8, der Sudan mit 2,5 und Mexiko mit 2 Mio qkm, um nur die größten zu nennen. Für viele Millionen Menschen kann damit Arbeit geschaffen, die Naturlandschaft dieser Länder aufgewertet und eine umfangreiche Forstwirtschaft aufgebaut werden, die als Wirtschaftsfaktor sowohl zur kommerziellen Energieversorgung beiträgt wie zur Gewinnung natürlicher Rohstoffe, die der Weltwirtschaft den Umstieg auf eine biologische Materialbasis erleichtert.

Dieses globale Aufforstungsprogramm könnte auf der Basis internationaler *Wiederbegrünungsverträge* stattfinden. Entwicklungsländer stellen Land und Arbeitskräfte bereit, die westlichen Industrieländer das erforderliche Kapital. Sie bezahlen die Aufforstung, weil sie wegen ihres weit überproportionalen Energieverbrauchs die Hauptverursacher der Klimaveränderungen sind, und zahlen so ihre Umweltschulden ab, die sie bei der Menschheit in der trügerischen Hoffnung gemacht haben, sie nicht zurückzahlen zu müssen. Eine solche Finanzierung ist zweckgebunden und in ihrer Wirkung überschaubar und kontrollierbar.

Indem sie über Aufforstungsabkommen mit einzelnen Entwicklungsländern abgewickelt würden, brauchte man auch keine internationale Behörde zur Durchführung. Die Geldgeberländer könnten sie mit ihren Partnerländern umsetzen, sie müßten lediglich vorweisen können, daß sie ihren angemessenen Beitrag an der Aufforstung binnen einer bestimmten Frist geleistet haben. Dadurch, daß jedes Industrieland sich zur Aufforstung einer Fläche entsprechend dem Anteil seines Energieverbrauchs entschlösse, könnte es auf die Kosteneffektivität in eigener Verantwortung achten. Das Ziel sollte sein, in einem Zehnjahresprogramm insgesamt 10 Mio qkm aufzuforsten, woraus sich eine CO_2-Bindung von jährlich mindestens 10 Mrd Tonnen CO_2 für die Dauer von mindestens 40 Jahren ergeben würde.[205] Eine Bedingung wäre, daß entsprechende Abkommen nur mit denjenigen Entwicklungsländern erzielt werden, die die Vernichtung ihres Waldbestandes gleichzeitig auch wirklich stoppen. Damit wäre ihnen ein erheblicher Anreiz gegeben, die tropischen Regenwälder zu schonen.

Nehmen wir an, daß das gesamte Programm maximal 500 Mrd DM kosten würde, so ergeben sich daraus klar benennbare Aufforstungsanteile für jedes Industrieland. Berechnen wir die Kostenanteile an dem jeweiligen nationalen Anteil des Bruttoinlandsprodukts im Verhältnis zum Bruttogesamtprodukt der OECD-Länder, so würde sich daraus für Deutschland eine Quote von etwa 8 % ergeben, also 40 Mrd DM – in einem Zehnjahresprogramm 4 Mrd DM pro Jahr, für Großbritannien und Italien eine Quote von etwa 6 % (3 Mrd DM pro Jahr), für Frankreich eine von etwa 7 % (3,5 Mrd), für Japan etwa 20 % (8 Mrd) und die USA 30 % (12 Mrd). Diese Kosten sind, um es noch einmal hervorzuheben, der obere Grenzwert. »Global Releaf« hat eine Rechnung aufgestellt, wonach die Kosten in einzelnen Fällen bis auf 30 US-Dollar pro ha reduziert werden können, insbesondere wenn dafür personelle Eigenleistungen der Entwicklungsländer mobilisiert werden – etwa die freiwillige Mitarbeit von Menschen oder der Hilfseinsatz von Streitkräften für diese Aufgabe. Auf Deutschland, Großbritannien, Italien und Spanien käme ein Kostenaufwand zu, der unterhalb der Summe liegt, die für die Beschaffung des neuen Jagdflugzeugprogramms anfällt; für die USA ergäbe sich eine Summe, die jährlich nicht einmal ein Viertel dessen ausmachen würde, was sie in einem Jahr für die in Europa stationierten Streitkräfte ausgeben. Jedem Land wäre freigestellt, wie es die Mittel aufbringt, ob aus dem Staatshaushalt oder durch den Verkauf von Sonderbriefmarken mit zusätzlicher Gebühr. Immerhin geht es um nicht weniger als um die Erhaltung des Klimas – und dazu kommen noch zahlreiche Zusatzeffekte zur sozialen Reform in Entwicklungsländern. Die Staaten der Europäischen Gemeinschaft würde diese Initiative wahrscheinlich weniger kosten, als sie demnächst zur Unterbringung von Flüchtlingen aus Afrika aufbringen müssen.

Das gegenwärtig größte einzelne Aufforstungsprojekt ist von der chinesischen Regierung konzipiert und durchgerechnet. Das Projekt sieht die Aufforstung von 74000 ha in den oberen und mittleren Bereichen des Yangtse-Flusses vor. Dafür wären internationale Hilfsmittel von 100 Dollar pro ha erforderlich, zusätzlich zu den Eigenleistungen der Regierung und der regionalen Administrationen sowie zur freiwilligen Mitwirkung der Bauern. Gerechnet wird mit einer CO_2-Bindung von durchschnittlich mehr als 15 Tonnen pro ha und Jahr. Der globale Effekt dieser Aufforstung bestünde in der Reduktion von jährlich mehr als 100 Mio Tonnen CO_2 – für eine Summe, für die man im Westen nicht einmal zwei moderne Jagdflugzeuge bekommt. Der regionale Effekt bestünde unter anderem in der Reduzierung des Bodenverlustes – aufgrund von Abschwemmungen erodierter Flächen in dieser Region – um jährlich 400 Mio Tonnen.

Die hier skizzierten Vorschläge zur Wiederbegrünung der Erde und die Quotierungen haben unübersehbare Vorteile gegenüber den zahlreichen Vorschlägen zu einem internationalen Maßnahmenkatalog, die bisher allesamt gescheitert sind: Die Wiederbegrünungsinitiative kann begonnen werden, ohne daß sich sämtliche Regierungen zuvor darauf verständigt haben! Jede einzelne kann ihre Mitverantwortung bei der Abwendung der Klimakatastrophe übernehmen und mit einem oder mit mehreren Partnern die Aufforstung durchführen. Die zitierte Ausrede, man selbst sei ja durchaus bereit, aber leider hätten die anderen nicht zugestimmt, gibt es nicht mehr! Wenn eine Regierung Großausgaben tätigt, die sie für notwendig hält, tut sie das ja auch unabhängig von dem, was die anderen machen. Indem eine oder mehrere Regierungen hier die Initiative ergreifen, können sie die anderen in einen weltöffentlichen Zugzwang bringen.

Vor den Notwendigkeiten und den eigenen praktischen Möglichkeiten der Wiederbegrünung haben die Alibis ausgespielt. Die Bereitschaft, wenigstens diese Maßnahmen zu ergreifen, ist der ökologische Glaubwürdigkeitstest jeder Regierung. Wer nicht einmal bereit ist, die einfachste, schnellstwirkende und kosteneffektivste Initiative mitzutragen, wird zu den schwierigeren, langsamer wirkenden und teureren Maßnahmen auch nicht bereit sein – und hat keine moralische Legitimation mehr, in unserer Zeit politische Verantwortung zu tragen.

Der globale Aktions-Fonds

Neben den nationalen Initiativen sind globale Aktionen notwendig. Das erfordert Aktionsmittel. Es gibt ein aktuelles Beispiel, wie in wenigen Wochen international mehr als 70 Mrd Dollar für eine globale Aktion mobilisiert waren: die Finanzierung des Golfkriegs – offiziell zur Rettung eines üblen Regimes vor einem anderen üblen Regime. Trotz mühseligen Feilschens auf der Umweltkonferenz in Rio gelang es nicht, eine solche Summe für zusätzliche Maßnahmen zur Rettung der Natur und die Ärmsten der Welt zusammenzukratzen.

In den vergangenen Jahren sind eine Reihe von Modellen für die Einrichtung eines internationalen Fonds vorgeschlagen worden, um Maßnahmen zum Schutz der Erdatmosphäre in den Weltregionen zu finanzieren, die dazu aus eigener Kraft nicht in der Lage sind. Das Stichwort ist eine internationale CO_2-Abgabe, erhoben aus dem Verbrauch fossiler Energien, teilweise erweitert um ein Abgabenäquivalent für die Atomkraft – und erhoben entweder allein von den Industrieländern oder von allen Staaten. Alle diese Vorschläge sind abgelehnt worden. Die Regierungen weigerten sich, soweit sie eine solche Idee überhaupt für diskussionswürdig hielten, aus ihrer Sicht Ungleiches gleich behandeln zu lassen – und für ungleich halten sie, nicht ganz unberechtigt, die jeweiligen Ausgangslagen schon der Industrieländer selbst. An dieser Ungleichheit scheiterte u. a. auch der Plan einer Energiesteuer innerhalb der Europäischen Gemeinschaften, obwohl die Einnahmen aus diesen Steuern nicht einmal für einen internationalen Fonds gedacht waren.

Der wichtigste Grund, eine solche Steuer nach dem Kriterium der CO_2-Emissionen oder auch nach anderen Kriterien abzulehnen, ist natürlich der, nichts abgeben zu wollen. Zu groß sind die eigenen finanziellen Schwierigkeiten der meisten Länder geworden. Zu groß ist die Angst, daß daraus wirtschaftliche Nachteile entstehen könnten – und dann auch noch zugunsten derjenigen, die sich einer solchen Abgabe verweigern. Zu groß ist die Skepsis gegenüber einem Superfonds, aus dem sich andere mit leichter Hand bedienen könnten und der eine neue undurchschaubare Bürokratie schafft. Einige Argumente haben durchaus eine pragmatische Logik. Doch werden sie zur faulen Ausrede, wenn keine Gestaltungsphantasie für ein Alternativkonzept entwickelt wird, das solchen Bedenken angemessen Rechnung trägt.

Die Grundidee eines internationalen Fonds für globale Aktionen ist absolut einleuchtend. Denn der gegenwärtige Zustand, daß die internationalen Organisationen oft nur gerade genug Geld haben, um den eigenen Apparat über Wasser zu halten, entwertet sie zum bloßen Selbstzweck. Man muß also eine Finanzierungsquelle finden, die genügend Mittel für globale Aktionen schöpft und eine faire Lastenverteilung ermöglicht. Eine allgemeine oder nur in den Industriestaaten erhobene CO_2-Abgabe hat leider vorläufig keine Chance: Wenn Regierungen eine allgemeine zusätzliche Energiesteuer erheben, werden sie das Geld aller Erfahrung nach selbst verwenden.

Diese Erfahrungen führen zur Konzeption eines globalen Aktionsfonds, der seine Einnahmen aus einem Bereich bezieht, der bisher nicht besteuert ist und in direkter Verbindung zu den Klimagefahren steht: *der zivile Flugverkehr*. Der Flugverkehr spielt merkwürdigerweise in der internationalen Klimadebatte eher eine nebensächliche Rolle, obwohl die Emissionen aus Flugzeugen eine schwerwiegende Klimaschädigung hervorrufen – und das mit steigender Tendenz. Sobald ein Flugzeug die Stratosphäre, also die Höhe von über 8 000 Metern erreicht, haben die Emissionsmengen eine vielfach größere Schadwirkung als im unteren Atmosphärenbereich. Außerdem nimmt der Flugverkehr rapide zu, insbesondere für Transport- und Urlaubsflüge. Allein zwischen 1971 und 1988 ist der Verbrauch von Flugkraftstoffen um 60 % angestiegen und macht inzwischen 6 % des Weltölverbrauchs aus. Das Fliegen ist zu billig – nicht zuletzt deshalb, weil es international steuerfrei ist! Was jedem Autofahrer abverlangt wird, gilt nicht für den von Frankfurt nach New York oder von Tokio nach Paris fliegenden Manager, und nicht für die auf die Malediven oder in die Karibik fliegenden Touristen. Wohl wird der Milchtransport auf der Straße über die Treibstoffsteuer belastet, jedoch nicht der Orchideentransport von Kolumbien nach Europa. Auch wenn es das Umweltproblem nicht gäbe, müßte dieser eklatanteste aller Begünstigungsskandale sofort abgestellt werden. In Deutschland gab es Mitte der 80er Jahre öffentlichen Aufruhr, als die Regierung versuchte, die Privatflieger von der Treibstoffsteuer zu befreien. Doch die Tatsache, daß es diese Steuerbefreiung für die Luftverkehrsgesellschaften bereits gibt, hätte den viel größeren Aufruhr verdient.

Die generelle Steuerbefreiung für den internationalen Flugverkehr ist nicht einmal eine alte Regelung, deren Beseitigung bisher nur übersehen worden wäre. Sie wurde gefaßt, als die globalen Klimagefahren schon bekannt waren, das Waldsterben durch sauren Regen offenkundig geworden war und in allen Ländern über die Erhöhung der Treibstoffsteuer für Autofahrer diskutiert wurde: im Herbst 1986 auf der 26. Vollversammlung der internationalen Zivilluftfahrt-Organisation (ICAO) in Montreal. Die deutsche Regierung antwortete auf meine offizielle Parlamentarische Anfrage nach der Rechtskraft dieses Beschlusses: »ICAO-Beschlüsse sind nicht unmittelbar rechtsverbindlich. Artikel 37 und 38 des

ICAO-Abkommens halten jedoch die Mitgliedsstaaten an, die Richtlinien (Standards) zu befolgen. Innerstaatliche Abweichungen sind der ICAO anzuzeigen. Der Beschluß zur Mineralölsteuerbefreiung wird von den Mitgliedsstaaten der ICAO generell eingehalten.«

Die Gesamtmenge des Flugkraftstoffverbrauchs liegt Schätzungen zufolge gegenwärtig bei rund 240 Mio Tonnen im Jahr, davon ungefähr zwei Drittel in den OECD-Staaten. Da 1 Tonne Flugtreibstoff ungefähr 3,15 Tonnen CO_2 und 20 kg sonstige Stoffe freisetzt, bedeutet das eine Gesamtmenge von fast 800 Mio Tonnen CO_2 und 4,8 Mio Tonnen anderer Schadstoffe jährlich.

Die Einnahmen aus der Besteuerung des Flugkraftstoffs müßten für den globalen Fonds für Umwelt und Entwicklung reserviert werden. Den jetzigen Staatsbudgets würde damit nichts weggenommen, und man würde einen in hohem Maße internationalisierten Bereich besteuern, der aus prinzipiellen Gründen der Steuergerechtigkeit und des globalen Umweltschutzes ohnehin herangezogen werden muß. Für diese Steuer spricht nicht zuletzt, daß sie nicht die sozial schwachen Bevölkerungsschichten trifft. Wenn der Orchideentransport teurer wird oder gar ausfällt, entgeht der Menschheit nichts, und wenn manche Urlaubsflüge teurer werden, ist das auch keine Zumutung – das, was der Allgemeinheit durch den gegenwärtigen Zustand zugemutet wird, ist jedenfalls weit unerträglicher. Das Argument, dann werde Fliegen wieder ein Privileg für die Reichen, zieht nicht – es gehört ebensowenig zu den sozialen Grundsätzen, für alle einen billigen Porsche anzustreben.

Die Mineralölsteuer für Superkraftstoff ist in den einzelnen Ländern sehr unterschiedlich. Nach dem Stand vom Juni 1992 liegt sie unter den OECD-Ländern in Italien am höchsten (112 Pfennig pro Liter), dann folgen Portugal (94,4), die Niederlande (89,2), Frankreich (85,3), Deutschland (82), die Schweiz (81,5) und Spanien (80,8). Großbritannien erhebt nur 68,4 Pfennig, Japan 56,5, Kanada 21,8 und die USA nur 15,4. Bei den OECD-Staaten insgesamt liegt die Durchschnittsbesteuerung bei etwa 70 Pfennigen. Eine Besteuerung des Flugkraftstoffs mit 1 DM pro Liter würde schon in den OECD-Staaten eine jährliche Gesamtsumme, gemessen am jetzigen Treibstoffverbrauch, von 160 Mrd DM im Jahr erbringen. Neben wir an, daß jährlich in jedem

OECD-Land der Flugkraftstoff nach dem Niveau des Superkraftstoffs für Automobile besteuert würde, so ergäbe das auch bei Flugreduzierungen noch mehr als 100 Mrd DM im Jahr. Und nehmen wir an, daß sich einzelne Länder – etwa die USA – zunächst entziehen, dann könnten andere – etwa die EG – die Besteuerung dennoch durchführen, da jedes Flugzeug den Treibstoff dort tanken muß, wo es startet. Also kann ein Wettbewerbsschaden nicht entstehen.

Im übrigen gehört es zu einer globalen Umweltpolitik, daß den Ländern, die sich notwendigen internationalen Maßnahmen verweigern, mit Handelsbeschränkungen auch in anderen Bereichen geantwortet werden sollte. Dies ist dann möglich, wenn die Initiatoren einer globalen Umweltpolitik wirtschaftlich stark und groß genug sind, wie es die EG sein kann, wenn sie ihre Stärke richtig und alternativ einsetzt.

Die Mittel aus dem Fonds könnten dann für solche Aktionsprojekte verwendet werden, wie sie in den vorhergehenden Abschnitten vorgestellt wurden.

Pioniercorps und schnelle Eingreiftruppen für Entwicklung

Ohne gezielten wirtschaftlichen Strukturwandel gibt es ebensowenig substantielle Veränderungen wie ohne Funktionswandel der politischen Institutionen. Wenn solche Institutionen zweifelhaft oder überflüssig geworden sind, muß man sie auflösen oder ihnen neue Aufgaben geben. Es ist absurd, wie die NATO-Staaten nach dem Ende des Ost-West-Konflikts krampfhaft nach neuen militärischen Aufgaben für ihre Streitkräfte suchen und sich nur mit neuen Eingreifdoktrinen und -truppen beschäftigen. Vielen Entwicklungsländern wirft man vor, daß sie ihr knappes Geld in ihren Armeen verplempern, statt es für ihre wirtschaftliche Entwicklung einzusetzen – wir tun genau dasselbe.

Die Armeen sind in den Entwicklungsländern oft die einzige funktionsfähige staatliche Institution, überdurchschnittlich ausgerüstet, ausgebildet und organisiert. Meist dienen sie mehr zur inneren Stabilisierung der Regime als der äußeren Sicherheit.

Mangels anderer Aufgaben fühlen sie sich allzu oft legitimiert, in Krisensituationen die Macht im Staat zu übernehmen. Es ist naiv und idealistisch zu meinen, man könne die Entwicklungsländer zu einer Reduzierung ihrer Armeen überreden, besonders wenn diese Ratschläge aus dem hochgerüsteten Norden kommen. Realistischer ist es, die in den Armeen vorhandenen Potentiale für den wirtschaftlichen und sozialen Aufbau konstruktiv zu nutzen, also für die friedliche Überwindung der strukturellen Ursachen von sozialen Unruhen statt zu ihrer gewaltsamen Eindämmung.

Daß militärische Organisation und Technik ein Potential für eine konstruktive Nutzung sein können, ist kein neuer Gedanke. In vielen Fällen – man nehme nur das Beispiel des römischen Weltreichs, das mit Hilfe seiner Legionen Europa, Nordafrika und Vorderasien mit einem Infrastrukturnetz überzogen hat, indem die Truppen Straßen, Brücken, Dämme und Deiche bauten – war das Militär sogar der wichtigste Träger solcher Maßnahmen. Ein bemerkenswertes Beispiel in der neueren europäischen Geschichte sind die Ingenieurcorps der napoleonischen Armee, die zum Bau öffentlicher Infrastrukturen eingesetzt wurden und in kurzer Zeit beachtliche Aufbauleistungen vollbrachten, die zivilen Kräften so nicht möglich gewesen wären.

Die Unterentwicklungskrise in den Entwicklungsländern hat inzwischen ein solches Ausmaß und eine solche Geschwindigkeit erreicht, daß es unmöglich geworden ist, den bisher eingeschlagenen Weg fortzusetzen und lediglich die Entwicklungsmittel aufzustocken. Für den Feldzug gegen Umwelt- und Entwicklungskatastrophen muß man die potentielle soziale Produktivität der ansonsten unproduktiven und kostspieligen Streitkräfte nutzen und für den zivilen Aufbau mobilisieren. Dies gilt für den Hilfseinsatz von Streitkräften aus entwickelten Ländern – nicht erst nach dem Ausbruch von Konflikten und Katastrophen, sondern um ihnen vorzubeugen. Und dies gilt in noch viel stärkerem Maße für die Armeen der Entwicklungsländer selbst. Diese müssen so organisiert werden, daß die zivile Aufbauarbeit nicht mehr im Ausnahmefall, sondern im Regelfall zu ihrer Aufgabe wird. Es geht um Aufforsten statt Entlauben, um die Beseitigung von Gewässerverunreinigungen statt um Minenlegen, um Brücken- und Wegebau statt um Zerstörung, um das Anlegen von Deichen und Bewässerungssystemen statt der Herbeiführung von Überschwemmungen, um

Waldbrandbekämpfung statt Napalmeinsatz, um die Entseuchung von Terrain statt dessen Vergiftung.

Was an allen Ecken und Enden in den Entwicklungsländern fehlt, sind Instrumente zum breiten und schnellen Aufbau von wirtschaftlichen Infrastrukturen insbesondere in den ländlichen Regionen. In der Regel fehlt es an Geld, Personal und technischen Voraussetzungen, um eine solche Infrastruktur zu schaffen. Aber die oft einzige halbwegs effiziente staatliche Einrichtung, die über technisches Gerät, administrative Fähigkeiten und technisch einigermaßen gut ausgebildetes Personal verfügt, wird dazu dennoch kaum eingesetzt. In den Armeen ist die Befähigung vorhanden, Straßen und Brücken zu bauen oder Land- und Wasserwege zu räumen. Die Soldaten sind in der Lage, Gräben zu ziehen, also kann man sie auch dazu einsetzen, Bewässerungssysteme anzulegen. Sie haben Erfahrung darin, unter schwierigsten Bedingungen Transportprobleme zu lösen. Ihre Mechaniker sind geübt in der Wartung von Maschinen und Fahrzeugen. Vor allem aber haben sie große Erfahrung in Organisation und Logistik, die einen unvergleichlich wichtigen Beitrag zum Aufbau von Strukturen in den entlegenen Gebieten leisten kann.

Für solche Aufgaben müßten Spezialeinheiten aus entwickelten Ländern unterstützend zur Verfügung gestellt werden: schnelle Eingreiftruppen zur Aufbauhilfe in ländlichen Räumen. Ihre Ausbildung und Struktur ist an dieser Aufgabe auszurichten. In jedem großen Streitkräfteverband müßte eine Verfügungseinheit mit einer Grundausstattung an Personal und Gerät für humanitäre und entwicklungstechnische Maßnahmen abrufbereit sein. Bei Einsätzen und dafür notwendigen Übungen muß dieser Verband dann je nach Art und Umfang des Einsatzes mit weiterem Personal aufgefüllt werden können.

Den Kern dieser Truppenteile sollten gut ausgestattete Sanitäts-, Versorgungs- und Pioniereinheiten bilden, ergänzt durch Gewässerschutzeinheiten der Marine. Hinzu kommen leistungsfähige Transporteinheiten. Die Ausrüstung muß entsprechend sein: mobile Ambulanzen und Operationsräume in Containern, mobile Küchen, mobile sanitäre Anlagen, Geräte für Wege-, Deich-, Damm-, Graben- und Brückenbau, zum Anlegen von Waldschneisen gegen Brände, für die Reinigung und Entgiftung von Böden und Gewässern, für Vermessungsaufgaben. Es geht beim

Einsatz der Armeen nicht darum, sie für diese Zwecke zu erweitern, sondern darum, die vorhandenen Potentiale zu nutzen.

Dies befreit nicht von der Notwendigkeit, auch zivile Organisationen aufzubauen, die auf »paramilitärische« Weise konzentriert eingesetzt werden. Die Idee des amerikanischen Präsidenten Kennedy zur Gründung eines Peace Corps wurde für viele Länder zum Vorbild für den Aufbau von Entwicklungsdiensten mit freiwilligen Entwicklungshelfern. Doch die damalige globale Aufbruchsstimmung ging in der Atmosphäre des Vietnamkrieges verloren und wurde seitdem nie wieder so belebt, wie es die ersten Anfänge versprochen hatten. Dabei ist der Bedarf an solchen Organisationen größer denn je, und es gibt zahlreiche Menschen, die bereit sind, unter ungewohnten klimatischen Bedingungen gegen Armut, Hunger, Krankheit und Katastrophen zu kämpfen. Auch hat das Peace Corps deutlich gemacht, daß eine wirksame Hilfe keineswegs akademisch vorgebildete Entwicklungsexperten voraussetzt. Es reichen eine hohe Motivation und Organisation sowie einige technische Kenntnisse aus, um die dringendsten Aufgaben zu bewältigen.

Vorbild für das Peace Corps in den USA war das Civilian Conservation Corps, das im Rahmen der Beschäftigungsstrategie Roosevelts geschaffen und von George C. Marshall geführt wurde. Die Aufgaben lagen im nationalen Bereich, in Aufforstungsmaßnahmen sowie in Maßnahmen zur Bodenbewahrung und im Anlegen von Feuerschneisen. Zwischen 1933 und 1942 dienten über 2 Mio junger Amerikaner in der Regel neun Monate lang in diesem Corps. Aufgrund des Gesetzes zur Bewältigung von Überschwemmungen hat das US Army Corps of Engineers unter anderem die Aufgabe, insbesondere bei Flutkatastrophen Hilfe zu leisten. Es ist dafür ausgebildet und mit den nötigen Kompetenzen und entsprechendem Gerät ausgestattet. Die gesamte Struktur des Corps ist an dieser zivilen Aufgaben ausgerichtet. In Frankreich wird eine 8 000 Soldaten starke militärische Feuerwehr für die Waldbrandbekämpfung eingesetzt.

Es spiegelt die Bürokratisierung unserer politischen Institutionen wider, die in engen Ressortzuständigkeiten und mit abstrakten Zielen operieren, wenn solche Ansätze nicht aktualisiert und ausgeweitet werden.

X. Kapitel

Die Energie des Volkes

»Alle Menschen sind frei und gleich an Würde und Rechten geboren. Sie sind mit Vernunft und Gewissen begabt...« Diese ersten Worte der Allgemeinen Erklärung der Menschenrechte formulieren die grundlegendsten humanitären Verpflichtungen. Mit dem herrschenden Energiesystem beachten wir diese Verpflichtungen nicht und werden das auch nicht können. Daß der Zusammenhang zwischen Energiesystem und der Realisierung der Menschenrechte vielen nicht klar ist, hängt nicht nur mit der aktuellen Situation zusammen, in der man aus den Menschenrechten nur das Wort »frei« herausliest, ohne dabei an »alle Menschen« und an »gleich«, an die sozialen Grundlagen der Freiheit, zu denken. In vernunftloser Weise wird das Energieproblem zu einer Betriebskostenfrage versimpelt. In vernunft- und gewissenloser Weise werden die antisozialen und zukunftsvernichtenden Folgen einer solchen Sicht mißachtet. Die wirtschaftliche und die kulturelle Entfaltungsfreiheit einer Minderheit der Menschheit hat die Verelendung der Mehrheit zur Folge – und künftig die Verelendung der gesamten Menschheit.

Da sich die einzelnen Menschen das Energiesystem nicht aussuchen können, ist uns keine Autofahrt und keine Flugreise mehr ohne schlechtes Gewissen möglich. Weil besonders die jüngere Generation aufgrund der vernichtenden Folgen des Energiesystems keine angstfreie Lebensperspektive mehr hat, sind die daraus erwachsenden seelischen Kosten unberechenbar geworden. Eine Befreiung von dieser Angst ist nur auf zwei Wegen denkbar: entweder, indem man die Folgen und damit auch die wachsende Rücksichtslosigkeit und Brutalisierung menschlicher Beziehungen in Kauf nimmt, als hätten die Privilegierten des jetzigen Energiesystems das Recht, die einzigen und die letzten auf der Erde zu sein. Oder indem man bewußt und entschieden die energetischen Lebensgrundlagen der Gesellschaft auf die Sonnenkräfte hin orientiert. Weil die Energiefrage die elementarste aller Fragen ist, verstößt das bestehende Energiesystem in elementarer

Weise gegen die allgemeinen Menschenrechte – je länger, desto schlimmer.

Es ist unsere Pflicht, alles nur Mögliche zu versuchen, die sich verschärfende Klimakatastrophe nicht nur abzuschwächen, sondern zu verhindern. Doch die gesellschaftliche Bedeutung der Sonnenenergien wäre selbst ohne globale Umweltkrise und ohne Beschränkung der herkömmlichen Energieressourcen für die Menschheitsentwicklung von fundamentalem Stellenwert. Die Nutzung der Sonnenenergie ist erkennbar *die* wirtschaftliche und soziale Basisinnovation der Weltgesellschaft. Ihre rasche Einführung ist eine einzigartige Chance,

- die Ökonomie in die Ökologie zu integrieren und damit die Todsünde der Evolution zu überwinden, die darin besteht, daß aus diesem unauflöslichen Zusammenhang ein Gegensatz wurde – wofür die fossilen und atomaren Energien das signifikanteste und bedrohlichste Beispiel sind;
- für eine stabile und eigenständige wirtschaftliche Grundlage in den Entwicklungsländern zu sorgen, das Bevölkerungswachstum zu bremsen und die internationalen Wanderungsbewegungen zu verhindern;
- den Entwicklungsländern durch die breite Streuung des natürlichen Sonnenenergieangebots eine industrielle Entwicklung zu ermöglichen, die keine schlechte Kopie unseres industriellen Wirtschaftswachstums ist. Indem Sonnenenergie von zentralen Energieversorgungs-Schwerpunkten und -Infrastrukturen unabhängig ist, können auch die klassische Landflucht und die Bildung immer größerer Ballungsräume vermieden werden;
- neue Produktionsstrukturen und Märkte entstehen zu lassen, an denen alle Volkswirtschaften und Menschen teilhaben können und die Motor für neue Massenarbeitsplätze in der handwerklichen und industriellen Fertigung sind;
- die Volkswirtschaften von den sie immer mehr überfordernden Folgekosten ihrer bisherigen Wirtschaftsweise entscheidend zu entlasten;
- den bisher unaufhaltsamen Trend zu einer immer größeren Zentralisierung wirtschaftlicher und politischer Strukturen und der damit einhergehenden Bürokratisierung und sozialen Inflexibilität umzukehren;

- internationale Ungleichheiten abzubauen und die Energieautonomie eines jeden Landes zu ermöglichen. Aus dem unmittelbaren Zusammenhang zwischen der Verfügung über herkömmliche Energie, Kapitalakkumulation, äußerst ungleicher Verteilung des Weltprodukts und internationalen Abhängigkeiten kann damit ein neuer Zusammenhang zwischen Sonnenenergien, breiter Kapitalstreuung, gerechterer Verteilung des Weltprodukts und wirtschaftlicher Partnerschaft werden;
- fortwährenden und wahrscheinlich zunehmenden Spannungen, Krisen und Kriegen vorzubeugen, die in vielen Fällen durch die Strukturen ungleicher Verfügbarkeit der herkömmlichen Energiequellen verursacht werden;
- weitere globale Energiekrisen wie in den 70er Jahren zu verhindern. Eine weitere Energiekrise würde den Großteil der Entwicklungsländer endgültig in ein grauenvolles Delirium stürzen. Deshalb haben sie keine andere Möglichkeit, als unverzüglich den direkten Weg vom Ölzeitalter zur Sonnenenergie einzuschlagen;
- traditionelle Hierarchien und die Diskriminierung von Frauen in den Entwicklungsländern zu überwinden, die mit dem im Energiemangel begründeten faktischen Energiesklaventum zusammenhängen, und damit eine tragfähige soziologische Grundlage für eine an den menschlichen Grundrechten orientierte demokratische Entwicklung zu schaffen;
- der Menschheit eine Überlebensperspektive zu vermitteln, die den um sich greifenden Zukunftsfatalismus überwindet und sozialpsychologisch neue gesellschaftliche Motivation schafft.

Diese umfassenden Chancen nur wegen derzeit – teilweise sogar nur geringfügig – höherer Pfennigkosten pro Kilowattstunde Strom oder pro Liter Treibstoff auszuschlagen, ist brütender Wahnsinn monomanischer politischer und wirtschaftlicher Führungseliten. Sie repräsentieren eine »Ökonomie des Todes«, wie der amerikanische Rüstungskritiker Richard Barnet formulierte. Davon können weder ihre gesteigerte Macht noch ihre elitäre Arroganz ablenken. Die Sonnenenergien dagegen versprechen eine »Ökonomie des Überlebens« – ökologisch, wirtschaftlich, sozial, entwicklungs- wie industriepolitisch. Mit ihnen wird nicht alles immer noch »schneller, höher, weiter« gehen, was die Menschheit dieses Jahrhunderts nicht nur beim Leistungssport fasziniert und zugleich überfordert hat; dafür aber insgesamt natur- und menschengerechter – bei höherem allgemeinem Lebensstandard und insgesamt verbesserter Lebensqualität. Die Sonnenenergie ist die Energie des Volkes.

Explodierende Widersprüche

Vier Jahrzehnte lang hat der Ost-West-Konflikt die Widersprüche der Kontrahenten zugedeckt. Gerade deshalb sind sie so explosionsartig angewachsen. Viele Explosionen in der »Dritten Welt« sind schon passiert. Die erste ganz große ist in der »Zweiten Welt« gerade geschehen, und sie ist ein weiterer Zünder für nahende Explosionen in der »Ersten Welt«.

Im zurückliegenden Jahrhundert hatte die Menschheit die besten Möglichkeiten zu einer humanen Gesellschaftsgestaltung, die aber überwiegend schlecht oder kurzsichtig genutzt wurden. Alle positiven Errungenschaften sind nunmehr nur noch vorläufiger statt langfristig gesicherter Art. Die demokratische Idee setzte sich durch – doch die wachsenden sozialen Probleme lassen sie schon wieder verkommen. Der Kolonialismus wurde überwunden – doch die internationale Ausbeutung hat zugenommen. Ungeahnte Rationalisierungsfortschritte wurden erzielt – doch Verschwendung findet gerade in den Hochburgen dieses Fortschritts statt. Phantastische technologische und naturwissenschaftliche Erkenntnisse wurden gewonnen – doch die Gefahren durch Technik und Naturzerstörung sind dramatischer als je zuvor. Erstmals verkörpert sich in der nordamerikanisch-japanisch-westeuropäischen Trilaterale eine die gesamte Staatenwelt übergreifende wirtschaftliche, militärische und kulturelle Macht – und dennoch ist sie unfähig aufzuzeigen, wie Abstürze verhindert werden können. Keiner dieser Widersprüche kann auf externe Sündenböcke abgeschoben werden. Es gibt sie, weil das Paradigma – das Orientierungsmuster, welches das wissenschaftliche, wirtschaftliche und politische Denken und Handeln bestimmt – einen existentiellen Grunddefekt hat.

Die Marktwirtschaft als Leitbild der westlichen politischen Systeme hat unverkennbare Innovations-, Wettbewerbs- und Verbrauchervorteile und damit auch soziale Funktionen für diejenigen, die die Chance zur Marktteilnahme haben. Aber sie ist grundsätzlich blind gegenüber den externen sozialen und ökologischen Folgen ihrer Prozesse. Diese Folgen werfen um so größere Schatten, je erfolgreicher eine Marktwirtschaft ist. Sie ist aus sich heraus unfähig, zwischen reproduzierbaren und nicht reproduzierbaren, zwischen sozial nützlichen und sozial schädlichen Werten zu unterscheiden. Solange man diese Werte unterschiedslos kommerzialisiert, ist ab einem bestimmten Zeitpunkt die soziale Explosion vorprogrammiert. Dies ist die Grunderkenntnis aus dem Entropiegesetz, das man – wie wir gesehen haben – auch auf die wirtschaftlichen, sozialen und administrativen Vorgänge übertragen kann. Nicht reproduzierbar sind fossile und atomare Energien, mineralische Rohstoffe, Tropenwälder, Boden, Luft und Wasser.

Noch schlimmer wird es, wenn der Verbrauch eines nichtreproduzierbaren Wertes auch noch soziale Schäden bei anderen nichtreproduzierbaren Werten hervorruft. Da vor allem beim gegenwärtigen Energiesystem die Nichtreproduzierbarkeit der Ressourcen mit den sozialen Schäden an anderen ebenfalls nichtreproduzierbaren Menschheitswerten – den Böden, der Luft, dem Wasser, der Erdatmosphäre – zusammenfallen, liegt hier der Kern dieses existentiellen Grunddefekts. Die Marktwirtschaft produziert mit dem bestehenden Energiesystem ein Desaster für die Menschheit, weil sie unwiederbringliche Menschheitsgüter wie eine Ware behandelt und als Mülldeponie benutzt.

Der einzigartige Vorteil der Sonnenenergie liegt demgegenüber darin, daß sie die unverzichtbare wirtschaftliche Funktion der herkömmlichen Energien – allerdings in sich dadurch verändernden wirtschaftlichen Strukturen – tatsächlich ersetzen und der gesamten Menschheit zugänglich machen kann. Unter den erschöpfbaren und umweltschädigenden Elementen des Produktionsprozesses – herkömmliche Energien, mineralische Rohstoffe, chemische Grundstoffe – ist damit immerhin für das Element Energie bereits jetzt ein vollständiger unerschöpfbarer und umweltschonender Ersatz möglich. Für die anderen Elemente gilt das in diesem Umfang noch lange nicht: Um sie weitgehend ersetzen zu können, bedarf es noch intensiver Anstrengungen; das ist die große öffentliche und unternehmerische Forschungs- und Entwicklungsaufgabe des nächsten Jahrhunderts. Deswegen liegt in der *heute schon möglichen Ersetzung der nicht reproduzierbaren und sozial schädlichen konventionellen Energieträger durch Sonnenenergien die größte und nächste Chance zu einer neuen Entwicklung.* Zwangsläufig wird die Verwertung von Materialien und chemischen Stoffen immer mehr eingeschränkt werden müssen. Dies ist – unter der Voraussetzung, daß wir zur Sonnenenergie übergegangen sind – in der Energieversorgung dann nicht mehr nötig.

Nur ein solares Energiesystem ist mit der Marktwirtschaft in ihrer positiven Ausprägung vereinbar. Solange man das nicht in seiner vollen Tragweite erkennt und das neue Konzept nicht konsequent realisiert, läuft man den Problemen mit immer weiter heraushängender Zunge hinterher, macht zahllose Anstrengungen zu ihrer Überwindung, muß aber trotz aller Mühen erleben, daß die Probleme nur anwachsen, und begreift nicht, wo die tieferen Ursachen liegen.

Die vorrangige Bedeutung der globalen Herausforderungen ist erkannt, aber neue Nationalismen und andere Fundamentalismen grassieren. Von der sozialen Funktion der Wirtschaft wird allenthalben gesprochen, aber die Wegrationalisierung sozialer Pflichten bestimmt zunehmend die wirtschaftlichen Entscheidungen. Dezentralisierung wird als Notwendigkeit erkannt, aber die wirklichen Machtschwerpunkte werden zentralistischer. Innovationen stehen in jedem Programm, aber die alten Prioritäten sitzen fest. Man beschwört das Denken in Zusammenhängen, aber gehandelt wird unverändert in kleinen Karos, Abteilungen und Ressorts. Es wird gelobt, längerfristig zu denken, aber die Realität verrät eher zunehmende Kurzsicht. Grundlegende neue politische Initiativen werden von der Gesellschaft vermißt, und in ihr greift Politikmüdigkeit um sich. Eine beklemmende Degeneration ist festzustellen, die die verhängnisvollste aller Gefahren ist, weil sie die Chance zu einer Alternative immer geringer werden läßt.

Man ruft zwar nach Alternativen, aber man glaubt nicht mehr an sie, weil man die Mechanismen der siegreichen westlichen Megamaschinen für prinzipiell unveränderbar hält. So bleiben trotz verheerender Fehlentwicklungen die Ohren taub, wirkliche programmatische Alternativen werden ironisch abgetan oder achtlos beiseite geschoben. Die alternativen Kräfte laufen gegen die Gummiwände einer sich zum Irrenhaus verwandelnden westlichen Hochkultur, die ihren allmählichen Absturz nicht wahrnimmt, weil andere schneller abgestürzt sind.

Die gegenwärtig von Politik und Wirtschaft angebotenen Strategien verraten eine lähmende Angst davor, die notwendigen Brüche gezielt herbeizuführen, um so das wirkliche Risiko ungewollter Brüche mit unkontrollierbarem Ausgang zu vermeiden. Doch die Ablösung der dominierenden Entscheidungsmuster und Entscheidungsträger wird so oder so kommen. Die entscheidende Frage ist allein, ob sie dann in die richtige Richtung geht oder ob sie das herannahende Chaos beschleunigt und endgültig zu irreversibler Alternativlosigkeit führt. Bei den Krisenreaktionen der 80er und beginnenden 90er Jahre war festzustellen, daß man sich immer mehr in Sackgassen verrannte.

Die Träger der Sonnenstrategie

Doch eine Alternative kann sich nicht aus den Strukturen der Entwicklung herausbilden, gegen die sie sich richtet. Für die Sonnen-Revolution sind *neue* Handlungsträger in der Gesellschaft, in der Politik, in der Wirtschaft, in der Wissenschaft und in den Medien erforderlich. Formieren können sie sich nur mit einer als dringend notwendig erkannten, motivierenden, realisierbaren und erfolgversprechenden Perspektive und durch offensives Engagement dafür. Diese Perspektive muß konsistent sein – also im strategischen Konzept widerspruchsfrei – und sich auf das Wesentliche konzentrieren, und es muß die Freiheit der Wahl geben. Sobald sich das Engagement in Nebensächlichkeiten verliert, wird das Ganze zur Sisyphos-Arbeit, die schließlich zum Aufgeben führt.

Bisher wurde die Diskussion über die Sonnenenergie auch von vielen ihrer Befürworter viel zu defensiv und verzagt geführt. In gelegentlich sogar entschuldigendem Ton wurde um ihre Anerkennung geworben, als hätte man sich zu rechtfertigen – und als müßten das nicht diejenigen tun, die sich der Nutzung der Sonnenenergie verweigern. Viel zu häufig wird Sonnenenergie auch lediglich als Alternative für kleine und kleinste dezentrale Versorgung verfochten, woraus die Allgemeinheit automatisch schließen muß, daß sie als Ersatz für die Hauptenergieträger nicht in Frage kommen kann. Oft wird sie nur als eine Art Nothilfe der Energieversorgung hingestellt, die aufgrund der bedrohten Umwelt eingeführt werden müsse – als eine eigentlich zweitklassige Energieversorgung, die man als quasi letzten Ausweg nicht umgehen kann. Dieses scheue Verhalten hat eine Einstellung gegenüber der bewußten Sonnenenergienutzung mit hervorgebracht, nach der sie eher als eine Randmöglichkeit erscheint. Deshalb steht sie bei der Aufzählung energiepolitischer Maßnahmen fast immer an letzter statt an erster Stelle – auch bei zahlreichen Vorschlägen für eine ökologische Energiepolitik. Manche engagierten Naturschützer halten die Verteidigung eines kleinen Biotops für ebenso wichtig oder gar wichtiger als die Rettung des globalen Biotops – und nicht in jedem Fall ist beides miteinander vereinbar.

Jahrelang wurde den Verfechtern der Sonnenenergie eingebleut, sie sollten sich bescheiden und nicht zuviel verlangen, weil sie sonst »ihrer Sache« eher schaden würden – als ginge es um Gefälligkeiten denen gegenüber, die die Sonnenenergie fordern! Es wird auf die angeblich überoptimistischen Ansätze in der zweiten Hälfte der 70er Jahre verwiesen, die doch gescheitert seien und unerfüllbare Erwartungen und Hoffnungen geweckt hätten – so, als hätten diese Ansätze ihr Scheitern selbst verursacht, und nicht die glasharten gegnerischen Interessenpositionen, bis hin zur gezielt herbeigeführten Unterbrechung der politischen Forschungs-, Entwicklungs- und Markteinführungsförderung. Es wurde versucht, die Sonnenenergieszene unter dem Daumen zu halten, was dadurch erleichtert wurde, daß die wissenschaftlich-technischen Pioniere in ihrer Arbeit von öffentlichen Förderaufträgen abhängig waren. Ganz allmählich, Schritt für Schritt und nach jeweils genauester Rechnung und Prüfung sollten sie vorgehen – als handele es sich bei der Sonnenenergie um eine besonders gefährliche Angelegenheit, die mit extremer Vorsicht zu behandeln sei. Im Kontrast dazu stehen die Bedenkenlosigkeit und der Milliardenaufwand, mit denen andere, tatsächlich gefährliche Projekte betrieben wurden und werden, wobei kostspieligste Entwicklungsruinen entstehen durften. Offensichtlich gibt es neben den ökonomischen Sperren auch tiefsitzende emotionale Sperren gegen die Sonnenenergie.

Aber nur für das Interesse der Energiewirtschaft an einer ungeschmälerten Kontinuität sind Sonnenenergien gefährlich. Wie ernst sie die Alternative tatsächlich nimmt, zeigt sich daran, wie sehr sie dagegen ist. Für die Gesellschaft und die wirtschaftliche Entwicklung ist es umgekehrt: gefährlich ist, wenn es bei der Zurückhaltung gegenüber den Sonnenenergien bleibt.

Die Befürworter der Sonnenenergie müssen aus ihren Erfahrungen lernen: Nicht durch Selbstbeschränkung auf kleine Schritte wird die Motivation gesteigert, sondern durch die offensive Forderung nach großen Schritten – verbunden mit dem Anspruch, *die* umfassend wirkende Alternative zu vertreten und nicht nur ein zusätzliches Element der Energieversorgung. Dieser Anspruch markiert den Übergang von einem Aspekt innerhalb des alten Energiesystems zum Konzept eines *neuen Energiesystems und damit zu einem neuen Wirtschafts- und Gesellschaftssystem*, den Übergang von einer »Sonnentaktik« zur Sonnenstrategie. Zu großen Alternativen läßt es sich besser mobilisieren als zu kleinen. Es ist ein weitverbreiteter Irrtum, daß kleine politischen Schritte generell leichter zu realisieren seien als große. Wenn wir die solare Alternative durchsetzen wollen, müssen wir die herrschende zähe Kleingläubigkeit bei den lebensnotwendigen Perspektiven sozialpsychologisch überwinden. Daraus ergeben sich auch die Forderungen und Herausforderungen an die politischen Institutionen, ihre Prioritäten nicht nur innerhalb der bisherigen Energiepolitik, sondern insgesamt an der Einführung der Sonnenenergie auszurichten – und sich nicht länger bloß als Schirmherren und Sekundanten der Energiewirtschaft zu verstehen.

Politische Institutionen, die vorwiegend die Denk- und Handlungsmuster der gegenwärtigen Energiewirtschaft übernehmen, können ihrer Verantwortung für das Energiesystem nicht gerecht werden. Ebenso bleiben die politischen Möglichkeiten und Verantwortlichkeiten unausgeschöpft, wenn sie zu Zuständigkeiten von Ressorts degradiert werden. Solange finanzpolitische, landwirtschaftspolitische, baupolitische, verkehrspolitische, technologiepolitische, wirtschaftspolitische, kommunalpolitische, entwicklungspolitische, außenpolitische Entscheidungen getroffen werden, ohne daß man den energiesystematischen Zusammenhang berücksichtigt, sind die politischen Institutionen zur Lösung der grundlegenden Fragen unfähig. Sämtliche Einzelbereiche und Ressorts müssen sich bewußt als Glieder der alles umgreifenden alternativen Energiekette verstehen. Regierungskabinette müssen Energiekabinette sein, damit die künftigen Entscheidungen aller Ressorts und Ebenen zugunsten eines überlebenssichernden solaren Energiesystems getroffen werden – nicht einfach so nebenbei, sondern vorrangig. Ein Bau- oder das Landwirtschaftsressort kann z. B. einen größeren unmittelbaren Beitrag zu einer neuen Energieversorgung leisten, als es einem Umwelt- oder Energieressort möglich ist. Eine große Stadt oder eine Region, die auf dem Bausektor die Wende zur Sonnenenergie in der hier vertretenen Konsequenz vollzieht, kann mit diesem Beispiel buchstäblich Lawinen lostreten und damit weit über ihr Gebiet hinaus politische Veränderungen bewirken.

Neue Strategien kann man nicht mit alten Methoden durchsetzen. Zur Sonnenstrategie gehören deshalb ein politisches Handlungsverständnis, Entscheidungsstrukturen und -prozesse, die den bisherigen Zuständigkeitsrahmen sprengen. Nur so sind die politischen Institutionen imstande, das Sonnenenergiepotential zu erschließen. Bisher haben weder die politischen Institutionen, einschließlich der Parlamente, noch die politischen Parteien das dafür erforderliche programmatische und organisatorische Niveau. Die Erfahrung lehrt, daß der notwendige Umbruch im praktischen individuellen und institutionellen politischen Handeln niemals aus Dialog und rationaler Einsicht erwächst – von individuellen Ausnahmen abgesehen, deren Handlungsspielraum aber begrenzt ist, solange die sonstigen Strukturen anachronistisch bleiben. Auf den Verschiebebahnhöfen politischer Verantwortung bewegt sich ohne politischen Druck von außen viel zu wenig. Die politischen Institutionen, die von mächtigen Verbandsinteressen eingemauert sind, müssen dazu gebracht werden, ihre verfassungsmäßige Legitimation, nach der allein sie die definitiven Entscheidungen treffen dürfen, auch tatsächlich in Anspruch zu nehmen und gesellschaftsschädliche Einzelinteressen zurückzudrängen. Diejenigen, die das versuchen, werden dabei nur erfolgreich sein, wenn sie die Unterstützung einer mobilisierten Öffentlichkeit haben. Diese gewinnt man mit Energiestreit, der die Widersprüche aufdeckt und die Ohren öffnet, und nicht im vielbeschworenen »Energiekonsens«, der es den Verfechtern der Sonnenenergie zumutet, verständig mit den Interessenvertretern der Zerstörungsenergien umzugehen.

Die neue Jahrhundertbewegung

Nur durch Beschleunigungsdruck und unabhängige Initiativen aus der Gesellschaft wird die Sonnenstrategie noch rechtzeitig zur Entfaltung kommen. Eine Jahrhundertbewegung muß entstehen, die diesen Druck mit allen Möglichkeiten ausübt, die die demokratischen Verfassungen vorgesehen haben – einschließlich der Möglichkeit, diejenigen abzuwählen, die den Schlüssel zur Beendigung der Naturzerstörung und zu neuer wirtschaftlicher und sozialer Entwicklung ungenutzt liegen lassen.

Das ideelle und geistige Potential für eine solche Bewegung ist immer noch da – nicht zuletzt im klassischen Ideengut der großen ideologischen Strömungen, wie sie sich in der Neuzeit herauskristallisierten und zur Entstehung von Parteien führten. Nur sind die Grundideen heute kaum noch identisch mit den äußeren Formen der Parteien, da diese mehr oder weniger zu einem in sich widersprüchlichen Ideen- und Interessenkonglomerat geworden sind. Die Konvention, nach der man Geschlossenheit demonstrieren muß, bewirkt, daß beharrende Kräfte die neuen Initiativen permanent bis zur Unkenntlichkeit zermahlen. Die offiziellen ideellen Grundlagen werden von denen zur Einbindung der wirklich Engagierten benutzt, die selbst nicht mehr daran glauben und sich mit den herrschenden Konstellationen arrangiert haben.

Wer aber die Integration in das herrschende Energiesystem vorzieht, kann keine Lebensperspektive für die Schwächsten mehr aufzeigen – für die zunehmende Zahl der Arbeitslosen, die Menschen in den Entwicklungsländern und die Kinder, denen zerstörte Lebensräume bevorstehen. Zumindest Parteien, die sich auf eine soziale Idee gründen, werden dies kaum unbeschädigt überstehen: Die Sonnenstrategie ist die Chance zur Wiederbelebung der sozialen Idee und des Grundsatzes der Selbstbestimmung. Die soziale Bewegung, die aus der industriellen Revolution hervorging, darf sich nicht länger, in den Worten Luciana Castellinas, »beschränken auf die Suche nach neuen Wegen zu effizienterer Produktion und gerechterer Verteilung, nach einer größeren Menge derselben Dinge, organisiert um dieselben Produkt- und Konsumziele, sondern muß nun nach neuen technologischen Möglichkeiten suchen, um andere Dinge zu produzieren und vor allem zu einer anderen Lebensweise zu kommen.«[206] Dazu bedarf es einer neuen materiellen Basis, und diese wird durch ein solares Energiesystem vermittelt. Die Sonnenenergie ist der Dreh- und Angelpunkt, wenn man von einem »irrationalen Materialismus«[207] zu einem rationalen Materialismus kommen will.

Die Erfahrung lehrt, daß dazu die Impulse und die Herausforderung durch eine neue außerparlamentarische Bewegung nötig sind. Ihr zielstrebiges Engagement für eine Sonnenstrategie kann neue Kräfte freisetzen. Heute ist viel klarer sichtbar als noch in den 70er Jahren, daß es eine politisch und wirtschaftlich mobilisierungsfähige Alternative gibt, und das verleiht der sozialkulturellen Bewegung für die Sonnenenergie ihre Stärke. Sie kann eine konkrete und umfassende Alternative benennen. Eine solche Bewegung wird es schaffen, den kulturellen Umbruch zu einer neuen geistigen Verfassung in der Gesellschaft auszulösen, aus der neue politische Initiativen entspringen werden ebenso wie neue unternehmerische Ansätze, eine neue Architektur ebenso wie zahllose individuelle Entscheidungen für die Nutzung der Sonnenenergie, ohne daß immer erst nach Finanzbeihilfen gefragt würde.

In der Schweiz hat die Aktion »Solar 91« eine breite Bürgerbewegung in Gang gesetzt, die zum 700. Geburtstag dieser Republik einen historischen Wendepunkt in ein neues Zeitalter markieren wollte.[208] Diese Aktion hat vor allem auf der lokalen Ebene zahlreiche Solaraktivitäten ausgelöst. In Österreich ist eine neue Basisbewegung der kleinen Leute im Entstehen, die in nachbarschaftlichen »Selbstbaugruppen« Tausende von Solaranlagen einrichten. Volksabstimmungen haben in einigen Ländern, etwa in Italien, die Atomenergienutzung zumindest im eigenen Land beendet. Wenn sich die politischen Institutionen trotz vorhandener praktischer Möglichkeiten nicht von sich aus auf eine ökologische Überlebensstrategie einstellen, sollten Volksabstimmungen begehrt und eingeleitet werden, um den Umstieg auf die Sonnenenergie auf diesem Wege demokratisch zu erzwingen – etwa um einen Sonnenpfennig zur Finanzierung eines gesellschaftlichen Umstiegs auf die Sonnenenergie durchzusetzen.

Auf Dauer wird ohnehin niemand verhindern können, daß sich die Sonnenenergie gegen die anderen Energiequellen durchsetzt. Diese haben, wie wir gesehen haben, langfristig nichts mehr zu bieten. Das herrschende Energiesystem, das sich auf die Altenergien stützt, verkörpert zwar die einflußreichste wirtschaftliche

Macht auf dem Globus, aber in Wahrheit ist es schon »erledigt« – offen ist allerdings, ob die Menschheit mit erledigt sein wird. Es stellt sich die Schicksalsfrage, ob die Sonnenenergie die konventionellen Energien *rechtzeitig* ablöst! Je länger wir warten, desto sicherer wird die Zukunft zum grausamen Leidensweg für den allergrößten Teil der wachsenden Menschheit. Und wenn es bereits jetzt zweifelhaft ist, ob wir noch genügend moralische und politische Kraft für den Umstieg aufbringen, dann werden wir später – unter den Vorzeichen weiterer Naturzerstörung und Vernichtung der Entwicklungschancen von Milliarden Menschen – diese Kraft ganz bestimmt nicht mehr aufbringen. Mit anderen Worten: je länger wir warten, desto größer wird die Kraftanstrengung werden, die wir für die Rettung der Zivilisation aufbieten müssen.

Der hier behauptete zentrale Stellenwert der Sonnenenergie stößt auf die berechtigte Skepsis gegenüber monokausalen Heilslehren: Es könne doch nicht sein, daß die umfassenden gesellschaftlichen Vorteile alle »nur« durch die Sonnenenergienutzung erreicht würden. Der Vorwurf mag geäußert werden, daß damit wieder einmal der falsche Versuch gemacht werde, soziale Probleme lediglich mit einer neuen Technologie lösen zu wollen. Doch es ist eben die grundlegende Bedeutung der Energie und der thermodynamischen Gesetze, die der erneuerbaren Sonnenenergie diesen Stellenwert vermittelt. Nicht die Darlegungen dieses Buchs sind »monokausal«, sondern monokausal ist das Zentralgestirn der Sonne für unsere Ökosphäre. Und es ist nicht eine Technik, die uns eine umfassende Perspektive vermittelt, sondern eben diese Sonnenkraft, deren umfassender Stellenwert für den Erdball nicht zu bestreiten ist. Wir sind gefordert, auch die moderne Zivilisation des Erdballs auf die Gesetzmäßigkeiten der Sonne einzustellen. Weil wir dazu, selbst für eine wachsende Menschheit, inzwischen die technischen Fähigkeiten besitzen, hat die Menschheit – in der Zeit ihrer bisher größten kollektiven Gefährdung – eine einzigartige Chance.

Sonnenenergienutzung ist keinesfalls eine einfache Lösung für komplexe Probleme. Die allzu einfache Antwort auf komplexe Probleme bestand und besteht in der Nutzung der fossilen und atomaren Energien und in anderen immer mehr gleichgerichteten Prozessen in Landwirtschaft und Industrie, die zu einer Vernichtung natürlicher Vielfalt führen und der Komplexität der Natur gegenüber unangemessen sind. Sonnenenergienutzung bedeutet dagegen, sich wieder auf die natürliche Vielfalt einzustellen.

Ein Friedensvertrag der Menschheit mit der Natur ist ohne eine globale Sonnenenergiewirtschaft nicht möglich. Wir stehen so sehr unter Zeitdruck, und wir haben andererseits die Chancen einer Sonnenstrategie so greifbar vor uns, daß wir die menschenverachtenden Verschleppungsmethoden derjenigen, »die nicht tun, was sie wissen« (Robert Jungk), nicht mehr hinnehmen werden. Für die Gewinnung der »Energie des Volkes« ist eine Mobilisierung der Energien des Volkes nötig. Eine Sonnenenergie-Revolution.

Dazu gibt es keine politische Alternative.

Anmerkungen

1 Fritjof Capra: Wendezeit. München 1983. S. 51 ff
2 Hans Jonas: Der Spiegel Nr. 20/1992. S. 92 ff
3 Carl Amery: Natur als Politik. Die ökologische Chance des Menschen. Hamburg 1976. S. 184
4 Robert Kurz: Der Kollaps der Modernisierung: Vom Zusammenbruch des Kasernensozialismus zur Krise der Weltökonomie. Frankfurt 1991. S. 270
5 Wilhelm Ostwald: Energetische Grundlagen der Kulturwissenschaft. Leipzig 1909. S. 41–44
6 Christian Schütze: Das Grundgesetz des Niedergangs. München 1989. S. 99
7 Enrico Turrini: La Via del Sole. S. Domenico di Firenze 1990. S. 11
8 Christian Meier: Die Entstehung des Begriffs des Politischen bei den Griechen. Frankfurt 1983. S. 27/28
9 Dolf Sternberger: Die Politik und der Friede. Frankfurt 1986. S. 76
10 Oskar Negt/Alexander Kluge: Maßverhältnisse des Politischen. Frankfurt 1992. S. 17
11 Serge Podolynski: Menschliche Arbeit und Einheit der Kraft. In: Die Neue Zeit. März/April 1883. S. 449 ff
12 Juan Martinez-Alier: Ecological Economics. Energy, Environment and Society. Oxford 1987
13 Jean-Claude Debeir, Jean-Claude Deléage, Daniel Hémery: Prometheus auf der Titanic. Geschichte der Energiesysteme. Frankfurt 1989
14 Hartmut Elsenhans: Migration und Wirtschaftsentwicklung. Frankfurt 1979. S. 15–30
15 Atlas Mondial de l'Energie. Paris 1989. S. 44/45
16 Die Daten für die Tabelle sind dem Human Development Report 1992 des United Nations Development Programme (UNDP) entnommen, S. 130–173
17 Earl Cook: The Flow of Energy in an Industrial Society. In: Scientific American. Nr. 9/1971. S. 136
18 Paul A. Ryan: Some Policy and Economic Realities of Biomass Development and Management in Africa and Asia. In: Michael A. Kuliasha/Alexander Zucker/Kerry J. Bellew: Technologies for a Greenhouse – Constrained Society. Oak Ridge 1991. S. 548
19 John G. Clark: The Political Economy of World Energy. The University of North Carolina Press. 1990. S. 4
20 Daniel Yergin: Der Preis. Die Jagd nach Öl, Geld und Macht. Frankfurt 1991. S. 508
21 Hartmut Elsenhans: Erdöl für Europa. Hamburg 1979. S. 11 ff
22 Mohssen Massarrat: Weltenergieproduktion und Neuordnung der Weltwirtschaft. Frankfurt 1990. S. 169

23 John J. Clark, a. a. O. (Anm. 19), S. 134

24 Mohssen Massarrat: Überfluß trotz Erschöpfbarkeit. Manuskript. Osnabrück 1991. S. 38 f

25 Daniel Yergin, a. a. O. (Anm. 20), S. 947

26 Hefez Sabat: Die Schuld des Nordens. Bad König 1991. S. 38 ff

27 Mark Kosmo: Money to Burn? The High Costs of Energy Subsidies. October 1987. World Resources Institute, Washington. S. 8/9 u. 34

28 Ian Smart: Energy and the Power of Nations. In: Daniel Yergin/Martin Hillenbrandt: Global Insecurity. New York 1982. S. 349

29 Recent World Bank Activities in Energy. Energy Series Paper No. 7. The World Bank. October 1989, S. 41

30 J. Goldemberg, Th. B. Johansson, A.K.N. Reddy, R. H. Williams: World Resources Institute: Energy for a Sustainable World. Washington 1987. S. 103/104

31 Kurt Rudolf Mirow: Nach dem Gesetz der Wölfe. Das Welt-Elektro-Kartell. In: Freimut Duve (Hrsg.): Technologie und Politik. Aktuell-Magazin 5. Reinbek bei Hamburg. Juni 1976. S. 143–203

32 Uwe Holtz: Den Ökozid verhindern. In: Hermann Scheer (Hrsg.): Das Solarzeitalter. Karlsruhe 1989. S. 94 ff

33 The Harare Solar Energy Decleration. 17. November 1991. In: The Yearbook of Renewable Energies. 1992. S. 234/35

34 Wilhelm Ostwald: Der energetische Imperativ. Leipzig 1912. S. 83 ff

35 Nicolas Georgescu-Roegen: The Entropy Law and the Economic Process. Cambridge/Mass. 1971

36 Barry Commoner: Energieeinsatz und Wirtschaftskrise. Reinbek b. Hamburg 1977. S. 180

37 Christian Schütze, a. a. O. (Anm. 6), S. 19

38 Peter Kafka: Das Grundgesetz vom Aufstieg. München 1989. S. 81

39 Georges Alexandroff/Alain Liébard: L'Habitat Solaire: Comment. Paris 1979. S. 10

40 Helmut Tributsch: Rückkehr zur Sonne. Berlin 1979. S. 109

41 Augustin Mouchot: Die Sonnenwärme und ihre industriellen Anwendungen. Neuauflage 1987 im Olynthus Verlag. Oberbözberg (Schweiz)

42 Adolf Goetzberger: Die Anwendungen verbessern. Forschung und Entwicklung auf dem Weg ins Solarzeitalter. In: Hermann Scheer, a. a. O. (Anm. 32), S. 57

43 Farrington Daniels: Direct Use of the Sun's Energy. New York 1974. S. 6–8

44 Erik Hau: Windkraftanlagen. Heidelberg 1989. S. 22–34

45 Wolfgang Palz: Biogasanlagen in Europa. Köln 1985. S. 1/2

46 Marcel Perrot: La houille d'or. Paris 1963

47 Jürgen Kleinwächter: Die COMPLES. In: Sonnenenergie. Jahrgang 3, Heft 3. 1978. S. 20/21

48 Werner v. Siemens: Über die von Hrn. Fritts in New York entdeckte elektromotorische Wirkung beleuchteter Selens. Monatsberichte der Berliner Akademie der Wissenschaften vom 3. Mai 1875 und 7. Juni 1877

49 Wilhelm Ostwald, a. a. O. (Anm. 5), S. 44

50 Wolfgang Palz/Henri Zibetta: Energy Pay-Back Time of Photovoltaic Modules. In: International Journal Solar Energy. Vol. 10, 1991. S. 211–16

51 The Sun in the Service of Mankind, CNRS, Paris 1973

52 Wolfgang Palz: Solar Electricity. An Economic Approach to Solar Energy. London 1978. S. 116 ff

53 Barry Commoner: Radikale Energiewirtschaft. München 1980. S. 89/90

54 zitiert nach: Modesto A. Maidique: Solar America. In: Energy Future. Report of the Energy Project at the Harvard Business School (Edited by Robert Stobaugh and Daniel Yergin). New York 1979. S. 193

55 Council on Environmental Quality, Executive Office of the President: Solar Energy, Progress and Promise, April 1978

56 Maidique, a. a. O.(Anm. 54), S. 188 und 212

57 Le Groupe de Bellevue. Paris. 1978

58 Report of the United Nations Conference on New and Renewable Sources of Energy. United Nations. New York 1981 (Doc. A/Conf 100/11)

59 FuE-Ausgaben im Bereich der Weltraumtechnologie. Ausarbeitung des Wissenschaftlichen Dienstes des Deutschen Bundestages. 10. 3. 1992

60 Aldric Sourcier: Lost in Space. New York Times. 9. 3. 1992

61 Hermann Scheer: Die Befreiung von der Bombe. Köln 1986. S. 292 ff

62 Die amerikanischen Rüstungsdaten sind von Carl Conetta vom The Commonwealth Institute, Cambridge/Mass. zusammengestellt

63 Die britischen Rüstungsdaten sind von Malcolm Chalmers vom Department of Peace Studies der Universität Bradford zusammengestellt

64 Forschungs- und Entwicklungsprogramm Solarenergie und Wasserstoff. Deutscher Bundestag, 11. Wahlperiode Drucksache 11/6857 vom 30.3. 1990

65 Michael A. Kuliasha/Alexander Zucker/Kerry Bellew, a.a.O. (Anm. 18), S. 776

66 Barbara Tuchman: Die Torheit der Regierenden. Frankfurt 1984. S. 11 und 405

67 Christine und Ernst-Ulrich von Weizsäcker: Fehlerfreundlichkeit und Evolutionsprinzip. Universitas. Nr. 41/483. 1986. S. 791–98

68 Münchner Rückversicherung: Sturm. München 1990

69 Jesco von Puttkamer in dem Film »Gestern war heute noch morgen« der Wendländischen Filmkooperative, 1991

70 Peter Kafka, a. a. O. (Anm. 38)

71 Schutz der Erde. Dritter Bericht der Enquête-Kommission des 11. Deutschen Bundestags »Vorsorge zum Schutz der Erdatmosphäre«, Band 1. Bonn 1990

72 World Resources Institute, a. a. O. (Anm. 30), S. 19

73 Enquête-Kommission »Schutz der Erdatmosphäre« des Deutschen Bundestags (Hrsg.): Klimaänderung gefährdet globale Entwicklung. Bonn 1992. S. 177

74 Robert Repetto: Promoting Environmentally Sound Economic Pro-

gress: What the North Can Do. World Resources Institute. Washington. April 1990. S. 13/14

75 FORATOM-Newsletter Nr. 19. June 1992. S. 5/6

76 Eckhard Rebhan: Heißer als das Sonnenfeuer. München 1990. S. 445

77 FuE-Ausgaben in den Bereichen Kern- und Fusionsenergie. Ausarbeitung der Wissenschaftlichen Dienste des Deutschen Bundestages. 4. 3. 1992

78 Helmut Tributsch, a. a. O. (Anm. 40), S. 54

79 D. Pfirsch/K. H. Schmitter: On the Economic Prospects of Nuclear Fusion with Magnetically Confined Plasmas. Max-Planck-Institut für Plasmaphysik. Report-Nr. IPP 6/271. Dezember 1987

80 Rebhan, a. a. O. (Anm. 76), S. 444

81 Rebhan, a. a. O., S. 448

82 Cesare Marchetti: Nach der Kernkraft kommt die Kernfusion. Bild der Wissenschaft. Nr. 8/1988. S. 111 ff

83 Harry Lehmann: Nuclear Fusion: Energy Policy Option or Scientific Playground. In: Yearbook of Renewable Energies. 1992. S. 92 ff

84 Jochen Benecke: Kernfusion ist keine Alternative. Bild der Wissenschaft. 1987. Nr. 2. S. 128

85 Zitiert nach Jochen Benecke: On the Prospect of Power Reactors based on Nuclear Fusion. Paper prepared for The Scientific and Technological Options Assessment (STOA) of the European Parliament. February 1988

86 Jeremy Rifkin: Entropie. München 1982. S. 126

87 Klaus Bosselmann: Im Namen der Natur. München. 1992. S. 24/25

88 Rolf Linkohr: Die Entstaatlichung der europäischen Energiewirtschaft. Thema Europa. Herausgegeben von den SPD-Abgeordneten im Europäischen Parlament. 1992

89 Elmar Altvater: Gesellschaftliche Produktion und ökonomische Rationalität. Externe Effekte und zentrale Planung im Wirtschaftssystem des Sozialismus. Frankfurt 1969. S. 11

90 Robert Kurz: a. a. O. (Anm. 4), S. 11

91 Paul Kennedy: The Rise and the Fall of the Great Powers. New York 1987

92 Dennis Anderson and Catherine D. Bird: Carbon Accumulations and Technical Process. Manuskript University College London and Balliol College Oxford. December 1990. S. 20

93 Josef Spitzer: Weltweite Verfügbarkeit der Energieträger von Heute und Morgen. In: Informationsdienst »Energie und Umwelt«. Nr. 2. Studienzentrum Klagenfurt 1990

94 a. a. O.

95 Kommission der Europäischen Gemeinschaften. Programminformationen. Nr. 523, 24. Juli 1992

96 The Potential of Renewable Energy. An Interlaboratoy White Paper. Solar Energy Research Institute Colorado. March 1990

97 J. Nitsch, H. Klaiß, J. Meyer: Volkswirtschaftliche Aspekte der Nutzung von Solarenergie. In: Für die Zukunft rüsten. Herausgegeben von EUROSOLAR. Bonn. 1992. S. 28–57

98 Renewable Energy. Sources for Fuels and Electricity. Edited by Tho-

mas B. Johansson, Henry Kelly, Amulya K. N. Reddy, Robert H. Williams. Island Press 1993, S. 1–15

99 Dennis Anderson: Energy and the Environment. An Economic Perspective on Recent Technical Developments and Policies. Special Briefing Paper No. 1 of The Wealth of Nations Foundation. Edinburgh, United Kingdom. May 1991

100 Phillip Elliot and Roger Booth: Sustainable Biomass Energy. Shell – Selected Papers. 1991

101 Karl-Peter Hasenkamp: Global Reforestation to Solve the Problem of CO_2 Pollution. In: The Yearbook of Renewable Energies. 1992. S. 96–105

102 United States Environmental Protection Agency: Response and Feedbacks of Forest Systems to Global Climate Change. September 1990

103 R. A. Houghton/G. M. Woodwell: Globale Veränderungen des Klimas. Spektrum der Wissenschaft. Juni 1989

104 Frank Rosillo Calle and David O. Hall: Biomass Energy, Forests and Global Warming. In: Energy Policy. Vol. 20. No.2. 1992. S. 124–136

105 Towards Sustainable Energy Development. The Energy Activities of the UN System and the Development Banks. The Beijer Institute. Stockholm. 1989

106 Richard St. Barbe Baker: Der Mann der Bäume. Bad König 1991

107 Anderson/Bird, a. a. O. (Anm. 92), S. 19

108 a. a. O., S. 22

109 Vgl. die Überblicke:
– Solar Energy: A Strategy in Support of Environment and Development. A Comprehensive Analytical Study on Renewable Sources of Energy. Report of the UNSEGED (United Nations Solar Energy Group on Environment and Development). In: The Yearbook of Renewable Energies. 1992. S. 5–34
– The Energy Sourcebook. Edited by R. Howes and A. Feinberg. American Institute of Physics. New York. 1991
– Renewable Energy. (Anm. 98)
– Kommission der Europäischen Gemeinschaften: Programminformationen. Nr. 523, 24. Juli 1992

110 W. B. Gillett/J. R. Stammers: Review of Active Solar Technologies. Final Report for the Energy Technology Support Unit. United Kingdom. 1992

111 G. Long: Solar Aided District Heating Systems in the UK. Report for the Energy Technology Support Unit. United Kingdom. 1992

112 E. Gruber/H. Erhorn/J. Reichert (Hrsg.): Solarhäuser Landstuhl. Köln 1989

113 Sibylle und Jörg Schlaich: Erneuerbare Energien nutzen. Düsseldorf 1991. S. 65–112

114 J. Benemann/R. Aringhoff: The Technological Potential of Solar Thermal Power Generation. In: The Yearbook of Renewable Energies. 1992. S. 44–52

115 Systemvergleich und Potential von solarthermischen Anlagen im Mittelmeerraum. Studie der Deutschen Forschungsanstalt für Luft- und Raumfahrt (DLR), des Zentrums für Sonnenenergie- und Was-

serstofforschung (ZSW) in Stuttgart, der Interatom und der SBP (Schlaich, Bergermann und Partner). Stuttgart 1992

116 Dieter Strese: Dem Groschenpreis näher als erwartet. In: Das Solarzeitalter. Nr. 3/1990. S. 37 ff

117 Anderson/Bird, a. a. O. (Anm. 92), S. 14

118 R. Hill u. a.: The Potential Generating Capacity of PV-Clad Buildings in the UK. Newcastle Photovoltaics Applications Centre. May 1992

119 Proceedings of the Eighth E. C. Photovoltaic Solar Energy Conference, Florenz, 9–13 May 1988. S. 149 ff

120 J. Chapman: Wind as a Utility Generation Option. In: R. Howes and A. Feinberg: The Energy Sourcebook (Anm. 109), S. 315 ff

121 UK Government Energy Select Committee 1990. Fourth Report – The Last of Nuclear Power

122 R.A.W. Shock/W. Palz: Wind Energy Generation Costs in Europe. International Journal of Solar Energy, 1990. S. 57–63

123 EWEA (European Wind Energy Association): Time for Action. Wind Energy in Europe. 1991

124 International Solar Energy Intelligence Report. 1991. S. 194

125 Harry Muuß: Der Beitrag der Windenergieversorgung zu einer regenerativen Energiewirtschaft. In: H. Scheer (Hrsg.): Die gespeicherte Sonne. München 1987. S. 229–56

126 Preben Maegaard: Advanced Wind Power Implementation. In: The Yearbook of Renewable Energies. 1992. S. 123–128

127 F. Rosillo-Calle and D. O. Hall: Brazilian Alcohol: Food versus Fuel? In: Biomass. Vol. 12. S. 97–128

128 NUTEK: Energy in Sweden. 1991; Bundesministerium für wirtschaftliche Angelegenheiten: Energiebericht 1990 der österreichischen Bundesregierung

129 Ernteflächen: David O. Hall, F. Rosillo-Calle, Robert Williams, Jeremy Woods in: Thomas B.Johansson. a. a. O. (Anmerkung 98). S. 640/41. Degradierte Flächen: A. Grainger in: International Tree Crops Journal. No. 5 (1988). S. 31 ff

130 Cynthia Pollock Shea: Renewable Energy: Today's Contribution, Tomorrow's Promise. World Watch Paper 81. January 1988, S. 18–26

131 David Wright: Biomass – A New Future? Commission of the European Communities. Forward Studies Unit. 1991

132 Giuliano Grassi: Biomass Research and Development Activities in the E. C. In: The Yearbook of Renewable Energies. 1992. S. 63/64

133 Stig Ledin: Willow as a Biomass Fuel Resource. Swedish University of Agricultural Sciences. Section for Short Rotation Forestry. Uppsala 1972

134 Wolfgang Ständer: Neue ökonomische Lösungen für die Agrarüberproduktion, die Energie-, die Umweltprobleme und die Erzeugung von kompostierbaren Industrieprodukten aus C_4-Schilfpflanzen. Polytechnisches Institut: München 1992; Franz Alt: Schilfgras statt Atom. München 1992

135 Shea, a. a. O. (Anm. 130), S. 23

136 Roland Ermrich: Reishülsen als Brennstoff. In: Das Solarzeitalter Nr. 2/1991. S. 6f

137 L.-A. Kristoferson and V. Bokalders: Renewable Energy Technologies. Their Applications in Developing Countries. Southampton 1991. S. 29

138 a. a. O., S. 135

139 H. Schäffler: Das Potential der Biomasse. Stuttgart 1992. Vgl. auch Giuliano Grassi, G. Trebbi, D. C. Pike: Electricity From Biomass. Berkshire 1992

140 A. Vinjar: Hydropower Utilization of Waterfall Energy in an Environmentally Sound Sensitive World. In: The Yearbook of Renewable Energies. 1992. S. 82–86

141 Vgl. u. a.
   – C.-J. Winter: Wasserstoff als Energieträger. Berlin 1986
   – Peter Hoffmann: The Forever Fuel: Story of Hydrogen. Colorado 1981
   – Rudolf Weber: Der sauberste Brennstoff. Oberbözberg 1988

142 H. Kalb/W. Vogel: Solarstrom und Solarwasserstoff. In: Hermann Scheer (Hrsg.). a. a. O. (Anm. 125), S. 213ff

143 Othmar Heise: Zur Methodik der Schadensminimierung – ein Wegbereiter für erneuerbare Energien. In: Das Solarzeitalter. Nr. 4/1991

144 Werner Freiesleben: Beginnen wie mit der Eisenbahn. In: Hermann Scheer (Hrsg.), a. a. O. (Anm. 32), S. 38ff

145 Joachim Nitsch: Forschungs- und Entwicklungsbedarf der solaren Energietechnik. DLR-Programmstudie. Stuttgart 1992

146 Jürgen Kleinwächter: Vorschlag eines Deutschen Thermosolaren Forschungszentrums (DTF). Studie der Bomin-Solar. Lörrach 1990

147 Helmut Tributsch: Die Solarzelle. In: Hermann Scheer (Hrsg.), a. a. O. (Anm. 125), S. 121

148 EUROSOLAR-Memorandum zur Einbeziehung der Solarenergie in die Grundlagenforschung. In: Das Solarzeitalter. Nr. 2/1992. S. 15/16

149 Max Weber: »Energetische Kulturtheorien«. In: Gesammelte Aufsätze zur Wirtschaftslehre. Tübingen 1968. S. 490

150 Elmar Altvater: Vom Wohlstand und Mißstand der Nationen. Münster 1987

151 Hazel Henderson: Das Ende der Ökonomie. München 1985. S. 100

152 Egon Matzner: Wohlfahrtsstaat und Wirtschaftskrise. Reinbek 1978. S. 81ff

153 Fredmund Malik/Daniel Stelter: Krisengefahren in der Weltwirtschaft. Überlebensstrategien für das Unternehmen. Stuttgart 1990. S. 20ff

154 Olav Hohmeyer: The Social Costs of Electricity – Renewables versus Fossil and Nuclear Energy. In: International Journal of Solar Energy. 1992. Vol. 11

155 Nicolas Georgescu-Roegen: The Entropy Law and the Economic Process in Retrospect. Berlin 1987. S. 20

156 siehe Anmerkung 50

157 J. Schmid/H.P. Klein: Performance of European Wind Turbines. London and New York. 1991. S. 134

158 Elmar Altvater: Die Zukunft des Marktes. Münster 1991. S. 93

159 David Wright, a. a. O. (Anm. 131), S. 10

160 William W. Kaufmann/John D. Steinbrunner: Decisions for Defense. Washington. 1991. S. 8

161 Harold M. Hubbard: The Real Cost of Energy. Scientific American. Vol. 264. April 1991. S. 18

162 Hubbard, a. a. O., S. 19/20

163 Barry Commoner (Anm. 53), S. 105/106

164 Barry Commoner (Anm. 36), S. 180

165 Gottfried Rössle: Das Maren-Modell. Perspektiven einer Energiezukunft. Hof 1989. S. 175 ff

166 Max Planck: Wissenschaftliche Autobiographie. Leipzig 1928. S. 22

167 Thomas S. Kuhn: Die Struktur wissenschaftlicher Revolutionen. Frankfurt 1967. S. 209

168 John Keyes: The Solar Conspiracy. New York 1975

169 H.K. Schneider/W. Schulz: Investment Requirements of the World Energy Industries 1980–2000. Köln

170 M. Massarrat (Anm. 24), S. 63

171 Vgl. Statistisches Jahrbuch der Bundesrepublik Deutschland 1991, S. 23 und ifo-Erhebungsberichte 1990/91, Nr. 710

172 Christian Meier: Die Ohnmacht des allmächtigen Diktators Caesar. Frankfurt 1980, S. 13/14

173 Martin Jaenicke: Staatsversagen. Die Ohnmacht der Politik in der Industriegesellschaft. München 1986

174 Milton Friedman: Kapitalismus und Freiheit. Stuttgart 1971, S. 22

175 Samuel Brittan: Die Ökonomie der Freiheit. Frankfurt 1976, S. 46 u. 13

176 Robert N. Bellah u. a.: Gewohnheiten des Herzens. Individualismus und Gemeinsinn in der amerikanischen Gesellschaft. Köln 1987. S. 8

177 Christopher Lasch: Das Zeitalter des Narzißmus. München 1982

178 Helmut Tributsch, a. a. O. (Anm. 40), S. 188 ff

179 Holger Strohm: Friedlich in die Katastrophe. Frankfurt 1981. S. 1–43

180 United Nations Conference on Environment and Development. Rio de Janeiro. A/CONF 151/L. 3/Add. 9

181 James K. Sebenius: Crafting a Winning Coalition. In: Greenhouse Warming: Negotiating a Global Regime. World Resources Institute. 1991. S. 78

182 Manfred Eigen: Jenseits von Ideologien und Wunschdenken. Perspektiven der Wissenschaft. München. S. 243–249

183 Irm Pontenagel: Was sind »additive Energien?« – Eine grundsätzliche Betrachtung über Semantik und Paradigmen in der Energiepolitik. In: Das Solarzeitalter Nr. 3/1991. S. 1

184 Peter Hennicke (Hrsg.): Den Wettbewerb im Energiesektor planen. Least-Cost-Planning als neue Methode zur Optimierung von Energiedienstleistungen. Heidelberg 1991

185 Willy Leonhardt/Reinhard Klopffleisch/Gerhard Jochum: Kom-

munales Energiehandbuch. Karlsruhe 1989; Siegfried Rettich: Das Rottweiler Modell. In: Das Solarzeitalter. Nr. 2/1992

186 Kurt Müller: The Eco-Pyramid. Criteria for Financing Solar Projects. In: The Yearbook of Renewable Energies. 1992. S. 198 ff

187 William Pascoe Watkins: Die internationale Genossenschaftsbewegung. Frankfurt 1969

188 Der vom Umweltausschuß des Europäischen Parlaments vorgelegte Bericht über ökonomische und fiskalische Instrumente der Umweltpolitik (Berichterstatter Manfred Vohrer) enthält einen Überblick über die meistdiskutierten Maßnahmenvorschläge (Dokument A3–0130/91 vom 13. Mai 1991).
Ein weiterer Überblick der Gesamtdebatte ist von Reinhold Buttgereit und Peter Palinkas: Internationalisierung externer Effekte in der Energie- und Umweltpolitik. Europäisches Parlament. Arbeitsdokument DE – 3 – 92.

189 Ernst-Ulrich von Weizsäcker: Keine Angst vor hohen Energiepreisen. EUROSOLAR-Journal. Nr. 2/1990. S. 32–34

190 Dieter Teufel: Ökosteuern als marktwirtschaftliches Instrument im Umweltschutz. Umwelt- und Prognose-Institut Heidelberg. 1988

191 Ernst-Ulrich von Weizsäcker: Erdpolitik. Ökologische Realpolitik an der Schwelle zum Jahrhundert der Umwelt. Darmstadt 1989. S. 158 ff

192 Malcolm Slesser: UNITAX. A New Environmentally Sensitive Concept in Taxation. Resource Use Institute. Edinburgh 1989

193 Helge Hveem: Minerals as a Factor in Strategic Policy and Action. In: Arthur H. Westing: Global Resources and International Conflict. Oxford 1986. S 55–113

194 Ugo Bilardo, Giuseppe Mureddu: Analisi e prospettive dell ›attività del riciclo dei minerali. In: Energie e Materie Prime. N. 33–34. 1983

195 Reimund Bleischwitz, Helmut Schütz: Unser trügerischer Wohlstand. Wuppertal Institut für Klima, Umwelt, Energie. Wuppertal 1992. S. 24–27

196 J. Gretz, W. Korf, H. Lyons: Wasserstoff in der Stahlindustrie. In: Das Solarzeitalter. Nr. 4/1990

197 J. Butlin: Enhancing Recycling through a Material Tax, Resources Policy. Sept. 1983

198 Ugo Bilardo, Giuseppe Mureddu: Energy, Raw Materials for Industry and International Cooperation. ENEL. Rom 1989. S. 34

199 EUROSOLAR-Memorandum for the Establishment of an International Solar Energy Agency (ISEA). In: The Yearbook of Renewable Energies. 1992. S. 213–219

200 Franz Vranitzky: Österreichische Energiepolitik. In: Das Solarzeitalter. Nr. 2/1992, S. 7

201 Die Brennholzkrise. In: UNESCO-Kurier. Nr. 1/1989.
Michael Grupp: Solar Energy in Developing Countries – Old Problems, New Approaches. In: The Yearbook of Renewable Energies. 1992. S. 203–212

202 Wolfgang Palz: Photovoltaics for Developing Countries. Commission of the European Communities. 1992

203 Kurt Egger/Bernhard Glaeser: Ideologiekritik der Grünen Revolu-

tion. In: Technologie und Politik 1. Reinbek bei Hamburg 1977. S. 135–156

204 Peter de Groot/Alison Field-Juma/David O. Hall: Taking Root. Revegetation in Semi-Arid Kenya. Nairobi and Harare 1992

205 Karl-Peter Hasenkamp/Hermann Scheer: Large-Scale International Program for Afforestation of Large Countries as a Contribution to Warding off a Climate Change. In: The Yearbook of Renewable Energies. 1992

206 Luciana Castellina: Why »Red« must be »Green« too. In: Milos Nikolic (Ed.): Socialism on the Threshold of the Twenty-first Century. Belgrad 1985. S. 56

207 Carl Amery: a. a. O. (Anm. 3), S. 17 ff

208 Gallus Cadonau: Solar 91. For more Swiss Self-Sufficiency in Energy. In: The Yearbook of Renewable Energies. 1992. S. 105–114